# 모던한문학

# 모던한문학

김진균

학자원

* 이 저서는 2010년 정부(교육부)의 재원으로 한국연구재단의 지원을 받아 수행된 연구임(NRF-2010-812-A00158).

# 차례

# 머리말－'모던한문학' 단상

## 청출어람(靑出於藍)

'청출어람'은 '쪽풀에서 나온 푸른색이 쪽풀보다 푸르다'는 뜻으로 번역되지만, 흔히 이 말은 제자가 스승보다 나음을 비유적으로 이르는 말로 해석된다. 우리는 이 말을 어떤 의도로 사용하고 있을까? 중고등학교 국어시간에 이 말을 소재로 하여 더러 은유나 풍유를 배워본 적이 있을 것이다. 푸른색은 제자를, 쪽풀은 스승을 가리키는데 '처럼'이란 말이 없으니 직유가 아닌 은유가 되며, 사자성어로 넌지시 일깨워주니 풍유가 되기도 한다고 배웠을 것이다. 수업 중에 청출어람이 등장하면 선생님들이 사뭇 진지한 표정으로 '이 말처럼 너희들도 나보다는 훌륭한 사람이 되어라' 하는 당부의 말씀을 덧붙이기 십상이었을 것이다. 훌륭한 사람이 어떤 사람인지까지 굳이 설명하지 않아도, 모범생들은 공책에 "靑出於藍"이라고 서툴게 베끼며 열공해서 출세하겠다는 어렴풋한 다짐 같은 것들을 하곤 했을 것이다. 그런데 나로서는 이 사자성어의 출전인 순자(荀子) 권학편(勸學篇)을 찾아보고, 이 말을 출세나 성공을 암시하는 맥락으로 사용하는 것이 순자에게 미안한 일은 아닐까 하는 생각이 든 적이 있다. 본디 맥락은 재주가 좋은 제자나 똘똘한 자제들에게 출세를 기대하는 스승과 부모의 마음에 들지 않을지도 모르겠다.

> 학문을 그만두어서는 안된다. 푸른색은 쪽풀에서 얻는 것이지만 쪽풀보다 푸르고, 얼음은 물이 변한 것이지만 물보다 차갑다.
>
> 學不可以已. 青取之於藍而青於藍, 氷水爲之而寒於水.

이것이 본디 문장이다. 쪽풀을 가공하면 원료보다 더 푸른 염료가 되고 물을 변성시키면 원래보다 더 차가운 얼음이 되듯이, 더 나은 학문을 이룩하기 위해 학문은 중단되면 안 된다는 맥락을 가지고 있다. 물론 스승의 학문보다 더 나은 단계에 제자가 도달해야 한다고 해석해볼 수도 있으니, 스승보다 훌륭한 제자를 의미하는 맥락이 완전히 배제되는 것은 아니다. 그러나 훌륭함은 학문에 관련될 뿐이고 개인의 출세와 성공은 본디 맥락에 닿지 않는다. 출세하고 성공한 자들에게 부대꼈을 스승이나 부형의 인생 경험에서 나온 애틋한 맥락이 본디 맥락을 가리는 일이 벌어졌던 것이다. 본디 맥락은 더 나은 단계로 발전하는 학문 그 자체를 목적으로 삼은 담론이었다. 담론의 중심이 학문 그 자체의 발전에 있고, 학문을 도구로 하여 출세하고 성공하겠다는 개인들의 다짐에 있는 것이 아니므로, 어제의 나보다 더 나은 오늘의 내가 된다면 그것 역시 순자가 말한 청출어람이 될 것이다.

우리에게 순자는 맹자의 성선설(性善說)에 반대되는 성악설(性惡說)을 주장한 것으로 기억된다. 『순자』에는 소꿉놀이 하는 어린아이마저 탐욕을 적나라하게 전시하는 것으로 그려내며 본성이 악함을 주장하는 대목이 있으니, 그가 성악설을 주장한 것은 사실이다. 실상 어린아이에게서 탐욕을 발견하는 순자의 눈초리가 지나치게 삐딱하다고 느껴질 수도 있다. 그런데 거기까지만 기억하고 만다면 역시 순자에게 미안한 일이 될 것이다. 순자는 학문의 중요성을 강력하게 각인시키기 위해 본성의 악함을 주장하였다. 적당히 강조하고 넘어가고 싶지 않아서 충격적 요소를 배치한 것이다. 그러고 보면 순자와 맹자는 학문을 강조하기 위해 본성을 거론하였다는 점에서, 동시대의 유가(儒家)로서 담론을 함께하는 동지(同志)였다고 볼 수 있겠다. 이 둘은 전제조건을 달리하였지만 도출한 결론이 같았다. 인간의 본성은 악하기에 그것을 방치하면 야만의 세상이 될 것을 경고하는 것이 순자의 담론이었다면, 인간의 본성은 선한데 그것을 외면하면 야만의 세상이 될 것을 경고하는 것이 맹자의 담론이었다. 순자는 악한 본성을 방치하지 않게 하는 노구가 학문이라는 결론에 도달하고, 맹자는 선한 본성을 외면하지 않게 하는 도구가 학문이라는 결론에 도달하였던 것이다. 다만 순자는 맹자의 방식보다 충격적 효과를 노린 것으로 이해해 줄 수 있을 것이다. 순자의 방식은 본성을 거슬러야 하므로 인위적 노력의 절대성을 끊임없이 강조하게 된다. 순자는 학문을 하는 데 있어서 노력을 더욱 강조했던 것이다. 이 학문이란 성인(聖人)과 군자(君子)들의 남긴 말씀, 즉 문자(文字)다. 문자를 배우는 행위인 학문을 통해 이룩해야 하는 것은 야만을 멀리 벗어난 단계, 즉 문명(文明)

이다. 성악설은 전혀 비관주의로 귀결되지 않았던 것이다.

학문은 문명을 위해 존재하며, 문명은 다시 학문의 기반이 되어 왔다. 문명과 학문은 뗄 수 없는 관계에 놓여 있었다. 순자는 그 관계에 주목하였던 것이다. '청출어람'의 출전을 조금 더 읽다보면 이런 말이 나온다.

> 내가 발뒤꿈치를 들고 바라본 적이 있는데 높은 곳에 올라 두루 보는 것보다 못하였다.
>
> 吾嘗跂而望矣, 不如登高之博見也.

발뒤꿈치를 들고 바라보는 단계가 쪽풀과 물의 상태라면, 높은 곳에 올라 두루 보는 단계가 푸른색과 얼음의 상태라고 할 수 있다. 쪽풀이 더 푸른 색이 되고 물이 더 차가운 얼음이 되는 것처럼, 과거의 학문을 산처럼 올라 딛고 서서 질적으로 발전하는 미래의 학문을 추구하자는 뜻이니, 학문을 통한 문명 발전 담론인 것을 다시 확인할 수 있다. 과거의 학문을 딛고 서서 더 나은 문명을 만들어낼 수 있다는 믿음, 그것은 문자가 쓰여지고 읽혀지고 세대를 이어가며 다시 읽혀지고 쓰여지며 점점 더 문명이 발전할 것을 믿는 강렬한 낙관주의다. 이 도저한 문명론적 낙관주의를 인정하고 보면 거기에 편승해온 출세와 성공의 의도는 그저 가련하리만큼 천박하게 느껴질 따름이다. 청출어람의 본디 맥락을 이해한다면, 중고등학교 교실에서 선생님들은 더욱 진지한 표정으로 '이 말처럼 너희들은 우리들의 문명을 딛고 더 선한 문명을 만들어야 한다.'고 덧붙이는 것이 좋겠다.

## 근대(近代)

중국 은나라 왕족 기자(箕子)가 조선으로 망명하여 단군(檀君)에게 왕위를 선양 받았다는 기자조선 전설로부터 따지면 삼천년, 한반도 고대국가가 형성되던 무렵부터 따지면 한 이천년, 우리나라 한문학의 비조(鼻祖)로 불리는 최치원(崔致遠)이 신라인으로서 당나라에 유학 가서 이름을 날리던 때부터 따져도 천년 넘게, 한반도 지식인들은 한문을 문어로 사용하였다. 동아시아의 일원으로서 한반도의 전근대 지식인들은 중국에서 유래한 문명의 학문을 수용하였기에, 한문(漢文)이 별다른 이질감 없이 한반도의 문어(文語)로 사용되었다. 그들은 한문을 통해 과거에서 당대로 그 다음 세대로 학문을 이어갔다. 문학과 역사와 철학 및 천체 자연에 대한 기록 등 제반 학문이 한문으로 적히고 읽히고 세대를 거듭하며 한반도의 문명을 이루어갔던 것이다. 연암 박지원(燕巖朴趾源)의 산문과 다산 정약용(茶山丁若鏞)의 혁신론 및 추사 김정희(秋史金正喜)의 미학 등은 한문으로 기록되어 온 과거의 학문 전통을 딛고 오른 경지이며, 청출어람이며, 더 선한 문명을 추구하는 과정이었던 것이다.

한문이 한반도 지식인들의 공식 문어 자격을 상실한 것은 1900년을 전후한 시기다. 이 시기는 여러 가지 경천동지(驚天動地)라 부를 만한 사태들이 중첩된 시대지만, 한문에서 국문으로 문자 생활의 중심이 이동한 것 또한 천지개벽(天地開闢)의 변화로 꼽지 않을 수 없다. 한문에서 국문으로 문자 생활의 이동을 야기한 원인으로 설명되어온 일련의 단어들은 제국주의 침탈, 식민화 위기, 민족주의 대두, 국민계몽 확산 등인데, 한 단어로 요약하면 근대(近代)라 할 수 있겠다. 한반도의 근대 초입은 서세동점(西勢東漸)의 충격 속에 민족국가를 구성하기 위해 분투하는 시대였다. 그 분투를 조종하던 이념은 작금 논란이 되고 있는 '민족주의'였다. 한문에서 국문으로 문자 생활의 변화에도 '민족주의'의 영향은 지대했다. 민족주의의 기본은 국수(國粹) 즉 민족적 순수성을 추구하는 것이다. 민족적 순수성이란 나와 나 아닌 것을 구별해내고, 우리 안에서 나 아닌 것을 찾아 남이라고 선언하면서 구성되는 것이다. 타자화를 통한 근대적 구성의 결과물이라는 말이다. 문자 생활에서도 민족적 순수성을 기준으로 그동안 우리 안에 포함되어 있던 외래적 요소를 분별해내고 타자화하였다. 한반도에 민족주의가 등장한 이래 동아시아에서 전통적으로 공유하던 문어는 중국의 것으로 축소되어 외제라는 꼬리표를 달게 되었으니, 바로 '한(漢)'이라는 표식이다. 전통적인 학문 일체는 '한학(漢學)'이 되고, 그 학문을 저술하고 독서하던 문장은 '한문(漢文)'이 되고, 그 문장에 사용되던 문자는 '한자(漢字)'가 되었다.

전근대 동아시아 지식인들에게 최적화되었던 문어가 근대를 맞닥뜨리면서 에너지를 상실하는 것은 당연한 일이며, 한반도에서 그런 일이 벌어졌던 것이 별로 이상한 일은 아니다. 그런데 지금의 입장에서 문자 생활의 변화 과정을 돌이켜 보면 아쉬움을 감출 수 없는데, 근대라는 초대형 쓰나미가 과거의 전통적 학문과 문명 위를 덮치면서 모든 것이 순식간에 휩쓸려버렸기 때문이다. 세대를 거듭하며 한자와 한문을 통해 쓰고 읽고 다시 읽고 쓰며 학문과 문명의 청출어람을 추구해가던 계기가 근대와 만나는 순간 철저하게 유실되었던 것이다. 재난이었다.

청출어람의 계기라는 것은 평지돌출의 창조와는 다르다. 그것은 과거 이룩했던 학문적 성취를 산처럼 딛고 올라서서 미래의 더 높은 문명을 지향하는 것이다. 그런데 근대는 오랫동안 쌓고 오르던 산을 일거에 타자화하며 폐허로 만들었다. 한반도의 과거 지식인들이 딛고 서 있던 전통 학문은 근대의 쓰나미가 휩쓸고 지나가면서 쓰레기 더미가 되어버린 것이다. 과거로부터 미래로 나아간다면 시행착오를 포함한 과거의 경험을 미래의 로드맵으로 삼아도 될 것인데, 근대적 관점은 과거를 말소하고 맨땅에서 미래를 추구하기로 작정하였다. 전통 학문의 유산이라는 산은 부담스럽기만 한 쓰레기 더미일 수밖에 없게 되었다. 드디어 오랜 경험이 쓰레기가 되는 순간이다.

경험이 쓰레기가 된 사회에서 과거의 경험에 집착하는 사람은 잉여인간이나 폐인으로 취급되기 십상이다. 지금 불필요하거나 해롭다면 전통 학문의 유산이 아무리 찬란한 산맥을 이루고 있더라도 아깝게 여길 이유가 없다. 20세기 초반 근대 계몽지식인들은 전통 학문의 유산을 대개 아까워하지 않았을 뿐더러, 한문으로 이루어진 과거의 문집들을 불살라버리자고 부르짖기도 했다. 아예 전통 학문을 고집하는 한학자들을 잉여인간이나 폐인으로 취급하는 수준을 넘어 그들의 정수리를 도끼로 찍어버려야 한다는 과격한 주장까지 있었다. 한반도 근대 문명의 수립에 불필요한 정도가 아니라 대단히 장애가 된다고 여겼기 때문이다.

그런데 20세기의 근대를 관통하여 21세기가 되고 보니, 한반도의 근대 문명이란 것이 과연 어떠한 것이었는지를 다시 생각게 된다, 과연 선한 문명이었는지를. 나로서는 부정적이다. 그렇다고 하여 그것이 전통 문명을 버린 나머지 발생한 부정적 결과라고 주장하고 싶은 마음은 추호도 없다. 근대의 쓰나미가 몰려오는데 전통 문명이라는 해안 저택에 틀어박혀서 문고리를 쥐고 버틴다고 과연 생존을 보장할 수 있었겠는가. 퇴행적으로 과거를 고수하는 이런 태도를 퇴수(退守)라고 부르며, 생존을 위한 현실감각은 거의 없는 것이라고 여길 수 있겠다. 다만 내가 지적하고 싶은 지점은 쓰나미가 몰려오는 순간 저택을 뛰쳐나가더라도 살던 고향의 쪽풀 몇 뿌리쯤은 챙겨야 하지 않았을까 하는 점이다. 전통 학문이 더 선한 문명을 이루려고 노력하던 계기를 이으려는 노력쯤은 해도 좋지 않았을까. 무조건 따라가는 데 급급한 태도는 추수(追隨)라 부를 수 있겠는데, 구미와 일본이 선취한 근대 문명을 추수하지만 말고 과거로부터 청출어람의 계기를 발견하여 더 선한 방향의 문명을 상상했어야 하지 않았을까?

그런데 다들 정신없이 뛰쳐나가는 그 순간에 머뭇거리며 뒤를 돌아보던 사람들이 아주 없지는 않았다. 근대 문명과 그것이 이룩한 한반도의 근대 학문은 이들의 존재를 하찮게 여겼기에 그들이 챙겨 나온 것이 무엇인지 찬찬히 살펴보지 않았다. 지금부터 할 이야기는 겪어온 경험을 쓰레기라 여기고 다들 내다버리고 간 그 자리에서, 쪽풀을 찾아 푸른색을 만들려고 노력했던 사람들에 대한 이야기다. 살던 곳에 틀어박혀 있을 수는 없다고 여기면서도 차마 정신없이 뛰쳐나갈 수도 없어서 머뭇거리며 뒤를 돌아보던 그들의 태도에 선한 문명의 계기를 아쉬워하는 마음이 담겨 있었던 것으로 여긴다. 문명적 전환을 외면하지 않으면서도 전통 문명의 경험도 버리지 않았던 그 태도를 퇴수도 추수도 아닌 제삼의 태도, 모색(摸索)이라 부를 수 있다. 이후 전개된 한반도의 근대 학문은 이들의 모색을 제대로 평가하지 않았고, 결국 이들이 끝내 놓지 않으려 했던 청출어람의 계기도 실종되었다. 그 모색이 무의미하다면 그만이지만 우리의 일상을 포획한 근대의 폭력 앞에 대안을 찾기 위한 노력으로서의 의미를 부여하고 다시 지금 그 계기를 이어간다면, 우리가 다시 여기서 청출어람을 이룰 수 있을 것이다. 나로서는 그때의 노력을 돌아보는 작업이 과거로 복귀하자는 의미로 읽히지 않기만을 바란다.

## 모던한문학

이 책의 제목을 처음에는 "근대한문학"이라 잠정했었다. 근대한문학이라는 용어는 학계에서 두루 인정받는 용어가 아니었다. 언문일치의 시대인 근대(近代)와 중세적 문어의 문학 양식인 한문학(漢文學)은 방예원조(方枘圓鑿, 모난 자루와 둥근 구멍)처럼 전혀 결합할 수 없는 개념처럼 인식되고 있다. 두루 인정받지 못하는 개념을 구사하기 위해서는 인정받을 가치가 있음을 설득해야 할 터인데, 쉽게 해결될 문제는 아니었다. 이 책의 제목을 최종적으로 "모던한문학"이라 정했는데, "근대한문학"을 설득해낼 논리를 개발하지 못했다고 여겨서 제목을 아리송하게 수정하기로 한 것만은 아니다. 내가 개발한 논리를 자신할 수는 없지만 그것의 설득력 여부와는 별개로, 다른 감정에 견인된 것이다. 근대라는 시기에 한문학이라는 범주에서 벌어진 사태를 복기해보다가, 변화한 시대에도 한문학을 차마 포기할 수 없는 사람들 사이의 매니아적 의미를 넘어서 문명 전환에 대한 인문적 대응의 현상에 육박하는 의미를 이 사태로부터 읽어낼 수도 있겠다는 생각이 들었다. 근대에 대응하는 한문학 작가들 중 몇 분은 혹 동시대인들보다 더 현재적일 수도 있겠다고 여겼다. 이 사태를 지칭하는 개념 범주에 "모던 한문학(漢文學)"이기도 하며 "모던한 문학(文學)"이기도 하다는 의미를 담고 싶었다. 혹 이 책의 제목을 적어야 하는 분들은 "모던한문학"으로 애매하게 표기해주길 바란다. 읽을 때도 애매하게 읽어주시길 바란다. 애매하게 사라진 띄어쓰기 공간과 원문 표기에 한반도의 근대문학과 국문학연구가 겪어온 과거의 곡절을 구비구비 담고 싶었고, 그 애매함 속에 한반도의 인문학이 추구해야 할 근미래의 상상력을 서리서리 펴내고 싶었다. 20세기 초반의 모색의 계기를 21세기 초반의 또다른 모색의 계기로 이어보려는 노력에 의미가 없지는 않을 것으로 믿는다.

여전히 쓰나미가 휩쓸고 다니는 세상에서 우리의 삶은 여전히 암담하고 살아갈 방도 역시 여전히 애매하므로…

# 제1장 근대한문학의 자리

## 사각(死角)

근대한문학의 위치를 먼저 정리해보기로 한다.

현행 대학 국어국문학과의 전공은 학문 성격에 따라 국어학과 국문학으로 대분류되고, 국문학은 다시 시기에 따라 고전문학과 근현대문학으로 중분류되고, 고전문학은 또다시 문체별로 고전국문문학과 한문학으로 소분류된다. 장르에 따라 고전국문문학에는 고전(국문)소설, 고전(국문)시가, 고전(국문)산문 등의 미세전공이 배치되고, 한문학에는 한문소설, 한시, 한문비평 등의 미세전공이 배치된다. 고전국문문학에서 고전을 떼어버리고 국문문학이라고만 쓸 수 없는 것은 근현대문학의 국문문학과 구별해야 하기 때문이다. 그러나 한문학에 고전을 덧붙여서 고전한문학이라고 쓰지 않는 것은 구별해야 할 근현대문학의 한문학은 없다고 여기기 때문이다. 이러한 분과 체계 속에 근대한문학의 자리는 없다.

지금까지 학계에서 기술된 국문학사가 보여주는 한문학의 전개를 굵게 그려보면, 삼국시대 무렵 중국으로부터 한자와 한문이 전래하여 고려시대를 거쳐 조선전기까지 일정한 궤도에 올랐으며, 조선후기에 높은 수준과 방대한 수량의 작품을 산출하다가 20세기가 되면서 순식간에 종결되는 그림이 완성된다. 경술국치 소식에 자결하는 매천 황현(梅泉黃玹), 조선통감부 설치 이후 중국으로 망명한 창강 김택영(滄江金澤榮) 등을 마지막으로 한문학의 시대가 칼로 무를 베어놓은 듯 단절된다. 이러한 인식 구도 속에 근대한문학의 자리는 없다.

국문과의 전공 체계에서 없다고 여기는 근현대의 한문학이 아주 없는 것이 아니라는 것은 국문학 전공자들이라면 누구나 알 것이다. 그러나 대부분이 없다고 여긴다. 실상이 없어서 없다고 여기는 것이 아니라 그 의미가 없어서 없다고 여기는 것이다. 그런데 무의미해서 무시하는지, 무시해서 무의미해졌는지를 따져본 적이 있을까? 국문학연구 과정에서 체계화된 담론을 통해 국문학 현상을 바라보게 되는 나에게도, 실상이 없지 않더라도 의미가 없다면 무시하는 관성적 태도가 체화되어 있을 것이다. 진짜 무의미한지, 무시해도 되는지를 직접 판단해보지 않고 배운 대로 결정하는 태도를 학문적 관성이라고 부른다. 학문적 관성의 장점은 형성된 체계 안에 포섭된 대상을 경제적으로 처리할 수 있다는 점이고, 단점은 형성된 체계 밖의 대상을 포착하지 못하여 체계 자체를 수정할 계기를 만나기 어렵다는 점이다.

일반적으로 이런 양상으로 모델화할 수 있다. 창시자급 혹은 대가급의 연구자가 자신의 입장을 절실한 기준으로 삼아 체계화를 시도하는 과정에서 일정 영역을 무의미하다고 여기고 시야에서 소거해버린다. 적어도 그의 입장 안에서는 무의미해서 무시한 것이다. 그러고 나면 창시자와 대가를 계승하는 모범생 연구자가 등장하여 그 체계를 확장할 때, 앞선 분이 시야에서 소거해버린 대상에 쉽게 눈길을 주지 못한다. 여기서부터 무시해서 무의미해지는 관성이 형성되는 것이다. 근대라는 시기의 한문학이라는 범주에서 벌어진 일도 이 모델로 설명할 수 있다. 근대 초기 국문학 연구 창시자급의 연구자가 절실한 자기 입장 속에서 무의미를 확신하며 일부러 무시한 데서 출발하여, 모범생급의 계승자들이 선학의 입장을 심화하며 무시를 확장해서 무의미해진 데까지 이른 것이다.

근대한문학은 무시해도 될 만큼 희소하지도 않았고, 무의미하다고 단정할 만큼 시대착오적이지도 않았다. 오히려 방대한 양이 생산되었고, 그 속에서 가치있는 의미가 산출됐던 정황을 이제 확인할 수 있다. 그럼에도 무시의 대상이 되어 무의미의 낙인이 새겨지게 되었다면, 그 과정을 돌이켜 사태를 확인하고 대안을 제시해서 체계를 수정해야 할 것이다. 최초의 사태가 왜 벌어졌는지 확인하면 현존 체제의 관성에 대해 좀더 잘 이해할 수 있을 것이다.

우선 사태를 확인해보기로 한다.

## 근대계몽기(近代啓蒙期)

한반도에서 한문(漢文)이라는 어휘가 지금처럼 '중국에서 유래한 문자인 한자로만 작성된 문장'을 지칭하는 의미로 사용되기 시작한 것은 대략 근대계몽기부터였다. 전근대에도 한문이라는 어휘가 안 쓰이던 것은 아니었다. 그러나 전근대에는 한문이 한(漢)나라 시대의 문장이라는 전혀 다른 의미로 사용되었다. 근대 이후 한문이라고 불리는 것은, 전근대 시대에 그냥 문(文)으로 불렸다. 일반명사였던 대상을 고유명사로 전환하여 인식하게 된 사태는 어쩌면 근대계몽기의 가장 중요한 사건이다. 한반도의 근대계몽기는 대략 19세기말에서 1910년까지 이어지는 시기다. 국사학이나 국문학 전공자들에게 익숙한 이 용어는 근대(近代)와 계몽(啓蒙)이라는 묵중한 두 개념이 결합하여 대단히 심장한 의미를 발산하고 있다.

전근대 동아시아 지역은 '천하(天下)'라는 고유한 세계 인식 체제를 갖고 있었다. 천하 체제는 현재의 한중일과 몽골 베트남 정도를 포괄하는 판도를 갖고 있었다. '천하' 체제 내부의 사람들은 체제에 포섭되지 않는 외곽과 인식할 수 없는 원거리의 문명들을 야만으로 인식하였다. 간혹 일본이 스스로를 천하의 중심으로 내세우려는 경향을 보였지만, 조선은 일본을 중심은커녕 야만으로 인식하고 중국만을 천하의 유일한 중심으로 인정하였다. 조선은 주변국들 중에 중국이라는 중심에 가장 근접한 문화를 지니는 나라로 자처하면서 스스로를 '소중화(小中華)'라고 부르기도 하였다. '중화(中華)'는 천하 중심으로서의 찬란함이라는 뜻으로 중국이 스스로를 자부하는 수사적 표현인데, 조선은 중국의 '중화'를 본래의 '중화'로 숭배하면서 스스로를 작은 '중화' 즉 '소중화'라 부르고 '천하' 체제의 2인자 역할을 자처하였던 것이다. 소중화 대신 '소화(小華)'라 하기도 한다. 이전까지 야만이라 부르던 만주족이 한족의 명나라를 제거하고 청제국을 건설하여 중국 대륙을 장악하는 17세기 이후에는, '천하'에 '소중화'만 남아 우리가 '중화'의 명맥을 잇게 되었다는 인식도 조선에 널리 퍼져 있었다. 한동안 학계 일부에서 17세기 이후 조선의 '소중화' 의식으로부터 민족문화의 자부심을 읽고 싶어 하는 경향이 제출된 바 있었는데, 전혀 달갑게 여길 일이 아니라고 본다. '천하' 체제의 거대한 지각 변동을 겪으면서 새로운 세계 질서를 상상할 절호의 기회를 저 '소중화'주의자들이 압살해버렸기 때문이다. 중화의 중심을 이민족이 장악한 사태를 겪고도 오히려 소중화 의식을 강화하는 계기로 삼았던 조선은, 자력으로는 천하 체제에서 빠져나올 수 없는 상태에 놓여 있었던 것이다. 어쩌면 '천하' 체제의 1인자 없는 2인자, 즉 1인자 권한대행이라는 몽상에서 스스로 빠져나오고 싶어하지 않았던 것이라고 해석할 수도 있으리라. 나로서는 자부심은커녕 부끄러움으로 기억될 일이라고 여긴다.

결국 이러한 '천하' 체제가 붕괴하고 '세계' 질서로 재편되는 시기가 근대계몽기다. 한반도 문명이 스스로 '천하' 체제를 반성하고 주체성을 중심에 올려놓은 경험이 없었듯이, 스스로 '세계' 질서에 편입되기를 결단하는 일도 벌어지지 않았다. 근대라는 외압에 의해 강제로 해체되고 강제로 편입된 것이다. 19세기말 한반도가 맞닥뜨린 근대는 서구 근대 제국주의가 강요하는 전지구적 자본주의 문명이었다. 조선이 천하의 2인자로서의 자부심을 누리던 전근대 문명의 내부와 외부는 한꺼번에 말소되었고, 이때 문득 근대 문명의 외곽 말단에 위치한 처지를 자각하게 되었다. 이 사태를 예민하게 느낀 일부 지식인들은 세계 질서의 중심을 파악하기 위해 고심했고, 고심 끝에 파악한 세계 질서의 중심에 진입하기 위해 행동하기 시작했다. 그들이 예민하게 느낀 사태는 단지 전근대 문명의 2인자에서 근대 문명의 말단으로 전락했다는 위상 추락만은 아니다. 제국주의가 강요하는 근대 문명의 외곽 말단은 곧 식민지를 의미한다는 것을 감지했던 것이다. 다급하게 행동해야 했다. 근대적 규율을 학습한 대중을 확보하고 제국주의에 대항할 공동체를 구성해내지 못하면 망국이 눈앞에 닥쳐올 것이었다. 그들이 전개한 행동은 전근대 국가의 백성들을 근대 국가의 국민들로 개조하는 일이었고, 조선의 인민들에게 근대를 계몽하는 일이었다. 근대적 신문과 잡지를 발간하여 근대적 사태를 설명하고, 근대적 학교에서 사용할 각종 교과서를 집필하여 근대적 개념을 교육하고, 근대적 토론회와 각종 단체를 조직하여 근대적 시민을 구성하려 하였다. 이러한 일련의 활동을 근대 계몽 활동이라 하고, 이 활동이 활발하던 시기를 근대계몽기라 한다. 민간의 지식인들이 감지할 수 있을 수준으로 제국주의의 외압이 높아지던 19세기말부터 일본제국의 조선총독부가 설치되는 1910년까지가 근대계몽기다.

근대계몽기에 겹치는 시기를 국학 분야 전공자들은 '구한말' '근대 전환기' '근대 초기' '근대 형성기' 등으로 부르기도 하는데, 근대를 맞닥뜨린 지식인들의 다급한 자구 노력을 쉽게 연상할 수 있기에 나로서는 '근대계몽기'를 선호하는 편이다. 특히 오래 전부터 사용되어오던 '구한말(舊韓末)'은 조선왕조 말기 대신 쓰는 용어이다. 여기서 한(韓)은 대한제국에서 나온 말인데, 조선왕조를 대한제국이란 명칭으로 통치는 것이어서 개념의 착종을 내포하고 있고, 한반도의 문명적 위기 앞에 무능과 무책임으로 일관하면서 정권의 안위만 걱정하던 조선왕조 말기의 국가 권력을 애처롭게 여기는 시선이 포용되는 것 같아서 나로서는 의도적으로 사용하지 않는다. '대한제국기'가 요즘 구한말을 대체하여 더러 사용되기도 하는데, 당시 국가권력의 자구 노력을 과장하며 오히려 힘을 실어주려는 의도가 들어있어서, 더욱 경계하게 된다. 근대계몽기 중에 일본제국 통감부 치하의 시기를 특히 '애국계몽기(愛國啓蒙期)'라고 한다. 통감부가 설치되는 1905년부터 총독부가 설치되는 1910년까지 일본제국의 구체적 위협 앞에 계몽지식인들은 국가 존폐의 위기의식을 더욱 강렬하게 갖게 되었다. 강렬한 위기의식 속에 계몽지식인들은 각종 잡지와 신문 및 시민 단체를 통해 유독 활발히 활동하였으므로 진작에 '애국계몽기'란 용어가 제안되었고 특히 근현대 국문학 전공자들이 두루 사용하고 있다. 근대계몽기는 이 용어의 시기와 개념을 확장한 것으로 보면 될 듯하다.

21세기 진입을 전후하여 한동안 비판과 반성의 대상으로 자주 오르내린 민족주의와 사회진화론은 이 다급한 20세기 초 계몽 활동의 지침 역할을 하였다. 제국주의 시대에 제국주의 국가들이 걸어갔던 길을 따라가서 제국주의의 중심권에 진입하겠다는 것이 근대 계몽 활동의 지향이었는데, 이 과정에서 제국주의 국가들의 논리였던 민족주의와 사회진화론을 비판적으로 검토할 여력은 없었던 것으로 보인다. 이 시기 대유행했던 '우승열패(優勝劣敗)' '약육강식(弱肉强食)' '적자생존(適者生存)'이란 용어는 사회진화론의 핵심 개념어다. 우수한 자가 승리하고 열등한 자가 패배한다, 약자는 밥이 되고 강자는 그것을 먹는다, 적응한 자만 생존한다는 따위의 논리는 교묘하게도, 승리한 자가 우수하고 먹은 자가 강자라는 결과론적 비열함을 감추고 있다. 열등하고 약하고 적응하지 못한 존재를 도덕적으로 죄악시하고, 우수하고 강하고 적응한 존재들에게 도덕적 정당성을 몰아주자는 이념이다. 사회진화론은 도덕적 정당성을 곡해하는 차원에서 머무는 것이 아니라 강자의 지배와 착취를 숭배하고 모방하는 역할을 하였다. 도덕을 포기한 도덕률이었던 것이다. 자연진화론의 다윈(Charles Robert Darwin)은 전혀 그런 생각이 없었다고 하는데, 제국주의 국가들의 사회 분위기 속에서 멜서스(Thomas Robert Malthus)의 인구론과 스펜서(Herbert Spencer)의 자연도태론 등이 결합하여 완성된 사회진화론은 서구 우월주의 이데올로기로서 작동되었다.

근대계몽기 한반도의 계몽지식인들은 저 논리에 저항하기보다는, 강자들의 밥이 되지 않으려면 우리가 우수하고 강하고 적응한 존재로 탈바꿈해야 된다는 논리를 전개했다. 앞 문장에서 탈바꿈해야 할 주체로 표현한 '우리'라는 공동체가 바로 근대 민족주의가 구상하는 민족이다. 민족국가 단위로 침탈해오는 제국주의의 침략적 민족주의에 대항하는 입장에서, 민족 단위의 공동체를 구상한 것 역시 급박한 상황 인식의 산물이라고 봐야 할 것이다. 근대계몽기의 민족주의를, 우리는 대략 부정적 어감을 상쇄하기 위해 저항적 민족주의라고 부른다. 그러나 저항적 민족주의도 민족주의인 이상, 민족 국가의 수립 전개 과정에서 더 이상 민족 단위로 저항할 제국주의 국가가 사라졌을 때, 그 자체로 민족 국가 내부의 계급적 착취를 강화하고 민족 국가 외부의 수탈적 구조를 구축하는 데에 동원되는 방향으로 전개되기 십상이고, 실상 20세기 후반 한반도 남북의 정치권력은 민족주의를 활용해서 착취와 수탈을 확대하였다. 그러나, 저항적 민족주의 단계의 계몽지식인들에게 민족 국가 수립 이후 정치권력을 획득한 자들에 대한 책임을 묻는 것은 비판의 과잉이라고 생각한다. 근대계몽기의 민족주의자들은 또다른 세계를 상상할 여유도 없이 애처로운 상태에 몰려 있었을 뿐이다.

## 한(漢)이라는 타자

한반도의 근대 계몽지식인들은 한반도 전근대 문명을 용납할 수 없었는데, 한반도 근대적 위기의 장본이라고 여겼기 때문이다. 민족주의자들이기도 하였던 계몽지식인들에게 한반도의 전근대 문명이란 우승열패·약육강식·적자생존의 근대 세계 질서에서 열등하고 약하고 적응 못하는 문명일 뿐이었다. 그렇다면 한반도의 근대 문명은 전근대의 유산을 포기한 상태의 무(無)에서 쌓아올려야 하는데, 논리적으로 그 방향을 표방하지는 않았다. 계몽지식인들이 취한 논리는 한반도의 전근대 문명 대부분을 차지하고 있는 영역을 외래적 요소로 취급하고, 근대 민족주의가 구상한 민족적 순수성만을 재발견하여 민족 고유의 요소로 취급하였다. 한반도의 전근대는 외래적 요소가 민족 고유의 요소를 압도하던 시기로 인식되었다. 민족 고유의 순수성을 좋은 것으로 보고 외래적 요소를 나쁜 것으로 보면서, 민족 고유의 요소를 압도하고 저해하던 외래적 요소를 적출하자는 논리를 표방하였던 것이다. 이때 전근대 문명의 요소에서 외래적 요소로 취급되어 타자화된 것들은 "한(漢)"으로 제유(提喩)되었는데, 이 "한"은 메이드 인 차이나라는 인식표다. 이때부터 구식 선비는 엄연히 조선에서 사유하고 문장을 써내고 있는데도 조선의 학자가 아닌 중국제 학문을 추구하는 사람이란 의미로 한학자(漢學者)라고 불리게 되었다.

한문의 지속을 주장하는 세력과 대치 전선을 형성한 근대 계몽 지식인들은, 대개 전근대의 전통 유산 대부분을 차지하는 한문 유산의 가치를 철저히 부정하는 방향으로 사유를 펼쳤다. 가장 강렬한 담론을 생산해내고 가장 큰 영향력을 발휘했던 인물로 꼽히는 신채호(申采浩)의 사설을 예로 볼 수 있다.

> 본조 이래 유자로 칭하는 자가 산같이 쌓여 "집집마다 정자 주자"란 속어가 있을 지경이지만, 능히 뛰어나게 일가를 이룬 자를 구하면 거의 봉황의 털, 기린의 뿔처럼 드물다. 그 소위 아무개 선생 문집, 아무개 공 문집이라 하는 것을 보건대, 왕왕 분량이 수십 수 백 권도 넘지만 책을 펼쳐서 그 가운데 내용을 살펴보면 "산은 높고 물은 곱다"거나 "바람은 맑고 달은 밝다" 등의 말로 지어낸 시 몇 수가 있을 뿐이며 "정심, 성의, 수신, 제가" 등의 뜻으로 꾸며낸 문장 몇 편이 있을 뿐이다. 열 명의 문집을 보아도 이럴 뿐이고, 백 명의 문집을 보아도 이러할 뿐이니, 이따위 문집은 진시황의 출현을 기다리지 않더라도 자연히 불탄 재가 될 것들이다. 아아![1]

집집마다 정자와 주자가 있는 듯이 도학자가 많지만 스스로 일가를 이룬 이는 전혀 없다고 주장하고 있다. 정자(程子)와 주자(朱

子)는 송대 신유학을 건설하여 스스로 일가를 이룬 사람들인데, 이들을 흉내내는 조선의 유자(儒者)들은 스스로 일가를 이룬 자가 흔적도 없다고 했다. 봉황이나 기린 자체가 상상의 동물인데 봉황의 털이나 기린의 뿔이란 것을 흔적이나 찾을 수 있겠는가. 여타 문집들에 남은 것도 음풍농월을 벗어나지 못하며 수구적 도덕이나 나열하는 것을 벗어나지 못하니 굳이 진시황이 나와서 분서갱유(焚書坑儒) 사건을 일으키지 않더라도 조선의 서적은 저절로 사라질 것들이라고 하였다. 근대계몽기 계몽 담론의 시선에서 전근대 문명은 스스로의 현실에 입각한 자주적이고 창조적인 정신이 결핍된 것이었다. 그러한 인식의 결과 전근대 문명 일체에 대해 철저한 배격의 논리를 펴고 있다. 전근대 문명 일체의 유산은 서적을 불사르고 유생들을 파묻는 노력을 들이지 않아도 저절로 소멸될 것이라 한 것이었다. 근대계몽기의 신문 잡지들에 이러한 수준의 무수한 전근대 문명 비판이 게재되는바, 전근대 문명은 철저한 청산 대상이 된 것이다.

신채호의 위 논설보다 십여 년 앞선 1897년 어느 날 개최된 독립협회 토론회에서 "대한이 세계 각국과 비견하여 제일 상등국이 되려면 근일 새 법과 새 학문을 배우지 말고 한당 풍속과 예절을 본받는 것이 마땅하다"는 주제로 토론을 하고 이 주제가 그르다는 결론을 도출해내었다는 기사가 『독립신문』에 실려 있었다.[2] 여기서 한당(漢唐)은 중국에서 전래되어온 것을 의미한다. 애초에 의도된 결론은 한당의 풍속과 예절을 본받지 말고 새 법과 새 학문을 배워서, 세계 최상의 국가를 이룩하자는 것이었다. 구체적인 토론 전개는 기록되어 있지 않지만, 이 토론회는 부정하기 위한 명제를 주제로 놓고 적극적인 부정을 유도해내는 방식으로 진행되었던 것 같다. 진입 목표로 삼은 제일 상등국, 즉 세계 최상의 국가가 무엇인가에 대한 논의가 충분히 있었을 것 같지는 않다. 대략 경제력과 군사력과 문화역량을 얼버무려 타국을 압제할 수준이 되는 서구 제국주의 국가들을 제일 상등국의 상태로 인식하고 있었으리라. 그들의 법과 그들의 학문을 모방하여 구성한 것이 새 법과 새 학문이다. 서구 제국주의 국가들의 상태에 대한 충분한 정보도 없었고, 그에 대한 도덕적 판단을 할 틈도 없이 바로 모방하고 능가해야 한다는 의욕만 앞섰던 것이다. 다른 길은 없는가 하는 상상력은 이 토론에서 아예 발언권을 얻지 못했으리라.

이 토론회의 주제에서 주목해야 할 것은 한당의 풍속과 예절을 새 법과 새 학문의 대척점에 배치한 점이다. 새 법과 새 학문을 배우는 것이 세계 최상의 국가를 이룩할 방도가 된다면 그것만 제시해도 될 것 같은데, 왜 굳이 한당의 풍속과 예절을 본받지 말자는 주장이 필요했을까. 여기서 이 토론회 주최자들이 지닌 의도의 근저를 읽어낼 수 있다. 근대 문명의 중심권에 진입하기 위한 도구로서 새 법과 새 학문을 제시하는 데에 이 토론의 목적이 있었지만, 그 바탕에는 전근대 문명의 전통적 풍속과 예절로부터 단절해야 근대 문명 중심권 진입이 가능하다는 인식이 있었다. 근대 문명의 가치와 전근대 문명의 가치를 상호 배반적인 것으로 인식하였던 것이다. 그 근저의 인식을 바로 드러낸다면 토론의 주제는 '전근대의 풍속과 예절을 유지하는 것이 옳다'는 반명제를 제시하고 비판하는 방향을 취했을 것이다. 그러나 이 역시 바로 제시하지 않았다. 우선 전근대의 풍속과 예절의 속성을 한당의 풍속과 예절을 모방한 것으로 상정하여, 전근대의 풍속과 예절은 우리 본래의 것이 아닌 것으로 규정하는 단계를 거쳤다. 그리하여 '전근대의 풍속과 예절'을 공략하되, 그것의 표현을 '한당의 풍속과 예절을 본받는 것'으로 바꿀 수 있었다. 즉 수구적 태도를 공격하되 왜 과거의 것을 고수하느냐는 논리를 펴지 않고 대신 왜 남의 것을 따라하느냐는 논리를 전개하였다. 전통의 가치를 바로 부정해버리지 않고 한당의 것을 본받아 이룬 외래적인 것이라고 다시 규정하는 단계를 거쳐 마침내 부정해낸 것이다.

나로서는 '타자화'의 성공 사례로 들 만큼, 이 독립협회 토론회의 담론은 상당히 지능적이고 효과적인 담론이었다고 판단한다. 전근대 문명의 입장에서 외래의 것으로 인식할 수밖에 없는 신문명에 대한 거부감을, 계몽의 입장에서 역으로 활용하여 전근대 문명을 외래의 것으로 각인시키는 효과를 발휘한 것이다. 신채호의 사설은 이 담론의 급진적 전개다. 전통 문집에 있는 문학과 철학 담론은 모두 비주체적이거나 음풍농월에 불과하여 전혀 가치가 없다는 주장으로까지 전개되었다. 그만큼 제국주의 침탈의 위협이 더욱 급박해졌다. 처음엔 그저 제쳐놓고 가자는 차원에서 출발하였던 담론이 십 년 사이에 철저히 청산해야 한다는 주장에까지 이른 것이다.

청산 대상을 신봉하는 일단의 구학자들도 더불어 청산 대상이 되었다. 계몽 담론은 구학자들 자체를 대상으로 계몽을 시도하기도 하고, 민중들이 구학자들로부터 폐단을 받지 않기를 바라는 논지를 펴기도 한다.[3] 전근대 문명의 학자들이 계몽의 대상으로 오르기도 하는 한편, 교육계몽의 대상에서조차 배제된 채 완벽한 구악의 화신으로 치부되기도 한 것이다. 그 두 가지 방향을 다 보여주는 논설이 1908년 「부유(腐儒, 썩은 선비)」라는 제목으로 『대한협회회보』 4호에 실린 김갑순(金甲淳)의 글이다. 김갑순은 부유의 종목을 나누어 구습을 묵수하는 편벽파(偏僻派), 음양서나 뒤지는 미혹파(迷惑派), 결단을 내리지 못하는 유예파(猶豫派), 자포자기의 절망파(絶望派)의 넷으로 설명했다. 이중 특히 편벽파의 특징을 논하는 대목을 보면 신식학교 교육에 대한 방해와 국한문혼용체에 대한 배척이 주목된다.[4] 교육과 국한문혼용체는 근대 계몽의 주요 도구였던바, 그에 대한 방해 세력으로 다른 무엇보다 먼저 썩은 선비들을 지목하여 비난하고 든 것이다. 다른 특징들도 구구절절 완고한 유림을 떠올리게 만드는데, 현실 정치에 무관심하고 근대 문물을 배척하는 그들의 태도는 계몽하기 대단히 어렵다고 토로하고 있다. 그리고 결론으로 부유를 지척하는 뜻을 밝혔다.

> 이 문제를 장황하게 논술한 내 뜻은 다만 썩은 선비 그들을 공격함에 그치는 것이 아니다. 하나는 배우지 않은 동포들에게 그 피해가 미칠까 염려되어 막고자 하는 것이고, 또 하나는 산림 동포의 완고함을 깨우쳐서 각오를 촉진하고자 함이다. 생각해보라. 산림 동포여. 썩은 선비라는 호칭은 그대들도 평소 싫어하는 바가 아닌가. 악을 미워하고 선을 좋아함이 사람의 상정인데, 썩은 선비라는 호칭이 싫거든 썩은 선비의 성질을 버리고 어서 문명의 새로운 공기를 호흡하여 괄목상대로 오하의 아몽을 벗어나, 용감한 전진을 견뎌내는 이탈리아의 카부르를 본받으라. 아아, 우리나라의 산림 학자 동포여![5]

이 부분에서 계몽 대상은 두 부류로 나뉘고 있다. 하나는 배우지 않은 동포들이며 또 하나가 산림이다. 산림이 곧 유림이다. 썩은 선비라고 꾸짖으며 실컷 유림을 공격해 놓고 나서, 유림을 공격하는 것이 목적이 아니라 배우지 않은 동포들을 오염시키지 않도록 막고 한편으로 유림의 각성을 촉구하는 것이 목표였다고 하였다. 유림들은 그 자체로도 개혁되어야 마땅한 것이니, 무지몽매한 국민들을 잘못된 길로 이끌어 죄에 죄를 더하지 말라는 경고이다. 전근대 문명에서 양반사대부로서 백성을 지배하고 지도하던 유림이 계몽 담론의 시각에서 교육 계몽의 대상으로 전락되었다. 계몽 담론은 서당 교육과 한문 등 유림의 존재기반 일체를 부정하고 있던 것이다. 교수자를 자처하던 사람을 학생 그것도 열등생의 자리에 앉혀놓으면 그 사람이 교실에 남아 있을 수 있을까 생각해볼 문제이다. 중국 삼국시대 오(吳)나라의 여몽(呂蒙)이 발분 독서하여 학식이 높아진 뒤에 노숙(魯肅)이 그를 만나보고 전날의 무식하던 여몽이 맞는지 눈을 비비며 바라봤다는 고사에서, 전날의 무식하던 오나라 시골의 여몽을 가리키는 말이 오하아몽(吳下阿蒙)이다. 이탈리아의 카부르(Cavour)는 중국 양계초(梁啓超)의 저술을 신채호가 의역한 『이태리 건국 삼걸전』을 통해 근대계몽기 한반도에 익히 알려지게 된 인물인데, 19세기 이탈리아 통일 국가 건설의 기반을 닦은 정치가이다. 그러니 김갑순의 주장을 따라 유림이 오하의 아몽에서 탈각하여 이탈리아의 카부르가 된다면 더 이상 유림일 순 없다. 유림에게 더 이상 유림으로 남아 있지 말라는 주문인 셈이다.

전근대 문명을 옹호하는 구식 선비를 대상으로 계몽을 하고 교육구국운동에 동참하자는 주장들을 담은 논설들은 대개 국한문혼용체를 사용하고 있다. 전근대 문명에 대해 계몽의 필요성을 주장하던 인사들은 전근대 문명 출신 인사들이며 그들이 구사한 국한문체도 한문을 읽을 수 있는 사람이라면 크게 노력하지 않고도 이해할 수 있었을 것이지만, 그래도 결정적으로 소위 진서(眞書)의 문법은 아닌 것이다. 기실 약육강식의 세계에서 살아남기 위해 근대 문명 수용이 필요하다는 주장을 국한문혼용체로 전개한 것은 계몽의 담론에 적합한 계몽의 문체로서 당연한 귀결인 듯싶지만, 계몽 대상의 하나로 포함되는 전근대 문명 옹호자 소위 '수구파'들이 그 글을 적극적으로 독해하지는 않았을 것이다. 전근대 문명의 인사들이 계몽의 주 대상으로 적극적으로 포섭되기를 의도했다면, 그 계몽 대상이 반감 없이 효과적으로 접근하고 이해할 수 있는 순한문으로 작성하는 것이 논리에 맞을 것이다. 왜 전근대 문명 옹호자들을 계몽 대상으로 삼고 있는 논설에서 가장 효과적인 도구를 놔두고 국한문혼용체를 사용한 것일까?

국한문혼용체에 담은 내용은 전근대 문명을 계몽 대상으로 포섭하는 듯하면서도, 실상은 전근대 문명의 일체에 대해 철저히 타자화하고 있는 것으로 읽힌다. 계몽의 대상이 아니라 계몽에서 배제하려는 의도가 아닌가 싶다. 구체적으로 한문 사용자를 지척하여 그들을 배제해야 한다는 논리를 편 경우까지도 있었다. 1908년에 이종일(李鍾一)이 작성한 논설에서는 대한의 남녀노소 모두에게 교육을 하기 위해 각 동네마다 학교를 설립해야 한다고 하면서, 남녀노소 이천만 대한 인민 전체에서 한문을 익숙히 깨달은 자를 제외해야 한다는 조건을 넣었다.[6] 전통 문명의 경험을 쓰레기로 여기는 시선에서 전통 문명의 한문을 익숙히 깨닫고 있는 사람을 분리수거 대상으로 보는 것이다. 이렇게 된 원인은  계몽지식인들이 급

변하는 세계정세에 따라 급박하게 요구되는 자강의 논리에 너무 강력하게 추인된 결과일 듯하다. 이미 계몽지식인들이 스스로 전근대 문명 출신이면서도, '완고'로 규정한 전근대 문명의 학자들을 대상으로 교육과 계몽을 시행하고 근대의 시민과 국민으로 거듭 나게 하기엔 시간이 너무 촉박하다고 여겼던 때문이다. 근대계몽기에 활동하던 계몽지식인 대부분이 국한문혼용체를 사용한 것은 국한문혼용체의 공동체로 구성되어가고 있던 근대 국민을 독자로 생각했기 때문이다. 계몽 담론의 생산자들과 독자들은 바로 오하의 아몽으로부터 완전히 탈각하여 이탈리아의 카부르처럼 괄목상대해야 하는 사람들, 근대 국민성을 성취한 집단이다. 전근대 문명과 근대 문명의 대립의 한 축은 한문체와 국한문체의 대립으로 전개되었고, 국한문체를 주장하는 계몽지식인들에 의해 한문은 근대 문명의 완벽한 타자가 되었던 것이다.

## 한문(漢文)이냐 진서(眞書)냐

이전까지 보통 명사로서의 문(文), 혹은 참된 글이라는 뜻으로 진서(眞書)라고 부르던 것이 뜬금없이 고유명사로 위축되어 한문이라 불리게 된 사태를 쉽게 받아들일 수 없었던 어느 구식 선비의 분노를 보자.

> 이때에 중앙의 관보 및 지방의 공문서들은 모두 진서(眞書)와

> 언문(諺文)을 섞어 자구를 연결한 것이었으니 대개 일본의 글 쓰는 법을 본뜬 것이었다. 우리나라 말에서는 옛부터 중국문자를 진서라 하고 훈민정음을 언문이라 하여 이에 통칭 진언(眞諺)이라 하였다. 갑오년 이후로 시무를 추종하는 자들은 언문을 대단히 받들어 국문(國文)이라 일컫고, 진서를 구분지어 외국 것으로 취급하여 한문(漢文)이라고 불렀다. 이에 국한문(國漢文)이라는 석 자의 단어가 용어로서 되었고 진서나 언문이라는 말은 드디어 없어지게 되었다. 방정맞은 자들이 한문은 응당 폐기해야 한다는 주장을 폈으나 형세가 막혀서 제지되었다.[7]

많이 알려진 『매천야록(梅泉野錄)』의 한 대목이다. 갑오년(1894) 12월에 대한 기록인데, 이 해에 갑오경장이 있었다. 갑오경장의 칙령 가운데 있는 "국문(國文)을 본(本)으로 삼고 한역(漢譯)을 부(附)하여 혹 국한문(國漢文)을 혼용(混用)함"이라는 조목의 힘이 서서히 파급되어 국한문체가 공문서의 기본 문체로 자리 잡는 과정을 목도하고 황현(黃玹)이 기록한 내용이다. 이 어름부터 중세 문명의 중심을 차지하고 있던 문자행위는 한(漢)이라는 외래성을 표시하는 기호와 결부되어 고유명사로서 한문(漢文)이라는 명칭을 얻게 된 것이다. 얼마 전까지 진서(眞書)라고 불리며 절대적 가치를 갖는 문자로 대접받던 것이 순식간에 외국 것으로 전락하여 상대화된 사실을 기록하기까지는 참고 있던 황현의 불쾌감이, 심지어 전적으로 폐지해야 한다는 주장을 언급해야 하는 대목에서 폭발하여 그런 무리들을 "방정맞은 자"라고 지칭하고 있다. 얌전히 번역하느라 "방정맞은 자"라고 하였지만 원문의 "광조자(狂佻者)"를 과격하게 번역하면 "미쳐 날뛰는 자"로 옮길 수도 있다. 그들이 왜 그러는지 이유도 납득할 수 없고, 그들의 행동은 유서 깊은 문명이 이룩해온 한문의 전통을 말살하는 파괴적 결과로 치닫게 되니, 황현으로서는 한문 폐기를 열렬히 주장하는 자일수록 그저 더욱 미쳐 날뛰는 자로 생각할 수밖에 없었을 것이다. 참고로 이 선비는 경술국치의 소식을 듣고 「절명시(絶命詩)」를 써 놓고는 자결한 분이었으니, 결코 범범한 분은 아니다.

나로서는 이 해에 기억할 만한 더 중요한 사건은 갑오농민전쟁이라 여기고 있으며, 흔히 고종 정권의 개혁 노력으로 설명되는 갑오경장은 갑오농민전쟁으로부터 파생된 일련의 사태 중 하나일 뿐이라고 생각한다. 이 해 봄에 갑오농민전쟁이 발발하였고, 여름에 농민군에 의해 전주성이 함락되었고, 위기를 자력으로 돌파할 생각을 못한 정권은 청나라에 지원을 요청했고, 청나라 지원병의 상륙은 일본군 개입의 구실이 되었으며, 이로 인해 한반도에서 마주친 두 외국 군대 사이의 전쟁 즉 청일전쟁이 발발하였다. 정권의 어리석음이 동아시아 판도를 바꾸는 전쟁의 도화선이 된 것이다. 이 과정에서 궁궐에 난입하여 고종을 위협하고 조정을 장악한 일본의 강압으로 진행된 개혁이 소위 갑오경장이다. 갑오경장의 자주적 개혁이란 것은 대개 청의 전통적 간섭으로부터 조선을 격리하여 일본의 영향력을 확대하려는 의도이며, 근대적 개혁이란 것은 대개 일본식 근대화를 표준 모델로 관철하려는 의도였다. 갑오경장에 양반제도 철폐와 노비 혁파 및 과부개가 허용 같은 그나마 긍정적 의미를 부여할 수 있는 조문들이 문서화된 것은, 갑오농민전쟁 농민군의 위세가 보여준 아래로부터 분출하는 엄청난 개혁 압력의 영향이었다. "국문을 본으로 삼고 ……"라는 조문은, 아래로부터 분출해 올라오는 개혁 압력과 일본식 표준화 의도가 맞물린 묘한 지점에 자리잡고 있었다.

이 무렵부터 한문을 외래의 것으로 밀어내고 중심을 차지한 것은 국문(國文)이다. 소위 진서(眞書)를 중국으로부터 유래한 외래의 문장이라는 뜻의 고유명사 한문으로 위축하여 외곽으로 밀어내고 중심을 차지한 개념은, 바로 '보통명사' 국문인 것이다. 국문은 나라 고유의 문장이라는 뜻이지, 조선어 문장만을 가리키는 고유명사가 아니라는 말이다. 대단히 주의하지 않으면 간과하게 되는 점이다. 국문이 민족 경계 안쪽에서 보통명사로 사용된다는 사실을 인정하고, 시야를 넓혀보자. "國文"이라고 한자로 적고 한국인에게 읽게 하면 "국문"으로 읽고 한국어 문장이라고 인식할 것이다. 일본인에게 읽게 하면 "코쿠고こくご"로 읽고 일본어 문장이라고 인식할 것이다. 중국인은 "궈원guówén"이라고 읽고 중국어 문장으로 인식할 것이다. 이 단어는 한중일 각국의 경계 안에서는 보통명사이며, 각국의 경계를 넘으면 각국의 고유명사로 작동되는 기능을 한다. 국문이라는 개념은 근대 민족주의가 요구하는 민족 순수성의 핵심으로 민족의 경계 안쪽에서 통용되는 보통명사의 기능을 하도록, 한자문화권에 속한 각국이 공통적으로 사용한 개념인 것이다.

동아시아 각국은 근대 민족주의의 필요에 공급할 한자 개념어를 공유하고 있었다. 한중일에선 국(國)으로 시작하는 국문·국어·국사 등의 용어를 공통적으로 활용하였는데, 근대 민족주의 개념으로 자국의 고유한 것이라는 의미로 국(國)을 가장 먼저 사용하기 시작한 나라는 일본이다. 일본은 서세동점 이후 민족주의가 부상하는 시기에, 전근대 동아시아 '천하' 체제 속에 보편적 학문으로 공유하던 부분을 '한학(漢學, 중국학)'으로 타자화하고, 서양으로부터 유래한 학문을 '양학(洋學)'으로 칭하며, 일본의 고유한 것을 추구하는 학문을 별도로 독립시켜 '국학(國學)'이라 불렀다. 특히 일본의 고유한 것을 추구하기 위해 무엇보다 먼저 국학에서 "야마토고코로(大和心, 일본적인 정신)"를 확보해야 한다는 주장에서 확인되는 것처럼 '국학'은 종교에 가까운 강력한 민족주의적 정서 속에서 성장한 개념이다.[8] 일본에서 전개된 국학의 발견이 동아시아로 전파되어 중국과 한국에서 공통으로 활용하게 되었던 것이다. 국학이 일본처럼 근대 민족주의에서 제국주의로 전개되는 과정의 이데올로기로 기능할 수도 있고, 중국과 한국처럼 저항적 민족주의의 이데올로기로 전개될 수도 있는 것이었지만, 어쨌든 두 방향 모두 서구 제국주의 위협 앞에 거울처럼 반응한 결과였다.

중국에서도 민족주의가 부상하면서 자국학을 수립하려는 학술 활동이 전개되는데, 그 중심인물인 장태염(章太炎)은 국학대사(國學大師, 국학의 큰 스승)로 불리기도 하였다. 그런데 중국의 경우엔 일본과 달리 전근대 동아시아 보편적 문명을 자국학의 중심 분야로 하기 때문에 한학과 같은 용어를 사용하여 타자화해야 할 대상이 없었다. 장태염의 경우 과거 전통으로부터 타자화해야 할 대상은 만주족 청나라였다. 중국의 '국학'은 한족 중심 민족주의 혁명 노선의 산물인 것이다.[9] 같은 시기 한국은 근대계몽기를 관통하며 중세 동아시아 보편적 문명을 '한학(漢學)'으로 타자화하며 '국혼(國魂, 나라의 영혼, 박은식의 용어)', '국수(國粹, 나라의 핵심, 신채호의 용어)' 등의 용어로 학문의 중심에 자국의 고유한 내용을 개발하여 확충하려는 노력이 벌어졌는데, 이 노력을 '국학'이라는 용어로 수렴해볼 수 있다.[10] 중국에 비해 한국은 일본의 양상과 좀

더 닮아 있었던 차이는 있었지만, 일본이 근대 민족주의를 선취하고 중국과 한국이 각기 추종한 것은 분명한 사실로 인정할 수 있다. 그리하여 동아시아 각국은 양상이 조금 다르지만, 서구 제국주의 위협에 대응하기 위한 저항 과정에서 전근대 보편주의 학문을 청산하고 '국(國)'이라는 표상으로 자국의 고유한 전통을 새롭게 발견하여 가치를 부여하였던 것이다. 자국의 특수한 가치를 자국 내에서 보편적 가치로 확정해내고 외부 세계에 대한 비교급 없는 절대적 자부심의 근거로 활용한 것은, 민족주의적 특징이라고 하겠다. 이 대목에 국학의 계열어로서 국어·국사 등과 더불어 국문이라는 개념이 자리잡고 있었다.

매천 황현이 '미쳐 날뛰는 자'라고 분노를 퍼부은 대상은, 실상 이러한 위상을 갖는 국문을 근대 민족주의의 새로운 근본으로 받아들이고 이념적으로 추구하던 근대 계몽지식인들이었다. 근대 문명의 외곽 말단에서 식민화의 위기에 처한 상태에서 벗어나기 위해 다급하게 근대 계몽 활동을 벌이던 이들의 시선을 통해 바라본다면, 한문을 포기 못하고 버티는 황현 같은 자들이 오히려 백성들을 식민지로 몰고 가면서도 제 잘못이 뭔지도 모르는 대책 없는 존재들이다. 황현은 그들이 형세에 막혀 제지되었다고 적었지만, 계몽지식인들은 강력한 위기의식 속에서 막힌 형세를 뚫고 국한문체의 시대를 열어갔다. 계몽지식인들은 위기의식의 강도만큼 강렬한 비난을 한문 옹호자들에게 쏟아대지 않을 수 없었을 것이다.

> 슬프다. 대한제국 몇 백 년 동안 한문학자는 조선(朝鮮) 두 글자를 전부 배척하고 오직 한(漢)을 흠모하고 오직 한을 숭앙하며, 스

> 승삼고 존숭하며 의뢰하였다. 그들을 존경하여 대국이라 하고 우리를 천시하여 소국이라 하였다. …… 크게 외치기를 한국문(漢國文)이라 하여 국문의 역신이 되며 한문의 충노가 되려하니[11]

민족 고유의 가치를 중심으로 근대적 민족 개념을 형성하여 계몽의 대상으로 삼고 그 대상을 동원하여 식민화의 위기를 돌파하려는 계몽적 시각에서, 한문의 외래성은 과격하게 강조될 수밖에 없었던 것이다. 위에 인용한 글은 여규형(呂圭亨)이 한문과 국문의 관계를 논하면서 한문은 절대 폐지할 수 없다는 글을 발표하자,[12] 황희성(黃羲性)이 반박의 성격으로 작성한 글이다. 여규형은 유림(儒林)의 도(道)를 지키기 위해 유림의 도를 담고 있는 한문을 포기해서는 안 된다고 주장하였다. 여규형이 한문을 폐지할 수 없다는 주장을 한 것만으로도 비판의 표적이 되기에 충분한데, 국문과 한문의 관계를 논하면서 한국문(漢國文)이라고 용어까지 새로 만들어 사용하였다. 갑오경장의 칙령에 표기된 이래, 국문과 한문을 나란히 언급해야 할 때 국한문(國漢文)이라 쓰는 것이 일반적 경향이 되어 있었다. 구식 선비 여규형은 이 일반적 경향으로 적자니 한(漢)이 국(國)의 뒤에 오는 것이 황송해서 '한국문'이라 적었던 것이다. 근대 계몽지식인 황희성으로서는 도저히 간과할 수 없게 되었다. 왜 한문을 그렇게 떠받드는가에 대해 황희성은 여규형의 삶을 이렇게 분석하여 제시하였다. "청년 시절 한문 잘 쓰는 재주를 품어서 재능 있는 선비라는 명예가 남도에 떠들썩하게 한 것도 한문이요, 하루아침에 높이 올라 여씨 가문에 과거 합격의 경사를 만들어 낸 것도 한문이다. 선생은 한문에서 태어나서 한문에서 성장하였으니, 그대를 알아주는 것도 오직 한문이요 그대를 벌주는 것도 오직 한문이라 할 만하다."[13] 전근대 문명 속에 성장하여 생활하고 있는 여규형의 삶 전체를 한문의 가치가 지배하고 있는 것으로 본 것이다. '한국문'이라는 표기가 한문의 가치에 대한 수구적 완고함 때문에 나온 것이라고 판정되었으니, 이번에는 황희성이 분노를 참을 수 없었다. 황희성은 여규형을 "충직한 노예(忠奴)"라고 규정했다. 충직을 바치는 대상은 한문, 외래의 것으로 지정된 한문이었다. 딴 놈의 노예였던 것이다.

근대 문명의 입장에서 그 외래성을 드러내기 위해 문자 앞에 한(漢)을 씌웠지만, 전통 문명의 입장에 서 있는 사람들은 여전히 고유명사가 아닌 일반명사로서 문자(文字)나 문(文)으로 지칭하고 있었다.

> 세도(世道)가 천박해지자 문자(文字)가 먼저 무너져서 선배들의 풍상이 날마다 멀어지게 되었다. …… 언자(諺字)와 해문(蟹文)이 세상에서 성행하고, 떠돌며 설득하는 선비들은 혀를 차며 국세가 잔약해진 탓을 문자의 허물로 돌렸다. 아, 국세가 약해진 것은 문(文)을 잘 쓰지 못했기 때문일 따름이지, 문의 죄는 아니다.[14]

위의 인용문은 1904년 김택영(金澤榮)이 기록한 글인데, 언자(국문)와 해문(영문)의 성행을 탐탁지 않게 여기며 한문을 제대로 쓰자고 주장하고 있다. 한문을 제대로 쓰지 못한 잘못은 인정할 수 있어도 한문 자체의 죄는 전혀 인정할 수 없다는 논리를 펴고 있다. 여기서 주목하고 싶은 것은 언자나 해문과 대립되는 한문을 별도의 기호 없이 그냥 문, 혹은 문자로 적고 있다는 사실이다. 국문과 영문을 지칭할 때 각기 언(諺)과 해(蟹)라는 수식어가 문(文)과 자(字)를 꾸미고 있는 것과 대조적으로, 한문을 지칭할 때는 아무런 수식도 없이 문과 문자로 적고 있다. 이것은 한문의 외래성을 전혀 인식하고 있지 않는 동시에 오히려 절대적 보편성으로 인식하고 있음을 강력히 증명하고 있는 것이다. '언'은 우아하지 못하고 속된 말이란 뜻인데, 가장 긍정적으로 해석하면 지방 언어로 해석할 수 있지만, 어쨌든 천하에서 보편적으로 쓰이는 언어로서의 한문에 비해 낮추어 보는 의미가 있다. '해'는 게를 가리키는데, 세로로 글을 써내려가는 동아시아 문서에 익숙한 시선에서 가로로 흐르는 서양의 문서를 낯설게 인식하며, 게처럼 옆으로 기는 글이라고 얕잡아 표현한 것이다. 근대 문명의 중심담론에서는 바로 이 전통적 어법을 사용하는 의식을 고립시키면서 그 관형사로 한(漢)을 부여하여 한문(漢文)으로 고유명사화하고 상대적 가치로 절하하였던 점을 대조해서 본다면, 김택영이 구사한 단어의 의미가 더욱 분명히 드러나리라고 여겨진다. 이런 입장에서 전통 문명의 외부가 시야에 전혀 포착되지 않는 것은 아니지만, 언급하더라도 경멸하기 위해 언급하는 태도 정도를 취했으니, 여전히 한자·한문의 위상을 절대성으로 인식하며, 중세의 지속을 의심치 않고 강력히 지지하는 태도이다. 그러나 김택영이 고수하던 전통 문명의 바깥쪽으로 한발만 넘어서면 한문학을 소외시키는 근대 문명이 세상을 장악해가는 현실이 있었다.

## 뜨거운 감자, 한문학 유산

전근대 한반도 문명의 중심에서 견고하게 자리 잡고 있던 한자와 한문은 근대계몽기를 관통하면서 문명의 외곽으로 밀려났다. 민족 단위로 침탈해오는 제국주의에 대항하는 저항적 민족주의의 형성 과정에서 구상한, 민족 고유의 순수성이란 개념이 전근대 문명의 한문학을 타자화했던 것이다. 한문이 중국으로부터 유래한 것이기에 한문학은 본질적으로 우리 것이 아니라는 논리였다. 근대계몽기 운동의 차원에서는 민족 고유의 순수성을 수립하고 그 대척점에 전근대 한문학을 배치하여 타자화했지만, 이후 문학 연구 대상으로 한문학을 다룰 때는 그 논리를 고스란히 관철시킬 수 없었다. 국문학 연구의 입장에서 한문학은 배제하기도 포용하기도 어려운 뜨겁고 커다란 감자였다. 국학의 하위 범주로서 국문학은 근대 민족주의가 창출해낸 민족 고유의 순수성을 문학 방면에서 탐구해야 했다. 이 입장을 원리주의적으로 고수한다면 한문학은 이미 포용하기 어려운 뜨겁기만 한 감자다. 그러나 국문학이 문학 연구의 하위 범주로서 한반도의 문학 유산을 다루기로 한다면 국문문학만으로는 양적으로 빈약해지기에, 한문학은 배제하기 어려운 아주 커다란 감자다. 아주 크고 너무 뜨거운, 한국한문학이라는 감자는 우여곡절 끝에 국문학의 한 축으로 대접받게 되었다. 국문학 연구가 본격 궤도에 오르게 되면서 국문학의 한 축으로 대접받게 되었던 것인데, 여기에 이르기까지 적지 않은 우여곡절을 겪는다.

근대 민족주의에 입각한 민족 고유의 순수성을 견지한다면 외국 태생이라는 출생의 비밀을 안고 있는 한문학 유산을 철저히 배격하고 싶었을 것이다. 그러나 귀족 계급의 문어로서 국가 공문서에서부터 개인적 문자 행위까지 모두 한문으로 이루어졌던 전근대를 지나온 형편에서, 한문학 유산을 배제하고 나면 남는 게 별로 없는 게 문제다. 지금은 논란의 여지가 있지만 당시에 최초의 소설로 대서특필되던 『금오신화(金鰲新話)』와 조선 소설사의 최고봉을 이루는 연암 소설(燕巖小說) 역시 모두 한문학 작품인 것도 문제다. 민족 고유의 순수성이 담겨있다고 주장하는 단군신화가 『삼국유사(三國遺事)』에 한문으로 기록되어 있고, 고구려 건국 서사시를 기록한 이규보의 「동명왕편(東明王篇)」도 한문으로 되어 있다. 차자표기 문학인 향가에서부터 본격 국문표기 문학인 가사와 시조 및 국문소설만으로 빈약한 국문학사를 구상하기에는, 문학사적 의미가 지대한 한문학 유산이 너무 많았다. 1930년대의 본격적 국문학 연구자들은 출발부터 민족 고유의 순수성과 한문학 유산 사이에서 줄타기를 할 수밖에 없었다.

한국 문학 연구는 식민지시기에 본격적으로 출범했다. 현재 확인된 최초의 한국문학사 저술은 자산 안확(自山安廓)의 『조선문학사』인데, 1922년 출간되었다. 안확은 이 책의 마지막 부분에서 1920년 출간한 자신의 책 『자각론(自覺論)』을 언급하며, 『조선문학사』는 『자각론』의 서문이라고 규정하였다. 안확의 『자각론』은 인간이 주체적 자각을 통해 새로운 도덕률을 갖추고 학문·예술·시를 혁신하여 세상 사람들이 새로운 생활을 하도록 해야 한다는 주장을 담고 있는 선언문의 성격을 지니는 책이다. 이 책의 선언을 역으로 구성하면, 대중의 새로운 생활이 최종 목적점이고, 학문과 예술과 문학이 그것으로 가는 도구이고, 개인의 주체적 자각이 최초의 출발점이다. 출발점이 없으면 나머지도 존재할 수 없기에 출발점의 자각을 가장 중요한 가치로 부각시켰다. 개인에서 대중으로 자각의 확산 방향을 잡았고, 지식인의 복무 영역인 학문과 예술과 문학을 주된 논의의 대상으로 삼았으니, 엘리트주의에 속한다고 할 수 있겠다. 엘리트적 자각을 설파하는 『자각론』의 서문으로 작성되었다는 『조선문학사』는 한문학을 배제하지 않고 국문학의 요소로 다루었다. 국문학에 대한 선행 연구가 전혀 축적되지 못한 시기이고, 국문학에 대한 개념 규정조차 엄밀히 논의되기 이전이었다. 엘리트주의를 설파하는 안확으로서는 한문학 유산을 타자화해야 할 하등의 이유도 없었고 국문학에서 한문학을 분리하는 논리도 전혀 보여주지 않았다. 이 최초의 문학사 저술은 그러나 이후 국문학 연구에 별반 영향을 미치지 못한다. 안확의 『조선문학사』는 지금 다시 돌아볼 가치가 있는 절실한 담론을 담고 있지만, 이후 국문학 연구의 경향을 거론하는 대목에서는 잠깐 덮어둘 수밖에 없다.

1930년대 국문학 연구의 주요 인물들은 안확의 『조선문학사』를 거론하지 않았고, 민족 고유의 순수성 문제에 강한 집착을 보이며 한문학 유산이라는 난제를 풀기 위해 새삼 고심했다. 『조선문학사』에서 한문학을 포함해서 다루었다고 했지만, 안확이 한문학을 문학이라는 분과학문으로 이해한 것은 아니다. 문학을 다룬다고 했지만, 철학적 문자 내용과 역사적 문자 내용까지 포함한 서술을 하고 있기 때문이다. 그가 문학사에서 다룬 조선문학은 1930년대 국문학 연구자들이 생각한 문학과 차이가 있다. 1930년대 국문학 연구의 주요 인물들은 경성제국대학 출신이었다. 그들은 국문학의 상

(像)을 문학이라는 분과학문의 막(幕)에 투사하는 학문적 훈련 기간을 거쳤다. 자각을 위한 서문으로서의 조선문학이라는 안확의 인식은, 그들에게 학문 이전의 단계에 머물러 있는 것으로 보였을 것이다.

여기 생각해볼 문제가 등장한다. 인문학을 흔히 문학·역사·철학의 문사철 학문으로 부르는데, 국학 역시 국문학·국사·한국철학의 영역으로 구성되어 있다. 어렴풋하게 우리는 이런 체계를 당연한 것으로 상정하고 있지만, 이것은 역사적으로 구성된 것이다. 선험적 체계가 있어서 그 체계를 기반으로 인문학과 국학과 각 분과 학문을 실현해낸 것이 아니라는 말이다. Humanities나 Liberal Arts를 인문학으로 번역해내고 대학 제도를 통해 문사철의 분과 체계를 정립한 것은 역시 한자문화권에서 가장 먼저 근대화를 성취한 일본이다. 언어학·문헌학·개념학 등 인문학의 주요 학문들이 이 학문 제도의 표층에 등장하지 못하고 문학·역사·철학의 하위 범주인 것처럼 배치된 것은 일본 근대 학문 제도 형성 과정의 역사적 경험을 반영한다. 국학을 인문학 삼분체계에 준거하여 구성한 것도 역시 일본이다. 일본의 근대 학문 제도 형성 과정의 역사적 경험을 반영하는 것이다.[15] 이 일본의 인문학 제도와 국학 제도가 한반도에서 거의 고스란히 재현된다. 그런데 국문학과 국사는 일반 명사이고, 한국철학은 고유 명사다. 일반명사로서 '국철(國哲)'이라는 용어는 창안되지 않았다. 국학의 삼분과 학문 내에서도 편차가 있음을 짐작할 수 있다. 국학 형성 과정에서 국문학과 국사는 민족주의 이데올로기가 자주 동원하였지만, 철학은 별로 활용되지 않았던 정황을 반영하고 있는 것이다. 짐작건대 보편지향의 학문인 철학을 동아시아의 민족주의가 충분히 요리해낼 수 없었던 것이라고 추정해볼 수도 있겠다. 이 사실을 거론하는 이유는, 모든 근대 학문은 역사적 구성의 과정을 거친다는 점을 지적하기 위해서다. 실상 모든 학문으로 확대해서 말해도 역사적 구성의 과정을 거쳤다고 할 수 있다. 모든 것, 인간이 만들어낸 모든 것으로 확대해서 말해도 다 역사적 구성의 과정을 거쳤다고 할 수 있을 것이다. 현재가 역사적 구성 과정의 종착점인 것으로 오해하면, 곤란하다. 안확의 『조선문학사』가 보여준 인식도 역사적 구성 과정의 중간이고, 1930년대 초창기 국문학 연구자들이 보여준 인식도 역사적 구성 과정의 중간인 것이다.

1930년대 초창기 국문학 연구자들은 안확과 다른 계보를 인식의 준거로 삼았다. 그리하여 한문학에 대한 인식도 다르게 되었다. 1930년대 국문학의 중심은 시가와 소설이었다. 김태준(金台俊)과 조윤제(趙潤濟)라는 걸출한 연구자가 각기 『조선소설사』와 『조선시가사강』을 저술한 것이 1930년대였다. 김태준은 경성제국대학 지나(중국)문학과 출신이고 조윤제는 경성제국대학 조선어문학과 출신이다. 1924년 설치 법령을 포고하고 1926년 학부를 개설한 경성제국대학은 한반도의 유일한 대학이었고, 일본 입장에서는 여섯 번째로 설립된 제국대학이었으며, 일본 본토 밖에 설립한 최초의 제국대학이었다. 한반도에서 대학에 비견할 만한 다른 교육 기관들은 전문학교라고 불렸다. 명륜전문학교, 혜화전문학교, 보성전문학교, 연희전문학교 등이 대학의 역할을 하여 해방 후 설립되는 사립대학들의 전신이 되었지만 식민지시기에는 대학의 명칭을 부여받지 못했다. 경성제국대학에서 김태준과 조윤제가 수업한 강좌의 교수진은 대개 동경제국대학 출신이었다. 일본 국문학 연구가 겪어온 일본 국학으로서의 성격, 인문학 삼분과 속에 위치한 문학으로서의 성격이 조선문학 연구에 암묵적으로 연결되는 통로가 되었을 것이다. 안확이 별 고민 없이 조선문학의 범주에서 다루었던 한문학을 두고, 김태준과 조윤제가 뜨거운 감자를 쥔 듯이 난감해하게 된 데에는 이 통로로 전달된 인식이 작용했을 것이다.

이제 근대계몽기를 관통하며 근대 문명의 중심에서 완벽히 배제되었던 한문학에 국문학연구자들이 눈을 돌릴 차례다. 근대계몽기에는 전근대 전통 학문을 한학으로 명명하고 타자화하였다. 국문학연구자들은 그것 중에 문학적 가치가 적용될 것들을 추려서 한문학이라 부르며 관찰하고 접근한다. 한학에서 한문학이 분리된 것이다. 여기에는 조선문학(지금의 국문학) 연구라는 조선학(국학)의 한 분야의 성장이 결정적 계기가 된다. 잠깐 조선학과 국학이라는 명칭을 정리하고 가야겠다. 앞서 말했듯이 '국(國)'은 자국 내에서 보편적 기능을 하도록 동아시아 한자 문화권 국가들이 공유한 개념이다. 그런데 이 말에서 '국(國)'은 민족국가가 존재해야 자국 내에서 보편적으로 기능할 수 있는 말이다. 식민지 조선에서 국가는 식민지 지배국 일본을 가리켰다. 식민지시대의 '국어'는 일본어이고, '국사'는 일본사이며, '국학'은 일본학을 뜻하는 것이었다. 그러므로 근대계몽기 이래 조선의 고유한 것을 추구하는 학문의 흐름을 식민지시기에는 보편명사 '국학'이라고 부르지 못하고 고유명사 '조선학'이라고 부르게 된 것이다.

> 막연히 '조선학(朝鮮學)'이라고 한 것은 …… 30년 전 같으면 '국

학(國學)'이라고 떠들었을 것을 …… 봉건사회에서 자본사회에 들어가는 초기에 반드시 대두하는 '국학'운동이 한국에서는 발흥할 기운에 도달하기 전에 정치적 압박을 당하였다.[16]

김태준(金台俊)의 1933년 발언이다. 이 발언을 통해 그는 간단하게나마 식민지 한국에서 사용하는 '조선학'이라는 말에 대해 설명하고 있다. '조선학'은 동아시아 다른 나라에서 사용하는 '국학'이라는 용어와 같은 뜻이라는 것과, 그것이 전근대에서 근대로 전이되는 과정에서 반드시 출현하는 하나의 운동임을 언급하고 있다. 이 발언을 통해 우리는 근대 초입 강력한 민족주의 정서 속에 자국학의 영역이 확보되는 과정이 보편적으로 존재한다는 것, 동아시아에서 그것은 일반명사로서 '국학'으로 호명되어야 한다는 것, 그러나 그것이 성장할 수 있는 대목에서 한국은 식민지로 전락하여 잠재력이 발휘되지 못하였다는 것, 그리고 식민지 상황에서 어쩔 수 없이 '조선학'이라고 부른다는 것을 이해해볼 수 있다. 이 글의 다른 연재분에서 김태준은 식민지체제 편입으로 한번 꺾였던 '조선학' 연구열이 "근래에 이르러 인플레이션된 셈"이라고 하며, 손진태・송석하의 『조선민속』, 조선어학회의 『한글』, 조선어학연구회의 『계명』, 조선어문학회의 『조선어문학회보』 등의 연구 열풍을 기록하고 있다.[17] '조선학'에 대해 객관적 관찰자의 입장을 취하며 다양한 '조선학' 연구 경향을 소개하고 있다.

김태준(金台俊)은 『조선한문학사』(1931)에서 이러한 조선학 열풍을 배경으로 삼고 근대적 분과학문주의를 도구 삼아 한학에서 한문학을 적출해내는 논리를 보여주었다.

> 상술한 바와 같이 한학(漢學)이라고 하면 중국철학과 중국문학을 포함한 것처럼 생각하나 나는 한문학(漢文學) 방면만을 고찰하는 한문학의 사적 연구를 하고자 함이니 즉 공·맹·정·주·노·장 등의 철학적 요소를 버리고 순전히 조선에서 한자로 쓴 문학적 방면인 시가문장의 내용 혹은 형식의 변천을 사적 체제의 아래에서 보고자 함이다. …… 조선문학이란 것이 순전히 조선문자인 한글로써 향토 고유의 사상감정을 기록한 것이라고 할진대, 다만 조선어로 쓴 소설·희곡·가요 등이 이 범위 내에 들 것이요 한문학은 스스로 구별될 것이다.[18]

한학에 포함되어 있는 철학적 요소를 배제하고 문학적 요소만의 역사를 보는 것이 자신의 한문학사라고 규정을 하고 있는 것이다. 한학에서 한문학을 구별해내는 논리는 짧지만 중요한 지점이다. 소위 문사철의 혼재인 중세적 문자행위에서 문학의 영역을 분리해내는 장면이기 때문이다. 이 장면에는 문학(文學, literature)이라는 관념을 수입하고 내면화한 근대적 태도가 배경으로 놓인다. 그런데, 문제는 그 한문학을 조선문학과 어떤 관계에 놓을 것인가 하는 것은 그저 "스스로 구별될 것"이라고 하여 희미하게 처리되어 있는 점이다. 향토 "고유"에만 방점이 놓이는 한, 이 문제는 한동안 해결하기 어려운 것이 될 것이다. 여기 『조선한문학사』에서 다루지도 않을 조선어로 쓴 조선문학을 언급한 것은, 이 해결되기 어려운 문제에도 불구하고 바로 조선문학에 대한 인식의 결과가 한자로 쓴 한문학에 대한 정리로 드러났음을 짐작하게 하는 것이다. 이 무렵 정인보(鄭寅普)·안재홍(安在鴻) 등을 중심으로 벌어진 조선학운동에 대해 대부분의 사회주의자들이 반대 논리를 폈지만, 김태준은 사회주의자이면서도 과학적 조선 연구를 표방하며 일종의 비판적 지지자로 나선다.[19] 조선문학 연구라는 자신의 전공과 깊이 관련된 선택으로 여겨진다. 이 조선학운동의 핵심은 민족 고유의 순수성이다. 민족 고유의 순수성을 표방하는 국문중심의 조선문학(국문학)이라는 이념과 외면할 수 없는 방대한 한문학 유산의 사이에서 절충의 길로, 『조선한문학사』라는 저술이 나오게 된 것이다. 한학으로 싸잡아 배제했던 과거 유산으로부터 근대적 의미에서 문학적 방면으로 분류될 수 있는 부분을 구제하여 한문학이라는 이름 아래 연구함으로써 조선문학(국문학)의 부족한 영역을 확충할 것으로 기대했을 것이다. 그러면서도, 한문학이 여전히 조선문학(국문학)은 아니어서 저절로 구별되는 것이라고 별도의 영역을 설정해 둔 것이다.

> 그러면 한국에 있어서 한국사람의 손에 의해 발달한 한문학은 작자 자신 뿐 아니라 당시 일반사회까지 그것이 자국문학이라는 데서 일점 의심을 갖지 않았고, 또 한국말로써 표기된 문학보다 더 잘 한국사람의 사상·감정·생활을 표현하고 있다는 사실로 비추어 보면 적어도 고대의 한문학만은 전연 한국문학과 관계없다고 할 수 없을 듯하다. 그렇다 하여 한국의 고유문학이 정의되어 있는 이상 그것이 그대로 한국문학이 되어버린다는 것도 이상한 일이니, 나는 여기에 한국의 한문학이 이상의 특수한 사실을 가지고 있다는 것으로 그것이 그대로 한국문학이 된다고는 하기 어렵지마는 큰 한국문학의 일부분은 될 수 있으리라 생각한다. 즉 한국말로 된 한국문학은 한국의 고유문학으로서 이것을 순한국문학이라고 한다면 한문학은 그것이 아닌 한국문학이 되어서, 전기 순한국문학과 합해서 여기에 큰 한국문학이 된다는 것이다.[20]

조윤제의 『국문학사』는 민족 고유의 순수성이라는 이념에 비추어 문학도 한국말로 된 순수한 한국문학만을 다루고 싶지만, 한국사람의 손에 의해 발달한 한문학을 외면할 수 없으니 큰 한국문학의 범위에 포함시켜야 한다는 논리를 폈다. 조윤제는 실제로 『국문학사』에서 상당히 많은 부분을 할애하여 한문학을 다루기도 하였다. 이 한문학 유산에 대하여 "돌이켜 생각하면 국문학사는 우리 국문학과 한문학과의 투쟁의 역사"[21]라고 표현하기도 했다. 한편으로는 극복과 투쟁의 대상으로 타자화시키면서도 한편으로는 버리기도 어렵고 안기도 어려운 그야말로 애증의 대상이었다. 애증의 심리가 "큰 한국문학"이라는 용어로 표현되었다. 한문학 유산을 버릴 수 없다는 애(愛)의 심리에서 한국문학에 포함시켰지만, 우리말로 된 문학을 억압했다는 증(憎)의 심리에서 한국문학의 핵심은 아니고 큰 범주에서만 포함된다는 논리를 만들었던 것이다. 우리말로 된 한국문학에 대해서는 각별한 애정을 담아 "순한국문학"이라는 용어로 표현하게 되었다.

무시할 수 없는 질과 양을 갖고 있는 한문학 유산은 한국 고전문학 연구자들이 결국 수용할 수밖에 없는 것이었다. 김태준이 문학적 가치를 기준으로 한문학 유산을 다루면서도 조선문학과는 구별된다는 말을 덧붙이고, 조윤제가 한문학 유산을 한국문학에 포함시켜야 한다고 결단하면서도 큰 한국문학이라는 별도의 전제를 설정한 것에서, 국문학 연구가 근대계몽기 이래의 민족주의적 국학의 자장 안에서 전개되었기에 가질 수밖에 없던 갈등을 읽어낼 수 있다. 민족주의적 태도에서 고전문학의 풍성함을 자부하려니 한문학 유산을 완전히 배제할 수는 없지만, 민족주의적 태도에서 민족 고유의 순수성을 구상하려니 한문학 유산을 온전히 수용할 수도 없었다. 출생의 원죄를 풀어줄 논리는 실상 단순했다. 별도의 전제 없이는 국문학이 될 수 없었던 한문학 유산의 출생의 원죄는 정병욱(鄭炳昱)이 제시한 "국문학이란 한국사람의 생활을 역사상의 각기 시기에 있어서 그 시대적 특수성에 상응하는 표현방법인 정음·차자·한문을 통하여 형상적으로 창조한 문학"이라는 규정을 통해 속죄되었다.[22] 한글과 향찰과 더불어 한문도 한국 문학의 동등한 표기 수단으로 본 것이다. 이후 1975년 한국한문학회의 창립 등이 중요한 계기가 되어 한문학 연구 분위기가 조성됨으로서 한문학 유산도 당당히 국문학의 한 축으로 대접받게 된다.

## 버려둔 감자, 근대한문학

근대계몽기 계몽 담론의 시선에서 타자화되었던 한문학 유산은 이제 한국한문학의 이름으로 국문학 연구 분야의 한 축으로 복권되었다. 그런데, 복권된 것은 전근대의 한문학만이었다. 계몽지식인들이 증오해마지 않았던 당대의 한문학은 여전히 사각에 놓여 있다. 계몽지식인들의 타자화의 대상은 한학 전체였지만, 증오의 핵심 대상은 당대의 한문 사용자들이었다. 실상 그들의 강력한 비난의 논설은 역으로 한문학이 시들지 않는 사태를 증명하는 것이기도 하다. 계몽의 다급함은 변함없이 왕성한 한문학을 더욱 강력하게 고립시켜야 했던 것이고, 민족 고유의 가치를 기준으로 볼 때 타자화하고 청산해야 마땅한 한문은 그럼에도 불구하고 대단히 강력한 뿌리를 갖고 유지되고 있었던 것이다. 20세기는 근대가 시작되는 시대였기도 하지만 한시를 중심으로 한문학이 가장 융성했던 시기라고 해도 과언이 아닐 것이다. 한시(漢詩)만 놓고 본다면 전혀 소멸의 기미가 없었던 것이다.

> 오직 옛 책을 옛 형태대로 간행함에 불과하니 김교헌(金敎獻)·유근(柳瑾)·최남선(崔南善) 등이 조직한 광문회(光文會)는 오직 옛 역사 및 고적에 관한 서적 간행을 주선하는 데 힘쓰니라. 이 사시(史詩)적 관념은 모름지기 옛 문예를 부흥함에 이를새 곳곳에 한시 짓는 기풍이 일어나 옛날 과거식의 백일장이 열리니 안택중(安宅重)씨가 창립한 신해음사(辛亥吟社)는 당시 한시 명작을 채집하여 간행했으며, 서울 장충단 동천에서 열린 의과회(擬科會)는 실상 고려시대가 다시 온 듯하다. 김윤식(金允植)의 운양집(雲養集) 발행은 한시 관념으로 나온바 당시 대표적인 간행물이러라. 이 풍조로부터 한학열(漢學熱)은 크게 일어나기에 이르니 신교육을 받은 청년도 맹자·논어를 습독하여 서적업자는 천자문·통감·사서 등 옛 한적을 발매하여 큰 이익을 취득하며 ……[23]

자산 안확(自山安廓)은 『조선문학사』(1922)에서 한문고전의 간행과 시사(詩社)의 성행과 문집의 발행을 늘어놓고 그 중심을 한시 관념(漢詩觀念)으로 지칭하고 있다. 시사는 시를 짓는 동호회적 단체를 뜻한다. 한학의 중심에는 한시를 짓고 주고받는 전통적 아비투스가 버티고 있었던 것을 안확은 발견한 것이다. 이런 경향이 한학열(漢學熱)을 조성했다고 하며 아무런 감정 없이 기록하고 있는 듯하지만, 기실 이 절의 제목은 "신구문예의 대립"이다. 한시단의 융성과 한학열에도 불구하고 모두 구문예로 명명함으로써 신문명의 외부에 자리 잡은 전근대 문명의 영역으로 처리한 것이다. 앞서 안확이 한문학을 별 의심없이 조선문학의 범주에서 다뤘다고 했는데, 그것은 구문예에서만 해당하는 것이다. 안확도 자신의 시대가 신문예로 향해 가고 있음을 알고 있었고, 신문예로 향해 가야 한다고 믿고 있었다. 여기서 한학(漢學)은 근대계몽기 이후 배제되어오던 전근대 문명의 문자행위에 대한 총칭으로 사용된 것이다.

조선왕조시대의 한학이라는 어휘는 성리학 중심의 송학(宋學)에 대비되는 훈고학(訓詁學)을 지칭하는 것이며, 또는 역관(譯官) 취재시험 때 한어(漢語) 전공자를 선발하기 위한 과목의 명칭으로 한학(漢學)이 사용되는 경우도 있었다. 한문(漢文)도 당시의 문장 전반을 가리키는 것이 아니라 한(漢)나라 시대의 문장을 지칭하는 것이었다. 이런 한학(漢學)이라는 어휘를 이제 중세의 학문 전체를 싸잡아 타자화하는 언어로 사용하게 된 것이다. 이 과정에서는 일본에서 벌어진 국학(國學)과 한학(漢學)의 분리가 참고되었다. 이제 훈고학만이 아니라 전통적 학문 활동을 하는 자들 일체를 가리켜 한학자(漢學者)라고 부를 수 있게 되었는데, 식민지시대 초기 노론(老論) 유림의 한 종장(宗匠)으로 일컬어지며 다른 계파와 논란을 벌이던 전우(田愚)도 1922년 그의 서거를 다루는 근대 매체의 시각에서는 그저 한학자였고, 이미 타자화된 유교의 대표였을 뿐이다.

> 적어도 오백년간 배양존상(培養尊尙)하여 오던 유교의 순수한 계통을 수(受)한 한학계(漢學界)의 거유(巨儒) 최후 일인인 전옹

(田翁)의 장서(長逝)에 대하여 병생일세(竝生一世)에 학해유영(學海遊泳)의 동일한 입지를 가진 오인(吾人)은 부박한 습속과 위미한 한문학을 위하여 애도의 정이 불무(不無)하노라.[24]

이 사설은 전우의 서거를 다루는 사설로, '한학계의 손실'이란 부제를 달고 있다. 그의 학문 분야를 유교라고 하기도 하고 한학이라고 하기도 했는데, 이 글 안에서는 한학과 유교가 동일시되고 있음을 일단 알 수 있다. 그 한학－유교의 한 인물에 대한 관점이 애매하다. 유교의 순수한 계통을 이어받았다는 전우의 입장에 존경과 애도를 표하는 듯도 하고, 부박한 습속과 위미한 한문학이라는 언급을 보면 전우로 대표되는 한학에 경멸을 표하는 듯도 하다. 이 사설의 전체 논리도 두 입장이 착종되어 어느 한쪽으로 귀결되지 않는 전개를 보인다. 적어도 한학－유교가 선량한 점은 없지 않으나 이조 멸망의 원인이 되었기에 문제는 있고 어쨌든 지금은 시들한 과거의 것이라는 정도로 요약이 가능할 논리를 전개하고 있다. 당시까지도 남아있던 왕조시대의 당파와 학파의 영향을 생각해볼 때 "유교의 순수한 계통"이란 표현이 두루 받아들여질 만한 분위기가 아니었음에도 과감히 사용한 것을 보면, 이 사설의 필자는 유교－한학에 대해 그 구체적인 정황은 사상한 채 풍경으로서만 보아도 될 정도의 여유있는 거리감을 갖고 있음도 알 수 있다. 그러하기에 전우가 한학의 어떤 분야에서 구체적으로 어떤 양상의 활동을 하였는지는 전혀 관심과 이해의 대상이 아니었던 것이고, 그저 한학자였을 뿐이다. 근대 매체에서 조긍섭(曺兢燮)·이후(李垕) 등 인물의 부고 기사에도 한학계의 대가, 태두 정도로 표현하고 있는

데,[25] 그 인식태도는 실상 이와 흡사하다고 할 수 있다. 아무리 한학의 기세가 여전하고 한문학의 창작과 향유자가 많았더라도, 근대의 입장에서 그것은 문명 밖의 타자일 뿐이다. 근대계몽기를 관통하면서 자강계몽은 실패하고 식민지의 현실에 놓이게 되었지만, 적어도 근대 문명의 중심에서 한학의 타자화는 완벽히 실현된 셈이다.

근대를 관통하면서 전통 문명의 한자·한문의 세계는 근대 문명으로부터 그 고유성을 의심받아 타자화되고 배제되었다가, 근대 문명의 산물인 조선학(국학) 연구의 한 분야인 조선문학(국문학)으로부터 다시 소환되어 문학성을 중심으로 재평가되고, 끝내는 가장 풍성한 유산을 갖고 있는 국문학의 당당한 한 축으로 다시 수용되었다. 이렇듯 전통 문명의 한자·한문의 세계는 타자화되었다가 다시 수용되었다고 하겠지만, 그 전통 문명의 한자·한문의 관성을 유지하는 근대한문학의 에너지는 한학의 타자화 과정에서도 증오의 대상일 뿐이었고, 한국한문학의 수용 과정에서도 무시의 대상일 뿐이었다.

다시 1931년 김태준의 언급을 본다.

> 물론 아직도 도성이나 방간(坊間)에 시구나 모을 줄 아는 사람은 많지만은 영어를 쓸 줄 안다고 모두가 영문학자는 아닐 것이며 오늘날의 한문학자도 옛날의 타세(惰勢)일 뿐이다. 알지못케라 이후에도 다시 월상계택(月象溪澤)이 나고 삼당사가(三唐四家)가 나리라고는 믿지 아니한다. 이 점에서 나의 한문학사는 조선한문학의 결산보고서가 된다.[26]

"오늘날의 한문학자"는, 한문학 연구자가 아니라 한문학 작가를 지칭하는 것이다. 그런 한문학 작가들이 왕조시대 수준의 한문학을 이룰 수 없을 것이라고 단정짓고 있다. 김태준은 그들을 과거에 매몰된 타성적 자세의 인간으로 여기고 있다. 전통 문명의 한자·한문의 관성을 유지하는 에너지는 그저 '타세' 이상도 이하도 아닌 것으로 평가된 것이다. 이미 지나간 시대의 마지막을 붙들고 관성적으로 시대착오적 문자행위를 하고 있는 자들에게서는 절대 수준높은 문학이 창출될 수는 없다고 여기고서, 의미부여를 할 수 없는 당대의 한문학은 무시하고 한문학의 결산 보고서를 쓰기로 한 것이다.

> 조선에서도 일한합병 당시부터 구미일본문화의 흡취와 조선문학 한글 사용의 보급과 혹은 한학자와 신학자가 사회적으로 신진대사를 함으로 인하여 한문학은 아연히 은둔하여버릴 운명에 빠져서 흡사히 척불망(斥佛網)에 걸린 이조시대의 불교 모양으로 시들부들 위미(萎靡)하여져서 옛날 홍성하던 자취를 찾아볼 곳이 없이 되었다. 과거 수천년 동안 한·당·송·명의 문화를 끊임없이 수입하던 중국을 잊어버렸었다. 아직도 산간에 가면 혹 백일장과 과거를 꿈꾸는 이도 있고 신해음사와 같은 한시단이 음암(陰暗)히 존속하여 오지마는 헤겔의 변증법으로 보면 반이라는 운명을 어찌할 수 없다.[27]

결론에서도 당시까지 융성했던 신해음사(辛亥吟社)와 같은 시사(詩社)의 존재를 의식하고 있다.[28] 이것으로 1922년 안자산의 『조선문학사』 말미에서 언급된 상황이 1930년대까지 여전히 계속되고 있음을 확인할 수 있는 것이다. 그러나 김태준은 그것을 분명히 변증법상의 반(反)을 맞이하여 지양될 것으로 규정하였다. 그런 예외를 제외하면 이제 한학자도 사라지고 한문학도 홍성했던 흔적은 없어진 시대로 인식하고 있다. 그의 저술 초입과 말미에서 근대한문학의 존재를 의식한 발언을 했지만, 그것은 무시하기 위한 호출이었다. 근대 문명의 학문행위를 영위하는 입장에서 전통 문명을 연구할 수는 있지만, 전통 문명을 붙들고 여전히 중세를 살고 있는 듯한 한문학 작가들은 도무지 연구의 대상도 이해의 대상도 될 수 없었던 것이다. 있는 그들을 무시했기에 한문학의 결산을 논의할 수 있었던 것이다.

김태준이 어둠 속에서 존속해온다고 표현했던 신해음사나, 홍성하던 자취를 찾을 수도 없이 시들부들 위미(萎靡)해지고 있는 한문학과 같은 현상이 조윤제에게서는 더 이상 언급도 되지 않는다.

> 과거에 걸어나온 한국의 한문학, 그리고 한문학과 순한국문학과의 관계를 회고하여 볼 때 감개가 무량한 점이 있으나, 여기 최후로 이 시대의 한문학에 대하여 일별하면, 과거의 순정문학을 청산하고 실학정신에 의한 실용문학을 창도하여 수립한 것도 어제와 같은 일이지마는, 구미문화의 힘차게 밀어 들어오는 바람에 그 정신만은 살고 한문학은 갑자기 쇠미하여 한문학을 전수하고 그의 명맥을 붙잡아 온 이도 불과 몇 사람에 지나지 못하였다. 말하자면 강위(姜瑋)·황현(黃玹)·김택영(金澤榮)·김윤식(金允植)·윤희구(尹喜求)·정만조(鄭萬朝) 등에 지나지 못하였는데, 한국의 한문학도 이들로써 문을 닫는다 한다면 어딘지 애처롭고 쓸쓸하다.[29]

조윤제는 아예 정만조 등을 마지막으로 문을 닫았다고 분명히 선언하였다. 문을 닫게 만든 힘은 구미문화로부터 나왔다고 하였는데 이때의 구미문화는 바로 근대 문명을 의미하는 것이다. 이 근대 문명의 힘으로 한문학은 갑자기 쇠미하여졌으며 겨우 그 명맥을 붙들고 있다가 함께 사라진 이들로 몇 사람이 있다고, 강위 이하 그 이름들을 언급하였다. 민족 고유의 순수성이란 입장에서 역시 또하나 상대해야 할 대상인 구미문화가 오히려 오랫동안 민족 고유의 순수성을 억압하던 한문학을 몰아내었다는 사실을 인정해야 할 정도로 조윤제에게 한문학이 순국문학과 맺고 있는 관계는 대단히 착잡하였다. 구미문화 즉 근대 문명 자체야 민족 고유의 순수성과는 거리가 멀더라도, 그로 인해 민족 고유의 순수성을 오랫동안 억압해오던 한문학이 역사의 과거로 사라질 수 있었던 실정을 인정하고 있다. 국문문학의 숙적인 한문학을 제거해준 구미문화를, 민족 고유의 순수성을 발휘하게 해줄 것처럼 환영하게 된 것이다. 근대 문명의 등장과 더불어 한문학을 타자화하려는 기획이 시작되었고 근대가 내면화된 문명의 중심에서는 한문학이 이제 거의 시야에 포착되지도 않을 상황이 되었던 점에 비추어보면, 한문학의 적은 순국문학이 아니라 근대 문명이었던 것이다. 조윤세가 순국문학을 중심으로 사유하느라, 이러한 사정이 조금 복잡하게 논리화되었을 뿐이다.

최근까지도 근대한문학은 한문학 청산 이후의 시대착오적 잔존으로만 여겨지고 있다. 최대의 국문학사 저술인 『한국문학통사』에서 조동일은 근대한문학을 "문자 유희"이거나, "항거도 적응도 못하고" 시골로 자취를 감추는 것 정도로 평가했다.[30] 근대한문학의 세계를 근대 문명과 완전히 단절된 갈라파고스로 인식하고 있는 것이다. 무의미하다는 의미가 있다는 평가로 읽힌다. 시골로 숨어들어가 즐기는 소일거리 정도 이상의 의미를, 근대한문학 작가들의 문학으로부터 찾아낼 수 없었던 것이다.

그러나 근대한문학이 은둔자들의 문자유희 정도로 인식된 것은, 찬찬히 들여다보지 않았기 때문이다. 이 대목을 찬찬히 들여다보지 않는 학문적 관습의 유래에 대해 지금까지 살펴보았거니와, 이 학문적 관습은 한반도 근대화 과정과 같은 방향에서 형성된 것이다. 지난 세기 근대를 향해 달려가느라 놓쳤던 계기들을 이제 전반적으로 돌아볼 때가 되었는데, 한반도의 지난 세기가 이루어놓은 근대는 이번 세기 초반 고통스러운 질곡의 뿌리가 되고 있기 때문이다. 지난 세기로부터 물려받은 학문적 관습도 그 근본을 돌아보아야 하겠는데, 근대한문학도 근본을 돌아보는 자료로 활용되기를 바란다. 우선, 2장을 통해 근대한문학의 몇 가지 양상을 살펴보고, 3장을 통해 근대한문학의 정점을 서술해볼 것이다. 1장을 마무리하는 대목에서, 근대의 타자로 낙인되던 근대한문학의 내면 풍경 하나를 들여다보려고 한다.

## 소외와 연대

한학을 기본으로 성장하여 한문을 통해 자신의 정서를 표출하려는 지식인들이 근대가 되었다고 일거에 소멸된 것은 아니다. 사람이 사라지지 않았으니, 그들이 향유하던 한문학도 국문학사의 설명과는 달리 식민지시기까지 제법 지속되었다. 오히려 식민지시기에 들어 근대 매체에 명망가들의 한시가 실리기도 하였고 현상모집으로 한시를 권장하는 경우도 있어서, 한시의 경우 근대 문화계의 한 복판에서 제법 오래 생존력을 과시하고 있었다. 한시 창작층은 식민지시기에 오히려 증가하는 현상을 보이고 있었던 것이다.[31] 한문 문장의 경우는 한시에 비해 근대 매체에 수용되는 일도 적었고, 창작층이 확대되었다는 증거도 없지만, 역시 꾸준히 창작 유통되고 있었다. 1910년 이후 서거한 인물들의 한문 문집만 해도 2000종에 육박하는 것으로 짐작된다.[32] 근대한문학은 방대한 저변을 확보하고 있었으면서도 근대의 중심에서 소외되고 또 소멸의 길을 걷고 있었다. 근대한문학의 주요 작가들도 이 사태를 명백하게 인식하고 있었다. 하지만, 나름의 존재 의의를 발견하고 소멸의 길을 되돌리려 애쓰기도 하였다. 산강 변영만(山康卞榮晩, 1889~1954)과 담원 정인보(薝園鄭寅普, 1893~1950)는 근대한문학의 쌍벽으로 일컬어지는데,[33] 내가 근대한문학의 주인공으로 모시려는 분들이기도 하다. 이 분들에 대해서는 3장에서 자세히 살펴보기로 하고, 우선 이 자리에서는 정인보·변영만 등이 주고받은 편지글을 중심으로, 소멸의 길을 돌리려 애쓰며 근대한문학 안에서 전개되었던 소외와 연대의 정서를 확인해보자.

정인보가 변영만에게 보낸 편지에 이런 구절이 있다.

> 홀로 생각건대, 문자는 몸과 서로 의지하여 이것을 나고 자라면서 버릴 수가 없었습니다. 그러나 말해도 호응이 없고 불러도 화답이 없어 뜻이 울울하여 자득함이 없었습니다. 다행히 형이 있어 함께 좋아해주시니 이는 골육과 다름이 없었습니다.[34]

여기서의 문자는 한문이며, 문자가 몸과 서로 의지하여 있다는 것은 자신은 한문과 분리될 수 없는 입장임을 표현한 것이다. 태어나 성장하면서 한문을 익히고 그것의 생리를 체득하여, 거의 그림자와 몸이 서로 의지하고 있듯이 도저히 분리하여 사고할 수 없는 단계에 이른 것을 고백하고 있다. 한문이 지식인의 유일한 문자였던 중세였다면 한문에 대한 이런 집착을 표현할 필요가 없었을 것이다. 한문의 유일한 문자 행위가 지속되는 한에서는 한문이 선택적 대상이 될 수 없으며, 선택적 대상이 아니기에 문자 행위로서 한문에 집착할 하등의 이유가 없는 것이다. 한문 내부의 문체적 선택 대상이라고 할 진한고문(秦漢古文)이나 당송고문(唐宋古文) 혹은 금문(今文) 등에 대해 각자의 이념적 선택에 의한 집착은 당연히 있을 수 있겠다. 조선왕조 중기에 벌어진 고문 논쟁이나, 연암 박지원의 유명한 법고창신(法古創新) 논리는 이념적 선택에서 나온 것이라 하겠는데, 한문이라는 문자행위 자체에 집착하는 일은 있을 수 없는 것이다. 그런데, 한문의 외부에 국한문체와 근대적 국문체가 등장하여 문자 행위에 선택지가 열리면서 사정이 달라졌다. 한문이라는 문자행위가 선택적 대상으로 위축되었고, 자신의 선택적 대상에 대한 집착이 개입할 여지가 생긴 것이다. 게다가 근대계몽기를 관통하면서 철저한 청산의 대상으로 전락했었고 식민지시기에 들어서면서 근대 문명의 중심권에서 소외되어 가던 시점에서, 한문을 포기하지 못하는 입장을 강하게 의식할 수밖에 없는 것이다. 정인보는 그러한 의식 속에서 수준 높은 한문 문장으로 교류할 대상이 희박해지는 것에 절망하고 우울해진 것이다. 수준 높은 한문 문장으로 교류할 거의 유일한 대상에 대해 골육 이상의 애착을 느끼는 것은 당연한 일로 보인다. 변영만은 성사(星社)라는 시창작 동호회의 동인들과 박연폭포를 노닐고 와서 기(記)를 지었는데, 불참했던 동인들을 거론하면서 특히 정인보가 함께 못 가서 글을 함께 짓지 못하였음을 대단히 애석해 하기도 하였다.[35] 변영만도 정인보와의 문자 교유에 각별한 의미를 두고 있었던 것이다.

| | |
|---|---|
| 다만 한스러운 것은 드문 음악 아는 사람 적어, | 獨恨希音知者少 |
| 아름다운 글 짓고 나면 산 풍경만 바라보는 것. | 佳文書罷對山色 |
| 내 정처 없는 생각을 한번 풀어내면 | 以我懸懸思一吐 |
| 오래도록 그대 생각에 남을 것을 알겠네.[36] | 知君依依長見憶 |

정인보가 부여의 문장가 이현규(李玄圭, 1882~1949)[37]와 주고받은 화답시의 일부이다. 이 부분의 정서 또한 교류할 대상을 찾은 기쁨과 동시에 한문학 쇠락의 분위기에 대한 우울이 착잡하게 얽혀 있다. 한문은 이제 희소한 음악이 되었다. 희소한 음악이라도 가치를 인정하고 수준을 알아주는 향유자가 있다면 문제가 없겠는데, 그 음악을 알아주는 지음(知音)도 따라서 적어진 것이다. 이런 사회 분위기 속에서 정인보와 이현규처럼 감정을 토로하는 매체로 한문을 사용한다면 기껏 아름다운 글을 다 짓고 나서도 독자를 찾을 수 없다. 아무리 좋은 글을 지어도 읽어줄 독자가 없으니, 창작의 희열 대신 경치만 바라보는 허전한 시선을 인용문의 둘째 줄에 표현한 것이다. 셋째 넷째 줄에서 정인보가 심경을 쏟아낸 글을 지어 보내면 이현규는 두고두고 손에서 놓지 못하고 생각에도 떠나보내지 못하고 감상하게 될 것이라고 짐작하였으니, 서로에게 지음이 되는 애틋한 정이 표현된 것이다. 정인보가 변영만에게 표현하

였듯이, 이현규도 정인보를 골육으로 표현하기도 하였다.[38] 소외되어가는 한문 문장을 추구하여 일정한 성취를 이루고 있는 이들은 서로 골육과 같은 연대의 감정으로 묶이게 되는 것이다.

> 도(道)를 권면함이 쇠하고 유속(流俗)은 예쁜 것만 서로 잇기를 좋아한 지가 오랩니다. 저 또한 세속에 멀다고 할 수 없지만, 그래도 고문(古文) 한 가지 일은 그만두지 않아서 근근이 실낱같은데 나라 안을 보아야 동호자는 역시 적막합니다. 그대 같은 사람은 재주가 높아 남보다 백십배는 뛰어나니 진실로 우리 도가 덕분에 빛날 것을 깊이 기대합니다.[39]

조금 후배가 되는 김문옥(金文鈺, 1901~1960)[40]에게 정인보가 보내는 편지이다. 이 편지에서는 골육 같은 표현은 없고 문장 태도에 대한 다른 견해가 있어 정인보가 문장을 지도해주는 듯한 대목이 있지만,[41] 이 대목에선 문명의 중심에서 소외되어 쇠락해가는 한문학을 함께 한다는 동호인(同好人)로서의 연대의 정서가 표명되어 있다. 한편 위 인용문에서는 문자행위와 우리 도〔吾道〕를 일치시키는 인식을 선명히 드러내는데, 정인보에게 한문과 유교는 기본적으로 분리할 수 없는 것이었다. 정인보는 한문이라는 문자행위를 나눌 동호자가 적어지고 유교라는 이념이 쇠해지는 것을 걱정하고 있다. 그래서 얼마 남지 않은 한문동호자 중에서 뛰어난 자질을 보이는 자들과 연결되면 그 힘으로 유교가 다시 부흥되지 않을까 희망하고 있었던 것이다. 문장 감각을 놓고 날카롭게 대립하기도 했지만, 결국 근대 문명에서 소외된 한문학의 동지적 연대감으로 귀결된다. 김문옥 역시 "이처럼 인문이 어둡게 막힌 시대에 다행히 선생님이 활동하시니, 하늘의 뜻은 참으로 그 학문을 성취케 하여 끊어진 울림을 다시 일으키려는 것이라, 우연한 것이 아니라 여겼습니다."[42]라고 하여, 정인보에게 동지적 유대감을 표현하였다.

> 즐거운 일이 저에게서 떠난 것이 이미 하루 이틀이 아닙니다. 그런데 이제 선생에게 힘입어 다시 큰 단서를 잡았습니다. 가령 이로부터 쉬지 않고 명변(明辨)과 박학(博學)의 영역에 마음을 다하고, 오래 영원할 수 있는 학업에 뜻을 두게 된다면 비록 이 보잘것 없는 사람이지만 또한 어찌 만에 하나 그 도에 얻음이 없을 수 있겠습니까? 필경 얻음이 없다고 하더라도 또한 허물을 적게 할 수는 있습니다. 그러므로 비록 감히 선생께서 동의해주실지는 알 수 없지만, 저는 진실로 적이 스스로 선생을 태어나서 처음으로 만나는 지기(知己)로 생각하고 있습니다.[43]

변영만이 영남의 심재 조긍섭(深齋 曺兢燮, 1873~1933)에게 보낸 편지이다. 애초에 변영만은 1909년에 작성했던 「여시관(如是觀)」과 1910년에 작성했던 「인성론(人性論)」을 조긍섭에게 보내면서 교유를 청했다. 이 두 작품의 참신한 사유와 뛰어난 문장 수준에 감복하여 대단히 성찬하면서도, 동성파(桐城派)적 지향을 가졌던 조긍섭은 사상적 지향에 일정한 우려를 표명하는 편지를 보냈던 바 있다. 성리학적 세계관과 당송고문적 문체의 결합이라는 동성파(桐城派)적 지향을 갖던 조긍섭으로서는, 근대적 세계관을 한문 문장으로 성취하려는 변영만의 입장에 대해 완전히 동의하지 못하였던 것이다. 이에 대한 변영만의 답장 중에서 나오는 표현이다. 여기서 언급하는 낙사(樂事), 즐거운 일이란 한문으로 문장을 짓고 성취를 얻는 일을 말한다. 이 편지를 보낸 시점이 1923년인데, 변영만은 1910년 중국으로 망명하는 무렵부터 다시 조선으로 돌아와 이 대목까지 한동안 거의 한문을 창작하지 않고 있었다. 이 시점을 전후하여 변영만이 영남의 인사들과 교유하기 시작하면서 다시 한문 문장에 전심을 기울여 창작하기 시작하였던 것이다. 변영만으로서는 다시 '낙사'를 찾게 된 것인데, 이것이 조긍섭의 답변을 계기로 가능하게 되었음을 고백하고 있는 것이다. 서로의 수준을 인정하고 소통할 만한 대상을 만나지 못했다면 변영만은 다시 즐거운 일을 찾지 못했을 것이다. 그리하여 한문을 구수지업(久壽之業), 오래 가고 영원할 수 있는 학업이라 규정하고 다시 추구하게 된 것이다. 이런 계기를 만들어준 조긍섭을 변영만은 지기(知己)로까지 표현한 것이다. 조긍섭은 변영만에게 더욱 도(道)를 추구하며 정진하여 한유(韓愈)를 뛰어넘는 성현을 기약하라고 당부하였다.[44]

시대의 변화한 분위기가 한문학을 소외시켜가고 있던 상황에서, 변영만과 정인보 등은 한문학으로 소통할 대상을 찾고, 소통할 수 있는 상대와 서로에 대한 연대감을 강하게 표명하고 있었다. 한문학이 단지 문체적 선택지 중의 하나가 아니라, 어려서부터 체득하여 그림자처럼 자신과 강하게 연계된 표현 도구였기 때문이다. 또 한편 한문학은 단지 그들에게 최선의 표현 도구이기만 한 것이 아니라, 도를 추구하고 도를 실현하며 오래 영원할 수 있는 학업으로서의 의미까지 결합된 것이었다. 이렇게 중대한 의미가 부여된 한문학이 근대 문명의 중심에서 소외되어 가는 분위기에서, 높은 수준에서 한문학의 내부 토론이 가능한 대상은 서로에게 골육(骨肉)이며 지기(知己)의 가치를 갖게 되는 것이다.

이 연대 의식에는 도(道)로 표현되는 가치를 공유하고 있다는 인식이 근저에 자리잡고 있다. 천하를 고민하는 사(士)의 입장에서 추구하는 사상이 바로 도(道)이다. 문자 행위는 그 자체로 사상의 표현이다. 이들은 골육이며 지기들이 읽어줄 것을 기대하고 익숙한 문자행위를 지속하였다. 문명의 전변 속에 한문학이라는 문자 행위와 한문학이 내포한 사상은 갑자기 낯설어졌다. 낯선 풍경을 뒤로 하고 고만고만한 현실에 안주하여 음풍농월로 위안을 받는다면 그저 고리타분한 수구 유림이 될 것이고, 익숙함과 낯섦 사이에 걸쳐 있는 외줄 위에서 청출어람의 자기 갱신을 추구한다면 새로운 장면의 지식인이 될 것이다. 천하를 고민하던 사의 입장이 근대 문명을 성찰하는 한문 지식인의 입장으로 전환될 기반이 여기에 있다.

# 제2장 근대한문학의 저변

한문학은 중세 동아시아 지역에서 보편적으로 통용되던 문학 양식이다. 전통적 천하관이 유지되고 중세적 시간이 지속되는 한에서 동아시아 지역 지식인들의 학문과 문학은 한문학을 통해 표현되었다. 우리 역사에서는 중국의 아편전쟁에 관한 소식 등을 통해 전통적 천하관에 균열이 생기기 시작하다가 개항을 지나 갑오경장의 시기에 이르면, 공식적으로 중세의 시간이 끝나게 된다. 중세 국가의 공식 문장 기능을 담당하던 한문도 근대를 상징하는 국한문체에 그 지위를 넘겨주게 되었다. 이렇듯 한문의 지위를 끌어내리는 힘은 근대 문명의 중력이었고, 근대 문명은 중세 문어인 한문의 생명이 지속될 수 없는 조건을 조성하였다. 한문학의 사멸은 근대의 당연한 과정이라 할 것이며, 근대에도 한문학이 중세처럼 융성하였다면 근대로서는 오히려 이상한 일이라 할 것이다. 그러나, 근대 문명이 도입되었다고 해서 한문이 대번에 소멸된 것은 아니었다. 근대적 계몽은 일부 선각적 계몽지식인이 구문명에 안주하는 다수를 각성시키는 구도였던바, 바로 직전까지 지배적 지위를 점하고 있던 한문 지식인들이 쉽게 그 권위를 포기하고 계몽된 것은 아니었다. 대략 20세기 중반에 이르기까지 한문학은, 전통적 방식으로 전통적 문체를 통해 전통적 의식을 담는 경향으로 지속되기도 하였고, 근대의 충격을 받아들여 근대 담론을 확산하거나 한문학의 내적 갱신을 지향하는 경향으로 변화를 모색하기도 하였다. 결국 20세기 중반에 이르러 전통 문명 출신의 인사들이 희소해질 때까지 한문학은 의미 있는 지속과 자기 갱신의 과정을 이어갔던 것이다.

그러나 국문학계에서 안확의 문학사 서술 이후 최근까지도 근대한문학은 한문학 청산 이후의 시대착오적 잔존으로만 여겨지고 있다. 근대 국문문학도 그 출발에서 한문학과의 관련을 전적으로 배제할 수 없거니와, 근대한문학을 근대와 완전히 단절된 갈라파고스 정도로 바라보는 시선은 온당치 않다. 혹 그것이 자기 갱신에까지 이르지는 못했다고 하더라도, 혹 전근대 한문학과 다른 점이 없어 보인다고 하더라도, 전혀 동일할 수 없는 것이었다. 근대가 펼쳐놓은 패러다임 속에서 과거의 재현을 시도한다면, 그것 자체로 근대를 외면하겠다는 적극적인 의지의 발현으로 해석되어야 한다. 이 외면의 적극적 의도를 무의미하다고 치지도외하는 것도 문제이려니와, 실상 근대한문학은 한문학의 내적 갱신과 근대 돌파의 의지를 보여주고 있었으니, 근대한문학을 바라보는 무의미의 시선은 거두어져야 한다. 근대한문학의 존재가 근대 문명을 내면화하는 과정에서의 사유와 운동에 의해 외면되었다면, 근대 문명을 반성하는 차원에서의 사유와 운동으로서 근대한문학에 다시 시선을 내어줄 필요가 있다.

## 제1절 전통 변용의 모색－해학 이기의 경우

해학 이기(海鶴 李沂, 1848~1909)는 근대계몽기에 『대한자강회월보』와 『호남학보』를 중심으로 신문명 수용의 시급함을 주장하는 논설을 활발히 발표했던 계몽운동가였다. 그런데 이기 역시 구문명의 한문에서 출발하여, 급박한 제국주의의 침탈에 적극적으로 대응하며 문명 전환을 능동적으로 전개하고자 했던 인물이었다. 근대계몽기에 그는 신문명의 수용으로 일방적으로 기울어지지 않고, 구문명의 계승과 신문명의 수용 사이에서 복잡한 논리를 추구하며 양자를 통합하려 시도했다. 이런 자세의 결과 그는 구문명의 한문과 신문명의 국한문체 사이에서도 양자 통합의 독자적 입장을 견지하고 있었다. 그런데 선행연구에서는 이기를 구문명 지식인으로 한정하거나, 실학을 표방하는 혁신유림이었다는 평가 정도에 머물러 있어서, 그의 문체적 갈등과 문명적 고민을 주의 깊게 보지 않았다.[45] 그가 추구한 신구절충(新舊折衷)은 자신의 시대를 돌파하려는 주체적 고민의 궤적이었던바, 근대계몽기 이기의 한문에 대한 인식을 중심으로 그의 주체적 입장을 살펴보고자 한다.

## 1. 구문명에서 신문명 중심으로

정인보(鄭寅普)는 『이해학유서(李海鶴遺書)』의 서문에서 "공의 한평생을 종합해보면, 처음엔 문인(文人)이었고, 중간에는 경륜지사(經綸之士)였으며 또 시대를 슬퍼하고 기울어가는 나라를 구하려는 인재(人材)였고, 마지막엔 존망(存亡)의 의리에 스스로 목숨을 바쳤다. 저술에 드러난 것으로 대략 살펴서 알 수 있다."[46]고 그의 삶과 저술을 요약하였다. 이기가 구문명을 수학하던 전통지식인으로 출발하여 어떠한 변곡점을 거쳐 신문명의 수용을 주장하는 계몽운동가가 되었는지, 그의 신구 문명에 대한 태도 변화를 점검해 보기로 한다.

해학 이기는 1848년 만경(萬頃, 김제)에서 태어났다. 7세부터 서당에 다니며 천자문과 동몽선습을 배우고, 통감절요를 읽고 사서삼경을 독파하고, 15세엔 향시(鄕試)에 응시하여 재명(才名)을 날렸으며, 이후엔 천문(天文) 지리(地理) 음양(陰陽) 복서(卜筮) 병력(兵曆) 등의 서적을 읽었다고 자신의 학습 경력을 스스로 정리하였다.[47] 제법 재주 있는 소년 시절을 보냈으며 과거 공부나 도학 이외에도 다양한 분야에 관심을 갖고 있었던 것으로 보인다. "문인(文人)"이라 표현되었던 20세 무렵(1867년) 이기의 전통인식의 일단을 엿볼 수 있는 글이 있다.

> 집에 오래된 쇠그릇이 있는데, 짐작건대 수백년 전에 주물한 것이 틀림없다. 그 몸통이 지극히 두텁고 또 무거워서 들 때 반드시 양손을 쓰는데도 등에는 땀이 흐른다. 그 소리는 맑고 높아 멀리서도 들리는데 두드리면 마치 종경 소리가 나는 듯하다. 그것을 쓴

지 오래되었지만 견고하여 깨질 염려가 없고, 단단하기가 새로 틀에서 나온 것 같다. 내가 또 근세에 주물한 것을 보니 그 몸통이 지극히 얇고 또 가벼워서 들 때는 손가락 하나의 힘도 들지 않으며, 그 소리는 혼탁하여 중간에서 꺾이며 그치고, 두드리면 기왓조각 소리가 나는 듯하다. 그것을 쓴지 오래지 않아 깨질 염려가 있고, 앞으로 넘어지고 뒤로 뒤뚝하며 왼쪽 오른쪽으로 기울어지는데 틈으로 모두 줄줄 새서 기어이 버리게 되지만, 오래된 그릇은 여전히 온전하다.[48]

집에 갖고 있던 오래된 쇠그릇에 대해 쓴 글이다. 오래된 그릇과 요즘의 그릇을 비교하며 자신이 느낀 점을 드러내는 것으로 글을 시작하고 있다. 오래된 그릇은 묵중하고 소리도 맑으며 부서질 염려도 없는 것에 비해, 요즘의 그릇은 경박하고 소리도 탁하며 쉬이 부서지는 폐가 있음을 지적하였다. 곧이어 혹시 옛날의 쇠는 품질이 더 좋으며 옛날의 대장장이는 기술이 더 좋았던 게 아닌가 싶어 마을의 대장장이를 찾아가 묻는다. 대장장이는 그렇지 않다고 말한다. 옛분들은 질(質)을 숭상하여 대장장이들이 두텁고 무겁게 만들었는데, 요즘 사람들은 옛것을 투박하고 촌스럽다고 여겨서 대장장이들이 시속(時俗)을 따르느라 가볍고 얇게 만든다고 하였다. 마치 포정(庖丁)이 칼놀림에서 깨달음을 얻은 것처럼 대장장이도 오래된 것과 시속 사이에서 하나의 깨달음을 얻어 해학에게 말해준 것이다.

나는 마을 대장장이의 말에서 고인(古人)의 학문을 얻었다. 대저 고인의 학문은 반드시 예악(禮樂)을 띠고 시서(詩書)로 다스려 잡박한 도(道)로 앞서 나가지 않고, 그 심지(心志)와 기체(氣體)가

> 중후한 영역에서 편안하도록 하였던 것이다. …… 아아, 나도 학문에 종사한 지 몇 년이 되었다. 비록 유속(流俗)에 구애되어 스스로 옛것을 회복할 수 없었지만, 고인이 질(質)을 숭상하던 것을 선망하지 않은 적이 없었다. 드디어 돌아와 집에 보관하여 스스로 권면하였다.[49]

대장장이가 옛분들은 질(質)을 숭상하였다고 말한 것에서, 이기는 고인의 학문 역시 질을 숭상하였다는 깨달음을 이어가고 있다. 그 질의 학문으로 고인의 "시서예악"을 들고 있는데, 그에 반하는 지금 사람들의 행위는 붓과 벼루를 닳게 하면서 마구 문장을 지어내어 좋은 것과 나쁜 것을 뒤죽박죽으로 추구하며 남들의 이목을 현란하게 만드는 것이었다.[50] 이런 방식으로 고와 금을 비교하여 고인의 가치를 숭상하고 금인의 유속을 비판하는 입장은 유교의 일반적 경향이라 할 수 있다. 특히 고인의 학문을 들어 금인의 유속을 비난하는 것은 현실에서 개인의 영달을 뒤로 하고 도학적 학문의 세계를 지향하는 의도에서 나온 것이기 십상이다. 여기서 그가 한동안 관심을 두었던 음양·복서 등은 물론 과거 공부까지도 후인의 유속에 의해 말폐로 흐른 것으로 인식하였음을 알 수 있으며, 시서예악을 중심으로 한 도학적 학문에 침잠하겠다는 의지를 표명한 것으로 짐작해 볼 수 있다. 스무 살을 전후한 시기의 해학이기는 다양한 관심을 갖고 있긴 하였지만, 유교의 중심 학문을 지향하였던 것으로 여길 수 있겠다.

그런데 실제로 과거 공부를 완전히 단념한 것은 28세 무렵이었고, 그것도 도학적 학문을 추구하려는 자세에 기인한 것도 아니었다. 실학에 대한 관심이 과거 공부의 자리를 대신한 것으로 보이는

데, 이기 자신은 그것을 국조전고(國朝典故)라고 표현하였다. 20세 무렵부터 과거제도의 잘못됨을 깨닫고 유형원(柳馨遠)의 『반계수록(磻溪隨錄)』과 정약용(丁若鏞)의 『방례초본(邦禮草本, 즉 經世遺表)』 등을 읽다가 28세 무렵엔 과거공부를 완전히 단념해버렸다고 한다.[51] 이 과정에서는 과거제도의 폐단을 깨닫게 된 것이 중요한 계기가 되었겠지만, 한편으로는 그의 불리한 가문의 여건도 하나의 계기가 되었을 듯하다. 그의 본관인 고성(固城)은 이괄(李适)의 거사 이후 반역의 낙인이 찍혀 원래 본관명인 철성(鐵城)에서 고성으로 바꾼 것인데, 이괄 이후 고성이씨는 문과 급제자를 한 명도 배출하지 못했다고 한다.[52] 어쨌건 과거공부에서 멀어지던 20세 이후 선택한 것이 도학이 아니고 실학이었음은 정인보도 주목하여 그를 유형원과 정약용의 계승자로 인정하였고, 그의 뜻은 이름을 날리기보다는 시의적절한 사업을 벌이자는 것이었고 현재를 밝히는 데 힘쓴 것이지 옛것을 돈독히 하자는 것이 아니었음을 지적하였다.[53]

45세가 되는 1892년에는 그간 자신이 지은 글들을 모아 『귀독오서집(歸讀吾書集)』으로 묶고 거기에 서문을 쓴다.

> 하물며 조선왕조의 예악(禮樂) 정치는 오백년간 이어져 오면서, 현인 사대부들이 목과 등을 서로 바라보고 가문마다 반고(班固)와 사마천(司馬遷)이 있고 집집마다 소식(蘇軾)과 황정견(黃庭堅)이 있어, 그 시와 문장의 풍부함은 거의 만에 이른다. 나 같은 사람은 호남의 일개 포의(布衣)라서, 공경(公卿)은 그 소략하고 오만함을 미워하여 내다버릴 것이고, 향리에서는 그 빈천을 수치스럽게 여겨 경시할 것이다. 게다가 『오서(吾書)』라고 이름하였으니 읽지 않으려 하는 것도 당연하고 나 역시 읽혀지기를 감히 바라지도 않

> 는다. …… 매양 눈 내린 아침이나 달 뜬 저녁, 양껏 서너 잔을 마시고 『오서』를 꺼내 읽으면, 옛날의 소위 저서라든가 공명과 업적이 있는 분들과는 매우 서로 같지 않지만, 스스로 보건대 가벼이 여겨지지도 않는 것이 마치 남들에게 많이 뒤질 것도 없을 듯하다. 이러한 때를 당하면 남들이 『오서』를 읽으려 하지 않는 것이 내 흥을 깨는 데 부족하며, 내 글은 그대로 괜찮다.[54]

이 대목까지 이기는 아직 전통적 학문 세계의 바깥을 깊이 생각해보지 않은 듯하다. 실학이란 것도 실상은 유학의 반성이면서도 유학의 내부에서 벌어지던 개량 담론이 아니었던가. 바로 한 해 전에 대구에 객거하고 있을 때 프랑스 신부 로베르와 만나서 천주교 서적을 빌려본 후, 그 충격으로 「천주육변(天主六辨)」을 지어 신부와 교리 논쟁을 벌였는데, 여기에서는 철저히 유교의 입장에서 천주교를 해석하고 비난하고 있었다.[55] 이런 방식의 비난은 성호 이익(星湖 李瀷)이 이미 전개한 바 있다. 「천주육변」에서 유학의 외부에 무엇이 있음을 인식하였지만, 굳이 유학적 사유로 포섭하여 해소하려 하였을 뿐이다. 여기서 근대라는, 전통적 세계관의 외부가 아직까지는 별로 그의 인식에 들어오지 않았기에, 자신의 글을 평가하는 기준을 오로지 중국의 문장 대가들인 반고·사마천·소식·황정견 류로 삼고 있는 것이다. 그런 기준에 비추어 읽혀질 만하다고 남들이 여기지는 않겠지만, 혼자 읽어보면 또 많이 뒤처질 것도 없다는 자부심을 표현하고 있다.

1894년에는 동학농민군의 지도자 전봉준을 찾아가 조정을 타도하면 새질서에 기여할 것이라 제안하며, 농민군의 의식을 앞질러나갔다. 김개남이 스파이로 의심 체포하자, 탈출하여 오히려 동학토

벌 농민군을 조직해 싸운 바 있다.[56] 이기의 정치적 야망을 엿볼 수 있다. 1895년에는 탁지부대신 어윤중(魚允中)의 초청을 받아 「전제망언(田制妄言)」을 제출하고, 이남규(李南珪)를 따라 안동의 의병을 안찰(按察)하러 가기도 하였다. 이 무렵부터 "경륜지사(經綸之士)"로서의 면모가 여실히 드러나는데, 1896년 대구 선비 최상의(崔相宜)의 『기우록(杞憂錄)』 발문을 쓸 때에는 변화된 국내외 정세를 느끼며 근대의 문제를 본격적으로 인식하기 시작하는 흔적이 보인다.

> 서양인들이 아시아와 교통하면서부터 완고(頑固)와 개화(開化)의 설이 성행하여, 두 설이 서로 논란을 벌이며 결판 나지 않은 것이 수십년이 되었다. 그러나 내가 보건대 둘 다 지론(至論)은 아니다. 대저 천하의 일은 이치로 처리해야 하지 기세로 다투어서는 안 된다. 옛날 성인은 반드시 피아의 입장을 한 가지로 보았다. 그러므로 황제와 요순 이래 예악(禮樂)과 형정(刑政)이 이어지거나 고쳐진 것이 참으로 많았지만, 공자는 "은(殷)이 하(夏)의 예(禮)를 이었으니 덜고 보탬을 알 수 있고, 주(周)가 은의 예를 이었으니 덜고 보탬을 알 수 있다."고 하였다. 시무를 맡은 자로 하여금 그 의(義)를 이어 제도를 덜고 보태게 한다면, 나는 완고가 꼭 개화가 아닌 것은 아니고, 개화가 꼭 완고가 아닌 것도 아니게 되지 않을까 생각한다. 또 무어 어지럽게 따질 것이겠는가.[57]

서양인들의 문물을 받아들이자는 새로운 입장은 '개화'로 표현되고 이전까지의 기준이었던 전통적 세계관은 '완고'로 표현되어, 이제 전통적 세계관은 내부로 향하는 시선만 있던 절대적 위치에서 외부의 새로운 대상이 발견된 상대적 위치로 자리가 옮겨졌음을 읽을 수 있다. 근대계몽기에 이기는 완고를 부정적 어감으로 사용하게 되지만, 여기에서 보듯 아직까지는 개화와 짝을 이루는 하나의 상대적 위치를 지칭하는 것일뿐 부정적 어감은 부여하지 않았다. 논어의 구절을 두고 해석해본다면 계승의 대상을 이어가는 것이 완고일 터이고, 시대 변천에 따라 덜고 보태는 행위가 개화에 해당할 것이니, 완고와 개화는 상호보완적인 관계가 된다. 그것을 인식하지 못하는 완고와 개화의 입장 차이에서 오는 대립을 두고 어느 한쪽도 지론은 아니라는 양비론을 제기했지만, 시무에 맞게 두 입장을 통합하여 한 가지의 시선으로 본다면 서로 상통하는 지점을 발견하게 될 것이라 하여 양시론으로 갈등을 해소하는 입장으로 나아가고 있다. 대략 완고와 개화의 사이에서 편향을 지양하고 등거리를 유지하는 자세를 보인 것으로도 읽을 수 있겠다.

이기는 1905년 통감부 설치에 대한 일본과의 조약이 맺어지자 고종에게 망국의 책임을 느끼고 회개하라는 상소를 올렸고, 러일전쟁의 승리자 일본에게 조선의 통치권을 인정해주려는 포츠머드 조약을 반대하기 위해 미국으로 가려다가 일본에서 저지당하고 이또오 히로부미(伊藤博文) 등에게 항의의 편지를 보냈다. 이 무렵부터 『대한자강회월보』와 『호남학보』를 중심으로 활발하게 계몽담론을 발표하며 계몽운동가의 삶을 살았는데, 한편으로 1907년에는 나인영(羅寅永, 羅喆) 등과 을사오적 암살을 기도하다 실패하여 유배를 갔다가 7개월 만에 특사로 풀려나기도 했다. 풀려난 이후에도 완고파들을 도끼로 깨부수자는 뜻의 「일부벽파론(一斧劈破論)」 같은 강렬한 담론을 만들며 계몽운동의 중심에서 활동하다가, 1909년 서울의 객사에서 단식으로 삶을 마감하였다. 그의 삶의 마지막 대목에서 정세가 급박하게 흘러갈수록 신문명의 입장을 옹호하고 구문명의 각성을 강력히 요구하게 되는데, 위 인용문에서 보이는 『논어』의 구절을 1907년에 다시 활용하면서 전적으로 구문명만을 비난하는 담론을 만들었다.

> 세상 학자들은 대개 호고병(好古病)을 많이 갖고 있어서 매양 정치도덕을 논할 때 반드시 당우(唐虞)를 칭송하지만, 나는 옛 도를 가지고 지금 세상에 행할 수 있을지, 아니면 옛 도를 빌려 지금 세상에 스스로 떠벌리려는 것인지 알 수 없다. 지금 세상에 행할 수 있다고 여긴다면 지극히 어리석은 사람이고, 지금 세상에 스스로 떠벌리려 한다면 큰 사기꾼이다. …… 우리 유림들이 으뜸으로 스승으로 모시는 분으로 공자 같은 분이 없지만, 그 말씀에 "은이 하의 예를 이었으니 덜고 보탬을 알 수 있고, 주가 은의 예를 이었으니 덜고 보탬을 알 수 있다."고 하였으니, 그 예는 시대를 따라 같지 않음을 족히 징험할 수 있다. 지금 서양 사람들의 국가학·물리학·기하학의 책과 사회법·교육법·식산법의 법규를 모두 취해 본받을 수 있는데, 그대들은 도리어 머리 깎고 복식을 바꾸는 것 때문에 싸잡아 증오하면서 곧장 윤리가 없다고 하니 또한 잘못된 것이 아니겠는가.[58]

앞서는 『논어』의 구절을 인용하여 완고의 입장도 변화를 인정하면 개화와 더불어 공존할 수 있음을 강조하였다면, 여기서는 같은 구절을 인용하면서도 변화를 인정하지 않고 옛것만을 좋아하는 입장을 고정된 상태로 놓고 비난하고 있다. 그만큼 정세도 변하고 이기의 인식도 변화된 것이다. 이 시기에는 일제의 침략이 눈앞의 현실로 닥쳐오는 급박한 정세에 대한 인식으로 인해, 구문명을 수호하려는 태도의 변화가능성을 따지고 개선될 여지를 제공하여 문명의 전환에 동참시킬 여유를 갖지 못하였을 것으로 여겨진다. 그러므로 민족공동체의 존망을 앞에 두고서도 과거의 것을 좋아하는 태도에 아무런 개선 가능성을 찾지 못하고, 그저 어리석거나 속이려는 뜻일 뿐이라고 단정하고 있다. 급박한 정세에 제대로 대처하지 못하는 현실을 낳은 과거, 그 과거의 구문명을 지향하는 태도는 이제 배척해야 할 대상으로 규정되는 것이다.

## 2. 해학 이기의 한문 인식

이제 신문명의 절박한 수용을 주장하는 근대계몽기 해학 이기의 입장이, 신문명의 국문체와 구문명의 한문을 어떻게 인식하고 있었는지 살펴보기로 한다.

근대계몽기에 이르기 전까지 전통 지식인들은 '동아시아 중세 보편 문어'인 한문을 통해 문명을 영위하였다. 한문을 읽고 쓰는 행위가 그들 학문의 시작부터 끝까지 전부를 채우고 있었고, 역사의 전 과정에 걸쳐 축적된 문명의 정수가 한문에 담겨 있다고 보았다. 그 한문은 오래도록 '진서'로 불리다가 근대계몽기에 들어 '한문'이란 이름을 얻게 되었는데, 구문명의 편에 서 있던 황현(黃玹)이 그 명칭 변경의 순간에 분노하였음과, 한문의 지속을 주장하는 여규형(呂圭亨)에게 신문명의 편에 서 있던 황희성(黃羲性)이 노예라고 부르며 반박하였음을 앞서 보았다. 근대계몽기의 계몽담론이 그 청산대상의 하나로 설정한 것이 바로 구문명의 한문이었던 것이다. 구문명에 대해 수구적 태도를 보이는 여규형과 같은 인물은 매국적 태도까지 겸비하여 공분을 야기하였으니 계몽담론의 입장에서는 당연하면서도 적절한 공격 목표였다. 수구적 태도를 보이는 불특정다수 유림도 근대화의 타자로 인식되어 배제의 논리를 적용하기가 어렵지 않았을 것이다. 배제의 대상이 되는 유림이 사용하는 구문명의 언어인 한문에 대해서도 폐지론이 펼쳐진 것은 자연스러운 일이다. 그런데 구문명의 한문을 폐지하자는 논리를 펴는 이 시기 계몽담론의 생산자들은 대략 구문명의 한문 교육을 받은 인사들이었다. 절박하게 신문명을 수용하기 위해 한문에 대해 이념적으로는 청산을 지향하면서도 내면으로는 복잡한 감정을 가질 수밖에 없었을 것이다. 이기에게서 그런 입장을 여실히 볼 수 있다. 우선 한문 타파를 주장하는 1908년에 발표한 「일부벽파(一斧劈破)」를 보자.

지금 우리의 정세로 논하자면, 나라를 도모하는 것이 세 몸과 집안을 도모하는 것보다 못하니 어찌 다른 방책이 있으리오. 대개 단군 기자 이래로 왕조가 바뀐 것이 또 여러 번이지만, 인민은 새 정부에 복종하여 처자식과의 즐거움을 누릴 수 있었고, 사군자는 종적을 감추고 벼슬하지 않아 후세에 이름을 얻을 수 있었으니 내가 또 무슨 염려를 하겠는가. 요즘의 나라를 멸망시키는 신법은 그렇지 않아서, 임금을 바꾸지 않고 종묘사직을 고치지 않고 다만 간신 소인배와 못된 무리를 등용하여 왕명을 가장하여 학정을 행하고, 그 종족이 이주하여 원주민 종족을 멸절시킨 뒤에 서서히 거두어 식민지로 삼는다. 엎드려 바라건대 그대들은 폴란드 이집트 인도 베트남사를 가져다 읽어보라. 그 슬프고 애달픈 정상과 참혹한 양상이 과연 어떠한가. 이것은 말하자면 나라를 멸망시키는 신법이다. 나라를 멸망시키는 자가 이미 신법을 사용한다면 나라를 회복하는 자도 마땅히 신법을 사용해야 하는 것이 그 이치가 매우 명백하거늘, 오히려 수구를 자처하고 새로움을 도모할 생각을 하지 않는다. 『상서』에서 일컬은바, "옛날에 물든 나쁜 풍속을 모두 함께 새롭게 한다"는 것과, 『모시』에서 일컬은바, "주나라 비록 오래된 나라이지만 그 명은 새롭다"는 것과 『논어』에서 일컬은바, "옛것을 익히고 새것을 안다"는 것과 『대학』에서 일컬은바, "날마다 새롭고 또 날마다 새롭다"는 뜻에 서로 어긋나는 것이 아니겠는가?[59]

'도끼로 깨부수자'는 과격한 의미의 제목을 달고 있는 이 논설은 발표 당시 큰 반향을 일으켰었다. 공동체의 터전이 식민지로 전락하고 민족이 식민지 백성이 되는 비극을 눈앞에 두고, 이런 현실을 야기한 원인을 찾아 그 원인을 철저히 타파하여 시급히 이 상태에서 벗어나자는 절박함이 담긴 글이다. '고려가 망하고 조선왕조가 섰어도, 백성들은 삶을 이어갔다. 그대는 고작 왕조가 망하는 것이 슬픈가, 나는 우리의 도가 무너지는 것이 슬프다'는 정도의 태도가 사문(斯文, 유교)의 진서(眞書, 한문)를 추구하던 자들의 입장이라면, 이기는 사태를 그렇게 생각해서는 안됨을 지적하고 있다. 전근대에는 왕조가 바뀌어도 백성들과 사대부들이 각기 자기 길을 찾아갈 수 있었지만, 지금 제국주의는 민족을 멸하는 새로운 방법을 들고 오는 것이라 누구에게도 살아갈 길이 없으리라는 것이다. 이 새로운 정복 방법에는 새로운 저항 방법으로 대처해야 한다는 주장을 이어간다.

여기서는 『상서』, 『모시』와 『논어』, 『대학』 등에서 출현하는 "새로움〔新〕"이라는 말을 인용하여 신학문 추구의 정당성을 주장하고 있다. 인용한 문장들은 순서대로 각각 『서경(書經)』「하서(夏書)」 '윤정(胤征)'편, 『시경(詩經)』「대아(大雅)」 '문왕(文王)'편, 『논어(論語)』「위정(爲政)」편과 『대학(大學)』 전문(傳文)에 실려 있는 것으로, 출전이 모두 한문기본고전이며 대개 한문초학자들도 익히 알고 있는 대목이다. 또한 이 글도 원문에서 토씨로 사용한 국문을 제거하면 고스란히 한문의 문맥으로 환원하여 이해할 수 있는 문장이 된다. 구문명의 교육으로 한문을 익힌 관습에서 쉽게 벗어날 수는 없는 것이라 할 수 있겠고, 한문을 통해 익혔던 의미있는 경구들의 미학을 쉽게 포기하지 못한 것이라 할 수 있겠다.

어쨌든 이 새로운 돌파구를 모색하기 위해 「일부벽파」에서는 조목을 나누어 세 가지 타파해야 할 구문명의 폐단을 들고 있다. 우선 사대주의 폐단이다. 난관을 스스로 헤쳐나갈 독립 정신을 저해하기 때문이다. 마지막은 신분과 파벌의 폐단인데 민족의 단결을 저해하기 때문이다. 그 가운데에 놓인 조목은 한문 습관의 폐단이다.

> 우리 대한이 불행히 지나(중국)와 가까이 있어서 예악과 제도가 모두 수입되어 온 까닭에 소중화라 칭하지만, 지금 세계 각국에서 인민 중에 문자를 모르는 자가 우리 대한이 가장 많고 지나가 그 다음이 된다. 왜 그런고 하면 천하에서 가장 배우기 어려운 것이 한문이기 때문이다. 사람이 어려서부터 흰머리가 될 때까지 그 죽을 힘을 다해도 이름을 이루게 되는 자가 아주 적다. 비록 지나처럼 한어와 한문이 하나로 통해 있더라도 이처럼 괴롭고 어렵거늘 하물며 우리 대한처럼 국어와 한문이 판연히 둘로 나뉘어 겨우 번

역해서 통하는 정도라면 어찌 되겠는가.(중국인은 "天"을 천이라 하지만 우리 대한에서는 "天"을 하늘천이라 하니 '하늘' 두 글자가 번역어이다.)[60]

한문 습관의 폐단은 그 지난함으로 인해 문맹자가 많다는 것이다. 그 문자가 자신들의 언어에 기반하고 있는 중국인도 배우기 어려운 한문을, 우리는 번역을 통해 접근하고 있으니 더욱 어렵지 않겠는가 묻고 있다. 어려서부터 배워서 늙을 때까지 익혀도 제대로 이루기가 어렵다는 것이다. 문맹율이 높으면 교육이 제대로 이루어질 수 없기에 그 돌파는 국문을 통해 한문을 타파하는 것으로 이루자고 하였다. 이어지는 글에서 세종대왕이 그 폐단을 우려하여 국문을 제정하였는데, 당시 사대부들이 제대로 받들지 못하여 겨우 부녀자들이 소설 읽는 데에나 사용한 것이 애석하다고 하였고, 갑오경장으로 국한문 혼용이 시행되었지만 무지한 자들이 비방을 하고 있으니 심각하다고 하였다.[61] 신문명의 수용을 위해 한문 습관을 타파하자는 주장이다. 그런데 이 글은 한문 문맥을 전혀 벗어나지 못했다. 한학자의 정수리를 도끼로 깨부수자는 주장을, 국한문체와 한문체 사이에서 갈등하던 해학 이기가, 한문체로 전개했다는 것은 일견 아이러니다. 좀더 들여다 보아야겠다.

그런데 한편으로 계몽담론이면서도 한문에 대해 적잖은 애정을 노골적으로 드러내는 글도 작성된 바 있다. 「습관생애련 애련생완고(習慣生愛戀愛戀生頑固)」라는 글이다.

완고함이 오늘날 국가에 미치는 피해가 과연 크다. 그러나 그 사정을 살피지 않고 다만 개선하기만을 요구한다면 아마 될 수 없을 것이다. 만약 완고함이 어디서부터 생겨난 것인가 하고 묻는다면 아끼고 사랑함에서 생기는 것이라 할 것이고, 아끼고 사랑함이 어디에서부터 생겨난 것인가 한다면 습관에서 생기는 것이라고 할 것이다. 내가 일찍이 경험한 바로서 말해보고자 한다. 나는 어려서 과거공부를 하여 제목을 대하고 생각을 얽다가 좋은 구절 하나를 얻으면 문득 스스로 기뻐하였고, 남들도 전하고 외우며 재능있는 사람이라고 칭해주었다. 매일 저녁 술 기운이 돌 때에 부채를 쥐고 상을 치면서 낭랑하게 한 소리를 읊으면 족히 사람을 즐겁게 하였다. 천하의 즐거운 일에 이것보다 더 나은 것이 없다고 스스로 여겼다.[62]

'습관이 애정을 낳고 애정이 완고함을 낳는다'는 의미의 낭만적 제목을 달고 있는 이 글 전반이 드러내고 있는 주제는 국가적으로 폐해만을 안기고 있는 완고함에서 탈피하자는 것이다. 여기서 완고함의 내포는 구문명 지식에 대한 수구적 태도인바, 바로 구문명 지식을 배격하고 신문명의 학습으로 나아가자는 것이다. 여기까지의 태도는 선명하게 드러난다. 그런데 완고함을 배척하자는 이 글에서 완고함의 연원을 밝히며, 필자 자신의 경험을 얘기하는 이 대목에서부터 이야기가 복잡해진다. 어떤 대상에 대한 완고한 태도는 바로 그것을 아끼고 사랑하는 데에서 출발하고, 그것을 아끼고 사랑하는 태도는 그것에 대한 습관으로부터 나온다고 하였다. 완고하게 집착하는 대상은 구문명의 한문인데, 어려서부터 과거공부를 하며 습관적으로 한문을 대하게 되고 습관적인 학습의 결과 그것의 쾌감을 알게 되고 차츰차츰 최고의 가치로 받아들이게 되었다는 것이다. 일상 생활의 일부로서 한문이 자리잡게 되는 것을 넘어 생활의 전부로까지 받아들인 것이다.

스물여덟살이 되어서 드디어 과거 공부를 버리고 다시 하지 않았으나, 간혹 시골 서당을 지나다가 과거 공부 하는 사람을 보게 되면 곧 애호의 정이 도리어 다시 발동하였다. 나처럼 일찍이 그것의 잘못을 안 사람으로도 오히려 이러한데, 하물며 그것의 잘못을 모르는 사람은 어떠하겠는가.[63]

이기 자신은 조금씩 과거 공부의 잘못된 점을 깨닫고 근대적 신학문의 자세를 배워가서 결국 과거공부를 버리게 되었다고 하였는데, 그럼에도 불구하고 과거 공부하는 것을 보게 되면 애호의 정이 다시 생겨난다고 하였다. 28세부터 과거공부에서 탈피했다고 했으니 1876년 무렵이고, 1894년의 갑오경장에서 과거가 공식적으로 폐지되는 것이니, 과거 공부하는 자들을 보면서 애호의 감정이 생긴 것은 그 사이의 일일 것이다. 그들 중 상당수는 갑오경장 이후에도 과거공부를 버리지 못하고 습관적으로 계속하였다. 그것은 "수십년 동안 시간을 들여 쌓은 공부인지라 하루아침에 쓸데없이 되었어도 아끼고 사랑하는 마음이 여전히 있어서 차마 깨끗이 버리지 못하는 것"이었다.[64] 그러면서 그들은 그것이 오백년 동안이나 지속되어온 것이라 지금 폐지되더라도 결국엔 다시 회복될 것이라고 믿는다. 이기는 이 대목에서 착잡한 기분이 드는 것이다. 본인은 신학문의 자세를 배워나가야 한다는 것을 익히 알고 있으면서도, 한편으로는 수구적 태도를 보이는 사람들의 입장도 충분히 이해하고 있는 데에 원인이 있다. 그래서 수구적 태도를 보이는 사람들을 제대로 이해하고 그들을 유인하여 개선해보겠다는 글 초반의 적극적 태도는 글 중반에서 자신의 경험을 이야기하면서 한문에 대한 애증이 노출되며 애매하게 되어버리고, 완고의 뿌리인 습관과 애정을 타파할 방도를 제시하지 못한 채 헤매다가, 결국 결론 부분에서 습관을 버리고 새로운 학문을 학습해야 한다는 원칙만을 제시하고 성급하게 마감하게 된 것이다. 게다가 이기의 이 글은 국한문혼용체를 지향하고 있지만, 정작 원문을 읽어보면 역시 한문의 문리를 전혀 파괴하지 않고 고스란히 살린 채 "하고, 하면, 이라" 등 한문에서 전통적으로 사용하던 토씨만을 달아놓은 문장이다. 그래서 "하고, 하면, 이라" 등의 토씨를 제외하고 독해하면 한문 문장으로서의 기능을 그대로 수행하고 있다. 이기 자신은 과거의 공부하던 습관을 버렸다고 했지만, 하고 싶은 말이 있어 문장을 구성할 때에는 한문에서 나오는 문장 습관을 그대로 유지하고 있던 셈이다.

심지어는 한문과 국문의 표기법의 구분을 넘어서 그것이 담고 있는 내용만 중시하자는 견해를 보이기도 한다. 「학비학문(學非學文)」이란 글이다.

> 이 모든 것은 "학문이란 글자를 배우는 것이 아니라"는 뜻을 모르기 때문이다. 그래서 국문한문의 상호논쟁이 끊이지 않고 있으니 매우 개탄할 노릇이다. …… 지금 효(孝)라는 글자의 뜻을 풀이하는 데 있어서 한문으로는 "선사기부모왈효(善事其父母曰孝)"라 하고, 국문으로는 "부모 잘 섬김을 왈 효라" 한다. 국문한문 양문이 비록 글자는 같지 않으나 효를 해석한 의미는 꼭 같다. 그러므로 사람들은 마땅히 효도를 배우면 그만이지 "孝"니 "효"니 하면서 두 글자를 가지고 싸우는 것은 부당한 짓이다.[65]

'학문은 글을 배우는 것이 아니다'는 제목의 이 글은 본디 자제에게 한문의 서당교육을 우선 시키다가 한문실력이 쌓이면 근대학문을 배우도록 학교에 보내겠다는 호남의 어느 선비의 예를 거론하면서 한 말이다. 그러니까 기본적으로는 한문을 중심으로 삼고 있는 자들에게 국문으로도 같은 내용을 배울 수 있다는 주장을 전달하려는 의도이다. 그렇다 하더라도 국문과 한문의 표기 차이는 중요한 것이 아니라는 입장에는 변함이 없다. 그리하여 소학교에서는 국문을 쓰고 중학교에선 한문을 쓰자는 주장까지 이어서 하게 된다.[66] 이러한 주장은 앞서 본 「일부벽파」에서 국문으로 한문을 타파하자는 주장과 배반되는 듯하다. 그러나 「일부벽파」에서도 한문을 타파해야 하는 영역은 시무(時務)의 학문에 대해서만이었다. "내가 그대들의 학문을 살펴보니 모두 노사 기정진(蘆沙奇正鎭), 면암 최익현(勉菴崔益鉉), 연재 송병준(淵齋宋秉璿) 선생을 전수한 것들이라, 참으로 바르고 아름답다. 그러나 이것은 고등교육(대학 이상)에서는 가하겠지만 보통교육(중학 이하)에서는 불가하다. 시대에 쓰일 만하지 못하니 어찌하리오."[67]라 하여 고등교육에서는 한문을 쓰는 것도 가하다는 입장을 얼핏 드러내었다. 여기서의 고등교육이란 바로 도학인 것이다. 이기는 도학의 영역을 전적으로 부정하기 보다는 보통교육의 실무를 익힌 연후에 접근할 수 있는 고등교육의 대상으로 여기고 있었다. 한문은 그러므로 고등교육에서 활용할 학문 언어로 남겨놓자는 주장인 셈이다.

## 3. 이기의 입장과 그 대안적 의미

이기는 구문명의 한문으로부터 출발하여 약육강식의 국제질서에 압박당하는 현실을 인식하며 신문명을 적극적으로 추구하는 계몽인사로 삶을 마무리하였다. 계몽담론의 과격한 흐름 속에서 구문명을 철저히 비난하며 한문을 타파하자는 주장을 하기도 하였으나, 어떤 지점에서는 끝까지 구문명의 한문으로부터 완전히 벗어나지는 못하였다. 구문명의 전통에 대한 착잡한 그의 감정이 곳곳에서 신문명 추구라는 이념의 온전한 관철을 방해하고 있었다. 통감부 설치 이후 구문명의 완고한 저항을 저주하는 감정이 압도하는 경우도 있었지만, 크게 보면 최종 견해에 이르기까지 구문명과 신문명의 절충을 추구하였던 것으로 보인다. 그러나 그것은 신구 문명을 아울러서 중간 지점을 찾는 것이 아니었다.

> 대저 신학문은 별게 아니라 시무(時務)이다. 비록 중국 역사로 말해봐도, 당우(唐虞)에 당우의 글이 있고, 삼대(三代)에 삼대의 글이 있고, 진한당송(秦漢唐宋)에 진한당송의 글이 있이서 참으로 변하지 않은 것은 아니지만, 다만 변화에 바른 것을 성취하지 못해서 당우의 공화(共和)가 삼대의 입헌(立憲)으로 변하였고, 삼대의 입헌이 진한당송의 전제(專制)로 변하여 오늘에 이르기까지 극성하였다. 그 기세가 옛 것을 회복하지 않을 수 없으니 이런 까닭에 영국과 독일의 입헌은 중국의 삼대이고, 프랑스 미국의 공화는 중국의 당우이다. 그 의리가 족하의 사서오경과 같지 않은 것은 아니지만, …… 족하가 그 배운 바를 스스로 생각해본다면 양주(楊朱)의 한 유파가 됨을 면할 수 없을 터인데, 그것으로 남을 책망하니 함께 목욕하며서 벌거벗은 사람을 기롱하는 것과 같지 않은가. 지금 이 병폐를 바로잡는데 이미 성인을 만나 그 중도(中道)를 잡을

수 없다면, 반드시 묵자(墨子)의 겸애(兼愛)를 써서 과오를 바로잡은 뒤에 공심(公心)이 생겨나고 단체가 이루어지리니, 이는 신학문이 오늘의 급무로 삼은 바이다.[68]

중국의 고대 정치체제와 구미의 근대 정치제제를 상사(相似) 관계로 판단하여, 구미의 정치체제도 결국 사서오경과 다르지 않다고 하였다. 구문명과 신문명을 하나의 틀로 통합하려는 것이지만, 그렇다고 구문명을 고스란히 인정한 것도 아니었다. 사서오경의 세계에 묵자의 겸애설을 병합하여 그 오류를 바로잡아야 한다고 했다. 고스란히 구문명으로 복귀하는 것은 양주의 유파와 다르지 않다고 한 것이다. 동시대인들의 어떤 행태를 양주나 묵자에 비견하는 것은 황현에게 보낸 편지에서도 나오는데, "스스로 경세제민한다는 자들은 모두 묵적의 무리이고, 스스로 고답한다고 하는 자들은 모두 양주의 무리이다. 형께서는 양묵에서 무엇을 버리고 무엇을 취할 것인가."[69]라고 하였다. 당신처럼 망국의 유림으로서 구문명의 고답적 자세를 추구하는 자들은 결국 터럭 하나 아끼는 양주가 아니겠느냔 말이다. 양주와 묵적은 맹자가 임금 없고 아비 없는 놈들이라 비난한 이래 흔히 쌍으로 다니는데, 이기 역시 묵자를 양주의 대척점으로 이해하고 있으면서도 성인의 반열로서 사고하는 점에서는 맹자와 다른 지점이다. 그는 양계초(梁啓超)의 영향으로 묵자의 겸애와 실천을 중시했다.[70] 양계초에 앞서 담사동(譚嗣同)이 묵자의 겸애와 유교의 인을 동일시하며 묵자를 재발견하였고,[71] 공자를 배격하던 시절의 장태염(章太炎)도 묵자를 대서특필했었는데,[72] 이기의 경우 담사동이나 장태염과의 관련은 그리 따져볼 실마리가 없다. 다만 이기가 묵자의 실천은 명철보신(明哲保身)의 타파를 위해, 겸애는 입신양명(立身揚名)의 가족 혹은 개인중심주의 타파를 위해 동원한 것으로 일단 이해해보며, 이것은 동아시아 근대의 잔패한 현실에 대한 원인으로 유교를 인식하고 그 대안으로 동아시아 고대의 다른 대안을 추구하려 했던, 동아시아 지식인의 한 맥락으로 상통한다고 여긴다. 레닌-스탈린주의의 실패 이후, 실현되지 않은 사회주의-아나키즘에 관심을 기울이는 심리와 흡사할 듯하다. 또한 묵자로부터 발견한 공심이란, 약육강식의 사회진화론적 사유를 강요하는 국제질서에 대한 대응 논리로도 사용되었다.

이 시기 해학 이기의 입장을, 동아시아의 잔패한 현실에 대한 동아시아의 책임을 묻되 그 대안을 다시 동아시아에서 찾아보려는 입장으로서 주목해본다. 그러므로 이기를 계몽운동가의 측면만 부각하여 이해하는 것은 곤란하고, 또 한편으로 구문명의 유교에서 벗어나지 않으면서 신문명의 실무적 필요를 인식한 혁신유림(革新儒林)으로 규정하는 것도 꼭 들어맞는 것 같지 않다. 이 입장은 그러니까 여기서 계몽의 대상으로 전락한 호남의 어느 인사와도 다르고, 또한 근대적 민족이라는 국문의 공동체를 구상하며 한문을 배격하던 신채호(申采浩) 등과도 다르며, 유교적 인식에서 멀리 벗어나지 않은 채 계몽의 시급함만을 추구하던 안동의 류인식(柳寅植)과도 다른, 제3의 지점이라 할 수 있겠다. 이 제3의 입장을 계승하여 정인보(鄭寅普) 변영만(卞榮晩)과 같은 20세기 근대한문학의 절정이 창출되는 것이니, 근대계몽기 해학 이기로 대표되는 근대와 한문의 절충적 입장은 별도의 주목의 요한다.

근대전환기 지식인들의 다기한 지향은 그 수만큼의 다양한 가능성을 내포한 것이었다. 그 가능성 중에서 실현되지 못한 것과 실현된 것의 차이는, 이 시기 지식인들의 인상을 결정짓는 대단히 중요한 문제이다. 예컨대 향촌에서 사족의 삶을 유지하며 구문명의 전통을 지속하려 했던 지향은 가능성으로서의 중세 지속이라 하겠지만, 실현의 결과로서는 도태였다. 반면에 구문명의 제반 관습을 탈각하여 신문명에 적응하려 했던 지향은 가능성으로서의 근대 추구이며, 실현의 결과로서도 대개 근대성의 성취였다. 이때 도태된 부류의 지식인과 성취한 부류의 지식인에 대한 인상은 천양지차의 거리를 갖는다. 그러나, 구문명과 신문명의 두 물줄기가 거세게 충돌하는 근대전환기의 격랑을 헤쳐간 지식인들의 모든 지향을, 도태와 성취의 양극으로 정리하는 것은 실상에 부합하지 않는다. 우리로서는 도태와 성취의 인상을 넘어 실상을 확인해야 한다.

해학 이기도, 근대전환기의 격랑을 헤쳐간 삶의 궤적을 다시 읽어보면 그 어느 한쪽으로 정리할 수 없는 지식인의 한 사람이다. 근대계몽기에 그는 신문명의 수용으로 일방적으로 기울어지지 않고, 구문명의 계승과 신문명의 수용 사이에서 복잡한 논리를 추구하며 양자를 통합하려 시도했다. 이런 자세의 결과 그는 구문명의 한문과 신문명의 국한문체 사이에서도 양자 통합의 독자적 입장을 견지하고 있었다. 구문명의 한문으로 대표되는 유교적 세계관을 부정하면서도 대안을 다시 구문명의 한문 고전에서 찾으려고 노력하였던 것이다. 이런 자세는 1930년대 정인보 등이 추구했던 '조선학운동' 정신의 선구였다고 볼 수 있겠다. 그는 구문명의 한학을 익히던 젊은 시절부터 실학(實學)에 관심을 기울이고 있었던바, 실상 조선학운동이 재발견한 실학의 맥락이 어디를 거쳐온 것인지 다시금 생각게 된다.

## 제2절 전통 부정의 모색—동산 류인식의 경우

동산 류인식(東山柳寅植, 1865~1928)이 서거하자 『동아일보』는 "민중의 선각(先覺)"이라는 표현으로 부고 기사를 내었는데, 약력으로 대한협회(大韓協會)를 발기하고 협동학교(協東學校)를 설립했으며 조선교육협회(朝鮮教育協會)와 조선노동공제회(朝鮮勞動共濟會)에서 활동하고 신간회(新幹會) 안동지회장을 지냈던 사실 등을 정리하였다.[73] 교육과 사회활동 중심으로 약력을 기록하고 기사제목으로 내세워 민중의 선각자임을 증명한 것이다. 그런데 이 기사의 말미에서는 『대동사(大東史)』 『대동시사(大東詩史)』 『태식록(太息錄)』 『학범(學範)』 등의 저술이 있음을 밝히고 있는데, 이는 모두 한문(漢文) 기록이다. 20세기 초반 계몽담론의 중심에서 활동하던 인사들은 국어공동체의 민족을 통해 제국주의에 대항하고자, 대개 한문을 타자화하여 배척하고 신문명의 근대적 국문세를 수립할 것을 부르짖었다. 한반도를 둘러싼 세계정세를 약육강식의 현실로 인식하고 민족공동체의 각성을 통해 난관을 돌파하려 했던 류인식의 삶 역시 민중의 선각자로서 교육계몽운동을 적극적으로 추진하던 계몽운동가의 그것이었다. 그런데도 류인식은 한문을 통해 자신의 계몽의지를 담았던 것이다.

신문명을 추구하며 계몽담론의 중심에 서 있던 인사들 대부분은, 실상 자신들이 타자화하고 배제하려는 구문명의 한문 교육을 받은 사람들이었다. 이들은 한문에 대해 이념적으로 과감한 청산을 주장하는 한편으로, 내면적으로는 복잡한 태도를 보일 수밖에 없었다. 큰 틀에서는 신문명을 추구하며 근대적 국문체를 구축하는 것을 지향했지만, 류인식의 경우처럼 급박하게 근대를 성취하여 전지구적 근대화 과정의 보폭을 따라가야 한다는 계몽담론의 절박한 입장을 한문으로 표현하는 경우까지 있었다. 근대의 중심에서 바라본다면 타자라고 할 수밖에 없는 한문, 또 중세의 입장에서 바라본다면 외부의 야만에서 유입된 타자였던 신문명, 이 두 이질적 요소가 류인식의 경우엔 하나의 삶 속에서 합류하고 있었던 것이다. 구문명의 한문과 신문명의 계몽담론이 결합한 것에서 류인식이 계몽의 대상을 한문 식자층으로 설정하고 있음을 일단 짐작해볼 수 있겠다. 실상 그가 한문을 통해 표출한 신문명 수용의 주장이 여느 국한문체의 논설보다 덜 절박했던 것도 아니다. 류인식의 계몽 의지가 강렬히 표출되었으며 특히 그가 설정했던 계몽 대상을 여실히 파악할 수 있는 『태식록』을 중심으로, 그의 한문 계몽담론이 구상했던 계몽의 구도를 검토해보고자 한다.

## 1. 류인식의 혁신유림으로서의 삶

류인식의 생애와 활동 및 그 문학에 관해서는 적잖은 선행연구가 있다.[74] 선행연구에선 대개 그를 '혁신유림(革新儒林)'으로 규정하는바, 혁신을 통해 전통을 수구하던 일반 유림과 다름을 나타내고, 유림을 통해 구문명을 완전히 탈각한 당시의 계몽인사와도 다름을 나타낸 용어로 이해된다. 서거했을 당시 『동아일보』에서 표현했던 '근대의 선각'이 혁신 이후의 특징만을 드러낸 것이지만, 그는 끝내 유림에 대한 희망을 완전히 접지 않았고 유림의 일원으로서의 삶도 지속했던 것이다.

류인식은 1864년 안동(安東) 예안면(禮安面) 삼산(三山)에서 서파 류필영(西坡柳必永)의 차남으로 태어나 뒤에 9촌아저씨 류기영(柳祈永)에게 입양되었다. 정재학파(定齋學派)의 척암 김도화(拓菴金道和)에게 배웠고, 1893년에는 과거를 치르기 위해 서울에 다녀오기도 했었다. 1895년에는 을미사변이 일어나고 단발령이 내려지자, 위정척사(衛正斥邪)를 실천하기 위해 석주 이상룡(石洲李相龍) 등과 더불어 의병 항쟁을 전개하기도 하였다. 여기까지는 유림의 전통적 교양과 사승관계를 유지하며 지내던 시기였다. 근대 제국주의의 침략에 대항하는 활동 역시 전통적 교양과 사승관계의 자장 안에서 전개하였다.

그런 그가 1903년 서울에 왔다가 단재 신채호(丹齋申采浩)를 만났는데, 영남의 학술은 반드시 개혁되어야 하고 서양 학문은 연구되어야 한다는 취지의 발언을 듣고 며칠 동안 논쟁하다가 결국 세계정세에 관한 책들을 접하고서 신채호의 의견에 크게 감복하게 되었다고 한다.[75] 1906년에는 드디어 단발(斷髮)을 하였는데 이 변신은 당시 안동 지역에서 경악과 질시를 일으켰다고 할 만큼 신문명 수용의 충격적 상징이라 하겠다. 류인식은 이 대목에서 변신 이전에 지었던 글들을 불살라버렸다고 하였는데, 과거의 기억을 소각할 만큼 스스로도 커다란 사상적 전환을 한 것이다. 이 시기 그는 대한협회와 교남교육회 등의 계몽단체에서 활동하였다.

류인식의 전환은 지역 유림의 반발과 배척을 동반했다. 그의 스승 김도화조차 제자 류인식과 의절하였다. 스승의 의절에 대해 만회해보고자 자신의 입장을 설득하려 작성한 편지의 한 구절을 보자. 이 편지는 1908년에 작성된 것이다. 우선 영남에서 선비들이 추구하는 구학문을 셋으로 나누어 비판하였는데, 훈장이 서당에서 가르치는 것은 문법과 시문에 불과하고, 문장가가 유림들에게 인정받는 바는 음풍농월에 불과하고, 산림숙유가 하는 철학도 결국 국가를 위해 무슨 쓰임이 있느냐고 물었다. 구학문 일체의 무용함을 철저히 지적한 것이다.[76] 그리고 이어서 세계정세에 대해 언급한다.

> (이런 학문으로는) 비록 적국이 없다 해도 하루를 부지할 수 없는 형국입니다. 하물며 오늘은 서양 사조가 한번 밀어닥쳐 분위기가 문득 변했습니다. …… 지금은 곧 약육강식(弱肉強食)과 우승열패(優勝劣敗)의 대변화 국면입니다.[77]

아무래도 약육강식과 우승열패라는 근대계몽기 중심 담론의 용어에 주목하게 된다. 이 대목에서 류인식은 근대계몽기 계몽지식인의 세계 정세 인식을 고스란히 받아들이게 된 것이다. 이어서 자신이 머리를 깎고 신문명 계몽에 앞장서게 된 소회를 길게 설명하고 있다. 세계 인식의 변화를 통해 시대의 위급함을 깨닫고 스스로 혁신하게 된 과정을 서술함으로써 스승의 변화를 기도한 것이다. 류인식이 이 대목의 앞에서 비판했던 서당 훈장이나, 문장가는 그렇다 쳐도 산림숙유는 스승 김도화가 지향하는 바였다. 그것을 무용지물로 여기며 신문명에 동참하자는 메시지를 보냈던 것이다. 이 편지에 대해 김도화는 묵묵부답으로 대응했다. 대화의 상대로 인정하지 않은 것이다. 동료들에게도 편지를 보낸다. 역시 묵묵부답이다.[78] 사대부는 독서와 정치를 병행하는 지배계급이자 지도계급이다. 정치 현실에서 소외되어가는 처지에서 학문을 통한 정통성 확보에 더욱 경주한 영남권에서, 게다가 영남 유림의 정통을 주장하는 안동에서 이런 지도계급으로서 양반의 자기규정은 강할 수밖에 없다. 지도계급으로 자부하는 스승 김도화가 제자로부터 이런 대접을 받고 가만히 있을 수 있을까? 김도화는 이미 류인식을 제자의 열에서 삭제했다. 지향을 변경할 마음이 전혀 없는 김도화의 의절은 어쩌면 당연한 선택이었을 것이다. 류인식은 심지어는 아버지로부터도 배척당한다.[79] 최악의 고립을 당한 것이다. 이런 사실이 전혀 뜻밖의 일은 아닌데 생각보다 반발이 심각하긴 하다. 행동을 같이하던 이상룡의 경우도 크게 다르지 않았던 듯하다. 동료 유림들은 그가 하는 일에 대해 대문을 닫고 비방하며 조롱했다고 한다.[80]

1907년에는 일송 김동삼(一松金東三), 석주 이상룡(石州李相龍) 등과 협동학교(協東學校)의 설립과 운영에도 관여하였다. 이 협동학교의 교육 제도를 보건대, 대개 신문명과 한문이 적절히 배합된 것이었던 듯하다.[81] 1910년 합방 한달 전에 기어이 지역 의병(義兵) 수십 명이 들이닥쳐 교사 세 명을 살해하는 참극이 빚어졌다.[82] 이 협동학교 피습사건을 적전 분열로 파악하는 경우도 있긴 하지만, 분열보다는 아직 주체들의 통합이 이뤄지지 않은 것으로 볼 수 있겠다. 혁신유림은 막 발견한 민족의 입장에서 제국주의와 싸웠던 것이고, 안동의 의병은 오래된 유림의 입장에서 근대와 싸우고 있었던 것이다. 주체로서의 혁신유림과 유림이 다른 것이듯, 적으로서의 제국주의와 근대도 동시에 다른 것이다. 유림은 기존부터 있어왔던 주체였고, 류인식 등은 이 유림을 혁신하여 약육강식의 시대를 헤쳐나가려는 계몽적 주체였으며 새로이 자리를 잡으려던 것이었다. 변화를 인정할 수 없는 유림은 류인식의 활동을 배척할 수밖에 없으며, 변화를 지향하지 않으면 생존을 담보할 수 없다고 인식한 류인식은 적극적으로 유림을 계몽할 수밖에 없었던 것이다. 이 충돌이 참극으로 표출된 것이다.

합방 직후 1911년 이상룡 등과 함께 중국으로 망명하였으나 이듬해 일시 귀국하였다가 왜경에 체포되는 바람에 다시 돌아가 합류할 수가 없었다.

이후 1920년 조선교육회와 조선노동공제회, 1923년 조선민립대학기성회에 참여하고, 1926년 신간회 안동지회장을 역임하는 등의 사회활동을 하는 한편으로 『대동사(大東史)』와 『대동시사(大東詩史)』를 저술하였다. 특히 1920년에는 노동자와 상인, 농민을 중심으로 한 총체적 민중 사회를 발견하고, 그들과 함께 민족의 역량을 키우려는 의식을 드러낸 「차야한 십절(此夜寒十絶)」을 지었던바,[83] 합방 이전 유림을 대상으로 한 계몽의 구도가 변화하는 조짐으로 볼 수도 있겠다. 서거 1주기 때 백정 해방운동단체 형평사(衡平社)에서 "동지(同志)"의 칭호를 붙인 애도문을 보내온 것은,[84] 류인식의 변화된 민족 개념을 짐작할 수 있는 증표가 될 것이다. 향년 64세로 1928년 서거하였으니, 형평사의 애도문을 받은 1주기는 1929년이었다. 류인식의 삶은 유림에서, 혁신유림으로, 천민들의 동지로 끝없는 자기 갱신을 이뤄간 것이다.

## 2. 「태식록(太息錄)」의 한문(漢文) 계몽담론

「태식록」의 정확한 저술 시기를 알 수는 없으나, 서두에서 "내가 분주 골몰한지 이제 십여년이 되었다."[85]는 구절이 있다. 분주 골몰은 계몽 활동의 헌신과 노력에 대한 회고적 표현으로 짐작된다. 분주 골몰하기 시작한 시점을 신채호를 만나는 1903년 무렵으로 본다면, 이 책의 저술시기를 합방 이후인 대략 1910년대 중후반으로 보는 것이 타당할 듯하다. 그런데 중간중간 내용이 중복되며 중국을 지나(支那)라고 하는 부분도 있고 중조(中朝) 혹은 중국(中國)이라고 하는 부분도 있으며, 1911년의 신해혁명이 막 전개되고 있음을 언급하는 부분도 있고, 1905년부터 1910년까지 설치되었던 통감부에 대한 입장을 언급하는 부분도 있다. 서두는 1910년대 후반에 쓰여졌으되 부분부분 이전에 써 둔 것을 수습한 것이 아닌가 하는 짐작을 하게 된다.

우선 「태식록」은 '1장, 정부의 부패를 논함〔論政府之腐敗〕' '2장, 유림의 부패를 논함〔論儒林之腐敗〕' '3장, 오늘 민족에 대한 책임은 전적으로 유림에게 있다〔今日民族之責 全載於儒林〕'의 세 장으로 구성되어 있다. 이 장 제목만 보아도 내용이 어떠할지 짐작이 가는데, 서두에서부터 "20세기가 되어 경쟁의 풍조가 동서에서 충돌하는데도 여전히 완고하게 수구만 하고 있으니 장차 이 물경천택(物競天擇, 적자생존과 같은 의미)의 시대에 자립할 수 있겠느냐"는 강한 계몽의식을 보이고 있다.[86] 전반적 구조로 보아 조선왕조의 부패, 유림의 부패를 언급하여 당시 민족의 수난을 초래한 원인을 짚고, 3장에서 수난의 현실을 돌파할 중책을 다시 책임자인 유림에게 부여하며 물경천택 시대 유림의 혁신 방안을 모색하였을 것으로 보이지만, 아쉽게도 3장은 일부만 남아 있다. 남아 있는 내용을 먼저 파악해본다.

1장이 시작되기 전에 배치한 서두에서 조선은 유학에 대해서는 찬연히 구비되었었으나 종국에는 완고하게 수구하여 망국에 이르렀으니 그 원인으로 정부와 유림의 부패를 꼽고, "혁구유신(革舊維新)"을 해야 함을 강조하였다.

「태식록」의 "1장, 정부의 부패를 논함〔論政府之腐敗〕"은 종국적으로 식민지시대를 초래하게 된 조선왕조의 각종 문제를 지적하고 있는 장이다. 총론에서 류인식은 고종시대의 실정이 멸망을 이끌었다는 견해를 부정하였다. 고종이 잘 했다는 말이 아니라 중종 이후부터 이미 조선왕조의 부진이 시작되었다고 인식하였다. 구체적으로는 조선왕조의 역사 단계를 네 단계로 나누어, 태조부터 성종까지를 창업문명(創業文明) 시대, 중종부터 선조까지를 위미부진(萎靡不振) 시대, 별도로 연산군과 광해군은 윤위혼탁(閏位混濁) 시대, 인조부터 숙종까지를 당화분쟁(黨禍分爭) 시대, 경종부터 고종까지를 훈척절명(勳戚竊命) 시대로 명명하고 있다. 문명을 창업하던 시대에서, 시들하여 떨치지 못하던 시대, 왕위 계승의 정통을 잇지 못하던 시대, 당쟁의 폐단으로 나뉘어 다투던 시대, 임금의 친척들이 임금의 명을 농단하던 시대로 이어진다. 단계적 하향을 거쳐 망국에 이르게 되었다는 인식이다. 망국에 이르게 된 부패상을 10가지로 나누어 조목조목 거론하고 있다.

(1) 군권태중(君權太重) : 임금의 권한이 너무 막중함. 중국은 진한(秦漢) 이래 임금이 백성과 다른 특별한 권리를 누리게 되어서, 폭군이 군림하더라도 받드는 것을 충(忠)이라 하니 잘 다스려지던 평화 시대가 적었다. 우리나라에서는 고려 이래 중국을 모방하여 임금의 권력이 막대하였지만 오히려 그 권력에 빌붙은 훈척(勳戚)들이 권력을 장악하게 되면 군권이 오히려 신권보다 약하게 되기도 하였다. 서양의 민주공화정이나 입헌군주정을 도입해야 한다.

(2) 훈척세신지화(勳戚世臣之禍) : 임금의 친척과 대대로 벼슬하는 신하들의 폐단. 임금을 보좌한 훈신과 국혼을 맺은 척신이 집권하며 사도세자를 죽게 만들기까지 했는데, 조선은 끝내 훈신과 척신의 나라가 되어 민씨일파의 손에 망하게 되었으니, 경계해야 할 것이다.

(3) 당론지화(黨論之禍) : 당론의 폐단. 중국의 당파는 백년을 가는 것이 없건만 조선의 당파는 삼백년 동안이나 해독을 끼치면서 한 사람도 거기에 벗어난 일이 없었다. 결국 조선은 노론의 나라가 되어 망하게 되었다. 청년들을 신학문에 투입하여 극복해야 할 것이다.

(4) 존대학자(尊待學者) : 학자를 존대함. 과거제의 허점을 보완하려고 산림학자를 등용했지만, 한두 번 경연에서 좋은 말을 하다가 결국은 시무(時務)를 몰라 물러나게 된다. 그러면 더욱 높여 나중에 죽으면 시호를 내리고 서원을 세워주게 되는데, 이로써 한 당파가 생겨 그 농간으로 산림학자가 이용된다. 학자를 존대하는 것은 부패와 허위의 한 명목이다.

(5) 소무비(疎武備) : 전쟁 대비에 소홀함. 고대에는 무강(武强)하였지만, 조선 이래 문신을 우대하고 무장을 소홀히 하였다. 유학을 보내 무예를 배우게 하고 학교를 세워 군사훈련을 시키고 무기를 제조해야 한다.

(6) 과거지폐(科擧之弊) : 과거제도의 폐단. 실용적이지 못한 시

험대비용 학습도 문제이거니와, 뇌물과 비리로 얼룩져 있다. 학교를 세워 교육하고 우등생을 등용하여야 한다.

(7) 용인상벌(用人尙閥) : 인재를 등용하는 데 문벌을 따짐. 조선왕조에서 관직에 통하는 사람은 대대로 벼슬하는 집안의 선비들일 뿐이고, 지역 차별마저 있다. 세력가의 자제는 공부를 안 해도 급제하고 시골 수재는 아무리 해도 급제를 못하니, 결국 공부를 하는 자가 아무도 없게 되었다. 문벌을 타파하고 서양의 평등주의를 채택해야 한다.

(8) 사대주의(事大主義) : 이태조 이래 사대주의가 뇌수에 파고들어 자주성(自主性)이 결핍되었다. 청에 복속된 이래 북벌을 말하면서 사익을 채웠던 송시열(宋時烈)과 그 후예 이항로(李恒老), 류인석(柳麟錫) 등은 차마 볼 수가 없다.

(9) 전부민적지폐(田賦民籍之弊) : 토지세 제도와 호적 제도의 폐단. 전세(田稅)는 서리(胥吏)들의 농간에 들어 있으니 속담의 "조선 반을 떼어 서리에게 준다"는 말이 이것이다. 민적(民籍)도 요연하지 못해 국민들을 통계할 수도 없다. 어찌 나라를 보존하겠는가?

(10) 이서지폐(吏胥之弊) : 서리 제도의 폐단. 고려부터 서리제도가 있었는바 세습직이라 관료들이 교체되는 사이에 행정을 장악하고 농간을 부리며 이권을 챙긴다.

눈에 뜨이는 대목은 (8)사대주의를 논하는 대목에서는 유림 전체를 비난하기보다는 송시열 학맥의 후예를 중심으로 한 노론(老論)의 폐단을 주로 지적하고 있다. 다른 대목에서도 유림 전체보다는 훈구와 세족의 폐단을 중심으로 비난하고 있다. 특히 노론을 공격하는 것은 류인식이 여전히 영남 남인(南人)의 입장을 옹호하고 있었던 것으로 볼 수 있으며, 이것은 유림으로서 자신의 위치를 완전히 탈각하지 않은 것으로 해석할 수 있는 대목으로 특기할 만하다. "2장, 유림의 부패를 논함〔論儒林之腐敗〕"의 서론에서는 선비가 바르게 되어야 국론이 바르고 민심이 바르게 된다, 망국의 원인이 정부에 있다고들 하지만 유림도 그 책임을 회피할 수 없다고 하고서 유림의 부패상을 조목별로 거론하였다.

(1) 경학가(經學家) : 경학에 매달리는 자. 성리학이 전래되고 퇴계가 기풍을 열어놓은 뒤에, 후배들은 경학의 말류적 행태로 빠져들면서 국민의 계책과 세계형편을 모르게 되어 망국에 이르렀다. 왕양명처럼 총명하고 지혜로운 사람이 나와 새로운 학설을 내세워 수백년 동안 부패된 무용의 학문을 타파하고 학계에 한줄기 빛을 던져야 할 것이다.

(2) 과거가(科擧家) : 과거에 매달리는 자. 경전의 본래 취지는 무시하고 시험용 학습으로 지혜를 막고 두뇌를 괴롭히며, 재산을 낭비하며 과거를 보러가도 벌열이나 뇌물 쓴 자만 합격하는데, 포기하지 못하고 일생을 허송한다. 인재가 마르고 선비들의 습속이 퇴폐한 것은 모두 과거가의 폐해이다.

(3) 숭배유현(崇拜儒賢) : 어진 선비랍시고 숭배함. 덕업이 고매한 유현을 숭배해야 하는데, 허명에 집착하며 학설과 출처가 어떠한지도 모르고 숭배한다. 공맹정주(孔孟程朱)처럼 칭송받는 이들이 이리 많은데 왜 학문은 무너지고 풍속은 저하되고 날마다 점점 더 위태로워지는 것인가.

(4) 유원(儒院) : 서원. 제자가 많다고 서원에 모시고 자손이 번성하다고 서원에 모시며, 벌열은 장악한 서원을 기반으로 백성을 착취한다. 대원군의 실정이 많았지만 서원을 철폐한 것은 그나마 잘못이 크지 않다.

(5) 경학가지전제(經學家之專制) : 독단적인 경학가. 조금만 다른 말을 해도 이단사설(異端邪說)로 지목되어 공격받기 때문에, 위

축되어 한우충동의 저술들이 모두 퇴계집의 등사본으로 의양호로(依樣胡蘆, 틀을 고스란히 베낌)할 뿐이다. 정치의 전제는 민기(民氣)를 쇠하게 하지만 학문의 전제는 민기를 막히게 하여 나라가 망하고 종족이 멸하는 근원이 된다.

(6) 호가지전제(豪家之專制) : 세력 있는 집안의 농단. 호족들의 폐단. 사족(士族) 중에 벼슬하는 자가 백분의 일에 지나지 않는데, 나머지는 놀고 먹으며 백성들을 수탈한다. 반항하는 백성을 사적으로 처벌하기까지 한다. 동학은 백성들이 사족의 압제에 항거한 것이고 이 때문에 외국군대가 출병하여 나라가 망하는 지경에 이르렀다. 일제 통감부는 사족을 억제하였는데, 아직도 옛날의 폐습을 회복하려는 완고한 자들이 있다.

(7) 가정교육범위지협착(家庭教育範圍之狹窄) : 가정에서 가르치는 바가 별로 없음. 고대에는 체계적인 학교가 있었는데, 후세에는 사숙(私塾, 서당)에서 촌학구들이 과거급제의 방법만 가르치니 국민을 위한 큰 계책은 전혀 염두에 두지 않는다.

(8) 박생재(薄生財) : 생활 경제를 소홀히 함. 사농공상(士農工商)이 각기 그 직분을 다해야 하는데, 사민(四民)이 그 업을 잃어서 나라가 망하고 백성이 위태롭게 되었다. 사족이 착취만 하니 농업 상업 공업이 흥기하지 못했다. 널리 학교를 설립하고 실업을 장려하며 사족의 자제를 농공상에 투입하고, 서양 제도를 연구하면 부강의 근본이 될 것이다.

"총론, 허위(總論 虛僞)" 정당, 세신, 벌열, 과거 제도에서 예의, 문자, 역사, 풍속에 이르기까지 하나하나 모두 한결같이 허위이다. 겉으로는 나라꼴을 이루지만 속으로는 썩어 문드러졌다. 동양으로 압도해오는 서양의 물결은 진실을 바탕으로 극렬히 경쟁하는데, 민족이 이 지경이니 노예가 되었다. 중년 이상은 어쩔 수 없더라도 청년들은 진실(眞實)해져서 이천만 민족을 구하는 길에 나서야 한다.

"3장, 오늘날 민족에 대한 책임은 전적으로 유림에게 있다〔今日民族之責 全載於儒林〕"는 1장 분량만 남아있는데, 객(客)과의 문답을 통해 정부가 아닌 유림에게 책임이 있음과 보통학교에 관해 언급하다가 끝난다.

## 3. 「태식록」이 구상한 계몽의 구조

「태식록」의 남아 있는 맥락으로만 보면 정부와 유림의 부패상을 절절히 지적하여 배척하는 것으로 보일 수도 있다. 물론 부패상을 지적함으로 해서 그 책임을 묻는 것은 사실이다. 그러나 류인식은 유림의 정신이 본디부터 잘못된 것이라고 생각하지 않았고, 그런 점에서 철저히 배척할 거리를 확보하지도 않았다.

> 그러나 유학은 찬연히 구비되었다. 사대부는 모두 고례(古禮)를 독실히 지켜 단아하고 우아하며, 문장은 한당(漢唐)을 흠모하고 경술은 송원(宋元)을 받들었다. 집집마다 노래하고 낭송하며 아비가 가르치고 아들이 지켜서, 예의(禮義)와 인현(仁賢)의 풍모가 천하에 알려지고 문명의 나라를 이루게 되었다. 만주 청나라가 중국에서 제왕노릇을 하자 명성과 문물이 보존된 것이 없게 되었는데, 동방의 한 모퉁이에서 중화의 제도를 홀로 보존하며 오히려 민락(閩洛, 주자학)의 유풍이 있게 되었다. 아아 훌륭하도다.[87]

전체의 서문에 해당하는 부분인데, 인용한 앞부분에서 우리나라가 고대에는 강대국으로 동방에 웅거하였었는데, 고려 이래로 중국과 관계가 친밀해지면서 오로지 문화를 숭상하느라고 본디 가졌던 무력이 점점 쇠약해져서 문약(文弱)의 풍속을 이루게 되었다고 하였다. 이것은 부정적 변화이며 쇠퇴이다. 그러나 그 쇠퇴의 반면에는 찬연히 구비되는 유학(儒學)이 있었다고 하는 이 부분이 이어진다. 인용한 대목만 본다면 위정척사의 논리와 흡사하다. 근대 계몽담론의 주류적 경향은 세계를 우승열패와 약육강식의 적나라한 투쟁의 장으로 인식하고 있었고, 이 투쟁의 장에서 이미 우월한 강자가 되어 세계를 유린하고 있는 제국주의에 대항하여 투쟁할 주체로 민족을 발견하였으며, 시급히 민족 중심의 근대적 공동체를 구성하기 위해 민족 고유의 가치를 강조하였다. 민족 고유의 측면에서 본다면 유교는 외래 요소였다. 구문명 일체와 더불어 유교도 우리 민족의 영역에서 배제되어야 할 타자였던 것이다. 반면에 위정척사 계열의 논리는 중세적 천하관의 지속인데, 도덕과 문명의 독보적 가치를 중국을 중심으로 한 동아시아가 공유하고 있는 것이며, 천하의 외부에서 금수 야만의 인종이 강성한 무력을 업고 문명의 중심을 위협하는 것으로 인식하고 있었다. 위협으로부터 문명을 수호하는 방안은 도덕, 즉 유교의 정신을 더욱 강화하여 문명의 힘으로 저들을 물리치거나 오히려 교화하는 것이었다. 위정척사의 논리로는 유교가 바로 이상적 가치로서 수호해야 할 중심이었다. 그런데 류인식은 여기서 우승열패와 약육강식의 세계 인식을 기반으로 하여 계몽담론을 수용했으면서도, 유교의 이상적 상태를 묘사하고 있으며 심지어 존화주의의 연장인 소중화의식까지 드러내어 위정척사의 언어에도 일정하게 동조하고 있다.

앞서 보았던 신채호의 『대한매일신보』 「담총」에서는 구문명의 유산 일체가 전혀 무의미한 것임을 지적하는 내용이 있었다. 집집마다 정자와 주자가 있는 듯이 도학자가 많지만 스스로 일가를 이룬 이는 거의 없고, 문집들에 남은 것도 음풍농월을 벗어나지 못하며 수구적 도덕이나 나열하는 것을 벗어나지 못하니 굳이 진시황이 나오지 않더라도 조선의 서적은 저절로 사라질 것들이라는 것이다. 여기서 "집집마다 정자 주자"라거나 "정심, 성의, 수신, 제가의 뜻으로 지어낸 문장 몇 편"이라는 표현은 유교를 비판과 풍자의 대상으로 상대화하여 싸잡아 비난하는 방식으로 사용된 것이다. 살펴보고 장단을 가리기에는 정세가 급박하다고 느꼈던 데다가, 이미 계몽의 입장에서 유교의 가치에서 철저히 벗어나 있었기에 가능한 시각일 것이다. 이러한 인식은 본디 개화파로부터 시작되어 근대 계몽운동으로 계승된 것이었다.[88] 근대 계몽운동기에 신문 잡지들에 무수한 구문명 비판이 게재되는바, 구문명은 철저한 청산 대상이었으며 그럴 만큼 충분히 먼 거리를 확보하고 있었던 것이다.

그러나 류인식은 그럴 만한 거리를 확보하지 않고, 국망에 이르게 한 말류의 폐단만 절실히 지적하고 유교 자체의 이상적 상태는 옹호하였다. 그 이유는 다음의 편지를 통해 설명해볼 수 있다.

> 우리 국민은 세 등분으로 나눌 수 있는데, 그 하나는 상등사회로 정당(政黨)에 해당하고, 또 하나는 중등사회로 유림(儒林)에 해당하고, 또 하나는 하등사회로 소민(小民)이 그것이다. 소위 정당이 수백 년 동안 부패한 악습으로 참으로 나라를 병들게 하고 백성에게 재앙을 주었고, 마침내 패망하여 그 헛된 이름과 함께 사라졌으니, 위로는 의지할 바가 없다. 소위 소민은 전제 치하에서 꺾이

> 고 눌려 어리석고 아는 바가 없으니 아래로도 의지할 바가 없다. 그 소위 중등사회는 바로 향사대부(鄕士大夫)로 독서하며 의를 논하는 사람들이다. 그 세력 범위는 여론과 소통하고 인심을 단결하여 위로는 정부에 반항할 수도 있고 아래로는 우민을 교도할 수도 있다. 자치와 자유의 정신을 주창하여 훗날의 기초를 도모하는 것이 또한 수월하지 않겠는가.[89]

이 편지는 1917년에 작성된 것인데, 대략 『태식록』의 저술 시기 무렵일 듯하다. 계몽담론의 주류적 입장에서 본다면 근대 민족국가는 정부와 시민으로 구성된다. 시민의 권리 즉 민권의 신장 역시 계몽담론의 주요 목표 중 하나였으며, 민권은 시민들이 스스로 정부를 직접 상대하여 얻는 권리였던 것이다. 시민과 정부 사이에 별개의 계층이나 매개가 없는 것이 근대 국가의 시민과 정부의 상이었다. 그런데 류인식은 여기서 소민(小民)과 정부(政府)의 사이에 유림이라는 별도의 중류사회를 언급하였다. 유림에게 여론을 형성하고 소민을 대변하여 정부에 대항하고, 한편으로는 소민을 교화하는 임무를 부여하였다. 권리를 교섭하고 쟁취할 상대인 정부는 그대로 있되, 시민이 유림과 소민으로 나누어진 것이다. 나누어진 중에 유림의 역할은 계몽 주체이고, 소민의 역할은 계몽 대상이다. 일반 평민으로 부를 수도 있는 소민이 계몽 대상밖에 될 수 없는 이유는 정부의 전제 아래 꺾이고 눌려서 어리석고 무지하기 때문이다. 이 유림과 소민의 역할분담은 전통사회의 향촌에서 이념적으로 이미 구상되어 있던 것이다. 그 유림을 해체하지 않고 말폐만 교정하여 근대 계몽의 주체로 세우고자 하였던 것이다. 현상태에서 각성이 될 만한 조건을 가장 많이 갖춘 식자층이기 때문이다. 반면에 『대한매일신보』 등을 중심으로 한 주류적 계몽담론에서 구상하는 정부와 시민의 이원구도에서는 계몽 주체와 계몽 대상이 명확히 정리되지 않는다. 시민 속에 주체와 대상이 섞여 있는 것이다. 그 이유는 시민이라는 주체가 아직 완전히 형성되지 않았고, 기실 이 대목에서 시민의 자장에 들어와 있는 사람들은 대개 계몽담론의 생산자와 겹치기 때문일 것이다.

1921년 류인식의 활동 무대인 안동을 방문한 어느 기자는 안동을 구문화의 중심지라고 부르며 양반이 헌 갓을 쓰고 농사짓는 장면을 희한한 시선으로 기록하였다. 심지어 양잠학원의 강습생 모집 광고가 순한문으로 되어 있어 의아해하다가, 이 지역에선 한문을 모르는 사람이 없으며 오히려 국문으로 쓰면 못 읽는 사람이 많다는 설명을 덧붙여놓았다.[90] 이러한 분위기에 둘러싸인 류인식의 입장에서 유림의 문화를 철저히 배격하고 거리감을 가질 수는 없었을 것이다. 그렇다고 나라의 멸망까지 이르게 했다고 한 유림을 고스란히 인정할 수도 없었다. 그 말폐의 원인을 진단하고 '혁구유신(革舊維新)'할 수 있는 방도를 모색해야 했다. 류인식은 「태식록」에서 그 말폐의 원인과 부패상을 고루한 경학사상에서부터 생활경제의 소홀에 이르기까지 여덟 조목으로 정리하고 있었는데, 이 유림의 부패를 논하는 2장의 서문에 다음과 같은 언급으로 유림의 책임을 묻고 있다.

> 무릇 선비는 나라의 원기(元氣)여서 책임이 매우 중하다. 조정에 서면 통치를 돕고, 향당에 처하면 풍속을 돈후하게 해야 한다. 선비가 정(正)을 좇은 연후에 국론이 바르고 민심이 바르게 된다.

…… 어찌된 일인지 백 년 전부터 위로는 권장의 방도를 잃고 아래로는 계승하는 도리가 없어서, 굳센 풍조가 변하여 간사함으로 치우치고, 간사함에 치우친 풍속이 변하여 허위(虛僞)가 되었다. 고장에는 착한 풍속이 없고, 집안에는 좋은 규범이 없다. 인재는 날로 막히고 생민은 점점 곤궁해져서 국가의 원기가 드디어 말라죽고 패망에까지 이르게 되었다. 오호 슬프다. 논자는 망국의 원인이 오로지 정부에 있다고 하지만, 나는 유림 역시 그 책임을 피할 수 없다고 여긴다.[91]

"나라의 원기"라는 것은 유림의 임무를 한 마디로 표현한 것이다. 「태식록」이 먼저 1장에서 정부의 부패 10가지 꼽고 이어서 2장으로 유림의 부패를 거론하여 마치 정부가 먼저 잘못 돌아간 뒤에 유림이 따라서 어그러졌다고 생각하기 쉽지만, 이 문맥을 통해 전체를 다시 구상해보면 그 정부가 잘못 돌아가게 된 데에는 나라의 원기가 먼저 잘못된 근본 원인이 있는 것이다. 나라의 원기로서 유림은 조정에 들어가 정치를 보좌하며 향당에서는 소민을 교화할 책임이 있었던 것이다. 이 책임을 방기하고 부패한 유림을 다시 각성시켜 본연의 책임을 다하도록 하는 데에 목적이 있었다. 그러므로 서울의 계몽담론의 주류적 경향이 유림을 구문명과 싸잡아 타자화하고 원거리에서 비난한 것과 달리, 「태식록」은 유림의 그 오류를 하나하나 꼽아가며 꼼꼼히 검토해야 했던 것이다. 그리고 나서 제3장에서 '오늘날 민족의 책임은 전적으로 유림에게 달려 있다'는 제목으로 유림에 대한 기대를 제시한다. 우선 객(客)이 요순이 천하를 인(仁)으로 이끌면 백성이 거기에 따르고, 걸주가 천하를 포(暴)로 이끌면 민이 또 거기에 따르는 것인데, 오늘날 국민의 책임은 반드시 유림사회에 있다는 것은 물정 모르는 소리가 아니냐고 던진 질문에 답하는 말이다.

> 그대의 말한 바는 오늘날 이전에 맞는 말이고, 내가 말한 바는 20세기이후에 맞는 말이다. 그대가 아직 진화의 법칙과 민권의 주장을 모르고 있는데, 그 설이 어찌 서로 맞을 수가 있겠는가. 적이 살펴보건대 구미 각국이 불끈 흥기하여 세계에 이름을 알리고 있지만, 그 처음엔 혹 정부의 전제를 받아 꺾이고 눌렸거나 혹 이민족의 정복 아래 업신여기기도 했었다. 그 고달픔과 괴로움은 우리나라의 오늘과 다르지 않았지만, 모두 사회의 선각자가 당을 조직한 것에서 출발하여 수십년의 고통을 쌓고 천겁의 위험을 겪은 뒤에 마침내 정부를 꺾고 이민족을 능가하여 한 세상에 웅비하게 된 것이다. 일본 명치유신은 길전・판환(吉田坂垣)에서 말미암고, 중국이 만주정부를 박멸한 것은 양・강・손・황(梁康孫黃)에서 말미암아 엄연히 하나의 큰 민국(民國)을 이룬 것이다.[92]

앞의 1, 2장의 부패상을 이어서 책임〔責〕이라는 말이 나와서 과오의 책임을 묻는 것으로 해석할 수도 있겠지만, 이처럼 국가를 발흥할 기대의 방향으로 전환하고 있는 것으로 보아 미래의 임무로서의 책임을 부여하는 것으로 보는 것이 타당할 듯하다. 여기서 읽을 수 있듯이 바로 사회의 선각자로 유림이 각성하여 나서주기를 기대하고 있는 것이며, 이미 앞서 민국을 이룬 일본과 중국의 근대 계몽지식인 요시다 쇼인(吉田松陰)과 이타가키 다이스케(坂垣退助) 그리고 량치차오(梁啓超), 캉유웨이(康有爲), 쑨원(孫文), 황싱(黃興) 등에게서 각성한 유림의 모델을 찾은 것이다. 이들은 어쨌든 구학문에서 신학문으로 나아간 이들이다. 그래서 다음의 편지처럼 족손(族孫)에게 구학문을 통해 신학문으로 나아가는 방향을 제시하기도 하였다.

> 신학과 구학은 전혀 다른 물건이 아니다. 구학파(舊學家)가 신학을 산출하게 하고, 신학파(新學派)는 구학에 접속하게 하여야 민기(民氣)를 양성할 수 있는 것이다. 지금의 구파는 이것을 전혀 깨닫지 못하고 얼음과 숯처럼 상극으로 여기니, 이는 말로 깨우쳐줄 수가 없는 것이다. 오늘날 구학을 발전시키는 것이 또 어찌 우리 고장의 젊은이들의 책임이 아니겠는가.[93]

고장의 젊은이가 전적으로 신학만을 추구하는 것도 바람직하지 않다는 인식인 것이다. 앞서 들었던 「담총」의 주장처럼 구문명의 학문과 문학 서적은 하나도 계승할 것이 없다는 인식과 역시 다르다. 여기에는 「태식록」의 서두로부터 인용했던 "찬연하게 구비된 유학"이라는 류인식의 유학에 대한 인식이 근저에 자리잡고 있다.

## 4. 류인식의 한문 계몽 담론의 의미

동산 류인식의 삶은 19세기에서 20세기초에 이르는 문명전환기의 핵심을 가로지르고 있었다. 류인식은 구문명의 한학을 통해 학문의 기초를 닦았으며, 영남 남인의 퇴계 학맥 속에 뚜렷한 위치를 점하고 있던 정재학파의 한 유림으로 성장하였다. 근대계몽기에 들어서 신채호 등과 조우하면서, 신문명의 충격 속에 민족 존망의 위기를 감지하며 적극적으로 신문명을 수용하고자 하던 계몽운동가로 변신하였다. 한반도의 문명적 전환 과정에서 그는 구문명에서 신문명으로 중심을 옮겼던 것이다. 그런데 근대계몽기에 문명 수용과 위기 돌파의 주체로 민족을 설정하고 민족의 계몽을 위해 헌신한 것은 신채호와 큰 차이가 없지만, 신채호가 국한문체를 통해 계몽담론을 수행한 데 반하여 류인식은 구문명의 한문을 통해 계몽담론을 수행하였다. 근대의 중심에서 바라본다면 타자라고 할 수밖에 없는 한문(漢文), 또 중세의 입장에서 바라본다면 외부의 야만에서 유입된 타자였던 신문명(新文明), 이 두 이질적 요소가 류인식의 경우엔 하나로 합류하고 있었던 것이다. 실상 그가 한문을 통해 표출한 신문명 수용의 주장이 여느 국한문체의 논설보다 덜 절박했던 것도 아니다.

류인식은 그 절박한 계몽의 의지를 관철해야 할 우선 대상으로 유림을 설정하였던 것이다. 이것은 유림의 학문을 포함하여 구문명 일체를 청산의 대상으로 삼았던 신채호의 담론과 다른 지점이다. 류인식은 자신이 속해 있던 향촌의 유림 공동체를 당장 청산의 대상으로 부정하지 않았으며, 오히려 민족 전체를 계몽하기 위한 계몽의 교사로 유림이 각성되기를 바랐다. 실제로 계몽담론의 중심이라 할 신채호 등이 계몽 주체와 계몽 대상을 선명하게 결정하지 못하고 두루뭉술하게 계몽의 진영을 설정하였던 것에 비해, 류인식은 유림을 계몽의 주체로 놓고 소민을 계몽의 대상으로 놓을 것을 상정하여 선명하게 계몽의 진영을 설정하였던 셈이다. 이 설정을 실현하기 위해 계몽 주체가 될 유림을 가장 먼저 교육하고 계몽하려고 시도했던 것이다. 그래서 신채호가 원거리에서 구문명을 바라보며 싸잡아 비난한 것과 달리, 류인식은 근거리에서 구문명의 장단점을 꼼꼼히 따져보고 위기의 원인만을 적출하여 긍정적 요소는 계승하자는 입장을 취하였다. 유림의 현상을 비판적으로 용인하고 그들과 함께 근대의 속도를 따라가려는 구도 속에서 류인식은 여느 계몽담론보다도 오히려 강렬하고 철저하게 유림에 대한 내부비판을 할 수밖에 없었다. 이 철저한 내부비판의 시선으로 주변 유림 인사들을 계몽하려고 하였으니, 말하자면 이 단계에서 계몽의 주체는 혁신유림으로서의 류인식이고 계몽의 대상이 일반 유림이었던 것이다. 그리고 계몽 대상인 유림이 읽도록 하기 위해서는 계몽의 언어도 한문을 사용할 뿐이었다. 향촌의 지도계급을 자처하던 유림이 계몽의 대상으로 전락하고 말았으니, 향촌의 같은 공간에서 활동하는 그들과 큰 충돌이 있을 수밖에 없었던 것이다. 이후 류인식은 「차야한 십절(此夜寒十絶)」을 통해 유림을 중심으로 한 계몽의 구조에서 탈피하여, 노동자와 농민을 중심으로 한 근대 민족적 자아를 발견하게 된 기록을 남기고 있다. 엄청난 낙폭을 감수한 자기 갱신의 과정을 짐작해본다. 중세적 질서의 붕괴로부터 근대적 민족의 각성에 이르는 중간 과정으로, 동료 유림을 계몽 대상으로 삼은 「태식록」의 위상을 지정해볼 수 있겠다.

## 제3절 근대 부정의 모색–심재 조긍섭의 경우

심재 조긍섭(深齋曺兢燮, 1873~1933)은 영남의 도학가, 문장가로 명망이 높았다. 조긍섭이 서거했을 당시 『동아일보』에서는 '한학계(漢學界)의 태두'라고[94] 표현하기도 하였다. 평생 영남에서 은거하며 한문문장으로만 자신의 사상을 전개하여, 근대 매체를 통해 근대적 독자대중과 교류한 바가 없는 조긍섭이지만 나름대로 비중을 인정하여 부고기사가 게재된 것이다. 여기서의 '한학'은 '조선학(국학)'이나 '양학'이 아닌, 전통적 지식인들의 학문범주를 지칭하는 의미 정도로 쓰인 듯하다. 이미 근대 매체에서는 과거의 학문 일체를 상대화하여 '한학'이라는 정도로 표현하고 그것의 구체적인 양상과 분야에 대해서는 관심을 두지 않았던 것이다. 근대 매체에 조긍섭이 등장한 것이 또 있는데, 바로 심재와 계분이 좋았다던[95] 변영만에 의해서였다. 변영만은 『동명』에 조긍섭이 보내온 답장을 소개하면서, "심재는 경학문장에서 우뚝하게 스스로 일가를 이루었다〔深齋, 於經學文章, 卓然自成一家〕."[96]고 하였다. 이 '경학문장'이라는 표현은 동아일보의 '한학'이라는 말보다는, 성리학적 탐구와 한문 문장의 성취를 함께 추구했던 조긍섭의 위상을 조금 더 잘 드러낸다.

조긍섭이 살았던 시대는 제반 분야에서 근대적 전환이 이루어졌던바, 문학 분야에서도 중세 보편적 양식이던 한문이 공식 문어로서의 위상을 국문에게 넘겨주었다. 전통적 학문을 기반으로 하는 조긍섭은 이러한 근대적 전환을 지켜보면서도 끝내 한문의 세계를 통해 자신의 사유를 펼쳐보였고, 한문 문장을 통해 자신의 이상을 실현할 것을 바랐다. 그와 근대적 학문 문학의 사이에는 비교적 큰 단절이 놓여 있으나, 조긍섭의 문장을 통해 신문명과 구문명의 접점에서 구문명측의 고민과 대응의 일단을 엿볼 수 있다. 조긍섭은 문장가로서의 면모가 두드러지는데, 그의 도덕문장 추구 논리는 당대의 상황에 대한 일정한 고민과 대응으로서 가치가 있는 것이다. 이러한 방향에서 조긍섭의 문학론에 관해 다룬 기존의 논의도 없지 않지만,[97] 다시 문제를 제기하는 것은 그의 도덕문장 추구 논리가 당시 영남의 풍토에서나 문장을 위주로 활동하던 인물들과의 비교에서 독특한 위상을 점하고 있음을 밝혀보려는 의도에서이다. 신문명에 대한 구문명측의 대응이 단순하지 않음을 염두에 두고, 20세기 우리 문학에서 벌어진 유의미한 현상으로서 그 대응을 살펴보고자 한다.

## 1. 도덕과 문장의 갈등과 통합

조긍섭은 스스로 우주의 큰 변고를 겪었다고 하였다.[98] 이 시기 제반 분야에서 전통적 요소가 근대적 요소로 교체되는 과정에 있었던바, 대중의 문자 생활에 있어서는 국문이 한문을 대체하였고, 성리학은 다양한 사상 중의 하나쯤으로 격하되었다. 근대적 제학문이 유입 혹은 형성되면서, 전통적 학문구도가 해체되어 그 권위를 내어놓게 되고, 그가 추구하던 경학과 문장(한문학)이 절대적 권위를 상실하는 일이 그가 살다간 시대에 발생한 것이다. 의리(義理)를 궁구하면서 성인이 남긴 뜻을 통해 세상을 해석하고 도를 실천할 수 있다는 믿음에 대한 심각한 도전이 아닐 수 없다. 그러므로 구한말과 일제시대에 걸치는 대격변의 시기에 발생한 일체의 변화를 지칭하여 '우주의 큰 변고'라 지칭하였다. 여기에는 변화 이전의 사회를 이상적으로 여기는 심리가 깔려 있는 것으로 보인다. 경학과 한문 문장에 침잠하였던 조긍섭으로서는 자신의 시대를 위기의 시대로 인식하고 우환의식을 드러내지 않을 수 없던 것이다.

> 저는 남녘의 비루한 선비로서, 어려서부터 어리석고 나약하여 매사가 남들보다 못했습니다. 돌이켜보면 오직 부형의 가르침 덕분에 장구(章句)와 훈고(訓詁)의 사이에 의지할 수 있었지만, 그래도 또 여러 번 넘어지기를 자주 반복하곤 했습니다. 나이는 삼기(三紀)에 가까우면서도 허무하게 빈 바가지처럼 지나와서 이름없이 그저 아침저녁을 지낼 뿐이었는데, 우주의 큰 변고를 겪게 되어 아득하기가 마치 큰 나루를 건너다가 낡은 삿대조차 잃어버린 듯합니다. 혼자 생각건대 스스로 평생 학문을 하여 천하의 의리를 대강은 살펴보았으니, 공자의 날이 추워진 뒤에 뒤늦게 시든다는 가르침에 적이 느낀 바가 있어, 한 방도를 얻어 그것으로 안신입명(安身立命)하는 거처로 삼기를 바랐습니다. 나라와 백성이 망할 위기에 이르러서는, 비록 한밤중에 천정만 쳐다보는 고민을 스스로 금할 수는 없지만, 경제(經濟)는 뭍에서 배를 끌면 한 치도 밀어 움직이게 할 수 없는 것과 같을 듯하다고 묵묵히 생각하면서, 매양 그 때문에 배운 바가 허망하다고 스스로 탄식합니다. 진정 썩은 선비라는 지목을 피할 수는 없는 것입니다. (「아무개에게 답함」)[99]

1907년에 누군가에게 답한 편지인데, 자신의 성장과정과 현재의 심사를 요약적으로 그려내었다. "남녘의 비루한 선비"라는 표현으로 보아 상대가 영남쪽 인사는 아니었던 듯싶다. 자질이 남들에게 못 미치고 "빈 바가지처럼 지나왔다"고 표현한 것은 겸사에 불과한 말이겠고, 성장해오면서 장구와 훈고를 중심으로 학문을 하였다고 하여 자신의 학문이 일정한 방향이 있었음도 밝혔다. 장구와 훈고는 앞서 언급한 변영만의 표현인 "경학과 문장" 중에서 굳이 가르면 경학에만 해당이 될 것이지만, 유자의 일반적인 학문, 전통학문을 가리키는 정도로 해석될 수도 있을 듯하다. 조긍섭에게는 사대부의 전통으로서 집안 부형의 가르침에 힘입어 경학을 연찬하면서 전통적 학문을 추구하던 과정이 있었다. 그 전통적 학문 추구가 의의를 갖기 위해서는 전통 사회가 지속되어야 하는데, 결정적으로 "우주의 큰 변고"를 겪게 되어 전통 사회의 지속이 위협받게 된 것이다. 우주의 큰 변고는 개화와 서구 문물의 유입, 멸망에 가까이 다가서는 조선왕조의 몰락과 그에 수반한 전통 사회의 몰락 등을 총체적으로 표현하는 말이다. 그 충격과 좌절은 현실을 헤쳐나갈 힘을 모두 잃을 정도였던 것이다. 그 암담함을 삿대 잃은 나룻배에 비유하였다. 이 충격과 좌절 속에서 전통 학문을 추구하던 지식인들 중에는 다양한 모색과 새로운 행동을 하는 부류가 출현하는데, 애국계몽활동이라든가 의병투쟁, 혹은 근대 문물 추수 들을 떠올릴 수 있겠다. 그런데 조긍섭은 여기서 공자의 "날씨가 차가워진 뒤에야 소나무 잣나무의 늦게 시듦을 안다〔歲寒然後, 知松柏之後凋〕."는 경구를 떠올린다. 서구 문물의 유입과 조선왕조의 몰락과 같은 급격한 변동에 의해 전통적 질서가 무너지는 상황을 겨울이 오는 것으로 인식하고, 변화한 시대에서도 전통적 가치를 유지하고 옹호할 결심을 하였다. 한겨울 소나무 잣나무의 푸르름과 같은 기백에서 안신입명의 공간을 확보할 기대를 한 것이다. 아마 겨울이 지나면 다시 봄이 오듯이 이 변동이 끝나면 다시 전통적 질서가 회복될 것으로 여겼을 것이다. 그렇다고 세상에 대한 관심을 완전 끊고 나라와 백성의 존망 위기에 대해 무심할 수는 없었으니, 그 위기를 공감하며 깊은 시름에 잠도 못 이루었다. 그러나 위기를 극복할 수 있는 경세제민(經世濟民)에 대해서는 전혀 방도를 찾지 못해 허망한 탄식만 지었던 것이다. 그래서 스스로를 썩은 선비라고까지 표현하며 자학하고 있다. 여기서 조긍섭은 전통 학문을 통해 몸을 보존하고 정신을 의탁할 공간을 고수하려는 바람과, 세상을 구제할 공부를 하지 못한 자책 사이에서 갈등하고 있는 것이다. 역시 문제는 세상의 변화와 그로 인한 백성들의 고통을 목도하게 되는 사실에 있다.

1913년 김택영(金澤榮)에게 보낸 편지에서도 성장과정과 현재의 갈등에 관한 언급이 있다.

> 저는 올해 마흔한 살입니다. 어려서는 스스로 국량을 헤아리지 않고 망령되이 옛 작자에 뜻이 있었습니다만, 오래지 않아 그 뜻을 이루기에는 능력이 부족하다는 것과 이보다 더 급한 일이 있다는 것을 알게 되었습니다. 이에 그 일은 놓아두고 영남의 스승과 동지들을 따라 옛 성현의 뜻을 구하였습니다. 그러나 말하고 듣는 정도에서 맴돌며, 보고 실천하는 것이 따르지 않아, 그 학문을 이루지 못함이 도리어 저것보다 심함이 있었습니다. 고쳐서 다른 모색을 해보려 해도 한단지보(邯鄲之步)가 될까 두려워, 갈팡질팡 길 중간에서 갈피를 잡지 못하고 있습니다. (「창강 김택영에게」)[100]

이 편지에서는 옛 작자〔古作者〕와 성현의 뜻〔聖賢之旨〕 사이에서의 갈등을 드러내고 있다. 바로 문장과 도덕 사이의 갈등이다. 어려서는 문장을 추구했었지만, 더 급한 일이 있음을 알고는 도덕을 전공하게 되었다는 것이다. 조긍섭은 문장과 도덕 중에 문장을 선호하는 취향을 지녀 문장가가 되겠다는 뜻을 어려서부터 갖고 옛 작자에 뜻을 둔 것이다. 그것은 옛 작자를 따르거나 성현의 뜻을 구하는 양자간의 선택이 가능한 전통적 학문 질서가 유지될 때 실현 가능한 것이다. 그런데 시대의 변화한 조건으로 인해 과거의 전통적 학문 질서가 유지되지 못해서, 전통적 질서를 회복하는 일을 더 시급한 문제로 인식하게 된다. 전통적 질서를 회복하기 위해 조긍섭이 택한 방안은 성현의 뜻을 구하는 일이다.

이것은 당시의 시대 분위기와 관련이 될 성싶다. 전통 질서의 해체 곧 사문(斯文, 유학)의 진정한 위기에서 전통 질서를 수호해야 하는 의무감을 느낄 수밖에 없어 곧 그렇게 행동하게 만든 것으로 보인다. 도학을 으뜸으로 여기고 문장을 부용(附庸, 부차적인 것)으로 여기는 분위기의 영남에서 유자로서 어쩔 수 없이 경학을 연찬하게 된 것이라기보다는, 도덕을 제대로 밝혀 전통 질서를 회복할 수 있는 핵심으로서 경학을 인식하고 그것을 사명으로 삼게 된 것으로 생각해볼 수 있다. 전통 질서의 회복이 그의 생존의 길이었던 것이다. 이 시대는 전통질서의 몰락에 따라 도학의 몰락과 문장의 몰락이 함께 진행되었기에, 의심받지 않는 권위로서의 도학을 으뜸으로 여기는 이전의 분위기에서 도학을 추종하던 것과는 사뭇 다른 양상이 벌어졌다. 전통질서의 회복이 시급한 문제인데, 문장은 그 문제가 해결된 이후에 추구해도 될 것이고, 우선은 도학이 전통질서 회복을 위한 긴급처방으로 인식된 것이다. 그래서 문장을 추구하다가 경학으로 전환한 것이다.

그러나 조긍섭은 경학에서도 안주하지 못하는 갈등을 드러내고 있다. 문장에서도 제대로 이룬 바가 없었는데 경학에서는 더더욱 이루지 못했다고 하면서, 다른 방향을 모색하려고 해도 이도저도 되지 않을까 두려워 갈등하고 있으며 길 중간에서 갈피를 잡지 못하고 있다고 하였다. 그래서 문장도 경학도 버려두고 새로운 다른 무언가를 찾아보려는 생각도 하게 되지만 선뜻 나서지 못한다. 한단지보(邯鄲之步)의 고사를 든 데서 짐작해본다면, 지금까지 익혀온 문장과 경학에 대해 미련을 버리지 못한 데서 오는 고민으로 생각해볼 수 있다. 한단의 세련된 걸음걸이를 배우려다 잘못 배워서 아예 걸음을 못 걷게 된 자는 원래 시골의 촌스러운 걸음걸이로 걷는 것보다 못하다는 뜻이므로, 촌스럽고 성취가 부족하더라도 지금의 행보를 계속해야 하는 것이 아닌가 하고 여기고 있는 것이다. 전통적 구도의 학문을 고수해야 하는 이유에 대해 적극적으로 논리를 전개한 것은 아니지만, 겸손한 논리로나마 자신의 입장을 밝혔다.

전통적 학문 범주에서 도학과 대비되는 문장을 추구하려던 조긍섭에게 우주의 큰 변고로 인해 그런 전통적 학문을 온전하게 추구하고 있을 수만은 없는 상황이 발생하였다. 그래서 전통적 질서의 회복을 추구하는 일에 고민하다가 문장보다 도덕이 더 시급한 일이라고 여기고 도덕을 추구하게 되었다고 했다. 문장 추구로부터 도덕 추구로 방향을 선회한 듯이 보이지만, 문장을 전혀 버려둔 것은 아니다. 오히려 문장을 통해 도덕을 완성해야 한다는 방향으로 나아간다. 조긍섭의 방식으로 문장과 도덕을 통일적으로 추구하여 양자간의 갈등을 해소한 것이다.

> 도과 문의 명칭이 병립되면서, 천하의 학술은 나뉘어 둘로 되었다. (「요천선생문집 서문」)[101]

천하의 학술이 도덕과 문장의 둘로 나뉘게 된 것은 도덕과 문장이라는 명칭이 나란히 제기되면서부터라고 하였다. 도덕과 문장이라는 명칭이 제기되기 전에는 학술이 나뉘지 않았었던 것인데, 그 분기되는 시점을 지적함으로 해서 도덕과 문장의 분리가 애초부터 존재하던 당연한 일이 아니라고 인식하고 있는 것이다. 통합적으로 추구할 수 있는 차원으로 전환할 근거를 만들었다. 그리하여 문장만 일삼는 것은 허사라고 하며 도덕을 주장하는 것이나, 도덕만 도모하는 것은 거짓이라고 하며 문장을 주장하는 것은 둘 다 편향된 잘못을 범하는 것이라고 할 수 있는 것이다.[102]

조긍섭은 문장을 추구하려는 뜻을 지니고 있다가 변화된 세상에 충격을 받고 전통 질서의 회복을 위해 도덕을 우선 세워야 한다는 입장으로 전환하였는데, 그렇다고 도덕만을 위주로 하고 문장을 배제하는 방향의 논리를 전개한 것은 아니다. 도덕과 문장 중 무엇을 추구해야 하느냐 하는 문제를 놓고 갈등하였던바, 비교적 간단한 논리로 그 문제를 해결하였다. 둘의 통합적 추구의 방향으로 갈등을 해소한 것이다.

## 2. 도문 분리에 대한 비판

조긍섭이 도덕과 문장을 통합하는 방향으로 문제를 해결했다고 해서 도덕과 문장을 기계적으로 동일시하는 방향으로 나아간 것은 아니다.

> 무릇 문(文)은 도(道)를 밝히는 것이다. 옛 성현들은 도가 가득하여 문이 지극하였으니, 문과 도는 하나였다. 그러나 사람들은 그 도만 보고 그 문은 보지 못하였고, 후세 선비들은 도를 구하는 데 익숙지 못하여 각각 한쪽으로 치우쳐 배웠다. 혹은 문이 뛰어나지만 그 도는 접어두었고, 혹은 도가 부족하여 문을 성취하지 못하였다. 심지어 얻은 것이 비슷하지만 참된 것엔 어둡고, 명분이 옳지만 실상은 잘못된 것도 있다. 백대 후에 그 문을 고찰하고 그 도를 등급지운다면 어길 수 없을 것이다. 그러므로 나는 일찍이 도를 이루기는 어렵고 문을 이루기는 쉽지 않다고 하였는데, 문이 쉽지 않은 것은 문이 어려워서가 아니라 도가 어렵기 때문이다. (「요천선생문집 서문」)[103]

문장은 도덕을 밝히는 것으로서 문장과 도덕이 하나였다는 언급은, 문이재도(文以載道)의 이념을 연상시킨다. 문이재도란, 문장은 수레와 같아서 그것에 도(道)를 실어야 비로소 가치가 있다는 주장이다. 비록 하나였다는 표현이 있긴 하지만 문장은 도덕의 부용이라는 인식과 크게 차별되는 것 같지는 않다. 원론적으로 따져본다면 조긍섭이 문이재도의 자장을 벗어나 있는 것은 아니다. 그러나 문이재도론을 그대로 답습하기만 하는 것은 아니다. 문이재도론의 미묘한 변주가 발견된다.

문장이 뛰어난 경우가 있더라도 도덕은 전혀 배제하고, 혹은 도덕을 추구하더라도 제대로 못 이루어 문도 성취하지 못하는 경우가 많다고 하였다. 도덕은 뛰어나지만 문장은 이루지 못한 경우는 언급하지 않았다. 적어도 도덕이 뛰어나면 문장은 자연히 따라온다는 것은 기본적으로 인정한 채 논리를 구사했기 때문에 논리를 이런 방식으로 전개한 것이다. 이 문제는 인용 문장 마지막에서 자연스레 해명되는데, 문장을 짓는 것이 어렵긴 한데 그것은 문장 자체가 어려워서가 아니라 문장의 근간이 되는 도덕이 어렵기 때문이라는 것이다. 조긍섭 문장론의 특징은 이런 대목에서 잘 드러난다. 도덕과 문장의 관계에서 도덕의 우위가 인정되는 문장론이긴 하지만, 문장도 쉽게 추구될 수 있는 종류의 것이 아니라는 점을 지속적으로 제기하고 있다. 일반적인 논리로 문이재도론이라면 도덕의 성취를 가장 중요하게 여기며 문장이 언급되더라도 도덕의 성취 여부가 문장의 성취를 좌우한다는 차원에서 그치고 말겠지만, 조긍섭은 문장의 완벽한 성취를 위해서 도덕을 온전히 이루어야 한다는 차원으로 논리를 변용하고 있는 것이다.

그런 점에서 온전한 도덕을 이루지도 못하면서 도덕의 이름을 앞세워 명성을 쉽게 얻는 속류 도학자는 비판의 대상이 된다. 도학의 명성에는 거짓이 섞일 수 있고 문장의 명성은 진실성 없이는 이룰 수 없다는 언급은 도학과 문장의 양 범주에서 조긍섭이 어디에 기울어져 있는가 짐작하게 한다.

> 선비가 자립하여 이름을 세울 수 있는 것이 세 가지이니, 이학(理學)과 문장(文章)과 명절(名節)이다. 이 세 가지는 비록 본말과

> 경중의 나뉨은 있지만 역시 허실과 진가의 구분이 없던 적은 없었다. …… 나는 항상 요즘 이학의 분파는 복잡하게도 많은데 문장이나 명절로 고를 수 있는 사람은 너무 적은 것을 괴이하게 여겼다. 그 까닭은 무엇인가? 문장이나 명절의 명성은 거짓으로 살 수 없지만, 이학은 가장 진실성이 없이도 표방할 수 있는 분야이기 때문이다. (「중간 매천집 서문」)[104]

선비가 종사해서 명성을 얻을 수 있는 것이 이학과 문장과 명절이라고 하고서 문장과 명절로 이름을 얻은 이는 적고 이학을 표방하는 이들은 많은 현상을 지적하고 이학은 진실성이 없이도 표방할 수 있는 문제이고 문장과 명절은 진실성 없이는 될 수 없는 일이라는 주장을 하고 있다. 이 이학이 도덕에 관한 학문이다. 조긍섭의 발언은 수다히 많은 도학가들이 대개 그 진실성이 없고 오히려 적은 문장가들이 진실성을 갖추고 있다는 주장인 것으로, 도덕과 문장의 관계에는 손대지 않았지만 도학가와 문장가와의 관계는 역전시켰다. 이어지는 대목에서 "한번 이학으로 이름이 나면 살아서는 반드시 제자 수백 명이 있게 되고 죽어서는 저서 수십 권이 있어서, 의젓한 척 스스로 경전을 유지하고 성리학에 침잠했다고 여긴다. 그러나 그 실상을 따져보면 헛되이 표절하고 경망스럽게 어긋나 있어서 지식인들의 비웃음을 사기에도 부족하다."[105]라고 하여 도학가의 허위를 여지없이 지적하기도 하였다.

기본적으로 가치와 그 가치를 추구하는 사람 사이에는 일정한 상관성이 있고, 가치의 측면에서 이학이 문장이나 명절보다는 경중과 본말의 측면에서 더 우위에 있다는 일반적 인식을 인정하고 있는 듯하다. 그런데, 사람의 측면에서 다시 평가해볼 때에는 그 추구하는 가치의 본말과 경중을 문제 삼는 것이 아니라 그 사람 자체의 진실성을 기준으로 하여야 한다는 주장을 하여, 이학과 문장과 명절의 범주 구분을 무화시켰다. 범주 구분 무화의 결과 본말과 경중이라는 전통적 틀이 무시될 수 있는 가능성을 확보하였다. 결론적으로 문장이 도덕을 담보해야 하지만, 헛된 도덕의 명성보다는 진실성을 갖춘 문장이 더 존중되어야 한다는 인식인 것이다. 이처럼 '문이재도(文以載道)'의 편폭 안에서도 도덕과 문장의 관계가 미묘하게 변모되고 있었다.

조긍섭은 도덕문장의 원칙을 고수하는 입장에서, 문장가 박지원(朴趾源)을 탐탁하게 여기지 않았다. 그에게 박지원은 이단이기까지 한 것이었다.

> 『연암집』을 간행하는 일이 이미 여기에 이르렀다고 말씀하시니, 마무리를 할 수밖에 없겠습니다. 처음 제 뜻은, 그저 이 어른의 문장이 평정(平正)은 적고 휼궤(譎詭, 속임수)가 많아 끝내 문학의 이단에 속하기 때문에 널리 얻고 많이 전해서 배우는 자들의 길을 잘못 이끌지 말도록 하자는 말씀이었습니다. 보내신 편지에서 소식(蘇軾)을 들어 말씀하신 것은 참으로 옳습니다. 그러나 소식의 불교적 사유와 해학은 열에 둘셋에 불과하지만, 연암은 열에 여섯 일곱이 됩니다. 게다가 사찰의 글을 지으면서 불가어를 쓰는 것도 방망계(方望溪)는 오히려 우아하지 못하다고 병통으로 여겼는데, 연암은 일상적인 일반적인 제목에서도 툭하면 이런 말을 쓰고 있습니다. 비록 가슴에 답답함을 품고 있어서 기(奇, 기이함)로써 스스로를 드러내려는 생각을 한 것이라 해도, 그가 세상을 우습게 보고 공손하지 못한 것은 대단히 심한 것입니다. (「창강 김택영에게 답함」)[106]

김택영이 『연암집』을 간행하는 것을 말리려는 의도를 갖고 있다가, 김택영으로부터 작업이 거의 마무리 단계라는 편지를 받고 대신 박지원 문장의 잘못된 점을 지적하는 차원으로 언급한 내용이다. 박지원은 조선왕조시대의 최고 문장가로 칭해도 손색이 없을 문인이다. 그러나 조긍섭은 박지원이 문장을 배우는 자들의 길을 잘못 이끌 정도로 그릇되었다고 하였다. 여기서 불가어를 예로 들고 있듯이 도학적 사유를 한참 벗어난 문장을 생산해냈기 때문이다. 게다가 그 인간의 태도가 세상을 우습게 보고 공손하지 못하기까지 하니 대단한 병통을 갖고 있는 것이다. 그런 병통에서 발현된 박지원 문장의 특징을 휼궤와 기로 지목하였다. 박지원의 문장을 휼궤와 기로 지목한 것은 여기서만이 아니다. 변영만에게 보낸 편지에서도 "제가 또 생각해보니 문장에서 '기'를 좋아하고 '휼'을 숭상한 것으로 박지원 같은 이가 없습니다."[107]라고 하였다. 휼궤와 기가 난무하는 문장은 기이하고 공교로워서 평담(平淡)한 맛이 없다. 휼궤와 기가 문제가 되는 것은 평담한 맛이 없어서 정(正)에 위배되며 도(道)에서 멀어지기 때문이다.

> 문장이 도에 가까울수록 더욱 평담하다. 문장이 기교가 심할수록 도와는 더욱 멀어진다. 일찍이 이성헌과 이것에 관해 논했는데, 성헌은 이 말이 참으로 옳으니 장자·열자의 문장을 보면 알 수 있다고 하였다. (「잡지」)[108]

문장은 평담함을 지향해야 하며, 장자나 열자의 문장도 기이하고 공교로워서 도와는 거리가 멀다는 점에 대해 이병희(李炳憙)와 조긍섭은 공감하였다. 도에서 멀어져 있기에 기교하게 된 것인지

기교하기 때문에 도에서 멀어진 것인지 선후를 따질 수는 없지만, 결론적으로 기이하고 공교로운 문장은 그 특징 자체로 이단이 되는 것이다. 조긍섭은 기(奇)에서 이단(異端)에 이르는 과정에 대해 순차적으로 제시한 바 있다.

> 기이한 것을 좋아해서는 안된다. 기이한 것을 좋아하는 자는 새로운 것에 기뻐하고, 새로운 것에 기뻐하는 자는 옛것을 쉽게 버리고, 옛것을 쉽게 버리는 자는 그 본심을 잃고서도 스스로는 알지 못하는 데에 이르게 된다. (「곤언」)[109]

우주의 큰 변고가 일어나 세상이 변화하고 온통 공리(功利)만을 추구하게 된 시점에서 전통적 가치인 인의(仁義)는 무시된다. 잃어버린 본심이 바로 인의라고 할 수 있겠고, 버려지는 옛 것은 전통이라 할 수 있다. 인의를 잃어버리고 전통을 버리는 이유는 새로운 것인 소위 '문명' '천부인권' '광산' '자동차'[110] 등의 근대적 상징들에 현혹된 탓이다. 이러한 세태를 바로잡기 위해 조긍섭은 「곤언(困言)」을 짓기도 하였던바, 바로 본심을 찾고 전통의 올바름을 회복하려는 의도이다. 그런데 새로운 것에 현혹되는 최초의 원인은 평담한 심사를 갖지 못하고 기이한 것을 좋아하기 때문이다. 기(奇)가 바로 이단의 세상을 만들어내는 최초의 원인인 것이다. 그런 점에서 더더욱 문장에 있어서의 기도 반드시 치료되어야 하는 병폐로 인식이 된다.

> 그러나 적이 생각건대 문장을 짓는 것은 용병과 같습니다. 용병은 참으로 '기'를 꺼리지 않습니다만 반드시 '정'을 위주로 해야 하

> 는 것이니, '정'을 위주로 하고 간혹 '기'를 내는 것이 바로 용병을 잘 하는 것입니다. 만약 '기'만을 위주로 하여 기세좋게 남들의 이목을 놀라게 하고자 한다면 이는 참으로 전국시대의 공명을 추구하던 자들이 하던 짓이지 왕도정치를 하는 군사가 하는 일이 아닙니다. 왕도정치를 하는 군사는 혁혁한 명성이 없이 당연히 취해야 할 것을 취할 뿐입니다. 문장의 도가 어찌 이와 다르겠습니까?
>
> 족하의 문장이 전적으로 '기'만을 위주로 하는 것은 아니지만, 재기가 남보다 월등하여 한 시대의 이목을 놀라게 하고 싶어하니 '기'를 위주로 하는 것이 많지 않을 수 없습니다. 예나 지금의 문장이 전해지는 것은 그 체재가 한 가지만이 아니지만, 그 지극한 것은 요컨대 '간담(簡淡)'으로 귀착됩니다. 대저 족하의 문장과 같은 것은 진실로 '간담'을 숭상할 필요는 없지만 고인들의 '입언(立言)'이라고 하는 것을 반드시 따르고자 한다면, 저는 적이 이런 말로서 족하에게 만분의 일이라도 도움이 되기를 바랍니다. 족하께서는 어떻게 생각하십니까? (「변영만 곡명에게 답함」)[111]

변영만에게 답한 편지인데, 변영만은 전통적 양식인 한문학을 근대적 경험과 결합시켜 새로운 경지를 개척한 것으로 평가받는다. 그 새로운 경지에 대한 부분을 '기'로 규정한 것이다. 문장을 짓는 것을 용병에 비유한 예는 박지원의 「소단적치인」에서도 보인다. 박지원이 문장을 짓는 데에 치밀한 계산과 치열한 고민이 필요하다는 방향으로 용병의 비유를 사용한 것인 반면 여기서 조긍섭은 정벌하는 왕도의 도덕적 전쟁만을 염두에 두고 이 비유를 사용하고 있다. 왕도의 정벌이란 권선징악의 차원에서 이루어지는 것이기에 언제나 '정'을 통해 당연히 얻을 승리를 얻게 된다. 치밀한 계산과 치열한 고민으로 기발한 문장을 짓는 것보다는, 문장도 왕도의 정을 추구하듯이 정당한 원칙과 정규적인 서술을 기본적으로 추구해야 한다는 것이다. 전투에서도 '기'보다는 '정'을 위주로 해야 하듯, 문장에서도 '정'의 자세, 즉 '간담'함을 추구해야 한다는 주장이다. 그렇게 한다면 고인들이 입언을 하여 불후의 문장을 남긴 것과 같은 큰 성과를 얻을 수 있을 것이라는 충고로서 마무리하였다.

박지원에 대한 평가에서 서로 어긋났던 김택영도 점점 '기'의 혐의를 보였던바, 조긍섭은 김택영에게도 충고를 한다.

> 집사께서는 연세가 높아질수록 필력도 더욱 기이해져서 중국인들도 경외하며 복종하는 바입니다. 이러한 만년에 이르렀으니 화려함을 거두고 실상으로 돌이키는 것은 어떻겠습니까? 민낙(閩洛)의 전서를 구하여 그 무미(無味)의 맛을 맛본다면, 건곤의 평이한 대도(大道)와 성현의 진정한 심법(心法)을 마땅히 보게 될 것입니다. 그런 뒤에 화려함을 표출한다면 해와 별처럼 영원하게 되는 데에 무어 어려움이 있겠습니까? 의젓하게 중국의 서쪽으로 온 달마가 될 것입니다. 집사께서는 그러할 뜻이 없으신지요? (「창강 김택영에게」)[112]

요컨대 '기'를 버리고 평담함을 추구하여 실상을 확보해야 한다는 말이며, 실상을 확보한 이후에는 새로운 차원의 화려함을 드러내어 불후의 문장을 남길 수 있을 것이라는 말이다. 조긍섭은 문장에서 사(辭)와 리(理)의 관계를 들어 "조금이라도 사가 우월하면 문인의 문장이니, 반드시 리가 우월하게 하여야 바야흐로 유자의 문장이 된다."[113]고 한 바 있는데, 말하자면 이들 문장제일주의자들에게 유자의 문장으로 돌아오라는 주문인 것이다.

## 3. 도덕문장의 이상

조긍섭은 문장과 도덕이 애초부터 나뉘어 있던 것이 아니라, 도덕과 문장이라는 명칭이 병립되면서부터 학술이 나뉘어서 둘로 되었던 것이라고 인식하였다. 원시의 이상적인 상태는 도덕과 문장이 동시에 지극해지는 것이다. 성현은 문장에 뜻을 두지도 않았지만, 도덕과 문장이 동시에 지극했다고 하였다.[114] 그러나 일단 나뉘어진 이후에는 양상이 사뭇 달라져서 아울러 지극한 경지에 이르기가 쉬운 일이 아니다.

> 대저 문장과 도덕을 아우르기 어렵게 된 지 오래되었습니다. 도덕을 추구하는 자들은 문장을 추구하기에 부족하다고 여기고, 문장을 추구하는 자들도 또 스스로 도덕의 허울을 마땅치 않게 여깁니다. 이에 이 둘은 더욱 괴리되어 합쳐질 수 없게 되었습니다. 그러나 이것은 스스로 그 참된 것을 모르는 것입니다. 도덕에 있어서 문장이 무슨 병통이 되겠습니까? 대저 참된 도덕을 갖춘 이는 반드시 참된 문장도 갖추는 것이고, 참된 문장을 갖춘 이는 반드시 참된 도덕을 아는 것입니다. (『난곡 이건방에게』)[115]

도덕과 문장이 분리되어, 도덕을 추구하는 자와 문장을 추구하는 자가 서로 다른 상대를 무시하는 사유를 펼치는 현실인 것이다. 그러나 참됨〔眞〕의 차원에서는 양자의 편향된 대립이 해소된다는 주장이다. 그러므로 한쪽으로만 승한 경우는 참된 문장도 참된 도덕도 아닌 것이다. 인용문에 이어서 옛 성현은 당연히 동시에 지극했는데 세상 사람들이 성현의 문장을 제대로 보지 못했고, 주자 같은 경우도 양쪽으로 공히 지극했는데 문장을 주장하는 자들이 수준을 의심했었던 것이라는 이야기를 이어간다. 또 한편으로 명청 시기에 양쪽으로 지극하기를 희망하고 노력했던 당순지(唐順之)·왕신중(王愼中)·방포(方苞)·요내(姚鼐) 같은 인물들은 문장에서는 나름대로의 경지가 있었지만 도덕에서는 미달하는 면이 있었다고 하였다.[116] 옛 성현과 주자는 사람들이 도덕의 경지만 인정하는 경향이 있지만 조긍섭이 보기에는 문장과 도덕 양쪽에서 공히 경지에 이른 것이고, 당송파 동성파 들은 사람들이 문장만을 인정하는데 조긍섭도 그렇다고 동의하고 있는 것이다. 전자는 도덕을 추구하여 참된 도덕의 경지에 참된 문장까지 아우른 것이고, 후자는 도덕과 문장의 경지를 동시에 추구하여 문장에서만 나름의 성과를 거둔 것이다. 여기서 빠져있는 문장만을 추구하는 경향은 바로 박지원과 같은 경우로 이단에 속하는 것이라고 말한 바 있다.

문장만 추구해서는 불후의 문장은커녕 이단에 빠지게 되고, 문장과 도덕을 동시에 이루려고 해도 결국 한쪽에서만 성과를 얻게 된다고 하고, 옛 성현과 주자는 양쪽을 아울러서 지극했다고 하였으니, 결론은 도덕에 더욱 골몰해야 한다는 것이 된다.

> 그러므로 저는 이렇게 생각합니다. 지금의 공부하는 자들이, 옛 성현이 뜻을 두지 않고도 지극했던 것을 구하려고 한다면 이룰 수 없는 것이요, 주자의 지극했던 점처럼 남들이 오히려 그것이 지극하지 못한 게 아닌가 의심하게 하는 것을 구하려고 한다면 도덕에 있어서는 혹 거의 이룰 수 있을 것인데, 그렇게 하지 않고 반드시 양쪽으로 모두 지극해지려는 데에 뜻을 둔다면 끝내는 명청 몇 분들처럼 될 것입니다. 그러나 이 몇 분들 또한 어찌 훌쩍 도달할 수 있겠습니까? 문장에 관한 일은 비록 덮어 두더라도, 오직 도덕에

관해서는 골몰해야만 스스로 지극하다는 말을 들을 수 있을 것입니다. (「난곡 이건방에게」)[117]

여기서 문장은 추구하지 않고, 도덕에 관해서 골몰해야 도덕에 지극할 수 있다는 마지막 문장 때문에, 섣불리 조긍섭이 문장을 부용으로 여긴 것이라고 단정해서는 안된다. 이 논의는 문장과 도덕을 아우르기 어렵게 되었다고 하면서, 아울러 지극해지는 방도를 모색하는 것으로 시작한 것이다. 지극한 이상은 옛 성인과 주자의 수준이고, 그것을 이룬다고 하더라도 옛 성인이 아닌 이상 주자처럼 문장은 의심을 받게 되는 것이다. 조금 떨어지는 경우가 명청으로서 문장에서만 수준을 이루는 경우인데, 그것도 쉽게 도달할 수 있는 것이 아니라고 하였다. 주자의 경우와 명청의 경우에서 선택한다면 주자의 경우가 옳다는 결론이다. 앞의 인용문에서 참된 도덕은 참된 문장을 갖추고, 참된 문장은 참된 도덕을 알아본다고 한 언급에 돌아가보면, 주자의 경우를 선택한 이유가 분명해진다. 참된 문장을 담보하기 위해 참된 도덕을 추구해야 한다는 것이다.

조긍섭이 살았던 시대는 도학과 문장을 온전하게 전통적 의미에서 추구할 수 없을 만큼 급격한 변화의 시대였다. 전통적 학문 질서 속에 도학과 문장은 최상의 목표로서 인정을 받았던 것이며 식자라면 당연히 추구해야 할 분야였지만, 20세기를 전후하여 서구로부터 발생한 신문명이 정치적 문화적 제 분야에서 구문명을 압도하면서, 도학과 문장의 권위는 변화한 새로운 질서 속에서 인정받지 못하고 종말을 고하게 되었다. 그러한 시대적 변화 속에서 조긍섭은 전통적 학문을 연찬하며 도학과 문장이 지속적 의의를 갖기를 기대하였고, 그 자신 도학과 문장에서 상당한 성취를 이루어 영남의 거유로 인정받기에 손색이 없었다. 전통적 학문의 영역에 속한다고 하여 조긍섭이 급변하는 시대적 조류에 전혀 둔감했던 것은 아니었다. 시대의 변화를 슬퍼하는 마음으로 그 변화의 의미를 파악하여 경계의 의미로 『곤언』을 저술하여 별도로 출간하기도 하였듯이 조긍섭은 변화된 신문명의 세상을 관심 있게 지켜보면서도, 끝내는 전통을 중시하여 도덕과 문장을 추구하였던 것이다.

조긍섭은 문장을 위주로 추구하던 학문 경향에서 도덕을 추구하는 학문 경향으로 전환하는 겪었음을 고백하였는데, 자신이 목도한 세계 변화에 대해 어떤 대응을 할 수 있을지에 대한 갈등과 고민의 결과이다. 그러한 갈등의 결과 수준 높은 문장을 통해 도덕적 경지를 담보해야 한다는 견해를 제출하는바, 그 견해는 도학가와도 다르며 문장주의자와도 다른 입장을 보여준다. 조긍섭의 입장은 도덕과 문장은 본디 하나였으며, 참된 문장을 추구하는 전제로서 참된 도덕을 추구해야 한다는 것이었다. 동시대의 전통적인 학문과 교양으로서 한문을 포기하지 않던 사람들의 풍토에서 본다면, 도학을 우선시하던 영남의 일반적인 경향에서 독특한 위치에 있는 것으로 여겨지고, 서구적 문예 개념의 일정한 영향 하에서 문장을 미학적으로 추구하던 변영만·김택영 등과도 다른 입장에 서 있던 것이다.

## 제4절 한시 관습의 지속-벽초 홍명희의 경우

식민지시기 신문잡지 등의 근대매체에 게재되는 문학작품은 주로 근대적 국문문학 양식이지만, 중세적 문학양식인 한시(漢詩)도 상당수 있었다. 2009년 발간된 『식민지시기 한시자료집』은 1910년부터 1945년까지 신문과 잡지에 게재된 한시를 수집 발굴한 것인바, 대략 1만 9천여 수의 한시를 정리 수록하였다.[118] 이 자료집을 통해 중세적 교양물인 한시가 변화된 근대적 매체환경에 적응하며 여전히 왕성하게 창작 향유되고 있었음을 확인할 수 있다. 근대매체에 이처럼 방대한 양의 한시가 게재되어 있었다는 사실은 이 시기를 더 이상 한국한문학 연구의 사각지대에 방치해둘 수 없다는 인식을 하게 만든다. 이 시기는 국문문체를 확립하고 완성하는 과정에 있었으며 근대적 문학 양식이 일정정도 배양되어 있었기에, 중세적 문학 양식은 필요치 않았었을 듯하다. 그럼에도 불구하고 근대 매체들이 한시를 전면적으로 외면하지 않았던 데에는 광범위한 한시 인구가 잔존해 있었기 때문이다. 근대 매체에 등장하는 한시의 창작자와 독자들은 대개 한자한문을 제1의 문어로 익히고 차후 근대적 지식을 접하게 되는 세대로서 자신의 서정을 표출하는 데 한시를 가장 친근한 양식으로 여긴 세대이다. 사회주의자이며 1930년대 후반 『동아일보』에서 현상한시의 고선을 담당하기도 하였던 최익한(崔益翰, 1897~?)은 한시의 창작과 독서에 대해 "전문가 아닌 일반에게는 절대로 강요할 수 없지마는 다행히 저작할 수 있는 사람에게 한하여 …… 등산(登山) 쇄풍(洒風) 선유(船遊) 탐승(探勝), 목가(牧歌)와 아악(雅樂)의 청취, 고서화의 상완(賞玩) 등등과 동일한 종류"의 수양술 정도로 여기고 한시적으로 활용할 것을 주문하였다.[119] 취미의 차원임을 강조하고 있긴 하지만, 이 역시 한자한문을 제1의 문어로 익힌 세대로서 근대적 문학 양식이 내면화되기 전까지 서정의 요구를 감당할 양식으로 한시의 효용가치를 제한적으로 인정하자는 주장이다. 이 한시 세대가 활동의 중심에 있던 시기, 대략 식민지시기가 끝날 때까지 한시는 근대매체에서 완전히 방출되지 않았던 것이다.

벽초 홍명희(碧初洪命憙, 1888～1968)는 장편역사소설 『임꺽정』으로 근대문학사에 뚜렷이 각인된 소설가이며, 신간회를 주도한 사회활동가였던 동시에 화요회 출신의 사회주의 사상가였고, 『동아일보』와 『조선일보』에서 활동한 언론인이며 조선민주주의인민공화국의 초대 부수상을 지낸 정치가이도 하였다.[120] 한마디로 그의 삶은 한반도의 근대사와 우리 근대문학의 핵심을 가로지르고 있었던 것이다. 식민지시기 활동했던 지식인 중에서도 두각을 드러내는 존재였기에, 당시 문화계에서는 최남선・이광수와 더불어 '조선삼재(朝鮮三才)'로 불리기도 하였다고 한다.[121] 홍명희는 자성적 근대지식인으로서 한시를 구시대의 청산할 과거로 보기도 했지만, 한문을 제1의 문어로 익혔던 세대의 인물로서 더러 한시를 근대매체에 발표하기도 하였다. 그는 근대인이었던 동시에 한시 인구의 한 사람이기도 하였던 것이다. 현재까지 발굴된 홍명희의 한시를 통해, 근대한문학에서 한시의 역할과 위상의 한 단면에 접근해보고자 한다.

## 1. 홍명희와 한시

홍명희가 초년에 한학을 수학하는 과정에서 지었던 습작시를 제외하면, 현재까지 밝혀진 홍명희의 한시는 총 17편이다. 교유 인사들에게 편지를 보내면서 한시를 첨부한 정황은 발견되는데 지금은 남아있지 않은 예를 통해 보면,[122] 근대매체에 게재되지 않아 사라진 것들도 적지 않았을 것임을 짐작한다. 우선 근대지식인 홍명희의 삶 속 어떤 대목에서 이들 한시들이 산출되었는지 살펴보겠다.[123]

홍명희는 1888년 충북 괴산군에서 홍범식(洪範植)의 장남으로 태어났는데, 그의 가문은 노론(老論) 당색의 풍산홍씨(豊山洪氏) 명문가였다. 홍명희의 「자서전」[124]에 의하면 다섯 살에 천자문(千字文)을 배우기 시작하여 小學을 배우던 여덟 살에 돌아가신 어머니를 그리는 한시를 지었고, 열두 살이 되어서는 운(韻)을 달고 고저(高低)를 볼 수 있게 되었다고 한다. 한자한문 교육을 통해 본원적 지식체계를 형성해갔음을 짐작할 수 있다. 다섯 살 때 지은 "파리는 해마다 생겨나는데 우리 어머니는 어찌 돌아오시질 않나(蒼蠅年年生, 吾母何不歸)"를 스스로 "한시 짓기 시작"이라 하였고, 열서너덧 살 적에 지은 "어찌하여 눈꽃이 떨어진 뒤에는 달이 막 뜨는 듯할까. 눈발 흩날려 내리는 밤, 투명한 빛으로 서책을 비출 수 있네(何如花落後, 疑是月生初. 飄蕩爭侵夜, 虛明可映書)"라는 영설시(詠雪詩)를 통해 부친에게 칭찬을 들은 일을 "무상한 영광"으로 여기고 있다고 회고하고 있는바, 전통적 교육을 통해 한학을 습득하는 과정을 "한시 짓기"를 주요한 축으로 구성하여 언급하고 있다.

가정에서 전통적 교육을 받던 홍명희는 상경하여 15세인 1902년 중교의숙(中橋義塾)에 입학하여 3년 동안 수학하여 근대적 학문을 접하게 되었으며, 1905년 졸업 후 귀향하여 부친의 권유로 『춘추(春秋)』 사전(四傳)을 독파한다.[125] 신학문을 접하고서도 전통 학문을 완전히 폐지하지는 않았던 것이다. 1906년부터 1910년까지는 동경 동양상업학교(東京東洋商業學校)에서 유학을 하였는데, 이 기간 중 1909년에 일본 유학생들이 결성한 대한흥학회의 기관지 『대한흥학보』에 한시 「우제(偶題)」(2호)와 조문 「조배공문(弔裵公文)」(4호)을 발표했다. 「조배공문」은 대한매일신보의 발행인이던 영국인 베델(Ernest T. Bethel)이 사망하자 그를 추모하는 조문을 지어 발표한 것인데, '욕우생(欲愚生)'이라는 호를 사용하였다. 조문에서 베델을 외국인이면서도 이익을 생각지 않고 약소민족 조선을 위해 외로운 투쟁을 전개한 '바보'라고 묘사하였던바,[126] 그 베델의 '바보'스러움을 본받고자 하는 의지를 담아 사용한 것으로 여겨진다. 「우제」는 동경 유학생으로서의 감회를 밝히는 한시이다. 이미 선행연구에서 이 작품을 발굴해서 소개했지만, 이 작품이 근대매체에 게재한 홍명희의 첫 번째 한시이므로 여기 인용해본다.

| | |
|---|---|
| 스무살에 일본 유학 이미 조금 늦었으니 | 二十東遊已較遲 |
| 객지 생활에 계절의 바뀜만 각별히 느껴지네 | 客中偏感管灰移 |
| 나라 걱정 날로 깊어 마음은 쉬이 늙고 | 憂國日深心易老 |
| 집을 떠나 길이 머니 꿈에서도 찾기 어렵네 | 離家路遠夢難知 |
| 탁자에 향 피우고 차를 달인 뒤요 | 一榻香烟煮茶後 |
| 집집마다 봄비 맞아 꽃을 키울 때라 | 萬家春雨養花時 |
| 어느 해나 남아의 뜻 이룰 수가 있을까 | 何年可償男兒志 |
| 고개 돌려 하늘 향해 묻고 싶어지는구나[127] | 回顧蒼天欲問之 |

고향을 그리워하는 객수(客愁)의 감성 속에서도 나라를 걱정하는 남아의 뜻을 이룰 방법을 모색하던 홍명희는 일제의 병탄 의도가 가시화되자 졸업을 기다리지 않고 1910년 2월에 귀국하였고, 이해 8월 29일 경술국치를 당하자 금산군수로 재직하던 부친이 자결하였다.[128] 1912년부터 1918년까지 만주, 북경과 상해, 남양 등지에서 활동하다가 귀국, 1919년 괴산에서 만세시위를 주도하여 이듬해 4월까지 첫 번째 옥고를 치르게 된다.[129] 1922년 『동명(東明)』에 「육당(六堂)께」라는 글을 발표한다. 편집자 최남선이 예관 신규식(睨觀申圭植)의 애사(哀詞)를 지으라고 부탁하였는데, 적을 말이 없지 않지만 글을 짓기에는 뼈가 저리게 분하다고 하고, 애사 대신으로 최남선에게 편지 형식으로 허황한 심사를 적어나갔다. 그 편지의 말미에 신규식의 병환 소식을 듣고 설마 위중한 줄은 모른 채 정인보와 함께 신규식의 쾌유를 빌고 그를 그리워하며 지은 한시를 수록하였다.[130]

1924년에는 정인보가 『동아일보』의 '금고시총(今古詩叢)'란을 담당하였는데, 여기에서 홍명희의 한시 「억겸곡노인(憶謙谷老人)」·「내장산 벽련암(內藏山碧蓮菴)」·「청명(淸明)」 세 편을 소개하고 있다.[131] 한 가지 특기할 사항은 동일한 제(題), 동일한 운(韻)의 한시를 정인보도 지어 나란히 게재하였으며, 「내장산 벽련암」의 경우는 이종하·이건방·박한영의 차운시도 게재되어 있는 점이다.

1928년 11월 21일부터 조선일보에 『임꺽정』을 연재하기 시작하였다. 1929년 신간회 민중대회를 개최하려고 준비하던 중 검거되어 두 번째 옥고를 치르게 된다. 수감 중이던 1930년 『삼천리』에 「재옥 거두(在獄巨頭)의 최근 서한집」이라는 특집기사가 실리는데,

허헌·여운형·김약수 등의 편지와 함께, 아들과 동생에게 보내는 홍명희의 편지가 실려 있다. 아들 홍기문(洪起文)에게 보내는 첫째 편지 말미에 "신년(新年)에 식구 생각하고 지은 시(詩) 명색 적어 보낸다."고 하며 어머니와 아내, 동생과 자녀들을 생각하며 지은 오언절구의 한시 다섯 수를 덧붙여 놓았다.[132] 이 두 번째 옥고에서는 만기를 두 달 남겨두고 1932년 가석방되어 출감했다.

1934년 『삼천리』에 「술회(述懷)」를 발표한다.[133] 이 장편 한시를 2회에 나누어 게재하는데, 두 번째 연재분에 "이 장시(長詩)는 1930년에 현저동 101번지에서 한월(寒月)을 바라보고 잇슬 때 위당 정인보씨에게 보낸 것으로 상반는 전호에 하반은 금(今)에 연재하는 바이노라."라는 기록이 덧붙어 있다. 현저동 101번지는 서대문형무소의 주소이다. 두 번째 옥고 시기에, 갇힌 몸에 담긴 마음을 풀어내어 한시로 친구 정인보에게 보낸 것이었다. 시의 내용으로 보아 정인보가 보낸 편지에 답장 형식으로 작성한 것이다. 정인보의 해당 편지는 아직 발견하지 못하였다.

1936년에는 조선일보에 「기제(寄弟)」를 발표한다.[134] 멀리 떨어져 있는 동생에게 보낸 것이다. 1937년에는 『조광』에 「독노산지무상(讀鷺山之無常)」을 발표한다.[135] 노산 이은상(鷺山李殷相)이 지은 『무상』에 대한 독후감 시이다. 1938년에 또 『조광』에 「위정계초선생(慰呈啓礎先生)」을 발표하는데, 조선일보의 사주 계초 방응모(啓礎方應謨)가 병이 났단 소리를 듣고 지은 것이다. 『조광』에는 홍명희의 한시와 나란히 방응모의 답시를 게재해두었다.[136] 방응모는 홍명희가 어려울 때마다 지원을 아끼지 않았고, 장편역사소설 『임꺽정』의 연재 당시 원고료 외에도 수시로 생활비를 지원해주었다고 한다.[137] 그리하여 방응모의 신병을 위문하는 한시를 지어 보냈던바, 방응모가 자신의 화답시를 포함하여 『조광(朝光)』에 발표한 것으로 여겨진다. 『조광』은 방응모가 일간지 『조선일보』의 자매월간지로서 창간한 것이다. 이밖에 『벽초 홍명희와 임꺽정의 연구자료』에는 1939년에 한용운(韓龍雲)의 환갑을 기념하여 지은 「축만해육십일수(祝萬海兄六十一壽)」가 실려 있다.[138] 한용운이 만년에 홍명희와 정인보를 지음(知音)의 동지로 여겼으며, 홍명희는 한용운을 조선의 7천 승려를 합해도 당해내지 못할 위인으로 평했다고 한다.[139] 해방 후 1947년 여운형(呂運亨)이 피격으로 사망하자 『서울신문』에 「곡몽양(哭夢陽)」을 발표하기도 하였다. 해방 정국에서 좌우합작을 통한 임시정부 수립운동의 중심에서 함께하던 동지 여운형의 죽음은 홍명희에게 일종의 좌절감을 안겨주었을 것이다. 좌우로 분열되어 서로 죽이고 죽이는 살육의 정상을 "슬프도다, 달팽이의 왼쪽 뿔과 오른쪽 뿔이 서로 싸우면 둘다 무사할 수 없는 것을"이라고 표현하며 곡을 마무리 짓고 있다.[140] 1948년 홍명희는 '남북조선 제 정당사회단체 대표자 연석회의' 참석차 평양으로 갔다가 잔류하여 조선민주주의인민공화국의 초대 부수상을 지내는 등 고위 정치인으로 활동하다가 1968년 별세하였다.[141]

홍명희가 근대사의 중요한 결절점에서 활동하였고 근대문학의 중요한 성과인 『임꺽정』의 작가인 것은 분명하지만, 한편으로는 이처럼 창수시(唱酬詩)·만시(輓詩)와 가족에게 안부를 묻는 한시 및 개인적 서정을 담은 한시들도 창작하여 근대매체에 게재하고 있었던 것이다.[142]

## 2. 교양 관습으로서의 한시

홍명희는 중세적 양식인 시조(時調)를 부흥시킨 시조부흥운동에 대해 불만을 표한 바 있었는데, 이유는 현대에 적합지 않다는 것이었다. 1947년에 이태준·이원조·김남천 등의 문인들과 좌담회를 가지는데, 여기서 근대시조에 관해 논의가 이르자 홍명희는 "근래에 와서 시조를 부흥시키기 시작한 사람이 최남선인데 그것이 일본의 와카(和歌) 숭상하는 것을 본뜬 것이 아닐까. 시조가 과거에는 시상을 표현하는 형식이었지만 그 형식이 현대에는 적합지 않소."라고 하여 분명한 반대를 표명하였던 것이다.[143] 최남선이 중세적 양식인 시조를 근대시조로 부활시켜 조선 정신을 고양하고자 하던 의도를 정면으로 문제삼으며, 기껏해야 일본의 모방인 동시에 이미 효용을 상실한 중세적 유물로서 비현대적인 형태라고 지적하여 반대 의사를 분명히 하였던 것이다. 이미 1926년 최남선의 시조집 『백팔번뇌(百八煩惱)』에 홍명희가 서문을 쓰는데, 여기서도 자신은 시조를 숭상하지 않는다고 선언한 바 있다.

> 육당은 시조를 우리의 것이라 하여 매우 숭상하나 시형으로 보아서는 그다지 숭상할 가치가 있을 것이 아니다. 나는 이런 의미로 일본의 하이꾸(俳句)를 싫어하고, 일본의 와카(和歌)와 한시의 절구(絶句)와 및 페르시아의 루바이야트를 즐겨하지 아니하고 우리의 시조를 숭상하지 아니한다. 일본의 하이꾸는 악착(齷齪)한 일종 시형으로 거의 대표라 할 만하니, 그 악착함이 쌀 톨에 조각한 불쌍(佛像)과 흡사하다.[144]

최남선이 시조의 부흥을 꿈꾸며 자신만만하게 내놓는 시조집의 서문으로는 좀 지나쳐서 최남선을 무안하게 만들지 않았을까 싶은 정도인데, 여기서는 악착(齷齪)함을 거론하며 숭상할 것 없다고 하였지만 위의 1946년의 자료와 연결지으면 핵심은 비현대적 양식이라는 점으로 귀결될 것이다. 중세의 서정을 담던 중세의 그릇에 근대의 서정을 담으려면 제대로 담기지 않아 삐걱거리게 될 터인바, 그것을 악착함이라고 표현한 것이다. 여기서 주목할 것은 일본의 하이꾸와 와카, 페르시아의 루바이야트와 더불어 한시도 시조와 같은 악착함의 한 계열로 표현한 것이다. 홍명희에게는 한시 역시 근대의 서정을 담을 수 없는 비현대적인 양식이었던 것이다. 그럼에도 불구하고 홍명희는 1948년 정인보의 시조집에 서문을 쓸 때는 시조를 지었다.[145] 한시 역시 안 지은 것이 아니다. 정인보의 시조집 서문으로 지은 3련의 시조는 "반문(班門)에 도채장난 자랑으론 알지 마소/그대의 재주 보고 시늉 한번 내었노라/법수(法手)에 틀림없는가 가르침을 받고저."라고 했듯이 도끼질로 유명한 반수(班輸) 앞에서 도끼질 시늉 한번 내 본 희작(戲作)으로 여길 수 있겠지만, 한시는 전혀 사정이 달랐다.

중세의 가창 시조(歌唱時調)를 재구성한 근대 시조의 경우는 시도된 지 얼마 되지 않은 것이었지만, 한시는 그 자체 중세적 창작·향유 방식을 고스란히 유지하는 형식이었던 것이다. 말하자면, 이 시기 한시는 중세적 아비투스(habitus, 내면화된 문화 관습)의 근대적 잔존이라 할 수 있다. 송별시(送別詩)·축수시(祝壽詩)·만시(輓詩) 등은 그 아비투스적 면모가 가장 분명히 나타난다고 하겠으며,[146] 홍명희의 한시 창작 과정도 이 아비투스의 자장에서 이루어졌다고 보아야 할 것이다. 특히 한시의 창수(唱酬)야말로 중세의 끝자락과 근대의 초입에 걸쳐 있는 지식인들이 자신의 문화적 교양을 뽐낼 수 있는 오래되고 검증된 아비투스의 영역이었던 것이다. 한시는 물론 서정을 펼치는 장르였지만, 중세 사대부 사회에서 한시의 교양은 교유를 위한 기본 자격과도 같은 역할을 수행하였다.[147] 창수시를 주고받으며 서로의 자격을 확인하고 중세적 교양의 향기 속에 교유를 강화할 수 있었던 것이다.

1921년 홍명희는 최남선의 청에 의해 신규식에 대한 만사를 지으려다가 감정이 복받쳐서 못 짓고, 대신 신규식의 병환이 위중하다는 소식을 듣고 지어두었던 한시를 발표하였는데, 홍명희는 이때 정인보와 함께 지은 것이라며 정인보의 것도 나란히 게재하였다. 정인보와 홍명희는 한시를 주고받으며 서로의 교양을 확인할 수 있었고 교유를 강화할 수 있었던 것으로 짐작해볼 수 있겠다. 1923년 정인보가 고선(考選)을 맡고 있던 『동아일보』의 '금고시총(今古詩叢)'란에 게재된 홍명희의 한시 세 편도 모두 같은 제(題), 같은 운(韻)의 정인보 한시와 나란히 실려 있다. 「내장산 벽련암(內藏山碧蓮菴)」의 경우를 본다.

| | |
|---|---|
| 굽이굽이 길을 다 올라가 | 陟盡盤盤路, |
| 옷깃 제치고 나무 위의 바람을 맞네 | 開襟樹上風. |
| 천길 아래 계곡을 보며 | 千尋窺澗底, |
| 지척에서 구름 속으로 들어간다. | 咫尺入雲中. |
| 별천지에서 종경 소리 들리고 | 別界聞鍾磬, |
| 맑은 빛은 사찰에 머무네. | 淸暉在檻櫳. |
| 산의 모습 고요하니 더욱 좋아 | 山容靜愈好, |

무슨 일로 가을 단풍을 찾아왔나.[148] 何事趁秋楓.

이 시 역시 정인보의 것과 같이 실려 있다.[149] 여기에는 정인보 외에 세 사람의 시가 더 실려 있는데 모두 같은 운으로 차운한 것이다. 상황을 보면 우선 단풍 구경을 하러 홍명희와 정인보가 함께 내장산 벽련암에 도착하여 시를 지었고, 황헌(黃軒, 이종하)이 밤에 합류하여 「밤에 벽련암에 당도하여 앞서 지은 운에 따라 짓는다〔夜到碧蓮庵追和前韻〕」는 시를 지었다.[150] 나중에 이들이 보내온 시를 보고 화운하여 난곡(蘭谷, 이건방)이 「아이가 멀리서 풍(風)자 운으로 시를 지었는데 모두 가작이라, 바로 이어 짓는다〔兒遠誦風字韻諸詩皆佳率爾屬和〕」는 시를 짓고,[151] 석전(石顚, 박한영)이 「내장사의 운자를 따라 짓다〔屬和內藏韻〕」는 시를 지었다.[152] 좋은 풍광을 찾아 가서 한시를 지어 주고받고, 뒤늦게 도착한 사람이 그 한시를 차운하여 또 한시를 짓고, 현장에 없던 사람들이 그들의 한시를 보고 또 차운하여 한시를 지었던 과정이 한시의 제목을 살피는 것만으로도 눈에 보일 듯하다. 한시를 통해 좋은 풍광이 재구성되어 제3자에게까지 공유되고, 공유된 감상이 다시 한시로 표현되는 과정에서, 이처럼 한시를 중심으로 이들의 교유는 문화적 결합으로 강화되는 것이다.

창수시를 통한 문화적 결합의 강화는 이조후기에 사대부와 중인층에서 성황을 이루던 시사(詩社)의 전통과 관련이 없지 않다. 시사는 이조말기로 갈수록 상당한 성황을 이루게 되는데 그것이 한시의 유희적 경향을 강화하는 측면도 있었겠지만,[153] 그 바탕에는 문화적 교양을 소유하고 있다는 자부심이 있었을 것이다. 홍명희는 위의 창수시를 주고받는 동아리 외에 '성사(星社)'라는 시사에도 참여하고 있었다. 변영만(卞榮晩)은 1923년 여름 개성의 박연폭포 일대를 노닐고 오는 기록을 남기는데, 성사 동인인 강우당(姜愚堂)·김경암(金敬菴, 金瓚泳)·최일천(崔一泉)·진순성(秦旬星, 秦學文)·김청조(金靑蔦)와 함께 했음을 말하고 동인으로서 함께 못간 사람으로 정위당(鄭爲堂, 鄭寅普)·이일성(李一星)과 더불어 홍벽초(洪碧初)를 거론하고 있다.[154] 홍명희가 시사의 한 멤버였으며, 위의 창수시를 주고받는 과정 역시 이런 시사의 관습에서 그리 멀지 않은 곳에서 벌어진 것으로 보인다. 1931년에 김태준(金台俊)이 "아직도 혹 백일장(白日場)과 과거(科擧)를 꿈꾸는 이도 있고 신해음사(辛亥吟社)와 같은 한시단(漢詩壇)이 음암(陰暗)히 존속하여 오지마는 헤겔의 변증법으로 보면 반(反)이라는 운명을 어찌할 수 없다."[155]고 하여 왕성하지만 일부러 무시하려고 한 그 한시단이란 것에 홍명희도 개입되어 있었던 것이다.

한시의 특징 중의 또 하나는 클리셰(cliché, 판에 박은 듯한 전고)의 변주에 있으며, 이 전고를 익히기 위해서는 선인들의 한시를 폭넓게 접해보아야 한다. 폭넓게 접하기 위한 좋은 도구가 바로 시화(詩話)였으니, 시화는 한시 교양을 위한 주요 도구였다. 홍명희도 다양한 시화를 읽었겠지만, 그 자신 구양수(歐陽脩)의 『육일시화(六一詩話)』의 제목을 패러디한 「역일시화(亦一詩話)」를 발표하여 조선 한시를 살펴본 바 있다.[156] 또 「난설헌(蘭雪軒)의 시인가치(詩人價値)」라는 글로 조선 여류시인의 계보와 허난설헌의 위상을 살피고 그녀의 시에서 논란이 되던 표절의 문제를 자세한 고증으로 밝히고 있으니 이 역시 시화의 하나라 하겠으며,[157] 특히 "다소 표절이 있다 하더라도 진나라 당나라 이하 대가도 면치 못"하던 것이라 하여 한시의 클리셰에 대단히 관용적인 입장을 표명하였다. 「추창만감(秋窓漫感)」이라는 제목으로 김억·김동인 등과 함께 게재한 글[158]에서는, 가을을 주제로 수필을 갑자기 쓰려니 고통스럽다고 하고서 분량을 채우기 위해 베를렌느나 크로아상 등의 서양 작가들을 언급할까 하다가 한문학에 표현된 가을을 적어야겠다고 하였다. 김동인(金東仁)이 가을의 추억으로 수필을 지은 것과 대조적으로 홍명희는 글의 절반 이상을 이백(李白)·두보(杜甫)·맹호연(孟浩然) 등의 싯구를 나열 점철하고 말았는데, 이것 또한 김억(金億)이 예이츠와 구르몽 등의 시를 번역하여 실은 것과 대조적이었다. 분량을 채우기 위해 김억은 서양시의 감성을 동원했는데, 홍명희는 익숙한 대로 한시의 감성을 동원했던 것이다. 이 역시 가을의 클리셰를 모아둔 하나의 시화로 여길 수 있겠다.

1930년 『삼천리』에 「재옥 거두(在獄巨頭)의 최근 서한집」이라는 특집기사에서, 홍명희가 아들 홍기문에게 보내는 첫째 편지 말미에 어머니와 아내, 동생과 자녀들을 생각하며 지은 한시를 덧붙여 놓았던 것은 앞서 언급하였는데, 나란히 게재된 동생 홍성희(洪性憙)에게 보내는 편지에는 홍명희의 한시 창작을 이해하는 중요한 증언이 있다.

> 요전 번 부탁한 책은 잊은 것은 아니겠지. 그동안 머리 아파서 시 명색(詩名色), 자(字)모듬으로 소일하였는데 운책이라도 한권 있스면 꽤 잘 짓겠더라. 어디 자(字) 고저(高低) 몰라 지을 수가 있어야지. 시는 종이가 궁하여 한 수도 적어 보내지 못한다.[159]

한시를 지을 때 고저를 찾아볼 운책(韻冊)이 아쉽다는 말에서 차입을 부탁하는 책이 무엇인지 짐작하게 한다. 또 이 짧막한 서한에서 굳이 시를 적어보내지 못하는 미안함을 표현한 것은 시를 적어보내는 것이 마땅한 것이라 여기고 있음도 짐작하게 하는데, 종이가 없어서 시 한 수도 적어보내지 못한다는 말은, 다른 때에 더러 종이의 여유가 있으면 항용 한시를 적어보냈던 것으로 해석해볼 수도 있겠다. 그리고 시간을 보내는 방법으로 한시를 짓는 것은 갇힌 몸의 홍명희가 할 수 있는 자기 위안의 행위였을 것이다. 갇힌 몸으로 지켜주지 못하는 가족의 곁을 생각하고 한시를 지어 보내는 것으로 책임감을 보상한 것으로 여길 수 있으며, 그것이 한시였던 까닭은 그가 서정의 필요엔 교양 관습으로서의 한시가 익숙하게 떠올랐기 때문이다.

홍명희가 이념적으로는 한시를 시조와 더불어 악착한 형식으로 비현대적이라고 배척했지만, 관습적으로는 여전히 한시의 그늘에서 벗어날 수 없었던 것이다. 홍명희의 한시가 17편 남은 것에 비해 근대 자유시는 단 1편이 남았는데, 8.15해방의 감격을 읊은 「눈물 섞인 노래」이다.[160] 시인 정지용(鄭芝溶)은 이 시집에 대해 "새로운 세기의 술을 담기에는 너무도 낡고 초몽(草蒙) 이전의 황당한 토기(土器)"라고 혹평했다고 한다.[161] 서정시의 틀로 담기에는 절정의 순간에 넘치는 격정이 너무 컸던 것도 하나의 변명이 되겠고, 국문으로 시를 지으면서 독자를 향한 교훈적 의도가 전혀 우회되지 못하고 "국민 의무"와 같은 직설적 언어로 표출된 것도 하나의 이유로 생각해 볼 만하다. 홍명희는 서정의 필요가 닥치는 순간에 자유시보다는 한시를 훨씬 능숙하고 세련되게 활용할 수 있었음은 홍명희의 생애에서 추정할 수 있는 것이다. 최익한(崔益翰)이 "화식(火食)이 생식(生食)보단 인간 생활에 여하히 좋다 할지라도 화식의 기(飢)보단 생식의 포(飽)가 훨씬 나을 것이 아닌가"[162]라 하여, 근대적 형식이 준비되기 전에 전통적 형식을 미리 포기하여 굶주림을 겪기보다는 근대적 형식이 완성되고 체화될 때까지는 전통적 형식으로라도 문예적 취향을 배불리 향유하는 것이 낫겠다고 주장한 것을 떠올릴 만한 대목이다.

## 3. 근대 서정으로서의 한시

다음은 청명절을 맞이하는 감회를 읊은 「청명(淸明)」이다.[163]

| | |
|---|---|
| 좋은 계절 어째 요락한 듯하니 | 令節何搖落, |
| 푸른 봄에 이미 노인의 마음. | 青春已老心. |
| 고향은 오늘 멀리 있지만 | 家鄉今日遠, |
| 선영(先塋)의 소나무 잣나무 짙어졌겠지. | 松柏九原深. |
| 멀리 바라보니 혼(魂)도 따라가 | 縱目魂俱往, |
| 생각 따라 눈물이 멈추지 않네. | 隨思淚不禁. |
| 시는 지었지만 흥취가 없어 | 詩成無意緒, |
| 코를 비틀며 신음한 듯하네. | 擁鼻似呻吟. |

이 역시 정인보가 고선을 맡았던 『동아일보』 '금고시총'란을 통해 발표된 것이며, 나란히 창수되었던 정인보의 한시[164]와 함께 게재되어 있다. 일단 창수라는 아비투스의 자장에 있으며, 한식과 붙

어있는 청명절에 고향을 떠올리는 것은 의당 있을 수 있는 일이고, 고향을 떠올리면 으레 따라붙는 선영의 소나무 잣나무로 표현된 클리셰를 지적할 수 있겠지만, 홍명희는 스스로 고백하기를 이 시는 코를 비틀어 신음하듯 억지로 지은 느낌이 있다고 하였다. 그 원인이 이 한시 안에서 푸른봄에 이미 노인의 마음을 느끼는 것으로 표현되었고, 그것은 한시의 탓이 아니라 시대를 앓는 그 마음에서 기인한 것으로 봐야한다. 그 마음으로 보면 신록이 돋아나는 청명의 산하가 낙엽이 지는 늦가을의 풍광으로 변하는 것이다. 짓고 나서도 의서(意緖, 思路)가 없어 억지로 지은 듯하다고 했지만, 이렇게 보면 시상이 그렇게 이해 못될 것도 아니다. 한시의 형식과 향유방식은 그대로 물론 보수적으로 유지되었지만, 그에게 닥친 근대사의 곡절이 만들어낸 서정의 내용이 한시의 형식에 들어가기에는 스스로 파탄이라고 느낄 만큼 우울한 것이었을 뿐이다.

다음으로 「억겸곡노인(憶謙谷老人)」[165]을 보자.

| | |
|---|---|
| 예순의 백이(伯夷) 같은 노인 | 六十首陽老, |
| 한번 뵈니 안타까운 생각 들게 하네. | 一見令人惻. |
| 진□(晉□)을 기약했으나 이루지 못해 | 晉□期不踐, |
| 싱거운 노주(魯酒)에 한숨만 더한다. | 魯酒助太息. |
| 기세는 행로의 험난함을 능가했고 | 氣凌道塗險, |
| 뜻은 강호의 생각을 압도했지. | 志壓江湖憶. |
| 역사의 재능 어찌 흔히 볼 것이겠나 | 史才豈易見, |
| 마음 괴롭히고 또 끝까지 생각 미루어보았음이지. | 苦心更絶測. |
| 헤어진 이래 꿈에서도 나타나시지 않아 | 別來不入夢, |
| 혼은 검은 강물에 떨어지네. | 魂落江水黑. |
| 하늘 끝 향해 가 뵈려 해도 | 欲向天際求, |

구름 속으로 갈 날개 없음 한스럽다. 恨無雲中翼.
오직 저 지붕 위의 달에 惟有屋梁月,
그분의 얼굴빛 비치는 듯하네. 彷彿照顔色.
적막한 동해 가에서 寂寞東海濱,
이 노인 다시 보기 어렵구나. 此老難再得.

겸곡 박은식(謙谷朴殷植, 1859~1925)을 그리워하며 지은 한시이다. 이 역시 정인보의 한시와 함께 실려 있다.[166] 홍명희와 정인보는 박은식에 대한 추억을 함께 가지고 있다. 정인보의 회고담에는, 1913년 상해에서 홍명희와 함께 동제사(同濟社)의 일로 무슨 글을 짓게 되었는데[167] 그들이 쓰던 글을 빼앗아 일필휘지로 완성시켰던 박은식의 일화를 소개하며 그것이 처음 만남이었다고 하고, 그로부터 서너 달을 함께 지냈다고 하였다.[168] 이 시에서 홍명희는 백이와 같은 전통적 인물상으로 박은식을 규정하며 서두를 열고 있지만, 독립운동을 향한 강력한 의지와 역사서술을 위한 고심참담을 목격한 체험을 덧붙여서 별도의 인간상임을 드러내고 있다. 당시 대한민국임시정부에서 중요한 역할을 맡고 있다는 박은식의 소식을 듣고 추억을 같이하는 정인보와 함께 그를 회억하며 이 시를 지었을 듯하다.

홍명희는 1934년에 「술회(述懷)」를 발표했다. 이 장편 한시는 두 번째 옥고 시기에 정인보에게 보내는 것으로 "가을 바람이 기러기 쌍을 보내니, 곱게 울며 남쪽을 향해 가는데, 편지가 문득 앞에 떨어져, 급히 읽고 다시 또 천천히 읽었네〔秋風送雁侶, 嗈嗈向南飛. 片札忽墜前, 疾見次復遲〕."라고 시작하고 있다. 이 내용으로 보아 정인보가 보낸 편지에 답장 형식으로 작성한 것이다. 갇힌 몸에 담긴 마음을 풀어내어 친구 정인보에게 보낸 것이었으며 그 제목이 「술회」인 장편 한시인 만큼 근대사를 관통하는 자신의 인생 체험과 정인보와 함께 겪은 사건들, 이를테면 망명 길의 험난함과 3.1운동 무렵의 기대감 그리고 이후 암중모색의 좌절 등에서 얻어진 서정을 형상화하고 있다.[169] 특히 新幹會 민중대회 사건의 주모자로 '재옥 거두(在獄巨頭)'의 소리[170]를 듣게 된 자신을 "벌벌 떨면서 자신을 위험 속에 둔 것〔惴惴處已危〕"이라고 표현하여, 겉으로 드러낼 수 없는 내면의 풍경을 얼핏 비추어보이기도 한다. "몸은 비록 그물에 걸려 있지만, 날개를 여전히 나는 지니고 있다〔身雖在羅網, 羽翼尚吾持〕"고 하여, 갇혀 있는 처지에도 불구하고 꺾이지 않는 의지를 보여주며 마무리하고 있다.

1936년엔 『조선일보』에 「기제(寄弟)」를 발표한다.[171]

| | |
|---|---|
| 형은 쇠락한 집, 아우는 먼 타향에 | 兄衰家□弟殊鄉, |
| 만리에 서로 생각하니 긴 이별의 한. | 萬里相思別恨長. |
| 고향 마당의 원추리 북당(北堂)을 의지한 뒤로 | 故園萱草依堂背, |
| 멀리 저 기러기 네 쪽을 향해 가네. | 迥彼駕鵝向汝旁. |
| □□ 물과 산에서 아우는 풍토병을 접하는데 | 百□溪山觸炎瘴, |
| 오년의 비바람 아우의 빈 침상을 마주하네. | 五年風雨對空牀. |
| 북쪽 단풍나무숲에서 남쪽 신기루의 바다까지 | 北有楓林南有蜃, |
| 넋이 왔다 넋이 가며 함께 허둥지둥. | 魂來魂去共遑遑. |

이 시를 받게 되는 아우는 홍명희의 이복동생 홍성희(洪性憙)이다. 자세한 사정은 밝혀지지 않았으나, 1915~1917년 홍명희가 활동하던 남양으로 1933년 홍성희가 떠났다. 홍명희보다 여섯 살 아래인 홍성희는 사회활동에서 형의 진지한 동반자의 역할을 하면서

도 우애가 자별하여 보통은 이복형제였다는 사실을 몰랐었다고 한다.[172] 그 동생과 몇 년 떨어져 있는 감상을 한시로 지어 발표한 것이다. 타향을 떠돌고 있는 동생의 고난을 근대사의 굴절 속에 가난해져가는 집안에서 그려보는데, 어머니가 계신 고향집의 마당에서 시작된 눈길이 기러기를 따라 동생의 머무는 곳까지 한걸음에 달려가고 있다. 20년 전 자신도 그곳에서 풍토병에 시달리던 생각이 나서 더욱 걱정하는 마음이 생겨서, 동생의 편안히 잠들던 침상을 보며 갈팡질팡 생각이 복잡해지는 과정이 드러나 있다.

1937년에는 『조광』에 「독노산지무상(讀鷺山之無常)」을 발표한다.[173] 이은상이 지은 『무상』에 대한 독후감 시이다.

| | |
|---|---|
| | 一. |
| 쑥으로 엮은 지게 사립문 한사(寒士)의 집 | 蓬戶蓽門寒士家 |
| 마당 가운데 산앵도나무, 화창한 봄 머무네. | 中庭常棣駐春華 |
| 어찌 예감했으랴, 하룻밤 바람이 사납고 급해 | 何期一夜風颸急 |
| 어린 가지 화사한 꽃 모두 지고 말았네. | 落盡柔枝韡韡華 |
| | 二. |
| 화목한 형제의 노래 적막해짐 무슨 까닭인가 | 壎篪寂寞是何由 |
| 큰형, 작은형 상심하여 즐거움을 중지했네. | 伯仲傷心樂事休 |
| 너는 다시 어머니의 사랑 쏠리던 작은아이 | 若復母慈偏少子 |
| 어찌 능히 원추리가 근심을 잊을 수 있을까. | 那能萱草可忘憂 |
| | 三. |
| 시인은 다감하니 쉬이 애상에 빠져 | 詩人多感易哀傷 |
| 달 뜨는 저녁 꽃 피는 새벽 눈물 만 갈래. | 月夕花晨淚萬行 |
| 북망(北邙)에서 아우를 부르며 하루를 마칠 때 | 呼弟北邙終一日 |
| 쓸쓸한 가을풀 석양에 비치도다. | 蕭蕭秋草映斜陽 |

四.

| | |
|---|---|
| 석가모니가 탁류의 근원을 훤히 비추듯 | 牟尼照徹濁流源 |
| 곧장 몸을 띄워 불이문(不二門)에 들려 했지. | 直欲超身不二門 |
| 언설이 분분한 것 끝내 무슨 일이던가 | 言說紛紛竟何事 |
| 유마힐은 한결같은 침묵으로 굳은 빗장을 끊었었지. | 維摩一默絶嚴闗 |

五.

| | |
|---|---|
| 양변을 타파하려도 여전히 비우질 못했는데 | 打破兩邊猶不空 |
| 붓대롱에 꽃이 피며 신통(神通)이 드러나네. | 生花一筆現神通 |
| 홀연히 장육금신불(丈六金身佛) | 忽然丈六金身佛 |
| 형제 화락하던 동산 무덤 풀 위로 솟아오르네. | 湧出鴒原宿草中 |

이은상(李殷相, 1903~1982)은 배재고보를 다니던 동생이 요절하자 견디기 힘든 그 슬픔을 안고 수필 『무상』을 썼다. "이 어리석은 수필은 망제(亡弟)의 영전에 주는 제문을 대신하여, 여의고 삼삭되는 날 그날 하루의 일기로 쓴 것입니다."라고 시작한다.[174] 『무상』은 매 장마다 "아니디야(Anitya, 無常)"를 외치며 시작하여 전반적으로는 허무감이 지배하고 있는 듯하고, 1장에서는 "그러므로 여기 오래 머무는 자일수록 슬프고 괴로운 자이니 …… 인생을 멀리서 볼 때는 그야말로 삽시요 순식이라 하겠지만, 하루하루 괴로운 그 날들을 헤아린다면 하루도 오히려 백년같이 멀지 않은가."라 하여 극단적으로 삶을 부정하는 태도를 보여주지만, 마지막 10장에서는 "너를 위하여 그리고 내 자신과 또 나같이 인생을 고민하는 모든 이들을 위하여, 나는 이제 고요히 노래 몇 장을 부르노라." 하며 시조로 마무리하여 지금까지 고민의 여정을 삶에 대한 긍정으로 끌어안으며 무상을 초극하는 것으로 마무리하고 있다. 곳곳에서 향가 제망매가에서 불경을 비롯하여 이규보 톨스토이에 이르기까

지 동서고금의 고전을 무수히 인용하여 현학적인 느낌까지 주고 있기도 하다.

이 『무상』이라는 이은상의 기록을 읽고 독후감으로 홍명희가 위의 시를 지었다. 1수에서 빈한하지만 형제가 화락하던 집안에 갑자기 아우를 잃게 된 상황을 묘사하였고, 2수에서 아우를 잃은 형이 그동안 즐기던 노래를 멈추고 그 슬픔을 겪는 것을 묘사했다. 1수와 2수는 『무상』의 저작 동기를 형용한 것이다. 3수에서는 새벽부터 저녁까지 아우의 흔적을 찾아 헤매며 눈물을 흘리는 『무상』의 내용을 언급한 것이다. 아우의 흔적이 보이는 등꽂길을 따라가며 슬픔을 심화하는 이은상의 심리를 그대로 따라가고 있다. 4수의 내용이 오묘하다. 1,2구에서는 이은상이 묘사하는바, 인생이 육여(六如, 꿈, 환상, 물거품, 그림자, 이슬, 번개의 여섯 가지로 무상을 비유하는 불교 언어)임이 옳다는 깨달음의 표현을 지시하는 것이다. 세상 혼탁함의 이치가 육여임을 석가모니처럼 깨달았으니 곧장 수도승의 길로 가는 듯하다고 표현한 것이다. 그런데 3,4구에서는 그런 깨달음에도 불구하고 언설이 분분하게 많아서 유마힐의 침묵의 경지에는 이르지 못함을 지적하고 있다. 유마힐이 문수사리(文殊師利)의 질문에 침묵으로 큰 깨달음을 표현했다는 『유마경(維摩經)』의 전고를 끌어온 것이다. 홍명희가 현학적 인용의 어떤 대목들을 지루하게 느꼈었던 듯하다. 그러나 언설이 분분하지 않았다면 수필 『무상』도 없고 그에 대한 감상으로 짓게 되는 홍명희의 「독노산지무상」도 없었을 것이다. 그래서 5수에서는 다시 4수의 내용을 뒤집고 있다. 양변(兩邊)은 유위(有爲)와 무위(無爲), 혹은 생과 사를 지칭하는 불교 언어인데, 이 두 극단을 넘어서려고 해도 궁극의 공(空)에는 이르지 못하던 이은상의 고뇌가 글을 쓰면서 승화된 것을 1,2구에서 말하고 있다. 붓대롱에서 꽃이 핀다는 것은 이백(李白)이 꿈에 붓대롱에 꽃이 피는 꿈을 어려서 꾸었다는 일화를 인용한 것인데, 훌륭한 문장력으로 그 고뇌가 승화되었음을 강조한 것이다. 3,4구는 고뇌의 승화된 상징인 장륙불이 이은상 아우의 무덤 위에 솟는 것으로 전체를 마무리하였다. 아우의 무덤을 형제가 화락하던 동산에 있는 것으로 표현하여 죽은 아우와 남은 이은상을 한 화면에 잡아내고 있다. 도저한 슬픔을 딛고 다시 삶에 대한 초연한 긍정으로 전환된 깨달음을, 고민을 품고 사는 세상의 모든 이에게 돌려주는 장륙불은 홍명희가 발견한 『무상』의 이은상이었던 것이다.

홍명희는 근대사를 관통하는 자신의 삶에서 발생하는 서정을 한시에 담았는데, 시를 이루기에는 너무 깊이 지친 마음를 토로하기도 하였고, 멀리 있는 사람에 대한 추억과 그리움을 형상화하기도 하였고, 두렵지만 꺾이지 않겠다는 심중을 풀어내어 친구에게 보내기도 하였으며, 개인의 지극한 불행과 그로 인한 깨달음의 감동을 읽고 공감의 독후감을 한시로 표현하기도 하였다. 이러한 서정 자체가 전적으로 근대적 요소라고 할 수는 없겠지만 그 서정은 근대를 겪어내면서 고뇌하던 홍명희의 내면이었으며, 이러한 근대인의 내면이 중세적 양식의 잔존인 한시로 형상화된 것은 이 시기까지 아직 우리 문학사에서 한문학의 시대가 완전히 종결된 것은 아니라는 표식으로 볼 수 있겠다.

20세기 초 한반도는 문명의 전환기를 맞이하며, 문학 언어의 중심축도 중세 보편주의적 문어인 한자한문에서 근대 민족주의적 언어인 국문으로 옮아갔다. 계몽주의적 시각으로는 약육강식의 시대를 생존하기 위해 중세 언어에서 근대 언어로 일말의 망설임없이 이동해갔어야 옳겠지만, 그 시대를 살아간 인간의 현실은 과거가 현재와 겹쳐지고 현재에 미래가 투영되는 복잡함 속에 놓여 있었다. 특히 한자한문의 세계로부터 제1의 문어를 구축하고 계몽의 시대에 국문으로 옮겨간 근대 초기 지식인은 문학 언어에 있어 중세와 근대의 착종을 자신의 삶 속에서 경험했다. 홍명희의 경우도 근대사의 핵심을 관통하며 근대문학에도 커다란 족적을 남긴 자성적 근대인이었으면서도, 자신의 근대 체험을 통해 형성된 내면을 토로할 서정의 필요에는 능숙한 한시를 활용하였다. 게다가 홍명희 자신은 한시가 중세적 정형시로서 근대의 정서를 담기에는 어울리지 않는 악착한 시형이라고 선언한 바 있었다. 그럼에도 불구하고 한시를 통해 서정을 한 것은, 언어관습이 이념을 압도한 것이라 할 수 있겠다. 홍명희도 한자한문의 문명이 소개(疏開)되고 그 자리에 근대언어의 근대 문명이 건축될 때까지도, 여전히 한자한문의 클리셰를 사랑하고 여전히 한자한문의 아비투스를 수행하며 이미 과거화된 한자한문의 문명을 완전히 포기하지는 못했던 것이다.

안확(安廓)은 "모름지기 옛 문예를 부흥함에 이를새 곳곳에 한시 짓는 기풍이 일어나 옛날 과거식의 백일장이 열리니 안택중(安宅重)씨가 창립한 신해음사는 당시 한시 명작을 채집하여 간행했으며, 서울 장충단 동천에서 열린 의과회(擬科會)는 실상 고려시대가 다시 온 듯하다."[175]고 식민지초기 한시 열풍을 증언하고 있다. 그 열풍의 분위기가 이조시대도 아니고 고려시대와 같다고 하여 대단히 시대착오적인 풍광임을 지적하고 있지만, 열풍이 있었던 사실이 오히려 더 강조된다. 그러나 계보화된 사유에 익숙한 우리 근대인으로서는 근대언어의 계보가 수립된 이후의 근대한문학 유산들을 주목할 별다른 의무를 느끼지 못했다. 펼쳐보기도 전에 대략 중세의 잔영이란 느낌을 받는 것이다. 실상, 신해음사와 같은 클리셰의 재현과 아비투스의 관성에서 심장한 의미를 발견하기는 난감하기도 하다. 다시, 그러나 이와 같은 풍광을 배경으로 근대한문학의 독특한 경지를 추구해간 정인보와 변영만 같은 산문작가들도 산출되었고, 그들을 통해 근대 문명과 근대 문학에 대한 도전적 인식을 확인해볼 수도 있다. 또한 근대문학의 중심에서 하나의 축을 구성한 장편역사소설 『임꺽정』의 작가 홍명희의 한시 또한 이러한 풍광을 배경으로 하고 있음을 생각해보아야 한다. 20세기 초 한반도의 근대한문학은 시대착오의 산물이 아니라, 이식된 근대에 의해 소외되고 타자화된 우리 전통 문명의 남은 에너지의 산물이었던 것이다. 홍명희의 한시도 중세적 문학양식의 관습을 유지하는 것이지만, 근대에 산출되어 근대서정을 담은 근대문학의 유산으로 처리되어야 할 것이다.

## 보론: 한자 상상력—『육서심원』의 경우

우리가 지금 동아시아 공동체를 상상할 수 있는 가장 중요한 근거의 하나는 과거 이 지역에서 사용한 공동 문어에 대한 기억일 것이다. 동아시아 지역은 중세 문명을 공유하며 공통의 문어(文語) 즉 한문(漢文)을 사용하였기에, 이 지역을 한문문명권이라고 부르기도 한다. 한문문명권에서는 한문을 통해 문명의 정수(精髓)를 축적하고 발전해온 과정을 공유하여, 중세 문명의 수준이 높아질수록 문명의 중심과 주변부의 의식이 동화되어갔다. 특히 문명의 주변부에서 중심부와 자신을 동일시하는 인식이 확산되었고, 그 결과 같은 문자생활을 하는 공동체라는 동문동종(同文同種)의 의식까지 형성되었다. 이 의식이 지금 동아시아 공동체를 상상하는 중요한 계기가 되는 것이다. 그런데 서구에서 발원한 자본주의 문명이 동아시아로 압도해 들어오는 시기에 이 한문문명권은 드디어 해체되었으니, 언문일치 운동을 통하여 각 민족의 구어(口語)를 지향하는 문자생활이 실현된 것이다. 중세 동아시아에서 보편적으로 사용하던 문어인 한문에서 근대의 전지구적 보편 경향이던 언문일치체의 사용으로 전환되는 기간이, 한반도의 경우에는 갑오경장부터 근대계몽기에 이르는 짧은 시간이었다. 근대계몽기에 집중적으로 표출된 한문 청산의 논리는 민족 고유의 가치를 추구하며 한문의 외래성을 극단적으로 강조하는 방향이었으니, 한문문명권에 대한 기억과 단절하려는 시도인 셈이다.

근대계몽기를 격랑을 거쳐 식민지시대로 접어든 이후 한문문명권의 유산으로부터 민족 고유의 가치를 재발견하며 외래성이라는 비난을 극복하려는 시도가 있었던바, 근대한문학의 한 정점을 이루는 정인보(鄭寅普)와 변영만(卞榮晚)은 자득(自得)의 독창성(獨創性)을 강조하는 다양한 논설을 남겼는데, 이는 근대 문명의 입장에서 봤을 때 중세한문학이 한문문명권의 보편주의에 매몰되어 민족 고유를 방기하였다는 반성과, 제국주의에 대응할 근대적 민족의 가치를 확보하기 위해서는 과거의 유산을 철저히 외면하기만 할 수는 없다는 절박한 심정이 결합하여 이루어진 성과라 할 것이다. 자득의 독창성이란, 중국중심주의를 내포할 수밖에 없었던 한자한문의 유산으로부터, 중국중심주의를 배제하고 동아시아보편주의를 다시 구상하려던 근대한문학의 발견이었던 것이다. 이러한 정인보와 변영만의 의식은 1939년에 발표된 권병훈(權丙勳)의 『육서심원(六書尋源)』이라는 한자학 저술을 놓고도 자득의 독창성을 대서특필하는 방향으로 전개되었다. 한자학의 방대한 성과인 『육서심원』은 중국문자학의 집대성이라는 측면과 한민족에 의한 창조적 해석이라는 측면을 두루 갖추어 당시 언론으로부터 비상한 주목을 받은 바 있었다. 그러나 이후 『육서심원』의 한 장점인 창조적 해석이 오히려 중국문자학의 집대성이라는 측면을 압도하여 학술상의 전후 계보에서 이탈한 존재로 인식된 결과 잊혀진 감이 없지 않다. 간간이 『육서심원』을 다룬 논문이 출현하다가 최근에야 『육서심원』의 문자학적 의의를 주목하고 체계적으로 규명한 연구성과가 연이어 생산되었다.[176] 최근의 『육서심원』에 대한 연구는 중국문자학의 집대성이라는 측면에서의 의의와 한계를 이해하는 경향으로, 중국문자학의 계보 속에서의 계승과 돌출로서 접근하고 있다. 물론 한자(漢字)를 다룬 저술이니만치 중국문자학의 계보를 염두에 두고 해석하는 것이 학술적 자세에 있어 가장 온당한 태도일 것이다. 그러나 다른 측면에서 근대한문학 지식인들이 『육서심원』을 두고, 동아시아 공동체의 전통 속에서 민족적 입장을 모색하는 계기를 발견하려 했던 노력이 시야의 사각으로 사라지고 말 것이다. 여기서는 『육서심원』에 대한 당대적 관심의 주요한 기반이었던 자득의 독창성이라는 측면을 다시 주목하여, 이것이 한민족의 현실과 주체적 입장을 적극 수용하려 한 근대한문학의 에너지와 어떤 양상으로 관련을 맺는지에 대해 접근해보고자 한다.

## 1. 『육서심원』의 간행 경위

『육서심원(六書尋源)』은 1939년에 29책으로 완성되어 등사되었는데, 이 해 7월 25일 『동아일보』 『조선일보』 『매일신보』가 완성 사실을 나란히 대서특필하였다.[177] 또한 이에 대한 후속 기사와 잡지의 보도도 적지 않았다.[178] 각 신문이 상당한 지면을 할애하여 보도한 내용은 대략 흡사한데, 저자 권병훈(權丙勳, 1864~1941)과 이 책의 의의에 대해 소개하고, 완성되기까지 물질적 지원을 한 최규동(崔奎東, 1882~1950)과 책의 서문을 집필한 정인보(鄭寅普, 1893~1950)를 포함한 세 사람의 인터뷰가 실려 있다. 7월 25일자의 기사는 아마 세 신문사의 기자들이 출판기념회 자리에서 동시에 취재한 듯, 인터뷰의 내용도 흡사하다. 그런데 세 신문 모두 권병훈을 공주 사람으로 소개하고 있는데, 본디 그의 출생지는 김포군 방화리(현재의 서울시 방화동)였다.[179] 권병훈은 대한제국 시대에 판사로 있다가 1909년 사법권이 일제에 의해 강탈당하는 시점에서 항의의 뜻으로 사퇴하고, 공주에서 변호사 개업을 하여 그곳을 근거지로 삼았던 것이다.[180] 대개의 언론보도는 판사 사퇴한 시점부터 본격적으로 한자학(설문학, 육서학)을 탐구하기 시작한 것으로 보도하고 있다.

판사를 사퇴하고 본격적으로 한자학을 탐구하기 전까지 그는, 1896년 양주군 세무사로 취임하고, 1903년 법관양성소 교관으로 임명 받았고, 1905년 육군유년학교 교관, 1906년 충청남도재판소 검사, 1907년 황해도재판소 검사, 1908년 원산재판소 판사, 1909년 함흥지방재판소 판사를 지냈다.[181] 그가 근대적 법률이나 신학문을 수학한 기록이 없기에 법관양성소에서 가르친 것이 한문이나 대명률(大明律)이었을 것으로 추정하기도 하지만,[182] 검사와 판사의 실무를 맡았던 것으로 보아 근대적 법률을 전혀 몰랐다고 할 수는 없을 것이다. 또한 「법관양성소 규정(法官養成所規程)」에 의하면 법관양성소의 입학에는 한문작문(漢文作文)·국문작문(國文作文)·조선역사급지리대요(朝鮮歷史及地誌大要)의 세 과목으로 입시를 치르지만, 교과과정에는 민법·형법 등의 근대적 법제에 의한 과목만 개설되어 있었다.[183] 대명률이란 강좌가 없었던 것이다. 법관양성소가 1985년에 설립되었던 것을 염두에 둔다면, 권병훈이 1903년 법관양성소의 교관으로 임명되기 전에 법관양성소에서 수업을 받았을 가능성도 열어두어야 할 것이다.[184]

씨의 저작 동기를 들으면, 씨는 원래 한학이 깊고, 법학·수리학 등의 신구과학에 소양이 많은 이로서, 동양 사람이 일상으로 쓰고 읽는 漢文字의 구성 발전에 대하여 그 역사적 이유를 모르고는 동양 문화를 완전히 이해할 수 없다 하여 한문자의 六書인 상형·지사·회의·형성·전주·가차 각 부문에 향하여 연구의 길을 출발케 되었던 것이다. 독창적 연구를 쌓은 지 26년 만에 체계적 윤곽은 거의 구성되었으나 ……[185]

『동아일보』에서도 권병훈의 학문 이력을 신구과학으로 소개하고 있다. 그가 대한제국의 법제 근대화 과정에서 개설된 관직 등을 역임하고 근대적 법학을 가르치기도 하였지만 일제 통감부가 대한제국의 자율적 근대화 노력을 무화시키고 자신의 업무였던 사법권까지 강탈하자, 항의의 뜻으로 과감히 판사직을 사임하고 일제에 의한 근대적 제도에 자발적으로 스스로를 소외시켰던 것으로 이해하는 편이 합당할 것이다. 이러한 추정은 권병훈의 법관양성소시절 제자였던 변영만(卞榮晩, 1889~1954)이 같은 사태를 계기로 목포구재판소 판사로 있다가 사임한 것에서도 그 방증을 찾아볼 수 있다.[186] 이후 변영만이 일제에 의한 근대적 제도에 반발하며 한문학에 몰두하였던 것처럼, 권병훈도 일제의 근대적 관료로 적응하는 길을 포기하고 전통적 한자 한문의 세계로 침잠해 들어갔던 것으로 보인다. 당시의 신문기사에서 이처럼 『육서심원』을 신구과학의 소양을 기반으로 동양 사람의 동양 문화를 이해하기 위한 연구를 진행한 결과로서 홍보하고 있는 것은, 전통적 한자 한문의 세계로 침잠해 들어간 권병훈의 행로에 대한 하나의 은폐된 해명으로 보인다. 말하자면 대한제국에 의해 도입된 근대적 제도에는 기꺼이 적응하려고 신구과학의 소양을 쌓았지만 일제에 의해 강제되는 근대적 제도에는 도저히 적응할 수 없어서 결국 전통적 한자 한문의 세계로 침잠해 들어간 권병훈의 선택에서, 일제의 문제를 은닉한 채 그 의의를 설명한 것이다.

위의 신문기사 인용 마지막의 26년이란 것은 초고가 마무리되는 시점을 언급한 것이다. 권병훈은 초고를 완성본으로 정리하기 위해 누군가의 도움이 필요했다.

> 삼십년 전 처음 우연히 연구를 시작한 것이 그대로 파고 들어가게 되어서 지나(支那)의 설문해자(說文解字)에 따르지 않고서 내 독창으로 연구를 하여 이 책을 지어갔는데, 지었다가는 고치고 또 고치고 해서 다섯 번을 다시 고쳤다가 육년 전에 그만 손가락이 굳어지고 집안 형편도 내가 넉넉히 연구를 해 나갈 수가 없게 되어 할 수 없이 서울로 오면 무슨 도리가 날까 하고 올라왔다가, 우연히 청년회관 아래층에서 최규동 선생을 만나 서로 알게 되어 6년 동안 최선생의 힘을 얻어서 이와 같이 본 뜻을 이루게 된 것입니다.[187]

판사를 사직하고 설문에 대한 연구를 시작한 1909부터 그가 서울로 올라오게 되는 1934년까지 햇수로 26년, 1934년부터 완성본을 등사하여 출판기념의 인터뷰를 하게 되는 1939년까지 햇수로 6년, 도합 만으로 30년이 되는 것이다. 완성본을 만들기까지의 6년 동안 최규동은 대단히 중요한 역할을 한 것으로 당시 언론이 보도하고 있는데, 『동아일보』는 기사를 낸 다음 날짜의 사설을 통해 "문화공헌의 모범"이라고 치켜세우기도 하였다.[188] 최규동은 당시 중동학교의 교장으로 있으면서 숙직실에 권병훈의 숙소를 마련하고, 등사를 위해 한자를 잘 쓰는 필경사 두 명을 고용하여 함께 작업하는 일체의 비용을 6년간 지불하였다.[189] 그런데, 권병훈이 "우연히 (기독교)청년회관 아래층에서 최규동 선생을 만나"기까지는 우연치 않은 계기가 있었는데, 바로 정인보의 개입이다.

정인보가 개입하여, 『육서심원』을 완성 못하고 손이 마비된 권병훈에게 최규동을 소개한 것이다. 이 사실은 민태식(閔泰植, 1903~1981)의 회고담을 통해 1980년에 알려졌다.[190] 공주 출신의 민태식에 의하면 최남선(崔南善, 1890~1957)으로부터 공주에 거주하는 권병훈과 그의 한자학 저술을 전해듣고 자신이 정인보에게 소개했고, 정인보가 그와 동행하여 공주로 가서 처음 인사를 나눴다는 것이다. 정인보의 권유로 상경하고 정인보의 소개로 최규동을 만나게 되어 간행할 수 있었다는 것이다. 정인보는 권병훈의 한자학에 대한 조예에 깊이 탄복하여 간혹 권병훈이 실수로 잘못 쓴 한자까지도 그대로 인정하기까지 하였다고 한다.[191] 여기에 한 가지 더 덧붙이면, 민태식에게 권병훈을 소개한 최남선이 진작부터 권병훈의 설문학에 관심을 갖고 있었던 증거가 아닐까 하는 자료가 있다. 최남선의 1914년 11월 4일 일기에 우속당(雨粟堂) 육서문자(六書文字)라는 것이 등장하는데, 청주에 사는 우당 이병욱(友堂 李炳勖)이 소개한 것으로 되어 있다. "글자마다 육서의 차이를 구명하여 배우는 자로 하여금 글자의 원리를 바로 이해하게 만든 것이다. 설문익징(說文翼徵) 이후 자학상의 중요한 저술로 여길 만하겠다."[192]고 감상을 적고 있는데, 아직은 단정할 수 없지만 권병훈이 이 무렵 작업을 일정하게 정리한 문건을 갖고 주변 인사들에게

알린 것이 아닌가 짐작해본다.

또 변영만이 1924년 권병훈에게 편지를 보내는데, 권병훈이 일정하게 정리한 문건을 「일예보(一藝譜)」라는 제목으로 보낸 것에 대해 제목을 고쳐서 「문보(文譜)」 혹은 「자보(字譜)」라고 하는 것이 좋겠다는 충고를 담고 있다.[193] 이것으로 미루어보면, 권병훈은 1934년 원고를 싸들고 상경하기 이전에 진작부터 틈틈이 정리된 문건을 통해 다양한 돌파구를 모색하고 있었음을 짐작해볼 수 있겠다. 또 1934년 권병훈이 정인보의 권유로 상경하는 해에, 문일평·윤치호·이능화·최규동·박한영·정인보가 청량사에 모여서 권병훈의 강의를 들은 일이 있다.[194] 최규동은 권병훈의 강연회에 참석했다가 그의 식견에 감복하여 지원을 결심하게 되었다고 했는데,[195] 이 자리가 바로 그것이 아닌가 모르겠다. 그러므로 권병훈이 YMCA에서 최규동을 우연히 만났다는 것은 여러 가지 정황으로 절대 우연은 아니었던 것이다. 이런 곡절 끝에 1939년 권병훈은 29책 1만8천여 항목의 방대한 저작을 완성하였다. 이듬해 1940년 2월 8일부로 총독부 출판당국의 출간허가를 얻어, 저작 겸 발행자 최규동의 이름으로 2월 25일 정식으로 발행하였다.[196] 『육서심원』을 완성한 이후 한자학 연구에서 훈민정음 연구로 방향을 돌리겠다는 권병훈의 의욕에도 불구하고,[197] 1941년 권병훈은 작고하였다. 이후 1949년 권병훈의 아들 권중악(權重嶽)에 의해 색인 1책이 추가되어 총 30책의 현행 『육서심원』이 완성되었다.[198]

## 2. 계보를 따르지 않은 견해

권병훈의 『육서심원』이 간행되기까지 권병훈 자신 병고에 이르기까지의 노고는 물론이고 정인보와 변영만 등의 심적 지원과 최규동의 물적 지원은, 모두 『육서심원』의 독창적 가치가 그 근거이다. 대만의 고전학자 동작빈(董作賓)이 소개하여 유명해진 예의 하나만 들어보면, "吉"을 놓고 『설문해자』와 그 전통을 따르는 저술들에서는 "士"와 "口"의 결합으로 이해하여 "선비의 입에서 나오는 길한 것"으로 풀이하였는데, 『육서심원』에서는 "十"과 "一"과 "口"로 분해하여 "열번 말할 것을 한번으로 줄여서 말하니 길한 것"이라고 풀이하였고, 같은 의도에서 "凶"을 "十"과 "凵"로 분해하여 "벌린 입으로 열 번을 말하니 흉한 것"이라고 풀이하는 것과 같은 것들이다.[199] 『육서심원』의 독창적 가치는 정인보가 그 「서」에서 '췌획설(贅劃說)'과 '은의설(隱義說)'이라고 규명한 이래, 대개 그 규명을 인정하고 있다.[200]

> 첫째로 문자에는 췌획(贅劃, 무의미한 획)이 있다는 사실을 깨달은 것이다. 고인이 문자를 만들면서 뜻을 취한 획도 있고, 모양만 채우기 위해 취한 획도 있음을 뜻한다. 모양만 취한 획은 뜻이 없으니 이를 가리켜 췌(贅)라 한 것이다. 대저 췌획으로 모양만 채운 것은 글자의 형태를 묶어줄 뿐만 아니라, 무릇 그 있고 없고가 피차에 서로 의지하여 형태가 된다. 그러므로 왕왕 그 췌획이 있기 때문에 그 긴요한 뜻이 널리 드러난다. …… 둘째로 문자에 은의(隱義, 숨의 뜻)가 있다는 사실을 가려낸 것이다. 문자의 뜻은 드러난 가운데 또 때로는 소위 숨은 것도 있음을 말한다. 소학(小學, 문자학)을 전공하는 사람이 그 은의를 잘 알지 못하면, 글자의 확

대 재생산이 이로부터 은밀히 뻗어나간 것임을 끝내 깨우칠 도리가 없는 것이다.[201]

우선 정인보가 거론한 췌획의 예를 하나 들면 이렇다. "厶"의 경우 팔꿈치를 굽히듯 굽힌 모양으로서 끝에 달린 "丶"이 바로 췌획에 해당한다. 은의의 예는 이렇다. "隹"는 본래 꼬리가 짧은 새를 본뜬 글자인데, 꼬리가 짧다는 것은 머리가 중요하다는 뜻이고 더 나아가 앞이라는 뜻이 숨어있으므로, 바로 앞이라는 뜻이 은의에 해당한다. 그래서 "金"과 결합하여 머리를 내미는 송곳이란 뜻의 "錐"가 되고 "辵"과 결합하여 앞으로 나아간다는 뜻의 "進"이 된다는 것이다.

『육서심원』에 관한 박사학위논문을 비롯한 최근의 논문들은 대개 한자학적 이해를 도모하고 있는데, 『육서심원』 부수 설정의 특징 및 한자 어원과 구성의 이해 등에 대해 심도 있게 연구한 것들이다. 『육서심원』을 한자어원 사전 정도로 인정한다면 사전으로서의 편리성이란 측면에서 한자를 쉽게 찾을 수 있도록 해야 할 터인데, 전혀 쉽지가 않다. 그래서 별도로 『육서심원』의 부수 귀속에 대한 연구가 의미있게 진행되기도 하였다.[202] 한자의 배열에서부터 부수까지 일절 설문해자에서 강희자전으로 이어지는 계보를 무시하고, 전적으로 권병훈의 독창적 의견이 관철되고 있기 때문이다. 예를 들면 강희자전에서는 八부(部)에 수록한 글자들 중에 "共"은 艹부(部)로, "兵"은 斤부(部)로, "其"는 甘부(部)로, "具"는 目부(部)로 돌려놓은 것이다. 그래서 10년의 세월 끝에 그의 아들이 별도의 색인 1책을 만들었는데, 이 색인은 권병훈이 설정한 부수의 독창성과 강희자전 부수 관습과의 타협점인 것이다. 그런 점에서 『육서심원』은 사전이라기보다는 권병훈의 저술로 생각하는 편이 좋을 듯하다. 발음의 반절표기법의 경우도 예를 들면 "夕은 日이 서쪽산에 가려 한 획이 사라진 형태여서 발음도 서역절(西域切, 西의 초성과 域의 중종성의 결합 발음, 즉 서)이 된다."든가 "工은 사농공상 중에 사(士)를 제외한 농공상의 가운데에서 위로 농민 아래로 상인을 두기에 二 가운데에 ㅣ이 이어주고 있는 형상 …… 발음은 관통절(ㅣ通切)."이라는 해석은 전적으로 권병훈의 상상력인 것이다. 이 반절표기법을 놓고 훼획설과 은의설에 이은 『육서심원』의 독창적 가치로 보고 "반절은의법(半切隱義法)"이라고 명명한 연구자도 있는데[203] 매우 타당한 견해라고 하겠다.

> 선생의 학문은 정밀히 생각하고 힘껏 모색함에 오로지 말미암아 터득한 것이다. 그 시작은 대개 아득하여 실마리 삼을 곳이 없는 듯하더니, 오랫동안 생각하자 점차 한자의 형(形)이 불어나고 성(聲)이 변화되는 과정을 깨닫게 되었다.[204]

정인보는 『육서심원』의 저술과정을 오로지 정밀히 생각하고 힘껏 모색함을 오래하여 스스로 얻게 된 것으로 묘사하고 있다. 『육서심원』의 인용서목에는 『설문해자』 이하의 자서류(字書類)는 물론 사서류(史書類) 초목류(草木類) 등 방대한 목록이 실려있지만,[205] 대개의 중요한 해석은 "강왈(講曰)"이라 하여 별도의 설명을 덧붙여놓았으며 이 대목은 권병훈 자신의 깊은 사색을 통해 얻어진 독창적인 것이었다. 깊은 사색으로 얻어진 이 독창성이 바로 『육서심원』의 핵심으로, 기존 문자학 연구에 구애되지 않는 권병훈의 기개이기도 하다. 설문해자 이후 그것을 계승한 문자학은 19세기말 갑골문의 발견과 더불어 그 신빙성을 더욱 의심받고 있지만, 2천년래 설문해자를 계승 연구해온 전통은 또 어쩔 수 없는 문자 해석의 계보이며 역사이다. 자잘한 에피고넨들을 상대하지 않고 2000년을 뛰어넘어 허신이 작업한 방식으로 허신과 대적하여 허신을 넘어보겠다는 권병훈의 『육서심원』은 그래서 근대한문학 지식인들에게 매력을 주었던 것이다.

## 3. 문명적 상상력과 독창성

정인보는 『육서심원』에서 권병훈이 보여준 자세를 특징적으로 설명하기 위해 박학을 지향하지 않고 독창성을 기반으로 하는 자득(自得)의 학문 취향을 들었다.

> 그중 훈고에 조금 통한다는 자들은 선생이 이렇게 학문을 하는데 있어서 널리 구하지 않고 간단하게 창힐(蒼頡)·대전(大篆)·고문(古文)을 취해서 그것으로 생각하여 조리를 만드는 것을 보고, 바로 성기고 억측하여 조작한 것이 많다고 한다. 고금의 박학에 힘쓰는 선비들이 대개 표절을 믿기 때문에 관습에 가려서 신묘한 취지에 멀어지고, 더불어 방황에 빠지는 것을 모르는 것이다. 옛날부터 남에게 도움을 받는 자들은 그 잘하는 자라 하더라도 앞선 학자를 도와 그 뜻을 도와 증명함에 지나지 못하는 것이다.[206]

박학을 지향하는 자들은 널리 증거를 취하고 다양한 견해를 추구하며, 억측을 자제하고 앞선 학자가 이룬 것을 기반으로 하여 짜임새 있는 견해를 지향한다고 할 수 있다. 그러나 정인보가 보기에 그런 체계를 지향하면 결국 표절에 가깝게 되고 앞서 잘못된 관습에 이끌려서 글을 쓰는 자나 읽는 자나 모두 방황에 빠지고 마는 것이다. 오히려 권병훈은 시골의 궁벽한 곳에 처해 있어서 참고할 자료가 없었던 점도 있고, 또 본래부터 옛 사람들의 견해를 많이 보아 남들을 헛갈리게 하고픈 마음도 없었기에 이런 폐단에 빠지지 않았다고 말하였다.[207] 박학과 자득의 사이에서 자득의 우월한 경지를 강조하고, 『육서심원』의 가치를 자득에 두겠다는 견해이다. 설문해자 이래의 해석 계보에 얽매이지 않고 바로, 창힐이 문자를 만들던 초심을 직접 꿰뚫어 새로운 경지를 열어간 것으로 해석한 것이다. "남에게 의지한 것은 길바닥에 고인 물과 같아서 철철 흐르는 듯해도 쉬이 마르고, 스스로 얻은 것은 근원이 있는 샘물과 같아서 쓰면 쓸수록 끝이 없다."[208]와 같은 표현들은 정인보가 『육서심원』이 보여주는 자득의 독창성을 강조하기 위해 사용한 언어들이다. 남에게 의지하지 않고 스스로 얻은 이 자득의 독창성을 기반으로 올바른 이치에 도달하게 된다. "대개 사물의 이치〔條理〕란 아무 때나 변하는 것이 아니다. 만약 창힐・대전・고문이 이치 밖에서 나온 것이라면 그만이지만, 그렇지 않다면 떳떳한 내 마음으로 그것을 대하면 이치는 드러나게 된다."[209]고 하였다. 한자를 직접 대면하고 깊이 생각해 얻는 독창적 자득이 바로 보편적 이치에 도달하는 첩경이며, 중간에 수많은 해설을 따르다보면 오히려 길을 잃고 보편적 이치에 도달하지 못하리라는 것이다. 바로 "독창성→이치"의 공식이 성립되는 것이다. 남에게 의지하지 않는 독창성으로 이치에 도달한다는 논리는 정인보 자신의 학문 이념과도 같은 것이었다.

1924년 당시 아직 『육서심원』의 제목을 결정하지 않은 상태의 권병훈에게 보낸 변영만의 편지에서도 육서심원의 가치가 자득의 독창성에 있음을 응원하는 언어를 발견할 수 있다. "생각건대 이 사업이 커서, 굳이 그 업적을 크게 펴고자 한다면 물력을 서로 도와주지 않으면 불가능합니다. 그런데 선생은 이런 문제에 대해서는 취약하니 어찌하겠습니까. 널리 탄식함을 금치 못합니다."[210]라고 하여 물질적 재력이 없이 진행하는 작업의 고난을 우려하는 발언도 하였지만, "(글자의 뜻을 조금 아는 자들도) 또한 진부한 훈고(訓詁)를 조술(祖述)하고 속설(俗說)을 보존하며, 자기를 어둡게 둔 채 남을 밝히려 하는 것에 불과하니, 족히 볼 만한 것이 없습니다."[211]라고 하여 낡은 주석을 계승하고 속설을 답습하여 스스로도 잘 모르는 자들의 작업으로부터 단절하여 독자적 경지를 개척한 권병훈의 작업을 칭송하는 입장을 취하였다.

> 그런데 선생은 이에 어지럽게 뒤섞이어 뭇 어리석은 사람들이 세상을 지배하는 오늘에 태어나, 개연히 맑은 뜻을 품고 온갖 쓸데없는 일을 물리치고 오로지 이 길을 추구하여, 아울러 허신(許愼)을 능가하고 단옥재(段玉裁)를 넘어서서 홀로 새로운 경지를 열어나감으로써, 수천 년 동안 울적이 쌓여 배설되지 못했던 숨겨진 뜻과 은미한 의미로 하여금 하루아침에 환히 펼쳐져서, 그 나머지 쌓인 것이 없게 하였으니, 이는 참으로 고금에 없었던 일입니다. 오호라, 위대합니다. 어찌 하늘이 시킨 바가 아니겠습니까! 어찌 하늘이 시킨 바가 아니겠습니까![212]

『육서심원』의 공전절후(空前絶後)한 창견(創見)을 강조하기 위해 사용한 변영만의 논리 역시 정인보와 유사한 바가 있다. 2000년 전 『설문해자』를 지은 허신과 근세에 『설문해자주』를 완성한 단옥재를 넘어서 바로 창힐 · 대전 · 고문의 은미한 의미를 터득하게 되었다는 것이다. 그런데 권병훈이 허신과 단옥재를 능가하기 전에 먼저 온갖 쓸데없는 일들을 물리친 것이며, 그 온갖 쓸데없는 일은 어지럽게 뒤섞이어 뭇 어리석은 사람들이 세상을 지배하며 만들어 내는 잡다한 견해들이고, 논리상 그 잡다한 견해는 바로 앞서 언급한 훈고를 조술하고 속설을 보존하는 것을 의미하는 것이다. 후대에 태어나 온갖 잡다한 선인들의 견해를 하나하나 따라가는 태도로는 절대 본연의 의미에 도달하지 못한다는 판단이 있었던 것이다. 여기서 보이는 변영만의 논리 역시 『육서심원』의 가치를 드러내기 위해 여기서만 사용한 것이 아니었다.

> 먼저 위로 통하고 뒤에 아래의 것을 배우며, 먼저 세상을 초월하고 뒤에 세상에 들어가야 할지니, 이것은 공부를 함에 바뀌지 않는 순서이다. 만일 먼저 아래의 것을 배우고 세상에 들어가면 육신의 생명을 오래 누리지 못할 것이요, 먼저 위의 것을 통하고 세상을 초월하면 뒤에 힘이 들지 않을 것이다.[213]

1936년에 발표한 『관생록』에서 변영만은 하나하나 아래에서 배워서 위로 올라가는 것보다 위에서 깨닫고 아래로 적용해가는 것이 옳다고 주장하였다. 그것은 『논어』가 제시한 "아래에서 배워 위로 통한다〔下學而上達〕"를 뒤집어놓는 것이었다. 세상 이치를 하나하나 검증하기에는 인간 수명의 한계가 너무도 강력하게 작용한다고 하였다. 아포리즘적 경구로 추상적으로 표현하였지만, 핵심은 전체에 대한 통찰이 공부의 기초라는 것이다. 여기서 공부의 대상은 고금과 동서를 아우르는 문명 전체이다. 전통적 기준이 해체되고 서구로부터 유래하는 신문명이 압도해 들어오는 대목에서, 뒤죽박죽 뒤엉킨 세계를 이해하고 주체적 대응 자세로 새로운 기준을 세우는 방도에 대해 골몰했던 변영만이 도달한 사유가 바로 위로 통하는 상달(上達)이었던 것이다. 탐구 대상이 상대적으로 제한적이었던 고대의 지혜를 끄집어내서, 도무지 감당이 안되는 근대의 난맥상에 역으로 대응시킨 변영만의 예지가 번뜩이는 대목이며, 정인보가 말한 자득과 상통한다.

변영만과 정인보가 『육서심원』의 가치에 대해 평가한 논리는 크게 보면 자득의 독창성이란 측면에서 같은 범주에 드는 것이다. 이 독창성은 말하자면 근대한문학의 방향이었던, 중국중심주의와 근대문명으로부터의 독자적 노선을 반영하여 창출된 개념일 것이다. 근대한문학은 근대적 민족주의의 요청이었던 중국 중심의 세계인식으로부터 민족을 중심으로한 새로운 담론을 만들어가고, 한편으로 자본주의적 폭력성을 내포한 근대문명으로부터 대안적 담론을 만들어가고자 노력했던 것이다.

변영만 정인보 최남선 최규동 등 당대의 명망가들이 적극 개입하여 완성을 보게 되는 『육서심원』은 물론 권병훈의 고혈로 이루어진 것이지만, 『육서심원』의 핵심을 이루는 자득의 독창성은 식민지시대에 전개된 근대한문학이 발견한 경지와도 상통하는 것이었다. 한문학에서 중국중심주의를 도려내고, 근대정신에 전통한문학을 결합시켜서 동아시아 문명공동체 속에 새롭게 자리를 잡으려는 근대한문학은 『육서심원』의 정신을 적극 환영했던 것이다. 정인보와 변영만은 각기 『육서심원』의 서문과 「간권성대」라는 편지를 통해 권병훈이 『육서심원』을 통해 보여준 자득의 경지를 높이 평가하고 자잘한 주석에 얽매이지 않았음을 설명하였다. 이것은 그들이 근대의 시대에 근대적 국문체보다는 중세적 한자 한문의 세계를 중시하여 근대한문학의 장에서 근대와 중세를 넘나들며 문명적 사유를 펼친 결과 도달한 하나의 경지에서, 한자 한문의 세계에 대한 또다른 독자적 경지인 『육서심원』의 가치를 발견하였기에 가능했던 일이다. 그러나 이후 근대의 전개 과정에서 한문학을 완전히 청산하고 연구 대상으로서의 한문고전이 별도로 성립하면서 근대한문학의 존재는 한동안 잊혀졌으며, 중국문자학의 계보에서 돌출하여 근대한문학으로부터 독창성을 인정받은 『육서심원』도 최근까지 관심의 사각에 방치되어 있었다. 그런 점에서 변영만이 권병훈에게 "엎드려 생각건대 사문(斯文)이 장차 끊어진다면 그뿐이지만, 진실로 그렇지 않다면 하늘이 선생을 태어나게 한 뜻을 알겠습니다."[214]라고 한 거대한 칭송은 지금의 우리에게 착잡한 울림으로 전달되고 있는 듯하다.

# 제3장 근대한문학의 정점

위당 정인보(爲堂鄭寅普, 1893~1950)와 산강 변영만(山康卞榮晩, 1889~1954)은 20세기 전반 근대 서울의 한문학 대가로서 쌍벽을 이루고 있던 분들로 꼽히고 있다.[215] 변영만이 죽었을 때 최남선(崔南善, 1890~1957)은 "위당이 없어지고 산강 남아 있다 하여/천하의 글 받을 이 헤매는 일 없을러니"[216]라는 시조를 지었는데, 이 발언을 통해서도 당시 한문학에 있어서 정인보와 변영만이 갖고 있던 위상을 엿볼 수 있다. 그러나 그들의 시대는 근대전환기였다. 서세동점(西勢東漸)의 파도로부터 시작된 근대라는 쓰나미는 전통 문명의 가치를 순식간에 구문명으로 전도시켰고, 심지어 근대문명의 입장에서 전통 문명 일체를 미개(未開)로 규정하기까지 하였다. 근대계몽기 이래 20세기 전반까지 이 쓰나미의 습격 끝에 점령군으로 등장한 신문명은 외래적 요소가 주체가 되어 구문명을 철저히 타자화하였다. 이 전환의 시대에 우리의 역사적 경험을 담고 있던 과거로서의 구문명은 철저히 외면되고, 서구적 전통에 뿌리를 두고 있는 신문명은 추구해야 할 가치로서 열렬히 환영되었던 것이 당시의 실상이었다. 이 대목에서 한문학은 구문명의 중심에서 신문명의 변두리로 거처를 옮기게 되었고 끝내는 소멸되었던 바, 이 시기 변영만과 정인보가 한문학의 대가라는 평가를 받았더라도 그들의 성과는 신문명이 주도하던 학계와 문단에서 열렬한 환영을 받을 수 없는 형편이었다.

이런 정황에서 정인보와 변영만이 보여준 노선은 당시 신문명 열광의 주류적 경향을 거슬러, 구문명 유산에 대한 반성적 성찰과 주체적 접근이었다. 그렇다고 하여 신문명을 철저히 외면하고 구문명의 안온한 고향으로 퇴행해간 것은 절대 아니다. 당시 근대화의 거대한 조류 속에서 문명적 성찰을 통해 시대적 요구를 제시한 것으로 여길 수 있다. 이들의 성찰적 시선에서는 전근대 문명과 근대 문명이 양분되는 것도 아니었다. 전근대 문명은 이미 종결된 지적 사실이라는 선언을 받아들일 수 없었다. 구문명은 박제된 호랑이가 아니라 살아 숨쉬는 호랑이였으며, 거기에 올라타 신문명을 돌파할 새로운 형태의 문명을 상상해볼 수 있었다.

그런데, 두 사람의 체질과 자세는 상당히 달랐다. 정인보는 "실심실학(實心實學)의 정신을 바탕으로 평생을 역사적 진실과 겨레의 진정을 담는 글을 쓰려고 노력"[217]했다는 평가가 있듯이, 양명학(陽明學)·역사학·민족주의 등이 그가 추구하던 중심적 가치였고, 변영만은 "민족과 세계, 전통과 근대, 동양과 서양을 왕래·소통한 근대지식인"[218]이라는 평가가 있듯이 다양한 사상과 문학을 모색하며 자기변화 속에서 설정된 독자적 지평이 그가 추구하던 중심적 가치였다. 그러니 그들이 같은 지층에 사유의 뿌리를 내렸

으되 그 사유의 생장 방향이 동일하지 않았던 것임을 짐작해볼 수 있다.

이 두 사람을 중심으로 근대한문학의 정점을 살펴보자.

# 제1절 성호 이익을 해석하는 근대한문학의 두 시선

1929년 문광서림(文光書林)에서는 성호 이익(星湖李瀷, 1681~1763)의 『성호사설(星湖僿說)』을 출간하였는데, 출간에 붙는 서문이 변영만과 정인보에 의해 작성되었다.[219] 이 1929년 문광서림판 『성호사설』에 수록된 서문을 통해 전통문화를 성찰하고 그를 통해 근대의 문명적 주체를 추구하던 변영만과 정인보의 공통점과 차이점을 추적해보고, 그 의미를 탐색해보려 한다.

## 1. 1929년 『성호사설』의 간행

『성호사설』은 근대계몽기 『대한매일신보』 「담총(談叢)」에서 언급된 바 있었다.

> 어떤 사람이 성호 이익 선생에게 물어 말하였다. "본 조선왕조 수백 년 이래 저술된 서적 중에 세상에 전할 만한 것이 몇 종이나 되겠습니까?" 성호 선생이 말하였다. "『동의보감(東醫寶鑑)』이 첫 번째요, 『성학집요(聖學輯要)』가 두 번째요, 『반계수록(磻溪隨錄)』이 세 번째요, 내가 저술한 『성호사설』이 네 번째이오."[220]

이 「담총」의 필자에게 『성호사설』은 조선왕조 이래 의미 있는 서적 네 종의 하나로 인식되고 있음은 알 수 있다. 여기서 언급된 서적 중 『동의보감』은 의서이고, 『성학집요』는 철학서이다. 『반계수록』과 『성호사설』은 각기 유형원(柳馨遠, 1622~1673)과 이익의 대표적 백과전서적 차기(箚記)[221]로서 체제와 성격을 같이하며, 사상적 지향에서 연관성이 언급될 만한 저술이다. 유형원과 이익의 사상적 지향의 연관성은 근대계몽기 이후의 실학 연구 과정에서도 지속적으로 지적된 바인데, 비교적 이른 시기 황현(黃玹, 1855~1910)의 『매천야록(梅泉野錄)』에서도 이런 언급이 있었다.

> 정다산(丁茶山)은 …… 우리 동방에 있어서는 거의 공전절후(空前絶後)라 일컬을 만하다. 유반계(柳磻溪)·이성호(李星湖)의 학문과 견주어 보면 또한 더욱 확대해서 넓힌 것이다.[222]

여기서 정약용의 학문적 연원을 유형원과 이익에게서 찾아본 언급을 볼 수 있는데, 1902년 『목민심서(牧民心書)』 간행에 대한 『황성신문(皇城新聞)』의 논설(1902.5.19)에서도 유형원과 이익을 정약용과 함께 언급한 예를 확인할 수 있고, 조금 뒤에 발표된 장지연(張志淵)의 『조선유교연원(朝鮮儒敎淵源)』에서도 같은 맥락의 언급을 발견할 수 있다.[223] 이들을 거론하며 이들의 학문경향을 규정하는 언어를 살펴보면 황현은 "유용지학(有用之學)"이란 용어를 사용하였고, 『황성신문』은 "경제정치학(經濟政治學)"이란 용어를 사용하였으며, 장지연은 "경제고거학(經濟考據學)"이란 용어를 사용하였다. 『황성신문』과 장지연의 "경제"는 이코노믹(economics)의 번역어로 쓰이는 현대적 의미가 아니라 "경세제민(經世濟民)"의 의미로 쓰인 것임을 염두에 둔다면, 황현이 공리공담의 반대적 개념으로 사용한 "유용"의 의미와 상통한다고 할 수 있겠다. 가장 특징적인 개념은 장지연이 경제와 더불어 언급한 "고거"인데, 소위 한학(漢學)으로 지칭되는 청대의 고증학(考證學)적 학술 방법을 지칭하는 것이다.[224]

이러한 이익에 대한 관심의 고조 속에 이익의 방계 후손에 의해 『성호선생문집』이 1917년 밀양 퇴로리에서 목판본으로 간행된 바 있었고, 연이어 이익의 학적 계승 관계에 있는 사람들에 의해 『성호선생전집』이 1922년 밀양 사포리에서 간행되었는데, 이 두 문집에는 『성호사설』이 누락되어 있었다. 밀양에서 앞뒤로 이익의 두 문집이 간행되는 저간의 사정은 유탁일이 자세히 정리하였다. 그에 의하면 당시 서울에서 활판으로 문집을 간행하려고 하면서 밀양의 간행사업을 저지하려는 움직임이 있었다고 하는데, 서울에서 활동하던 장지연(張志淵)과 안왕거(安往居) 등은 밀양 퇴로쪽을 지지하였고, 결국 서울에서는 간행되지 못하였다. 밀양에서 나온 문집 두 종이 공히 수습하지 못한 『성호사설』은 1922년 대구향교에서 간행하려는 의논이 있었는데, 끝내 간행되지는 못하였다.[225]

대신 1929년 서울의 문광서림(文光書林)에서 『성호사설(星湖僿說)』이 간행되었다. 1929년의 간행본은 교열을 거쳐 활자화하였고, 그리고 부록으로 『곽우록(藿憂錄)』이 추가되었다. 『곽우록』은 경세치용(經世致用)의 포부와 우국의 충정으로 엮어진 역사적 문헌으로,[226] 조선왕조 정치 폐해에 관한 이익의 대안을 담고 있는 역저이다. 『곽우록』 중에서 특히 「붕당론(朋黨論)」은 당쟁의 피해자이면서도 당쟁의 구제를 객관적으로 제시하여 정인보와 변영만이 이익의 인격을 높이 평가하게 만드는 논문이다. 정인보는 『성호선생문집』에서 누락된 『성호사설』을 몇 이본들과 대조하여 결락과 오류들을 바로잡아 교간본(校刊本)을 간행하려는 뜻을 갖고 있다가, 마침 문광서림 주인 홍익표(洪翼杓, 洪淳敏)의 동의를 얻어 반년간 공을 들인 끝에 간행하게 되었으며, 『곽우록(藿憂錄)』을 추가하게 된 것도 자신의 의견임을 신문 칼럼에서 말한 바 있다.[227] 이 간행의 대본으로 삼은 것은 『성호사설유선(星湖僿說類選)』이다. 『성호사설』 30책 3007칙을 이익의 제자 안정복(安鼎福, 1712~1791)이 반 이상 덜어내고 10책 1383칙으로 정리한 것이 『성호사설유선』이다.[228] 안정복의 정리 작업은 이익의 생전에 10분의 1로 산태(刪汰)하라는 이익의 지침에 의해 이룩된 것이므로,[229] 이익의 뜻에 크게 어긋나는 것은 아니다. 이런 정황에서 정인보가 『성호사설유선』을 별다른 문제제기 없이 『성호사설』 그 자체로 보고 교간 작업에 착수하게 되었을 것이다.

이에 앞서 1915년 조선고서간행회(朝鮮古書刊行會)에서도 안정복의 『성호사설유선』을 대본으로 하여 『성호사설』 상·하 2책을 간행한 바 있었는데, 조선고서간행회는 1909년 8월 13일 궁내부와 통감부의 관리들에 의해 설립된 단체로 되어 있다.[230] 한일합방 이후의 조선왕조실록 『순종실록』에는 왕이 더러 이 단체에 보조금을 하사한 기록도 나온다.[231] 그런데 합방 이전 『서북학회월보』에서는 이 단체가 일본인에 의해 경영되고 있음을 증언하고 있다.[232] 그러니까 조선고서간행회는 합방 후 보조금을 지급하는 정도였을 뿐 궁내부나 이왕직(李王職)이 운용하던 단체가 아니라, 합방 이전부터 일본인에 의해 주도되던 단체였음을 짐작하게 한다.[233] 이 조선고서간행회에서 1909년 『대동야승』을 비롯 1916년 『퇴계집』까지 130여 책의 조선군서대계(朝鮮群書大系)를 간했하던 중에 『성호사설』도 조선군서대계속(朝鮮群書大系續) 제19·20집으로 편입되어 1915년 간행된 것이었다. 문광서림에서 1929년에 『성호사설』을 간행하면서, 정인보는 1915년 조선군서대계의 출간 사실이 아예 없었던 것 마냥 전혀 언급하지도 않았다. 일제 식민주의 사학에 분개하여 역사연구에 발분했던 정인보로서는,[234] 이익의 역저 『성호사설』이 일제 식민통치의 일환으로 전개된 고서간행 사업에 의해 정리된 것을 철저히 무시하고 다시 조선인의 손으로 출간하여 민족의식을 고취하려는 뜻을 품었을 것으로 여겨진다.

## 2. 성호 이익의 위상

1929년 『성호사설』이 출간된 이후 이익에 대한 위상 평가의 경과를 개략해보자. 1930년대에는 다산학(茶山學)이라 할 만큼 정약용(丁若鏞)에 대한 탐구를 중심으로 하는 조선학(朝鮮學) 운동이 본격적으로 추구되었고,[235] 이 과정에서 황현이 정약용이라는 걸출한 학자와 연관지어서 그 선행 학자들로 유형원과 이익을 언급한 방식을 계승하여, 정약용의 학문적 연원으로서 유형원과 이익을 연속선상에서 언급하는 것이 일반적이었던 듯하다. 1930년 최남선이 「조선역사강화(朝鮮歷史講話)」에서 앞서 거론되던 일군의 학자들을 실학이라는 명칭으로 정식화하며 이익을 유형원의 뒤를 이은 실학자로 소개한 이후,[236] 1948년 현상윤의 『조선유학사』에서는 경제학파(經濟學派) 혹은 실학이라고 하며 이익을 거론하였다.[237] 해방 이후 실학(實學)에 대한 본격적인 문제제기로 언급되고 있는[238] 1952년 천관우의 「반계 유형원 연구」에서는 유형원의 계승자로서 이익을 들고 있다.[239] 그 이후 1957년 이우성의 「실학파의 문학 –박연암의 경우」에서는 실학파를 성호(星湖)계열과 연암(燕巖)계열로 구분지어, 이익으로부터 실학시대가 열리는 것으로 구상하였고, 이후 1964년 「18세기 서울의 도시적 양상」에서 실학을 경세치용파(經世致用派)·이용후생파(利用厚生派)·실사구시파(實事求是派)로 체계화하면서 경세치용파의 대종(大宗)인 이익을 기점으로 본격적인 실학의 시대가 열리는 것으로 체계화하였다.[240] 실학이라는 개념을 부여한 이후 파급력이 높았던 이 굵직한 연구들에서 성호 이익이 거론된 방식을 보면, 우선 최남선과 현상윤은 실학자의 범주 속에 유형원의 계승자이자 정약용의 선행자로서 다루고 있으며 천관우는 특히 고증적 학문 태도와 서학의 영향 등을 거론하며 유형원의 강력한 자장 속에 위치지우고 있다. 이우성에 이르러 유형원의 영향력으로부터 상대적으로 독립적 영역을 갖는 것으로 해석하고 있으며, 특히 고증학적 학문 태도는 김정희를 중심으로 한 실사구시파의 특징으로 삼고 이익의 학문 경향에서는 경세치용의 태도를 도드라지게 하는 설명방식으로 변화된 것이다. 이런 변화된 시각에는 『성호사설』의 서문이 일정한 복선으로 놓여 있는 듯하다.

유형원 등과 이익의 관계에 대한 언급 중 우선 변영만의 것부터 살펴본다.

> 위로는 반계(磻磎, 유형원) 선생의 유서(遺緖)를 이으면서 국량의 크고 넓음이 비등하지 않았고, 아래로는 순암(順菴, 안정복)·다산(茶山, 정약용)·연암(燕巖, 박지원)과 같은 후배의 풍상(風尙)을 열었으되 덕성이 홀로 높아 후대의 사람으로 이를 넘어설 수가 없었다. 아아! 성대하도다.[241]

유형원에서 안정복·정약용·박지원으로 이어지는 계보의 중앙에 이익을 배치하였는데, 이 계보에서 이익이 가장 훌륭한 경지에 있다고 하였다. 이들을 함께 거론한 예는 앞서 황현의 『매천야록』이나 장지연의 『조선유교연원』 등에서 이미 준비된 시각이다. 그런데 여기서는 국량과 도덕성에 주목하여 앞뒤의 계보에서 이익을 돌출시키고 있는 것이다. 선배 유형원과 대비되어 더 훌륭한 바는 국량이 크고 넓다는 점이고, 후배 안정복·정약용·박지원과의 대비에서는 덕성이 독보적으로 높다는 점을 들었다. 물론 이익의 『성호사설』을 간행하면서 쓰는 서문임을 염두에 두어야 하겠지만, 전후에 위치한 인물들과의 대조가 전혀 독창적인 것은 아니었다. 정인보도 변영만과 유사한 계보를 염두에 두고 비슷한 방식으로 언급하였다.

> 이보다 앞서 경제(經濟)를 말한 분으로 유반계(柳磻溪, 유형원)를 조술하였는데, 그 박후돈각(樸厚敦慤, 질박 후덕 돈후 성실)함을 따져보면 주나라 한나라에 가까웠지만, 다만 시대풍조에 영향을 받아 주나라를 존중하는 뜻이 강했고, 더러는 남의 것에 근본을 두고 우리 것에 의거하지 않기도 했다. 선생(이익)은 우리나라에 뿌리를 두고 백성들이 보고듣는 사실을 증명하였기에, 가여워하는 슬픔으로 인민의 의지하는 바를 자세히 통찰하였고, 옛 성인의 제

도에 합치하기를 의도하지 않았다. …… 정조 순조 이후로 박학(樸學)의 선비들이 서로 이어져, 적막함을 달게 여기고 곤궁함을 편안히 여기면서 부지런히 그 진리를 탐구하였는데, 그 연원이 반드시 모두 선생에게서 나온 것은 아니지만 선생이 앞서 일어나지 않았다면 이와같이 성과를 이룰 수 없었을 것이라고 나는 생각한다. 한 선비가 세도(世道)에 관계된 것이 어느 정도일 것인가. 도리어 선생의 현명함은 또 이보다 더 나아간 것이 있다. …… 평생 겪은 한 집안의 원한을 품지 않고 피차의 견해를 형용하였다. 대개 그 마음이 사욕을 이겨내고 심오한 경지에 이르도록 스스로 다잡아서, 한 몸의 인(仁)을 근본으로 하여 가여워하는 공(公)을 드러내었으니, 이는 박학의 선비들이 이를 수 있는 바가 아니다.[242]

정인보가 보기에 유형원은 경세제민(經世濟民)의 학문을 한 분으로 이익이 그를 조술한 바가 있는데, 유형원이 중국중심주의적 시각에서 벗어나지 못한 것에 비해 이익은 굳이 중국적 기준을 염두에 두지 않고 우리나라를 중심으로 사고하는 주체성을 갖추었기에 더욱 훌륭하다고 평가하였다. 후대의 선비들과 대비하여서는 원한의 사심을 극복하고 공정심(公正心, 惻怛之公)을 유지하였기에 그들이 도달하지 못한 경지에 이르게 되었다고 하였는데, 여기서 원한이란 당쟁에 얽힌 그 가족의 희생을 말하는 것이다. 남인이었던 이익의 부친 이하진(李夏鎭)은 유배지에서 생을 마감하였고 형 이잠(李潛)은 역적으로 몰려 죽었는데, 노론과의 대립이 원인이었다. 상대에게 원한을 품고 당쟁의 한 편에 서서 공격적으로 대응할 수도 있을 만한 사태인데도, 이익은 그 원한의 사심을 극복하고 당쟁 자체를 종식시키려는 의도를 품고 곰곰이 그 원인을 파악하여 한쪽의 입장에 치우치지 않고 양쪽의 입장을 형용하였다는 것이 바로 공심이며, 그런 경지는 후대의 박학(樸學)의 선비들보다 더욱 훌륭하다는 것이다.

유형원과의 대비에서 변영만이 국량을 들었다면 정인보는 자국 중심주의를 든 것은 서로 다른 부분이지만, 후대 학자들과의 대비에서 변영만의 도덕성이나 정인보의 공정심은 유사한 내용을 담는 것으로 보인다. 여기서 정인보가 이익의 학풍에 영향을 받은 후대의 학자들로 거론한 박학의 선비들이란 변영만이 언급한 안정복·정약용·박지원 등 실학 계보의 인물들과 겹치기도 하지만 일치하는 것은 아니다.

> 이성호 선생에 이르러 역사학에 뿌리를 두었고 …… 선생이 돌아가신 뒤에 뛰어난 분들이 그 궤범을 이어받았다. 순암 안정복은 『동사강목』을 지어 열조의 일을 꿰어 기록하였는데 의법(義法)에 가장 엄정하였고, 소남 윤동규는 『사수변』을 지어 실제를 징험하고 진리를 구하였는데, 모두 선생의 가르침에 근원을 둔 것이다.[243]

특정 영역을 거론하여 이익의 학문을 규정하기보다는 두루 통하는 학문 범주로 이익의 장점을 거론한 변영만과는 달리 정인보는 이익의 학문의 중심을 역사학이라고 강조하였다. 그의 주요 계승자로 안정복과 윤동규를 들었으며, 그들의 업적은 이익의 지침에 근원을 둔 것이라고 하여 이익의 역사학을 더욱 강조하였다. 그리고 뒤이어 이익이 추구한 학문범주의 다기함을 들어서 그가 폭넓은 학문활동을 통해 다양한 학문영역에서 계승자를 양산했음을 말하였다. 산학(算學)·경학(經學)·지리(地理)·세계(世界, 四國之聞)·정치경제 등을 들고서 박학(樸學)으로 통칭하였다.[244] 근대적 학문의 일부 영역의 뿌리를 이익에게서 발견하는 것이다. 박학의 영역을 이런 제반 학문으로 확장하는 것은 근대계몽기에 깊은 영향을 주었던 중국 문사 양계초(梁啓超, 1873～1929)의 전례가 있다. 양계초는 박학의 범주에 포함되는 학문으로 경학·사학·산학·지리학·음운학·율려학(律呂學)·금석학·교감학·목록학 등등을 들었다.[245] 근대 조선학이 발견한 실학자들의 학문 영역과도 대략 겹쳐진다. 이 역시 변영만과 대의상 통하긴 하지만 용어구사에서는 차별되는 측면이다. 다시 변영만의 서문을 본다.

> 한대의 유자의 학문 방법을 높이 받들어 '실사구시(實事求是)'로 기치를 삼은 자가 있는데, 그 힘쓰는 바가 대개 기상(器象)과 명수(名數)의 종류에서 벗어나지 못하였다. 이를 일러 '박학(樸學)'이라 하는데 그 폐단은 간혹 번쇄한 데로 빠지는 것이다. 송대의 유자의 학문하는 방법을 높이 받들어 오로지 은미한 이치를 천명하는 데 힘쓰는 자들이 있는데, 그 전공하는 바가 이기에 대한 변론에서 벗어나지 못하였다. 이를 일러 '이학(理學)'이라 하는데 그 폐단은 간혹 오활한 데에 빠지는 것이다. 이 두 가지 모두를 군자는 똑같이 비판한다. …… 한학(漢學)·송학(宋學)의 장점을 겸하고 그 폐단을 걸러내어 말에는 근본이 있고 일마다 중심이 있으며 찬란히 두루 통하여 막힘이 없었다.[246]

여기서 변영만이 박학을 거론하는 방식은 명말 이후 유행한 고증학적 학풍에서 크게 벗어나지 않는 듯하다. 박학(樸學)이란 것은 한학(漢學)과 같은 말로서 훈고학적 학문 영역을 지칭하는 것이고, 이학(理學)이란 것은 송학(宋學)과 같은 말로서 성리학적 학문 영역을 지칭하는 것이다. 한학의 번쇄함이라는 폐단과 송학의 오활함이라는 폐단을 겪지 않고도 한학과 송학의 장점을 취하여 막힘이 없는 점을 언급하며 이익이 개척한 경지를 칭송하고 있다. 한학과 송학이 갖는 폐단을 각기 지적하고 있지만, 폐단에까지 이르지 않더라도 그것 자체의 특성을 언급하며 한계가 이미 노출되는 방식으로 문장을 풀어나가고 있다. 한학은 기상 명수의 종류에서 벗어나지 못하며 송학은 이기 변론에서 벗어나지 못하는 특징이 있다는 것이 바로 그 한계이다. 그러므로 변영만에게는 실상 송학과 한학의 어느 한 영역에 속하는 것 그 자체로 이미 제한된 국량의 표백인 셈이다. 그리고 송학과 한학을 모두 초월하여 그보다 높은 경지에서 찬란히 두루 통하는 경지가 바로 이익을 위해 설정된 자리이다. 그 높은 경지를 변영만은 아직까지 어떤 범주라고 지칭하지 않았다. 앞서 보았듯이 정인보는 근대 이후 새롭게 인식되는 박학의 영역으로 범주화하였다.

## 3. 이익으로부터 도출된 두 시선

실학의 계보에서 유형원의 계승자이며 정약용 등의 선행자로 거론되던 성호 이익을 변영만과 정인보는 『성호사설』 서문에서 돌출시켜, 앞뒤 계보와의 차이를 강조하였다. 유형원과의 차이에서 변영만은 기개를 들었고 정인보는 주체성을 들었으며, 후대 실학자들과의 차이에서는 변영만과 정인보 공히 도덕성을 들었다. 성호 이익의 위상을 강조하면서도 사실은 그것을 통해 말하려는 의도가 전적으로 일치하지는 않는다. '민족의 얼'을 내세우며 국수(國粹)를 탐구하여 국학고전을 학적 영역으로 확보한 이가 정인보였다면, '자득의 경지'를 강조하며 도덕적 문장관으로부터 한문학을 쇄신하여 문예적 진정성을 추구한 이가 변영만이었다. 이제 변영만과 정인보의 다른 의도에 대해 정리해본다.

### ● 정인보의 독실론(獨實論)

앞서 본 예문에서 정인보는 유형원과 독립된 이익의 특징을 말하면서, 유형원은 더러 남의 것에 근본을 두고 우리 것에 의거하지 않기도 했지만, 이익은 우리나라에 뿌리를 두었다고 하였다. 뿌리를 우리나라에 두었다는 것은 민족적 주체성을 강조하는 말인데, 정인보는 이 서문의 시작을 '독자성〔獨〕'이란 용어로부터 시작한다.

> 무릇 학술에서 귀한 바는 작고 은밀한 일을 선명히 밝힘으로써 본말과 시종을 드러내고 그것으로써 이 인민들을 보좌하는 것인데, 이 경지에 도달할 수 있는 것은 참으로 그 이치를 터득하는 것에 달렸다. 이치는 허구로 만들어질 수 없으므로 반드시 실질〔實〕에 의거해야 하고, 실질은 범범하게 뒤섞일 수 없으므로 반드시 독자성〔獨〕을 구해야 한다. 독자성을 갖추면 실질이 되고, 실질을 갖추면 이치를 터득하게 되어서, 선명히 밝힌 효과가 인민과 만물에게 드러나 감출 수 없다.[247]

정인보 서문의 도입부인데, 여기서 등장하는 두 개의 개념 실질〔實〕과 독자성〔獨〕이 이 서문의 주제어이다. 학술의 본연의 임무는 인민을 보좌하는 것이고, 그것의 올바른 수행 과정은 작고 은밀한 일을 선명히 드러내어 본말과 시종을 밝히는 것이다. 그래서 학술이 귀한 것이라고 말하였다. 학술의 올바른 수행 과정은 이치를 터득하는 것인데, 이치는 실질로부터 나오는 것이고, 실질적인 것은 독자성을 갖춘 것이라는 논리로 '이치→실질→독자성'을 계열화하였다. 이 계열을 고스란히 되짚어서 독자성이 실질이고 실질이 이치란 말을 덧붙여서 이 셋의 관계가 계열상으로는 분별되지만 시간상으로는 동시적임을 말하는 방식으로, 개념간의 깊은 상호성을 강조하였다. 이치는 학문의 올바른 수행에 수반되는 것이고, 그것과 인민을 보좌하는 본연의 임무 사이에 '실질'과 '독자성'이 개입된 구조이다. '실질'과 '독자성'을 갖추면 이치를 얻게 되고 인민과 만물에게 베풀어질 혜택이 선명히 드러나게 된다는 논리이다. 바로 이어지는 부분에서 우리땅에서 나라가 존재했음이 오래되었다고 하면서 고구려의 전통과 신라의 전통을 거론하고 또 이어서 독자성과 실질의 관계를 다시 언급한다.

> 독자성〔獨〕이라는 말은 정해진 것이 아니어서 곳곳에 있는 것이다. 작게는 벌레나 먼지에서부터 크게는 나라에 이르기까지, 가깝게는 심성의 체험에서부터 멀리는 별자리의 움직임까지 모두 각기 그 실질〔實〕이 있고, 독자성〔獨〕은 이로부터 생겨나는 것이다.[248]

독자성은 모든 존재가 갖고 있는 것인데, 크든 작든 멀든 가깝든 모든 존재는 존재 자체로 실질이 있는 것이고, 실질로부터 바로 독자성이 발생한다는 말이다. 도입부터 여기까지 독자성과 실질의 긴밀함을 언급하고 있는데, 중간에 고구려의 영토와 신라 옥보고, 가야금 등이 언급되며, 통일신라의 향가에 주목하는 대목이 얼핏 맥락에 닿지 않는 듯 보인다. 그러나 정인보가 민족적 전통을 언급한 것은 실질과 독자성의 내용을 제시하기 위해 배치한 것이다. 존재가 있는 곳마다 곳곳에 있는 독자성을 언급하고 있지만, 정인보가 독자성이란 언어를 통해 최종적으로 의도하는 것은 바로 민족성이다. 고구려와 신라의 전통을 언급함으로 해서 우리 민족이 오래전부터 실질로서 존재하고 오래전부터 독자성이 있었다는 것을 말하고자 하는 것이다. 그 점을 이어서 정인보는 민족적 독자성을 배신한 김부식의 『삼국사기』를 언급하고 이어서 을지문덕을 폄하하는 극단적 예를 제시한다.

> 을지문덕이 수나라 양제를 패퇴시켰으니 그 공이 아주 커서, 어린아이도 오히려 경탄하며 선망한다. 근고의 유자들이 더러 기록하여 그가 중국 군대에 항거하여 공자의 존화(尊華)의 의리를 배신하였으니 목베어야 한다고 비난하였다. …… 조국을 멸시하고 오랑캐 무리로 비하하여, 오류를 물려받고 허물을 계승한 것이 오래되었다. 그러므로 공자를 당연히 흠모할 줄만 알고, 공자의 존화가 실은 공자의 독자성〔獨〕이었음을 알지 못한다. 그리고 우리의 독자성이 비록 비루할지라도 이것을 떠나면 우리는 더불어 존재할 바가 없는 것이다.[249]

중세 중국중심주의적 사고관을 내면화시킨 김부식의 『삼국사기』 같은 사건이 반복 계승되어서 결국에는 침략에 대응한 영웅 을지문덕을 중국을 배신한 역적으로 모는 일까지 생겼다는 것이다. 을지문덕을 비난하는 이들은 우리를 중심에 놓지 않고 저들을 중심에 놓고 저들처럼 사유하였기 때문이다. 중세인들에게 중국중심주의적 사고방식은 반성할 필요가 없는 진리였지만, 정인보에게 중국중심주의적 사고방식은 오류와 과오일 뿐이다. 근대 제국주의 침탈과정에 저들에게 대항할 공동체로서 단결을 촉구하는 저항적 민족주의 정신을 중세에 투영하여, 당시에 요구되는 민족의 가치를 강조한 것이다. 조선왕조의 멸망은 결국 우리의 독자성을 갖추지 않고 남의 독자성을 따라가서 민족 주체적 국가가 존재할 수가 없게 되었다는 것이고, 언급되지 않았지만 그 논리를 따라 유추하면, 민족 주체적 국가를 건설하기 위해서는 우리의 독자성을 갖추어야 한다는 주장에 이르게 된다.

> 세상에서 선생을 논하면서 대개 그 박학(博學)을 추켜세운다. 옛것을 아는 자들은 또 그 핵심에 정밀하면서도 넓게 통하는 것으로 귀착시킨다. 그런데 선생이 평생 고심한 바는 오로지 민족에 있었으니, 또 오직 선생을 깊이 탐구한 자들만이 알 것이다. 그 근본을 캐들어가고 홀로 나아가며 천부의 충심으로 중심을 잡은 것에 이르러서는 선생을 아는 자가 대개 드물다. …… 학문을 계승하는 선비들이 선생의 학문은 조선에 있어 난리를 바로잡고 질서를 회복하려는 것이었으며, 비록 백세토록 모셔도 될 만하다는 것을 알게 하고자 한다.[250]

고심한 바가 오로지 민족에 있었다는 것은 민족적 주체성을 지니고 학문을 추구하였다는 것을 말한다. 정인보는 성호 이익의 학문이 민족이라는 실체〔실질, 實〕와 민족주체성〔독자성, 獨〕에서 괴리되지 않고 오로지 민족문제만을 고심하였다고 하였다. 정인보가 묘사한 성호 이익의 학문과 인상도 궁극적으로 조선을 바로잡고자 하는 의지로 귀결된다. 성호 이익의 학문은 민족의 현실을 떠나 해석될 수 없다. 근대 제국주의 침탈과정에서 닥쳐오는 혼란과 공황의 한복판에서 정인보는 민족을 주체로 설정하여 세계를 헤쳐나갈 중심을 잡았던 것이며, 조선 역사 전체를 민족 주체성의 실현과 상실 과정으로 인식하였고, 그 정신을 성호 이익에게 투영하여 민족적 주체성〔獨〕을 통해 민족적 실체〔實〕를 확보하고 질서를 회복할 것을 기대하였던 것이다. 그 문제를 중심으로 보지 않는 자들 중에 옛것을 좀 아는 자들이 정밀하면서도 넓게 통하는 것으로 귀착시킨다고 하였다. 변영만이 이익을 '통유'로 규정한 것을 연상시킨다.

### ● 변영만의 통유론(通儒論)

변영만이 박학과 이학이라는 전통적 학문 범주를 초월한 높은 경지를 언급한 것은, 변영만이 이 서문의 초반에서 두루 통하는 선비인 통유(通儒)와 소견이 좁은 선비인 곡유(曲儒)를 나눈 것에서 기인한다.

> 유자(儒者) 중에는 통유(通儒)가 있고 곡유(曲儒)가 있으니, 한 모퉁이에 갇혀 있으면서 전체를 보지 못하는 것을 일러 '곡(曲)'이라 하고, 세계의 중심을 잡고 무궁한 변화에 대응하는 것을 일러 '통(通)'이라 한다. 대저 이와 같은 지라 설령 일일이 알고 사물마다 분별해 낼지라도 진실로 그 식견이 한 가지 이치에 어둡고 그 방도가 변화하는 상황에 두루 대처하지 못한다면 '곡(曲)'이 됨을 면할 수가 없는 것이다. 하물며 그 평소에 세운 바가 참으로 한 가

지만 알고 반쯤 이해하는 무리에 속함에서 벗어나지 못함에랴! 설령 "궁구한 바가 한마디의 말 뿐이고, 밝힌 바가 한 가지의 학(學)뿐이다."라고 하더라도, 과연 능히 마음 깊이 근본을 터득하여 어떤 품류(品類)에 부딪쳐도 그것이 모두 허물어져 나에게 흡수된다면 천지인 삼재(三才)의 갖가지 변화하는 현상을 두루 섭렵했음에 있어서랴? …… 이런 까닭으로 사람은 반드시 먼저 정대(正大)한 기개가 있은 연후에 정대한 학문이 있는 것이니, 정대한 학문이란 이른바 통유(通儒)의 학문이 그것이다.[251]

통유가 되는 핵심은 마음 깊이 근본을 터득하는 것이다. 그것은 도덕적으로 옳은 상태인 정대한 기개가 선행되어 정대한 학문을 추구할 때 이루어지는 것이며, 세계의 중심을 잡고 무궁한 변화에 대응하는 방식은 모든 개별 사실을 하나하나 알아가는 것에 의해 달성될 수 있는 것이 아니라고 변영만은 보았다. 모든 개별 사실을 하나하나 알아가는 것을 귀납적 학문 방법에 대응시킨다면, 중심을 잡고 변화에 대응하는 것은 연역적 방법에 대응될 수 있을 것이다. 전통적 학문 세계에서 오랜 세월을 통해 형성되고 인정되던 기준이 근대전환기라는 극적인 순간을 맞이하여 세계와 맞닥뜨리고 보니 우물안 개구리의 소견에 불과했던 것으로 치부되며 외면당하게 되었다. 서구의 학문이 전지구적 제국주의 세력을 등에 업고 보편의 이름으로 강요되는 대목에서 중심을 잡고 새로운 기준을 세워 대처해야 하는데, 귀납적으로 하나하나 겪어보고 일일이 분별하기에는 조선에 닥친 세계 변화의 조류가 너무 급격했던 것이다. 전통적 학문의 기준이 전혀 대응할 수 없이 새로운 문물과 개념이 물밀듯이 압도해들어오는 대목에서 필요한 것은 연역적으로 전체를 통찰하는 예지이다. 귀납적 방법을 미루어서 보편적 진리에 도달하기까지 세상은 멈추어 기다려주지 않는다.

> 먼저 위로 통하고 뒤에 아래의 것을 배우며, 먼저 세상을 초월하고 뒤에 세상에 들어가야 할지니, 이것은 공부를 함에 바뀌지 않는 순서이다. 만일 먼저 아래의 것을 배우고 세상에 들어가면 육신의 생명을 오래 누리지 못할 것이요, 먼저 위의 것을 통하고 세상을 초월하면 뒤에 힘이 들지 않을 것이다.[252]

1936년에 발표한 『관생록』에서 변영만은 하나하나 아래에서 배워서 위로 올라가는 것보다 위에서 깨닫고 아래로 적용해가는 것이 옳다고 주장하였다. 그것은 『논어』가 제시한 "아래에서 배워 위로 통한다〔下學而上達〕"를 뒤집어놓는 것이었다. 세상 이치를 하나하나 검증하기에는 인간 수명의 한계가 너무도 강력하게 작용한다고 하였다. 아포리즘적 경구로 추상적으로 표현하였지만, 핵심은 전체에 대한 통찰이 공부의 기초라는 것이다. 여기서 공부의 대상은 고금과 동서를 아우르는 문명 전체이다. 전통적 기준이 해체되고 서구로부터 유래하는 신문명이 압도해 들어오는 대목에서, 뒤죽박죽 뒤엉킨 세계를 이해하고 주체적 대응 자세로 새로운 기준을 세우는 방도에 대해 골몰했던 변영만이 도달한 사유가 바로 위로 통하는 상달(上達)이었던 것이다. 탐구 대상이 상대적으로 제한적이었던 고대의 지혜를 끄집어내서, 도무지 감당이 안되는 근대의 난맥상에 역으로 대응시킨 변영만의 예지가 번뜩이는 대목이다. 변영만에 의해 여기서 다양한 학문 영역을 개척하고 새로운 학풍을 제시하여 자기시대를 돌파해간 성호 이익이 재발견되는 것이다.

그리하여 이익을 통유로 규정하고, 그의 도덕성과 학문의 연결 고리를 이렇게 밝히고 있다.

> 성호(星湖) 이익(李瀷) 선생은 굳세고 총명하며 준수하고 거룩한 자질로써 세상 길이 기구한 때를 만나 벼슬을 도모할 뜻을 끊고 아름답게 산림에 은둔하면서, 가난을 엿처럼 달게 여기고 도를 보화처럼 즐기며, 윤상(倫常)을 돈독히 하고 경적(經籍)을 친근히 대하고 나라를 사랑하고 동포들을 마음에 잊지 못하였다. 이에 간절한 정성이 칠실(漆室)에 쌓이며 저작이 해와 별처럼 빛나게 되었다. 그 학문은 위로는 우주의 원리에 통하고 아래로는 충훼(蟲卉)와 같은 미물에 미치며 그 가운데에서 인류의 일을 궁구하여 모두 망라해 가져 거두어들이지 않은 바가 없었다.[253]

그 다양한 학문 영역을 하나하나 평가하고 음미하기보다는, '통유'라고 규정 짓고 전체의 통찰을 특징으로 잡아서 본질만 소묘하여 성호 이익의 인상을 강렬하게 그려내었다. 도덕성을 품고 마음 깊이 이치를 터득하는 것은 변영만의 지론이다. 칠실(漆室)은 본래는 춘추시대 노나라의 읍명(邑名)이다. 노나라 목공(穆公) 때에 임금은 늙고 태자는 어려 국사가 매우 위태로웠는데, 칠실의 소녀가 이를 근심하여 기둥에 기대어 국사와 민중의 삶을 걱정하는 노래를 불렀다는 이야기가 유향(劉向)의 『열녀전(列女傳)』에 전하며 국사에 노심초사함을 뜻하는 말로 쓰인다. 변영만은 고유명사 '칠실'을 마치 문자 그대로 컴컴한 골방인 것처럼 사용하여 태양과 별들의 광채와 대조하였고, 그의 학문의 범위를 우주로부터 곤충 식물에 이르기까지 망라한 것으로 표현하여, 깊은 침잠을 통해 터득한 보편적 원리가 모든 학문 대상을 관통하고 있음을 극적으로 제시하였다. 성호 이익이 동포와 국가의 현실을 깊이 고민하고 그 도저한 탐구를 거쳐 보편적 원리를 획득했다는 변영만의 논리는, 민족의 문제를 도외시한 것이 전혀 아니고 민족 문제를 학문 성취의 아주 중요한 요소로 자리매김하고 있는 것이다. 그러나 민족 문제로부터 출발하여 성취한 학문은 문명적 보편성을 띤다는 방식으로 정리하고 있다.

> 나는 아이적부터 일찍이 선생을 흠모 감복할 줄 알아서 사사로이 생각하기를 늘 선생 같은 이는 우리나라 뿐만이 아니라 중국을 놓고 보아도 짝할 이가 드물다고 여기었다. 고영인(顧寧人) 같은 이는 근세에 가장 통유로 이름난 사람이지만 지금 그 도달한 바를 추적해보면 그가 치우치게 한학(漢學)의 영향을 많이 받은 것은 마땅히 숨길 수 없는 사실인 듯이 보이니, 그를 선생과 더불어 나란히 견주어 논할 수는 없는 것이다.[254]

고영인(顧寧人)은 이름이 고염무(顧炎武)인데, 만주 청나라가 명나라를 멸망시킨 후 청나라에 끝까지 협조하지 않았고, 경학(經學)의 성과가 높은 인물이다. 성호 이익을 굳이 고염무와 비교하여 그 우위를 확인한 것은 민족적 우월성을 자부하기 위한 장치가 아니다. 조선의 구문명 전통에서 세계의 중심은 중국이며 그 두 번째가 조선인바, 중국에서 최고의 '통유'라고 했으면 문명 전체에서 최고로 인정한다는 것이다. 그런 고염무와 비교해서 고염무가 오히려 한학–박학에 치우쳐 있어서 성호 이익에 비해 모자란다고 하였다. 민족적 자부심의 문제이기보다는 이익이라는 최고 학자와 고염무라는 최고 학자를 국경 없이 비교하여 우열을 나누고 있는 것이다. 이렇게 이익은 문명 단위에서 최고의 통유로 자리잡게 되는 것이다. 마음 깊이 근본을 터득하여 치우침이 없이 문명 단위의 보편적 학문에서 최고의 학자가 된 성호 이익을 묘사함으로 해서 변영만이 추구하는 주체의 자세는 대략 윤곽이 잡히는 듯하다.

'민족의 얼'을 내세우며 국수(國粹)를 탐구하여 국학고전을 학적 영역으로 확보한 이가 정인보였다면, '자득의 경지'를 강조하며 도덕적 문장관으로부터 한문학을 쇄신하여 문예적 진정성을 추구한 이가 변영만이었다. 근대전환기 서구 문명 추수의 대세를 거슬러가며 전통문명으로부터 반성적 성찰을 거쳐 새로운 시대적 요구를 제시하려 한 공통점이 있었던 반면에, 각자 개성적인 지향 또한 분명히 발견되는 것이다. 정인보와 변영만이 동시대인들의 인식 속에 한문 대가의 범주로 같이 묶이고 서로 서간을 주고 받은 일도 있고 함께 유람을 다닌 일도 있지만, 정작 공동 작업을 한 예가 별로 없는 것은 두 사람의 개성적 지향의 차이가 워낙 분명하기 때문일 것이다. 1929년 문광서림판 『성호사설』의 서문은 그런 점에서 두 사람이 같은 주제로 만나는 희귀한 자료이다.

근대계몽기 이후 관심이 고조되는 국학 고전 중에서 성호 이익은 반계 유형원을 계승하여 후대 안정복·정약용 등의 풍상을 일으킨 인물로 주목되었다. 정인보와 변영만은 뒤에 흔히 경세치용학파 실학의 계보로 일컬어지는 이 계보에서 이익을 특히 강조하여 인격과 학문이 두루 훌륭하였음을 증언하였다. 그런데 정인보는 성호 이익이 민족 문제에 깊이 천착하여 조선의 문제를 바로잡을 대안을 제시하였다는 점을 강조하였고, 변영만은 동포의 현실을 고민하여 깊은 성찰 끝에 보편적인 학문을 이루게 되었다는 점을 강조하였다. 이는, 정인보가 국학을 통해 민족적 주체성을 바로세우기를 추구하였고, 변영만이 동서고금을 아우르는 탐구를 통해 개성적 경지를 추구했던 것과 관련된 것으로 여겨진다.

## 제2절 정인보의 한학적 주체

동아시아의 중세 문명권에 강력히 결속되어 있던 조선에서는, 중세 동아시아 보편주의의 자격을 갖는 유학(儒學)을 외래의 고전 학문으로 인식하기는커녕, 그것을 내면화하여 문명적 동질성을 강조하는 논리가 우세하였다. 근대로 진입하는 시기부터 고전 학문, 특히 유학을 타자화하여 "한학(漢學)"이라 부르기 시작하였는데, 고전 학문의 보편적 지위가 중국으로부터 유래하는 외래의 특수한 지위 정도로 위축되었음을 의미하는 것이다. 이 과정에서는 일본에서 벌어진 국학(國學)과 한학(漢學)의 분기가 참고되었을 것이다. 그렇다고 한학이 근대에 유입된 제반 학문들의 틈에 끼어들어 여러 개별 학문 중의 하나로서 적당한 대접을 받게 된 것도 아니었다. 오히려 폐기해야 할 부정적 대상으로 인식되었다. 근대계몽기 계몽담론의 중심에서는 구학문과 신학문을 구별하여, 구학문을 청산하고 신학문을 추구하자는 것이 주류적 경향이었다. 이 구학문이 바로 유학 혹은 한학이다.

근대계몽기를 관통한 이후 식민지를 맞게 된 조선에서는 총독부 관할 하에 경학원(經學院)이 설치되고, 경학원잡지(經學院雜誌)·대동사문회보(大東斯文會報)·유도(儒道)·강원도유도천명회(江原道儒道闡明會報)·일월시보(日月時報) 등[255] 소위 친일 수구 유림들의 활동 무대가 마련되었다. 수구적 경향과 친일적 경향을 겸비한 이들이 중심에서 활동하는 한학에 대한 인상은 전반적으로 부정적일 수밖에 없었는데, 특히 『조선한문학사』에서 김태준은 이들을 헤겔식 정반합에서 지양되어야 할 반(反)의 운명을 지닌 것이라 하였다.[256] 이러한 시기에 정인보(鄭寅普)는 한학의 중심을 겨누며 그것을 새롭게 해석하고 조선학을 주창하였다. 그의 조선학 연구는 국학 혹은 실학 연구의 초기 맥락을 형성하였다. 그런데 이후 실학 연구의 전개 과정에서 "민족-근대"의 이념이 같은 층위로서 강조된 것에 비해, 정인보의 조선학에서는 근대화의 이념은 거의 발견되지 않고 민족 공동체의 주체적 각성에 대한 강조가 중심을 이루고 있다. 정인보의 논리에서 근대라는 시대성이 무시되고 있음을 주목한 논문은 많지 않다.[257] 정인보가 계승한 양명학의 논리에 대해 다룬 논문은 몇 편이 있는데, 양명학을 통한 현실 타개의 구상에 대해 해석한 논문과,[258] 정인보 양명학의 근대 동아시아적 성격에 대해 정리한 논문들[259]이 있다. 정인보는 근대의 시대를 살아내면서도 근대를 직접 거론하지 않았고, 조선학운동의 중심에 서 있으면서도 여타의 조선학운동 참여자들과 선명히 다른 논점을 제시하고 있었다. 한학에 대한 정인보의 입장이 이러한 양상을 야기했던 것으로 보인다. 그는 스스로 한학자(漢學者)임을 자처하기도 하였다. 한학자임을 자처하며 한학의 지속을 열망하면서도 한학의 주요 논점들을 치열하게 비판하였는데, 한학의 자기 갱신 과정이라고 볼 수 있다.

## 1. 근대 미달이라는 평가

실학 연구가 정초된 것은 1930년대였다. 1930년대 다산 정약용의 서세 100주년을 전후하여 각종 강연회 및 학술연구가 활발히 전개되며 정약용을 '발견 발명'했던 과정이 소위 "조선학운동"이다. 이 운동의 한복판에 안재홍(安在鴻)과 더불어 정인보가 있었다. 그런데 조선학운동이 정약용을 다시 보며 그 정신의 계승을 추구하려던 바로 그 대목을 지적하며 반발하는 경향이 등장한다. 사회주의자 이청원(李淸源)은 "정다산의 사상은 고전적 최고 가치를 가지고 있지만 …… 정다산의 모순에 찬 견해에 그대로 조선의 얼을 부여하여 그 약점, 모순을 은폐하고 그를 이상화하여 결국 가부장적 촌락공동체에로의 복귀를 암암리에 선동하는 행위 이외에는 아무것도 아니다."라고 하여, 특히 정인보의 작업이 정약용 우상화로 치닫고 있으며 과거로 되돌아가자는 퇴수주의적 태도에서 나온 것으로 가치를 인정할 수 없다고 하였다. 여기서 이청원이 비판의 대상으로 삼은 언어인 '조선의 얼'은 정인보의 언어였던 것이다.[260]

경성제대 지나문학과 출신의 사회주의자 김태준(金台俊)은 더욱 적극적으로 정인보를 지적하며 비난하였다. 정인보를 두고 '왕조의 후예요 봉건귀족이요 시대착오'라며 증오의 언설을 폈던 것이다. 김태준의 비난 내용을 최재목은 대략 이렇게 정리하였다. "① 정인보는 양반의 후예로서 계급적으로는 부르조아 보수주의자이다. ② 정인보는 언문보다 한문을 중시한 전근대적인 인물이·전형적인 한학자로 학문이 '비과학적인 체계'이며, 아울러 그는 '한글맞춤법 통일안'에 반대하였다. ③ 정인보의 「5천년간 조선의 얼」과 그의

'얼 사관'은 조선민족을 選民的으로 높이고 민족혼을 환기하려는 의도를 가진 논의이다. ④ 정인보의 역사학·국학 등의 학문방법론이 비과학적이다."[261] 다시 정리해본다면, 김태준이 편 논리의 귀결은 정인보가 근대적 가치에 미달하고 있다는 점이다.

김태준은 정인보를 "지금도 소론(少論)"이라고 규정하며 그의 가문 내력("피의 자랑")을 벗어나지 못하는 것이 그를 봉건귀족으로 남게 하는 일이라 하였다. 그리하여 정인보가 최남선·이광수와 유사한 듯도 하지만 다르다고 하였다.

> 정씨의 것은 철저히 봉건귀족적 묵수주의요 육당 춘원은 봉건타파의 자유주의적 진보적 문화인이었다. 그도 당연한 일이다. 육당은 구주의 중세기 상인에 해당한 중인(中人)의 출신이요, 춘원은 기호인의 식민지와도 같은 평안도 토반(土班)의 자제인 것이 다르기 때문이다.

여기서 정씨의 것이라고 말한 것은 단군과 화랑을 언급하며 조선의 민족적 문화전통을 강조하는 것을 가리킨다. 최남선과 이광수도 이 무렵 단군과 화랑을 언급하기도 하였는데, 양상은 같지만 의도는 전혀 다르다고 말하고 있는 중이다. 근본적 원인은 출신 성분의 차이에 있는데, 서울에서 소론 명망가의 후예로 태어나 그것이 자랑이 되는 정인보와 한미하거나 비양반 계급의 후예로 태어나 그것과 단절하려는 최남선 이광수의 출신 성분의 차이는 지향에 있어서도 달리 나타난다고 하였다. 여기에 계급이 곧 행동이고 토대가 상부구조를 결정한다는 유물변증법의 도식적 인식이 확인된다.[262] 정인보의 봉건귀족적 묵수주의와 최남선 등의 봉건타파의 자유주의 중에 김태준은 후자가 그래도 낫다고 본다. "한 때는 용감하게 싸워서 조선의 신문화운동사 상의 한 존재가 결코 미약한 것도 아니요 내가 까닭없이 과소평가하려는 것도 아니다"고 하여 봉건타파의 자유주의자들이 식민지초기에 벌인 업적은 인정할 수 있겠다는 것이다. 그렇다면 그들이 타파하려한 봉건 그것을 묵수하는 입장에 대해서 김태준의 입장은 자연히 부정적임이 확인된다.

> "나는 문사(文士)가 아니요 한학자(漢學者)요." "그럼 비승비속(非僧非俗)이로구먼요." 이 말은 씨가 나의 어떤 친우와 나눈 대화였다. 씨 자신도 스스로 한학자로 자처하고 있는 것을 알 것이다. 더구나 한문을 강(講)하는 데 있어서는 당세에 이와 병구(竝驅)할 이가 적을 것이다. 월상계택(月象谿澤)을 받든 것도 벌써 수백년 전 일이요 운양(雲養) 무정(茂亭) 같은 고로(故老)들이 점차로 돌아간 후 인제 남은 한학자 수란 하도 요요(寥寥)한 중에 오직 씨의 □□가 적막한 한문 문단의 최후를 장식하고 있는 것은 애오라지 우리들의 기쁨이 아닐 수 없다.

"애오라지 기쁨"이란 말은 반어적 조롱인데, 여기 부정을 넘어 증오의 심리까지 느껴진다. 한문 실력이 당대에 적수를 찾기 어려울 정도로 뛰어나지만 월상계택의 4대가들이 한문 능력으로 떠받들려지던 조선시대가 이미 아닌 것이고, 그나마 마지막으로 그런 전통시대의 분위기를 누리던 운양 김윤식 · 무정 정만조 같은 사람들도 죽은 마당에 뭔 의미가 있겠냐는 뜻으로 읽힌다. 그것은 "벌써 시대가 청산하여주는" 것이며 그리하여 이것은 "씨의 독보(獨步)이면서도 반드시 장처(長處)는 아닐 것"으로 규정된다. 김태준에게 있어 자유주의 진보적 문화인들도 곱게 보이지만은 않았을 것인데, 봉건 묵수의 태도는 더더욱 용납할 수 없는 일이었다. 그래서 "조선에는 아직도 몇 천 몇 만의 한학 유생들이 있지만 우리는 그들을 가지고 인테리라고 하기가 곤란하다. …… 나의 경중(敬重)하는 정씨여, 구태여 씨의 곡학적 상식을 가지고 고루한 한학적 식견에서 벗어나서 '이만하면 조선에서는 ……' 하고 만족하지 않기를 바란다."고 당부의 말을 붙이게 된다. 봉건적 잔재에 대한 시대착오적 지식을 갖고 청년들의 미래를 저해하는 행태를 그만 두라는 말이다. 한문을 학술적 연구 대상으로 보는 근대인이 아니라 한문의 세계에서 헤어나지 못하는 중세인으로서 정인보를 규정하고 그것의 시대착오성을 비난하고 있는 것이다. 정인보 자신도 근대적 인텔리로서의 문사가 아니라 한학자임을 자처하고 있었다는 것이다.

한학자로서의 정인보가 시대착오적이기만 하다면, 김태준이 정인보에게 그렇게까지 흥분하여 비난과 증오를 퍼붓지는 않았을 것이다. 시대착오적 한학자들은 조선 반도에 널려 있었다. 구문명을 옹호하며 신문명과 단절된 삶을 지향하는 시대착오적 한학자들은 아무리 그 수가 많더라도, 근대 문명의 중심과는 격리된 세계에 살고 있었기에 위협이 되지 않았다. 경학원으로 대표되는 친일 수구 유림의 무대도, 그들만의 세계일 뿐이다. 그러나 김태준이 보기에 정인보는 한학을 추구하는 동시에 '조선학'이라는 관념적 민족주의를 들고 나와 근대 문명의 중심적 매체인 신문 잡지 출판 등을 통해 명망을 얻어가고 있었다. 정인보가 제시하는 조선학에서 김태준은 일본의 국학과 같은 국가주의적 우경화의 위험을 감지했던 것이다. 김태준은 우선 청년들과 정인보를 떼어놓아야 했다. 정인보에게 시대착오적이라는 낙인을 찍어, 시대를 앞서가고 싶어 하는 청년들이 그와 멀어지게 하고 싶었을 것이다.

그러나 정인보로서는 김태준의 비난과 충고를 받아들일 생각이 전혀 없었을 것이다. 오히려 바로 그 지점에서 정인보는 조선학을 구상하고 확산시킬 수 있었던 것이다. 그동안 정인보의 위상이 이후 실학 연구의 발전 궤도상 첫 번째에 놓이는지라 그의 한학자적 입장을 충분히 고려하지 않았는데, '한학'은 정인보를 이해하는 또 하나의 키워드가 되어야 할 듯하다.

## 2. 다른 기반의 주체

정인보는 한학을 통해 수구 유림의 세계에 합류하는 방향을 취하지도 않았고, 조선학을 통해 일본 국학을 모방한 국가주의적 우경화의 논리를 개발하지도 않았다. 한학에 대해 수구 유림과는 다른 자세를 취한다는 것은 한학의 갱신을 추구했기에 가능한 것이었으며, 한학에서 조선학에 이르는 정인보의 지적 무대는 근대에 대응하는 정인보의 주체적 자세가 찾아낸 공간으로 파악해야 할 것이다. 정인보는 소론 명문가의 후예이며 양명학의 계승자인 한학자로 자처하였다. 한문을 제1의 문어로 문자 행위를 하였으며, 한문에 담긴 한학 정신을 체득하였으며, 부정적 요소를 적출하여 한학이 갱신되기를 희망했으며, 그것으로 세상에 도움을 줄 수 있을 것을 기대했다. 한학의 갱신이 갖는 지향을 이해하기 위해 우선 변영만에게 보낸 편지를 보자.

> 불가에 큰 스님들이 무리지어 나오는 것이 유가의 적막함에 비할 수 없습니다. 일찍이 그 까닭을 생각해봤습니다. 예의 삼백(禮儀三百)과 위의 삼천(威儀三千)으로 바깥을 꾸미는 것은 갖추어져 있는데, 바깥을 꾸미는 것이 비록 그 안을 기르는 것이긴 하지만 안이 길러지지 않더라도 바깥은 그대로 엄연할 수 있어서 적폐가 오늘에 이르렀습니다. 그러나 저들은 속마음에 꾸밈이 없습니다. 명료하게 항상 아는 것 이것에 의지하여 홀로 관조한 경지에서는 아무것도 남아날 수가 없습니다. 고로 능히 거짓을 허용하지 않았고 이에 따라 끊어지지 않았습니다. 방 하나 사람 한 몸이 비록 작고 미약하지만, 한뼘에서 시작하여 천하를 기름지게 하는 것이 성(誠)이니, 우리들이 노력하지 않아서야 되겠습니까.[263]

근대 이후 불교의 성공과 유교의 쇠미함을 대비하여 유교의 입장에서 안타까움을 표하고 있다. 그 차이를 정인보는 "예의 삼백과 위의 삼천"의 형식 추구의 단점을 유교가 지닌 데 비하여, 불교는 형식을 버리고 속 마음 한 가지를 중심에 세운 장점이 있기에 발생한 것이라고 인식하고 있다. 형식 추구라는 것은 내면을 키우기 위한 대증(對症)의 처방은 되어도 근본의 처방은 아닌데, 그 부작용이 누적되어 유교 쇠미의 폐단을 불러왔다고 보았다. 여기서 정인보는 유교가 형식 추구의 단점을 지녔기에 폐기해야 한다는 것이 아니라 형식 추구 단점을 수술하고 유교를 부활시켜야 하지 않겠냐는 의도를 보이고 있는 것이다. 그 의도를 실현하기 위해서는 유교를 검진하여 적출해야 할 단점을 찾고, 그 자리에 이식할 장점을 찾아야 할 것이다. 여기서 정인보는 소론 양명학 최후의 적자 입장으로 유교 전체를 검진한다. 「양명학연론(陽明學演論)」을 인용한다.

> 대개 동방 고학(古學)의 진수는 간이(簡易)함에 있고 번박(繁博)함에 있지 아니하니, 간이라 함은 일체의 법(法)을 오직 본심(本心)에 의하여 그 실(實)과 진(眞)을 구함을 이름이라. 회암(晦菴, 주자)의 학이 섬밀(纖密) 주도(周到)함이 당(唐), 오대(五代), 송초(宋初) 이후 선종(禪宗)의 창광(猖狂) 자자(自恣) 훈염(薰染)되었던 학풍을 정돈함에 있어서 대증(對症)의 약은 아님이 아니로되 조여들어가는 학문의 원두(源頭)를 산만(散漫)한 외물(外物)로 향하게 하매 자연히 박고(博古) 광구(廣求)의 지적 범위만 회척(恢拓)하려 함에 기울게 되며, 선두의 최초 의착(倚着)할 곳인 "지(知)"를 허원(虛遠)한 데로 보낸즉 주뇌(主腦) 저절로 꼭 박이지 못하여 학자ㅣ 공탕무의(空蕩無依)함을 감(感)하게 되며, 이에 이미 의착이 없고 또 박고 광구함이 법문(法門)이 된즉 학자의 종년(終年) 웅얼거림이 오직 예의(禮儀), 전주(箋注) 등에나 치우칠 뿐이지 내심에 있어서 어떠한 실제적 정로(正路)를 얻은 적이 없었다.[264]

변영만에게 언급한 "예의 삼백 위의 삼천"은 『중용』에 등장하는 구절이니 유교의 본디부터 있던 지향이라 하겠는데 그것이 내심을 키우기 위한 처방이지만 외식으로 치닫게 되는 부작용을 내포하고 있었다고 보았다면, 그 부작용의 결정적 발병 과정에 주자학(朱子學)의 원리가 깊이 개입되어 있다고 본 것이다. 이 원리는 『대학』의 '격물치지(格物致知)'에 대해 외물(外物)의 이치를 탐구하는 것으로 해석한 주자로부터 발생한 것인데, 이 폐단으로 인해 주자학자들이 의지할 "지(知)"를 잃어버리고 의지할 데가 없어서 예의(예의삼천)나 따지고 주석을 내는 일에만 치우치게 되었다고 설명하고 있다. 이것은, 양명학과 주자학이 함께 입주한 유학이라는 대궐에서, 주자학에 의해 이단시되어 골방에서 침울하게 지내던 양명학이 유학의 리모델링 주도권을 쟁취하려는 시도라고 볼 수도 있겠다. 양명학 입장을 좀더 살펴본다면, 대학 팔조목의 평천하(平天下)→치국(治國)→제가(齊家)→수신(修身)→정심(正心)→성의(誠意)→치지(致知)→격물(格物)의 순서는 외부의 천하로부터 시작하여 내면으로 집중되는 과정인데, 수신 이하는 모두 내면의 마음 수양공부로 이해하는 것이다. 그런데 주자는 격치(格致)를 다시 외부의 외물로 돌려서 지적 탐구로만 헛돌게 만들었고, 그 폐단이 주자학자들에 나타나기는 분석적 태도로 물질에 대한 발명으로 이어지지 못하고 예의 주석에 치중하는 지리한 공부가 되었다는 것이다.[265] 이 심성 수양의 양명학으로 헛도는 지적 탐구의 주자학을 비판하는 의식에서 내심(內心)·실(實)·진(眞)이 강조되는 것이며, 그 입장에서 내심을 근본 원리에서부터 주목하던 불교의 융성이 포착되어 변영만에게 언급한 것이다. 실제 이 시기 불교가 내심의 홀로 관조한 경지 때문에 융성해진 것인지는 모르겠지만, 정인보에게 있어서 내심·실·진은 근본 원리이며 자기 시대의 사명으로도 당연한 것으로 인식되었던 것이다. 조선유교 전통은 거기에서 멀어져버렸으며 불교는 그것을 간직하고 있으니 불교가 유교에 비해 융성해보이는 현상의 원인으로 지목한 것이다. 그것을 다시 성(誠)으로 표현하여 그것으로 천하를 윤택하게 하는 사명을 감당하자는 주장을 하고 있다. 이러한 주장은 계몽주체의 의지로도 읽을 수 있지만, 한편으로 애민의식과 우환의식을 기본적으로 탑재하는 사(士)의 이상적 의지로도 읽을 수 있는 것이다. 방 한칸, 내 한몸, 살 한뼘에서 출발한 성(誠)이 천하를 기름지게 할 수 있다는 표현은 지도계급을 자처하는 중세적 지식인의 양심적 고뇌의 흔적이라 할 수 있는 것이다.

정인보는 학문 자세의 이정표로 중국의 장태염(章太炎, 1869~1936)을 여러 번 언급하는데, 이 역시 한학의 내적 갱신 의지와 관련된 것으로 보인다. 다음은 윤석오(尹錫五)가 문장기량 연마 방법을 물어온 것에 답장으로 보낸 내용이다.

> 내가 그래서 문장은 뒤에 태어난 사람이 도리어 낫다고 하는 것이오. 장태염 같은 이의 굉아(閎雅)함을 어찌 방포·요내가 능히 미칠 바이겠습니까. 이것은 다름이 아니라 청나라의 고증학이 무르익어 십삼경 이십자를 터럭만큼도 소홀히 지나친 곳이 없었는데, 장태염이 마침 그 막바지에 태어나 좌우로 맘껏 따지고 홀로 그 성취를 총괄하였기 때문입니다. 그대와 내가 유독 스스로 힘쓰지 않을 수 있겠습니까.[266]

정인보는 또다른 편지에서 장태염의 「구분진화론(具分進化論)」을 읽어보라고 하기도 하였는데,[267] 문장의 전범으로 삼을 만하다는 평가를 내리고 있다. 장태염은 강유위(康有爲)·양계초(梁啓超) 등 개혁파 지식인과 대비되는 혁명파 지식인이었다.[268] 당시 중국에서 서구를 따라가자고 주장하는 자들의 주장은 모두 중국이 서양에 비해서 너무 뒤떨어져 있다고 하는데, 그 주장은 그 먼 거리만큼 자포자기하게 되어 결국 중국은 멸망하고 말 것이라는 말과 같다고 여겨서, 장태염은 중국 민족의 정수 즉 국수(國粹)를 기본으로 신지식을 수용해야 한다는 입장을 갖게 되었다. 장태염은 국수의 학 즉 국학(國學)을 국가성립의 원천으로 국가존망에 직접적으로 관계되는 것으로서 중시하였던 것이다.[269] 또 한편 장태염은 문체로서 고문을 지향하였다. 중국에서는 20세기 초에 양계초 류의 신문체(新聞體)와 장태염·엄복(嚴復) 류의 논리문(論理文)이 대립각을 세우며 경쟁하였다. 양계초가 글을 읽을 수 있는 모든 중국인을 계몽해야할 대상으로 삼아 글을 썼기에 문장은 평이하고 주장은 과격한 방향으로 문체를 세웠다면, 장태염은 전통적 사인들만 계몽해도 중국이 변화할 수 있다고 여겨 문언(文言)의 고전적 품격을 갖춘 문체를 세운 것이다.[270] 정인보가 당대 전통 한학자들과 교류하면서 유교의 쇠미함에 우환을 나누던 정황과 장태염이 대중매체를 활용하던 것은 차이가 있지만, 전통지식인들에게 고문을 기반으로 자신의 논리를 전개한 점에서는 유사함이 있다. 장태염이 그러하였다고 말하듯이 정인보도 조선 유학의 막바지에 태어나 좌우로 맘껏 따지고 홀로 그 성과를 총괄할 수 있는 역할을 자신에게 부여한 것을 짐작해볼 수 있겠다.

총괄이라는 것은 선행 시대의 방대한 자료를 상대하는 일인데, 후대의 학자를 대개 주눅들게 만드는 일이다. 정인보는 방대한 성과 앞에 주눅들지 않는 자득(自得)의 길을 강조한다. 「호암 문일평에게 보내는 편지」에서 "(문헌에는) 진짜도 있고 가짜도 있고, 또한 만일 그 진짜라 하더라도 확대하느냐 축소하느냐의 차이에 따라 펼쳐지거나 시드는 변화가 있게 되고, 주느냐 뺏느냐의 어느 편으로 나뉘느냐에 따라 득실이 요술을 부리게 되니 어찌 가히 한결

같이 의지할 것이겠소?"[271]라는 대목은 당시대의 실증주의 사학자를 칭찬하는 문일평을 나무라기 위해 하는 말이기도 하지만 적어도 정인보에게 문헌을 넘어서는 무엇이 있다는 것인데, 그것은 바로 자득의 경지이다. 자득 혹은 독자성에 대한 논리는 장태염의 '의자불의타(依自不依他)'와 흡사해서 종종 언급되곤 한다.[272]

> 대개 중국의 도덕교리로 보면 비록 각각 다른 길이었지만, 근원이 놓인 곳은 모두 한 곳으로 귀착되니, 말하자면 자신에게 의지하고 남에게 의지하지 않는다는 것이다. …… 공자 이후 유가·도가·명가·법가가 만단으로 변하였지만, 그 궁극적인 근본을 따져보면 자신에게 의지하고 남에게 의지하지 않는다는 한 마디일 뿐이다.[273]

장태염은 서양의 유신론 종교가 신이라는 남에게 의지한다는 점을 들어 서양의 사유를 비난하기 위해 이 '의자불의타'가 중국의 기본 정신이라는 점을 강조하고 있다. 유신론을 거부하는 무신론을 통해 서세동점의 제국주의 근대 논리에 반항하는 동시에 자신의 존재 의의를 확보할 수 있는 논리를 개발한 것이다. 비록 민족성을 거론하는 차원에서 남에게 의지하지 않는다는 중국의 특징을 거론한 것이긴 하지만 역사적으로 존재했던 훌륭한 사상가들이 그런 정신을 갖고 있었다는 주장으로 이어지면서, 새로운 학문적 창조 혹은 도덕적 창조는 독립심으로부터 나온다는 보편적인 격언으로 승화할 여지를 만든 것이다. 장태염과 더불어 정인보는 동아시아 중세 보편주의 문자행위인 한문학이 청산되는 시대에, 중세적 문자행위를 지속하며 중세적 이념을 쇄신하려 하였다. 청산의 대상이 아니라 쇄신을 통한 계승의 대상으로 삼은 것이다. 이 과정에서 이들이 발견한 "의자불의타", "자득의독자성"이라는 것은 근대에 귀속되지 않으려는 노력의 산물로 보아도 좋을 것이다. 정인보가 『육서심원』의 서문에서 자기 자리에서 깊은 사유를 통해 발견해가는 이치를 언급하고, 『성호사설』에서 남에게 의지하지 않는 독자성으로 이치에 도달한다는 논리를 보여주었는데, 이는 크게 보면, 동아시아 근대 한문지식인으로서 장태염과 공유하는 입장에서 산출된 것이라 볼 수 있겠다.

## 3. 한학적 주체와 조선학

이제 정인보에게 발견된 조선학의 의미를 언급해본다.

정인보는 양명학의 내심·실·진으로 주자학의 격치 해석이 남긴 문제점들을 해소하여 유학을 쇄신하려 하였다. 그 과정에서 '독자성'이라는 것을 발견하게 되었으니, 특히 민족에 대하여 "그리고 우리의 독자성이 비록 비루할지라도 이것을 떠나면 우리는 더불어 존재할 바가 없는 것이다."[274]고 하였다. 독자성은 누구나 보편적으로 갖고 있는 것이되 그것을 발견하고 수호하지 못하면 존재의 의의를 상실하게 되는 것이다. 독자성을 발견하고 수호할 정신 그것은 정인보에게 실심(實心)－실학(實學)－실(實)－진(眞)－얼 등으로 표현된다. 독자성의 보편적 속성이 개인에서 천지만물까지 두루 편재하는데, 「오천년간 조선의 얼」에서도 "저는 저로서의 그 얼은 가깝게 일 민족으로부터 크게 전 인류 내지 천지만물에 이르러 일체인 것"[275]이라고 하면서도 특별한 설명을 할애하지 않고 민족 단위의 얼에 대해 집중하고 있다. 천하 만물까지 일체인 논리를 구상하고서 하필이면 민족 단위의 독자성에 방점을 찍는 이유는 짐작할 수 있듯이 식민지 시대에 대한 인식이 깔려 있기 때문일 것이다. 동아시아 중세 보편주의를 이루는 유학에 대한 사유가 식민지 시대를 만나 민족의 독자성으로 전환되는 계기가 된 것이다.

> 수병(受病)한 원인은 암만하여도 송학(宋學)의 수입으로 좇아 명철보신(明哲保身)의 일언을 성도시(聖道視)한 것이 가장 중한 원인이라 하겠으나, 이보다도 고려 중엽 이후로 중국에 대한 부모(浮慕)가 아주 선민(先民)의 전통적 국성(國性)을 저버리어 마침내 사이비한 한문 문사(文詞)와 자성없는 부종(附從)적 학술이 미만(彌漫)하게 되어 어느덧 본심을 잃어버린 것이 더 큰 원인이라 하겠습니다.[276]

여기서는 근대계몽기의 계몽담론과 유사한 방식으로 전통 학문의 성리학과 중국중심주의의 문제를 평가하고 있다. 계몽담론이 한학 일반에 구학문으로서 조선왕조의 몰락을 막지 못한 책임을 지웠다면, 정인보는 그중 성리학과 중국중심주의만을 지목하여 책임을 묻고 있는 것이다. 유학을 쇄신하여 자기 시대에 복권시키기 위해서는 그것의 폐단과 장처를 엄격하게 나누어 인식할 필요가 있는 것이다. 정인보는 주자학의 폐단과 더불어 중세보편주의 즉 중국중심주의에 매몰된 역사가 병의 원인이라고 지목하고 있다. 이 주자학의 폐단에 젖지 않은 양명학에 대한 이해(양명학연론)와 중국중심주의에 매몰되지 않은 조선의 독자성 추구에 대한 이해(성호－다산에 이르는 계보의 정리, 조선고서해제의 소개들)가 정인보의 조선학을 이루는 요소로 된다. 그리하여 정인보는 “양명을 말하지 아니하되 그 생평주장의 주뇌(主腦) 되는 정신을 보면 두말할 것 없이 양명학임을 알 수 있는 이들”[277]까지 조선양명학의 계보에 넣어 정리하고, “이 고(古)는 묵고 썩고 후락한 고가 아니라 해석하면 곧 본아(本我)라 함과 같으니, 말류의 폐 그 본을 위기(違棄)하게 된 뒤는 반고(反古) 아니고는 본아를 자증(自證)할 도리가 없”[278]다고 하며 다양한 범주의 조선 고서를 포함시키게 된다.

그리고 조선학의 기본 정신을 구상하는데, 사회주의계열로부터 맹비난을 받게 되는 「오천년간 조선의 얼」이다. 이것이 선민의식과 단군신성화로 치달았다고 비난받았지만, 실상 선민의식이라 지목받는 부분은 양심의 기본 얼개를 민족 단위로 확장시키고 유교적 틀과 결합시킨 차원이고, 단군 신성화는 역사적 실체로 상정하고 강조하는 차원을 넘어서지는 않는다. 이에 대해 사회주의 계열이 강하게 반발한 이유는 그들의 인터네셔널리즘과 더불어 일본의 근대 국학이 신사참배의 우상화로 치달은 것이 조선에서도 반복되지 않을까 하는 우려 때문이었을 것으로 보인다.[279] 일본 국학의 종교적 성격은 일본 근대가 존황사상을 강조하면서 발생한 근대의 산물[280]인데, 정인보의 기반에서는 중세적 합리주의의 차원에서의 삼황오제 자리에 민족적 차원의 단군을 옮겨 놓은 것을 넘어서는 것 같지는 않다. 정인보가 이 대목에서 심(心)과 얼을 강조한 것이 관념적이라고 할 수는 있겠으나, 국가 종교적 층위에서 해석될 여지는 거의 없어 보인다.

또하나 조선학 확산을 통해 의도하였던 것에 대해서도 생각해봐야 할 듯하다. 정인보가 구상한 성호에서 다산에 이르는 계보는 민족에 대한 독자성에 입각한 실질적 가치 추구의 계보인데, 이때 성호와 다산 등은 지도계급을 자처하며 양심적으로 고뇌하는 중세적 지식인이다. 변영만 등과의 편지에서 성(誠)을 쌓아 천하에 윤택을 입히자는 주장도 이러한 양심적 지식인의 계보를 잇겠다는 의도인 것이다. 백성들을 근대적 국민으로 재조직하여 제국주의와 대항하자는 계몽담론과는 결을 달리한다. 정인보가 표현했던 의실구독(依實求獨)의 민족적 독(獨)은, 동원되는 민족에게 요구되는 주체성이 아니라, 공동체로서의 민족을 근거로 학문을 추구하는 지식인에게 요청하는 주체성인 것이다.

> 내가 서자는 것이 아니라 대중(大衆)으로 서자는 것입니다. 고행(孤行)이라 화응(和應)하는 이가 없으리라 낙심하실 일이 아닙니다. 내게 있는 불안이 남에게 없을 리 없습니다. 본심은 본심이라야 일으킵니다.[281]

여기서 대중으로 서자는 말, 민족 구성원들의 입장으로 서자는 말은 지식인이 대중이 되라는 말이 아니다. 그 대중은 군주와 권신에게 아부하여 호신(護身)하던 자들이 "시대가 변하여 금일에 미친즉 문득 대중이라는 외호(外護)"[282]를 빌게 된다고 할 때의 대중과 같은 것이고, "참으로 끝없는 전변(轉變)"을 보이는 믿을 수 없는 대중과 같은 것이다. 고행(孤行) 즉 홀로 가는 대중이란 것은, 자신의 입장으로 대중을 향해 다가가는 지식인을 의미하는 것이다. 지식인이 대중의 취향을 따라갈 것이 아니라 자신의 내면을 확보하고 대중을 감응시켜야 할 것으로 보고 있으며, 그 내면의 핵심을 비도덕에 대한 '불안감'으로 채우라는 것이다. 그러므로 정인보의 의도는 적든 아예 없든 동호자 혹은 호응자를 염두에 두고 있는 것이며, 그들과 함께 대중에게 민족에게 다가가 그들을 감화시키는 것에 있는 것이지, 근대 민족주의가 표방하는 국민으로 재조직하여 동원하자는 것은 아니라고 봐야 할 것이다.

근대계몽기의 시대에 계몽담론의 주류에서 철저히 타자화되었던 한학에 대해, 식민지시기 정인보는 비판적으로 계승할 대상으로 인식하며 그 총괄의 임무를 자임하였다. 조선왕조의 몰락에 책임이 있던 구학문의 총칭으로 한학 일반을 근대화의 원수로 여기던 시각과 달리, 정인보는 한학에서 민족 공동체의 위기를 돌파할 에너지를 발견하려 했던 것이다. 정인보는 주자학의 영역에 대해 책임을 묻고 양명학 중심으로 한학의 흐름을 재인식하였으며, 동류 한학 문인들과의 교유에서 한학의 재건을 위한 고심을 나누며 새로이 구성된 시각으로 한학의 부흥을 열망하였다. 정인보의 이러한 태도는 마치 근대계몽기를 건너뛴 시간 속에서나 나올 법한 사유를 반영하고 있는 것이다. 정인보가 이러한 사유를 당시 근대 매체를 활용하여 왕성하게 펼치고 일정한 영향력을 확보하게 되니, 사회주의 계열에서는 그를 중세인으로 규정하고 그의 사유가 근대에 미달하고 있다고 맹비난을 펼쳤다. 이청원이나 김태준의 비난이 전혀 근거가 없는 것은 아니면서도, 정인보의 태도 역시 전혀 정당하지 않은 것은 아니었다. 식민지 현실에 대한 시각과 처방이 달랐던 것이다. 정인보는 지식인이 올바른 자기 역할을 수행하지 못하여 조선왕조가 몰락하였으며, 식민지 현실의 돌파도 지식인의 자기 역할 자각을 통해 달성할 수 있다고 보았으며, 그런 입장에서 성호에서 다산에 이르는 실학의 계보를 확정하여 자기 역할을 다한 지식인의 전형을 확보했던 것이다. 변영만에게 보냈던 편지에서 정인보는 "방 하나 사람 한 몸이 비록 작고 미약하지만, 한뼘에서 시작하여 천하를 기름지게 하는 것이 성(誠)"이라고 하였다. 지식인의 역할을 거대하게 조망한 것이다.

정인보의 이러한 지향은 학술의 영역에 있다기보다는 이념의 영역에 있는 것으로 보인다. 정인보는 실학 연구가 형성되던 초기 맥락에서 중요한 역할을 한 것으로 평가되지만, 그 자신 드물게 쓰던 실학(實學)이라는 표현은 거의 실심실학(實心實學)의 양명학적 개념으로 사용하였다. 그는 성호에서 다산으로 이르는 계보를 구성하며 의실구독지학(依實求獨之學)이라는 용어를 사용했는데, 이것이 지금의 실학 범주와 통한다. 그런데 '의실구독'이라는 말은 실용(實用)이라든가 실사구시(實事求是) 등의 개념과는 다르다. 실제 생활에 도움을 주자든가, 실제로부터 학문적 진리를 추구한다는 의미가 아니라, 실체에 기반하여 독자성을 추구한다는 뜻이 된다. 실(實)은 도구의 의미를 지니며 독(獨)이 목적인 것이다. 독(獨)이 확보된 자득과 독자성은 방대한 선행 연구와 다기한 학술 경로를 뛰어넘어, 바로 진실에 도달할 수 있는 가치가 되는 것이다. 그것으로 민족공동체의 독자성에 기여하는 방향이 최종의 목적이니, 근대적 의미의 학술 영역이라고 보기는 어려울 듯하다. 이 주체성에 대한 고조된 인식은 실상 근대의 산물로 보아야 할 것이다. 근대계몽기를 관통하고 나서 식민지적 근대를 겪고 있는 시점에서, 근대의 강조는 식민지적 근대와 일정하게 타협하는 방향으로 전개되기 십상이었다. 시대적 격차를 인정하고 않고 바로 성호와 다산의 시대적 사명을 자기 시대의 사명으로 통합시키려는 의식은, 식민지적 근대 일체를 무시함으로써 현실과 타협하지 않으려는 내면 심리의 흔적으로 여길 수 있겠다. 현실과 타협하지 않으려는 의지에서 산출된 주체적 독자성이 다시 과거 한학 전통에 대한 직접 계승으로 이어진 것이다. 그러므로 근대를 무시하는 듯한 정인보의 논리에서 출현한 독자성은, 식민지적 근대 경험에 대한 하나의 답으로 보아도 될 것이다.

# 보론: 실학 연구의 맥락

지금껏 실학(實學) 연구의 각론들이 무수히 양산되며 실학의 연구 영역을 확장해 왔다. 왕성한 실학 연구의 한편에서는 실학의 개념과 범주에 대한 이의 제기도 적지 않았고, 실학의 실재성에 대한 반론도 끊임없이 제기되어 왔다. 개념과 범주 및 실재성에 대한 이견이 해소되지 못한 채 연구 영역만 확장되는 양상은, 일견 실학 연구가 그 원심력에 비해 구심력의 중심이 허약하여 문제적 국면에선 여전히 어정쩡한 자세가 남아 있다는 인상마저 갖게 된다. 실학 연구는 기본적으로 이념의 지반 위에서 형성되고 전개되어 왔는데, 문제는 이념의 지반을 확인하지 않는 연구 자세에 있는 것으로 보인다. 이념의 지반은 그 지향에 따라 날카로운 대립각이 설 수밖에 없는데, 대립각을 우회하여 각론만 확장하면 문제가 복잡해진다. 지반 아래 누적된 날카로운 대립의 에너지는, 그 위의 퇴적층을 일거에 흔드는 지진을 예감하게 만든다.

실학의 중심을 흔드는 이의 제기 중에 대중적 영향력이 가장 컸던 것은, 실학의 존재를 부정하는 김용옥(金容沃)의 견해였다. 실학은 사실이 아니라 실학 연구자들이 서구적 근대에 대한 콤플렉스에서 빚어낸 허구적 개념이며, 조선후기 사상사에 대한 자의적(恣意的) 독법이라는 것이다.[283] 2000년대가 되어 매스컴을 통해 대중을 파고들던 이 견해에 대해서 이렇다 할 학계의 반응은 없었는데, 임형택(林熒澤)이 근대 학술 운동의 발견에 의해 실학 개념이 만들어진 점을 인정하고, 발견에 의해 개념이 만들어졌지만 그 이후 역사적 의의를 지니게 되었음을 설명했다.[284] 김용옥의 문제 제기와 임형택의 설명을 통해 실학이라는 개념과 그 내포는 실상 20세기의 역사적 경험을 통해 확정되었음이 더욱 선명히, 다시금 새삼스럽게 부각되었다. 이 과정을 이봉규는 '구성'으로 명명한 바 있다.[285] 그런데, 실학의 구성적 특성을 인정한 위에서 이에 관한 진지한 문제제기가 강명관(姜明官)에 의해 제기된 바 있다. 실학 연구의 중요한 이념으로 자리잡았던 내재적 발전론을 '한국사에서 서구사 찾기'로 비평하고, 이 서구 모델 찾기는 실학 연구 이념의 또다른 중요한 축이었던 '주체 찾기'와 모순된다고 비판하였다.[286] 그러니 실학이라는 이 '구성'된 범주는, 같은 시기에 구성되었으나 이제는 개념과 범주 및 실재성에 대한 도전을 받지 않게 된 국문학과는 달리, 여전히 이념적 도전을 안팎으로 받고 있는 셈이다.

여기서 부각된 '20세기의 역사적 구성'이라는 측면에서 실학의 구성 과정을 간단히 요약해본다. 1929년 정인보(鄭寅普)는 '의실구독지학(依實求獨之學)'의 용어로 유형원·이익·정약용 등 남인학자와 정제두를 위시한 소론학자를 묶는 구상을 하였고, 1930년 최남선(崔南善)은 '실학(實學)'이라는 용어로 남인학자들만을 지칭하고 노론학자들은 별도로 '북학론자(北學論者)'로 묶었다. 1930년대 사회주의 계열의 연구자들은 고전으로서 실학의 가치는 인정하되 중세적 한계를 지적하며 현재적 계승에는 회의적이었고, 민족주의-실증주의 계열의 연구자들은 근대적 가치로도 진보성을 인정할 수 있다는 방향으로 평가가 전개됐다. 이후 연구 대상이 확충되면서 1950년대까지 박지원을 중심으로 한 '북학론자'들이, 1970년대까지 실사구시학과 김정희가 실학 연구의 지평에 포함되었다. 여기까지의 논리화가 경세치용(經世致用)/이용후생(利用厚生)/실사구시(實事求是)의 실학 단계 설정이었다.

이렇게 흘러온 실학 연구의 맥락에서 중핵을 이루는 것은 '민족－근대'의 이념이었다. '민족' 공동체의 고전으로서의 가치와 '근대적' 현실에 활용할 가치가 있느냐는 기준이 하나의 맥락을 이루며 전개되어 왔던 것이다. 그러나 이 과정에서, 과정 이후에도 실학의 개념과 범주에 대한 다기한 이견이 제기되며 실학 연구의 의의를 끊임없이 다시 묻게 되었다. 다양한 논의가 나쁠 것은 없다고 본다. 시대의 변화와 그로 인한 주체적 각성은 언제나 새로운 입장을 추구하는 것이 아니겠는가. 그러나 실학 연구 맥락이 지금처럼 이념적 도전은 그것대로 놔두고 한편으로 연구 대상은 또 그것대로 무한히 확장적인 방향으로 전개되어 나아간다면, 그 중심을 잃고 헤매다가 결국 실학 자체의 의미까지 잃고 말 것이다. 문제는 지금 실학 연구의 구심력이 한 차례의 구성적 완성을 이룩한 1970년대 이후 정체되어 있어, 지속적 중력 에너지를 기대하기가 곤란하다는 사실이다. 맥락을 더듬으며 처음으로 되돌아가서 이 문제를 다시 생각해 보기로 한다.

## 1. 실학 연구 이념으로서의 "민족–근대"

20세기 초반 식민지 조선의 지식인들이 민족적 각성의 계기로 발견한 실학은, 20세기 중반을 거치면서 조선후기 사상사 연구의 중심 담론으로 자리잡았다. 1970년대 "실학 연구 황금기"[287]의 중심이었던 이우성(李佑成)은 실학을 동양 중세적 세계주의를 이루던 주자학(朱子學)에 의해 "각 민족의 몰자각한 상태가 지속"되던 조선후기에, "자아의 자각"으로 "우리나라의 실지 사정에 입각한 실제적인 사고를 세워놓은 학풍"으로 규정하였으며, "그들이 지향하는 새로운 차원이란 바로 근대(近代)로의 방향으로 통하는 길"이라고 하였다.[288] 민족적 각성을 저해하며 실지 사정과 동떨어졌던 주자학과는 달리 민족적 각성을 통해 근대로의 방향을 잡은 것이 실학이라는 말이다. 여기서 주체적 자각을 기반으로 하는 '민족'과 새로운 시대를 지향하는 '근대'를 실학 연구의 중심 이념으로 삼았음을 볼 수 있다. '민족–근대'의 결합 개념을 조선후기 실학에 투영하여 실학 연구의 이념적 핵심을 정립한 것이다. 이 시기 실학 연구의 또다른 중심인물이던 천관우(千寬宇) 역시 실학 연구의 중심 이념을 '민족–근대'로 삼고 있었다.

> 조선후기 실학은, 첫째로 전근대의식에 대립되는 근대의식 내지 근대지향의식, 둘째로 몰민족의식에 대립되는 민족의식을 척도로 하여 재구성된 조선후기 유학의 개신적 사상으로서 '조선후기에 일어난 개신유학'이라고 부를 만한 것이다. 그 두 척도는 서로 별개의 것이 아니라 민족의 존립 번영을 전제로 한 근대지향, 근대지향을 전제로 한 민족의 존립 번영이라는 일체(一體)의 관계에 있는

것이다.[289]

실학의 근대지향의식과 민족의식이 일체의 관계에 있었다는 발언에서, 천관우도 실학 연구의 이념적 핵심으로 '민족－근대'를 설정하고 있었음을 확인할 수 있다. 근대지향의식과 민족의식이 일체라면 그에 대립된 전근대의식과 몰민족의식도 긴밀히 결합되어 있다고 여겼음을 짐작할 수 있는바, 그것은 이우성이 "동양 중세적 세계주의－주자학"이라고 표현했던 바와 동일한 것이다. 그리하여 실학 연구가 각광을 받던 시기 그 연구 이념의 핵심적 지향은 '민족－근대'였고, 그 역방향의 부정 대상으로는 '중세－주자학'이 놓였던 것이다.

이 실학 연구 이념의 지향이 정초된 것은 1930년대였다. 연구 대상으로서의 실학 개념이 형성되었다고 지목하는 1930년대 "조선학 운동"은 다산 정약용(茶山丁若鏞)의 서세(逝世) 100주년을 전후하여 각종 강연회 및 학술연구가 활발히 전개되며 정약용을 '발견 발명'했던 사정을 가리키는 말이다.[290] 실학연구는 그 출발이 정약용에 대한 재인식을 신호탄으로 하는 것이었다. 이 시기 조선학 운동의 중심이었던 정인보는 "(다산) 선생의 심사(心事)를 우리의 심리(心裏)에서 거듭 찾아내 해이(解弛)를 자경(自警)하여 분신(奮迅)함에로 …… 박구(博究)가 일(一)에 귀(歸)하기를 기(期)하고 일신(一身)을 대(大)에 헌(獻)하기를 결(決)"해야 한다고 하여,[291] 정약용과 자신의 시대적 거리감이며 입장의 차이를 부여하지 않고 정약용의 정신을 직접 계승할 것을 요구하였다. 여기서 "우리"는 조선 민족이며, 조선 민족의 현실을 정약용의 정신을 기반으로 주체적으로 타개하자는 주장을 했던 것이다. 정약용 정신에 대해서는, 학술적 탐구가 하나의 목표로 집약되고 그것으로 민족 단위의 공동체에 기여하려던 정신으로 해석하였다. 요는 민족 단위 공동체를 향한 헌신이다.

그런데 조선학운동이 정약용을 다시 보며 그 정신의 계승을 추구하려던 바로 그 대목에, 찬물을 끼얹는 발언이 나온다. 사회주의자 이청원(李淸源)은 "정다산의 사상은 고전적 최고 가치를 가지고 있지만 …… 정다산의 모순에 찬 견해에 그대로 조선의 얼을 부여하여 그 약점, 모순을 은폐하고 그를 이상화하여 결국 가부장적 촌락공동체에로의 복귀를 암암리에 선동하는 행위 이외에는 아무것도 아니다."[292]라고 하여, 특히 정인보(鄭寅普)의 작업이 정약용 우상화로 치닫고 있으며 과거로 되돌아가자는 퇴수주의적(退守主義的) 태도에서 나온 것으로 가치를 인정할 수 없다고 하였다. 여기서 이청원이 비판의 대상으로 삼은 언어인 '조선의 얼'은 정인보의 언어였던 것이다. 최익한(崔益翰)도 당시 간행된 『여유당전서(與猶堂全書)』를 독파한 후 신문에 그 연구논문을 제출하였는데, 이청원의 태도와 흡사한 논리를 보였다. 최익한은 정약용의 개혁정책에 대해 애정을 갖고 깊이 있게 연구한 후, 그의 개혁론이 위대한 사상이긴 하지만 "탁고개제(托古改制)"라는 한계를 갖고 있다고 했다. 정약용이 그 사상을 주장한 동기는 이상을 실현하자는 것이었지만, 그 사상을 실천할 방법은 옛것에 의탁하는 것으로 일정한 한계를 지닌 것이라 여기고 있었다.[293] 정약용이 훌륭한 개혁론자이긴 하지만, 그 개혁의 방법을 전적으로 봉건 군주의 아량에만 의지하고 다수 인민의 가능성을 발견하지 못하는 한계를 지닌 중세지식인으로 보았던 것이다.[294] 이렇듯 사회주의적 전망을 과학성의 이름으로 추구하던 최익한 · 이청원 등은, 민족적 고전으로서의 가치는 인정하되 거기에서 재발견한 정신을 실천적으로 계승하려는 정인보의 지향과는 일정한 거리를 두었다. 중세적 가치는 인정하되 근대적 가치를 부여할 수는 없다는 입장이었던 것이다. 사회주의 이념을 추구하며 국학 고전 분야를 연구 대상으로 삼았던 백남운 · 이태준 역시 최익한 · 이청원과 흡사한 논리를 보이고 있었다.

이에 반해 민족주의-실증주의 계열이었던 문일평 · 안재홍 · 현상윤 등은 정인보와 흡사하게 여전히 가치가 있다는 논리를 보였다. 특히 현상윤(玄相允)의 "성공되었다면 필연적으로 구미 물질문명이 훨씬 용이하게 또는 일찍이 조선에 수입되었을 것"[295]이라는 인식은 주목을 요한다. 앞서 본 정인보의 발언은 시대적 거리감을 소실시켜서 정약용의 시대적 사명을 식민지 동시대인에게 부여하려 한 인상이 있는데, 현상윤의 발언은 근대의 가치를 진작에 정약용이 추구하였다고 하여, 시대를 넘어 식민지 동시대인의 옆에 배치하려는 듯한 인상이 있다. 사회주의 계열과 민족-실증주의 계열이 계승의 문제에서 이견을 보이는 가운데, 정인보는 더욱 실학의 고전적 가치에 회귀하는 입장을 보이는 듯하다. 어쨌든 민족적 고전으로서의 실학에 대해서는 양측 모두 애정을 갖고 그 가치를 인정하고 있으며, 이것은 당시 신간회 방식의 정치운동이 차단되면서 좌우합작의 학술적 출로로서 제기된 조선학운동의 결과로 볼 수도 있는 것이었다.[296] 이 동의는 분단 이후 남북에서 실학에 대한 인상을 대략 흡사하게 하는 데에 작용하였다.

1970년대 실학 연구의 핵심으로 정리된 '민족-근대'라는 이념은,

이상에 정리된 바와 같이 실학 연구가 탄생하던 1930년대에 실학을 감싸는 강보처럼 출현한 것이다. 1970년대와 그 이후에도 '민족-근대'에 대한 이견이 없지 않았듯이, 1930년대에도 이견이 있었다. 특히 실학의 근대성에 대한 견해가 큰 차이를 드러내고 있었다. 각자의 이념적 편차가 있는 대로 실학의 민족 고전적 가치에 대한 인식은 대략 동의하는 것이되, 사회주의 계열은 그것의 중세적 한계를 지적하였으며, 민족주의-실증주의 계열은 그것의 근대적 가치를 주창하였던 것이다. 여기에 정인보는 중세와 근대의 시차를 염두에 두지 않고 가치가 있는 것임을 주장하여, 민족적 주체성에만 방점을 찍는 독특한 위치를 점하고 있었다.

## 2. 실학 연구 확장 과정의 문제와 근대라는 화두

실학 연구의 중핵에서부터 그 내포를 확충해가던 1950년대에는, 다시 실학의 개념에 이의를 제기하는 흐름도 있었다. 한우근(韓㳓劤)은 문일평·홍이섭·천관우 등을 거치며 실학이란 명칭이 확고해진 현상을 두고, 명칭에 대한 반론을 제기했다. 실학은 본디 삼대(三代)의 학(學)이나 정주학(程朱學)을 가리키는 말이었고, 다시 이조후기 공담(空談)으로 치우치던 성리학(性理學)을 배격하며 주창된 경세(經世)의 실학으로 새로운 성격을 띠게 되었는데, 유형원(柳馨遠)을 비조(鼻祖)로 삼는 이 새로운 학풍을 실학이라고 부르면 실사구시(實事求是)의 고증학(考證學)과도 혼동을 주게 되니 안

된다고 하며, "경세치용(經世致用)의 학(學)"을 제안하였다.[297] 실학이라는 용어는 시대에 따라 그때그때 원시유학・주자학・고증학 등을 지칭하기도 했던 용어이니 쓸 수 없다는 말이다. 전해종(全海宗)도 실학을 "수기치인(修己治人)의 학(學)"이라 하여 정주학에서는 수기가 강조되었다면, 청초에 치인이 강조되고 드디어 실용실천파가 나타나게 되었다고 하며 실학이란 용어의 역사적 변천을 개괄하였다.[298] 주자학과 실학의 공통 기반을 원시유학의 기본 개념으로 설정하여 그 연속성이 강조되는 효과가 있었다. 이들은 실학의 개념에서 명칭으로 시선을 돌림으로 해서 일반명사로서 실학의 의의를 강조하는 효과를 유도하고, 결국 조선후기의 새로운 학풍이 성리학 혹은 유교의 큰 틀과 연계된 점을 새삼 인식하게 만든 것이다. 이것은 후에 성리학의 발전에서 실학의 발생 계기를 찾거나 성리학 자체를 실학으로 규정하는 흐름에 단초를 열게 된 것으로 보인다. 이러한 경향이 더욱 발전하면서 성리학과 실학의 구분이 무의미하다는 주장이 나오게 되는데, 이상은(李相殷)은 유형원이 성리학의 단점을 보완하는 정도였으며 정약용도 수기치인과 심성수양을 근본으로 삼고 있기에 실학은 성리학과 대립된 것이 아니라고 하였고,[299] 유인희는 실학을 성리학 현실화 과정의 문맥으로 보아야 한다고 하였다.[300] 이동환은 나아가 성리학이 실학과는 물론 근대와도 대립되는 위치에 있지 않았음을 논증한 바 있다.[301]

실학(實學)이 애초에 고유명사가 아니라 허학(虛學)의 상대 개념으로서 일반명사였다는 사실이 문제를 복잡하게 만들었던 원인으로 보인다. 이는 실학의 개념을 다루는 연구사에서 지속적으로 언급되었던 바이다. 조선후기의 새로운 학풍에 대해 실학이라는 명사를 부여한 최초의 인물은 최남선(崔南善)으로 알려져 있었다. 최남선은 「조선역사강화」(1930)에서 유형원·이익·안정복·신경준·유득공·한치윤·이중환·이긍익·정약용을 "실학(實學)의 풍(風)"이라 하였고, 이와 별도로 홍대용·박지원·이덕무·박제가 등을 "북학론자(北學論者)"라고 하였다.[302] 최남선은 유형원 이하 계보와 홍대용 이하 계보를 별개로 인식하며 각기 실학(實學)과 북학(北學)으로 명명했던 것이다. 그런데, 이나바 이와키치(稻葉岩吉)라는 일본인 학자가 이미 1929년에 실학이라는 용어를 사용한 바 있음이 밝혀졌다.[303] 비록 박지원 외에 문익점·신숙주 등을 거론하여 우리가 구상하는 실학과는 조금 거리가 있는 듯하지만, 남병철을 실사구시의 학풍에 영향을 받았으나 그보다 뛰어났다고 하며 실학파로 규정하고 있다. 최남선이 이나바 이와키치의 글을 읽고 그 영향을 받았다는 증거는 없으나, 최남선보다 한해 앞서 실학이라는 용어가 사용되었음을 무시할 수는 없을 것이다. 또 하나 기억할 것은 1929년에 『성호사설』이 간행되는데, 여기에 수록된 정인보의 서문은 성호 이익을 위시한 안정복·윤동규·신후담·이병휴·이중환 등의 성호학파와 정제두를 위시하여 최명길·이이명 등으로 이어지는 소론학풍의 인물들을 제시하고, 특히 유형원(柳馨遠)·이익(李瀷)·정약용(丁若鏞)을 잇는 큰 흐름을 확립하였다. 이것은 근대계몽기 실학에 대한 재인식[304]의 연장선에 있는 것인데, 최남선은 정인보가 제시한 이 흐름에서 대략 소론학풍을 제외하고 남인학자들만 "실학의 풍"으로 소개하고 있는 것이다.[305] 최남선의 이후에도 현실학파(백남운)·경제학파(현상윤)·실증학파(홍이섭) 등의 다른 표현이 있었는데, 20세기 중반에 들어 "실학"으로 정리되어 갔다. 어쨌든 이 실학이 전통적으로 불교·도교 등을 허학으로 지칭하며 그에 대립되는 개념으로서 일반 명사의 기능이 있어서 한우근 등의 문제제기를 지속적으로 받게 되었던 것이다.

한편 이렇게 등장한 고유명사로서의 "실학"에 문일평은 "실사구시(實事求是)"의 맥락을 연결하였는데,[306] 고증학을 의미하기보다는 글자 그대로 "사실에서 옳음을 구함"이라고 하였다. 정인보는 이보다 앞서 "징실구시(徵實求是)"란 표현도 하였는데,[307] 문일평의 실사구시와 같은 맥락이지만 고증학과의 혼동을 피하기 위함이었던 것으로 보인다.[308] 여기서 한 가지 짚고 넘어갈 점은, 1970년대 이우성이 경세치용학파·이용후생학파·실사구시학파로 실학의 발전 단계를 구획하고, 실사구시학파로서 김정희(金正喜)는 정치사회적 이념을 염두에 두었던 선행 실학자와 달리 학문 그 자체가 목적이었다고 규정한 대목이다.[309] 19세기의 보수화 흐름이 앞선 실학 세대의 정열을 드러낼 수 없게 만들어서 학문적 자세로서만 주체적으로 실사구시를 추구하였고, 한편으로 참된 실사구시의 자세로서 위원(魏源)의 『해국도지(海國圖志)』를 인정하였으며, 시기적으로 개화파와 연결되는 중인들을 배출했다는 점으로 설명하였다. '민족-근대'를 실학 연구 이념의 중핵으로 제시하면서도 학문 자체가 목적이라는 김정희를 실사구시학파로 당당히 실학의 제3기에 편성한 것에는, 한우근 등의 문제제기에 대한 대응 차원에서 실학의 실사구시적 방법론과 그 역사성을 분명히 하여 개념 문제를 해결하기 위한 고심이 있었던 게 아니었을까 짐작된다. 이우성은 앞서 1950년대까지는 실학을 성호학파와 연암학파로만 구분하여 인식하였었다.[310] 이 실사구시의 맥락이 고증학과 무관하지는 않으면서도 별도의 학적 전통을 갖고 있음이 더욱 자세히 밝혀졌다. 임형택은 "구시폐(救時弊, 현실 개혁)의 실사구시에서 발단하여, 고고(考古, 고증학)의 실사구시로, 다시 격치(格致, 과학)의 실사구시로 발전해서, 드디어 개화사상의 실사구시로 이어졌다"고 하였는데, 여기서도 김정희의 주요 역할은 고고의 실사구시, 바로 학문적 방법론을 세운 것에 있었다.[311]

또 실학과 성리학의 관계에 있어서는 주로 철학 전공자들이 연속성과 발전의 계기를 발견하고 있는데, 이것은 실학 연구의 전개과정상 자연스런 현상일 듯하다. 실학은 본디 근대 이전의 사상이었는데, 실학 연구 초기부터 연구자들이 현재성을 강조하기 위해 근대 지향을 도드라지게 했던 것이다. 이제 실학 연구의 내포가 확충되어가는데, 근대 지향 특성의 그늘에 가려 있던 부면에 시선이 미치는 것은 당연한 일이라고 본다. 다만, 실학은 기왕에 '중세–성리학'과는 다른 지향을 보이는 부면을 중심으로 구성하여 연구해왔다. 그 다른 지향을 도드라지게 '민족–근대'로 이념화하기도 하였지만, 그것은 근대화 과정에서 형성되어온 '민족–근대' 담론의 영향이며 특히 자본주의 맹아론의 한 양상으로 70년대적 현재성이라고 할 것이다. 이렇게 '구성'되어온 연구사를 외면하고 성리학과 실학의 연속성의 계기만 일방적으로 강조한다면 그것은 실학 범주가 아닌 성리학 범주에서의 연구로 귀착될 것이다. 실학자의 범주에 포함되어온 조선후기 지식인의 전통 지식에 대한 다기한 입장은 확인되어야 하지만, 그의 실학이 성리학의 발전이었다고 보는 것은 또다른 차원의 문제인 것이다.

실학이 주자학 그것의 발전이든 반대든, 그것보다 실학이 사상적으로 주자학적 세계주의에 매몰되어 있었던 것인가, 그렇지 않으면 자아의 자각에 의해서 우리나라의 실지 실정에 입각한 실제적 사고로 성립되어 있었던가가 더 중요한 것이다.[312]

달리 말하면 중세해체기 제 폐단 해결책 구상으로서 실학의 과정은 곧 민족적 주체성을 자각하는 과정이었다는 것이다. 성리학 혹은 중세적 사유의 발전이든 그것을 반대하여 성립되었든, 민족적 자아의 주체적 사유가 담겨 있다는 사실이 실학 연구에서는 더 중요하다는 입장이다. 실상 이 인용문의 필자는 앞서 보았듯이 실학 연구의 이념을 '민족-근대'로 확정지은 1970년대 실학 연구의 중심 인물 중의 하나이다. 이는 1930년대 조선학운동 과정에서 발견한 민족주체성과 근대지향성을 고스란히 계승한 입장이다. 그런데 조선학운동 과정에서도 정인보의 경우는 민족주체성의 강조만 보이고 근대지향성에 대한 언급은 발견되지 않는다. 그러니까 실학에 대한 1970년대의 규정은 실학에서 민족주의와 근대성을 발견하려던 문일평·현상윤 등 민족-실증주의의 노선 위에 놓인 것이라 할 수 있겠다. 그러면서도 위 인용문은, 자아의 자각을 통해 새로운 학풍을 열어나가며 근대의 방향으로 통하는 길로 실학을 규정하고 나서 마지막으로 주자학과 실학의 관계를 설명하고 있는 대목인데, 자아의 자각이 더욱 강조되어 있다는 점에서 정인보의 노선에 기울어진 것이라고 볼 여지도 있다. 독자성을 확보하여 주체적으로 학문을 추구한다는 측면에서 성리학의 중세적 세계주의를 돌파한 성과, 그것이 실학의 성과로 수렴되어야 할 것이라 여긴 것이다.

다시 근대정신과 민족정신을 강조하며 조선후기의 새로운 학풍을 계보화하여 실학의 내포와 외연이 정리된 것으로 보이는 1980년대부터, 훨씬 복잡한 문제제기들이 발생하였다. 지두환(池斗煥)은 그동안 실학자로 분류되던 인물들 중에서 홍대용·박지원·박제가·정약용·김정희·최한기로 이어지는 계보를 구상하고 이들의 북학사상만을 실학으로 규정하였다.[313] 실학의 내포에 있던 이수광·유형원·이익·안정복 등을 조선성리학이라는 영역으로 이주시켜 실학의 내포를 서구로부터 발원하는 문물의 수용과 산업을 중시하는 입장으로만 충당한 것이다. 이러한 견해에 최완수와 정옥자 등의 견해를[314] 보충한 유봉학(兪奉學)은 18세기 중앙 권력을 담당하였던 경화사족층의 실학만 주목해야 한다고 하였다.[315] 실학의 내포를 흔드는 견해였던 것이다. 한편 이영훈(李榮勳)은 조선후기 소농사회의 성숙과정에 대응하는 성리학의 합리주의 혹은 개성적 자기 인식 체계로서 실학을 규정함으로 하여 실학의 근대지향적 요소를 삼제하였는데, 사회변동의 나머지 분열하는 19세기 사회에 대한 고민 속에 근대지향은 아니지만 근대를 조망하는 징후를 읽을 수 있는 여지를 정약용에게 남겨두기도 하였다.[316] 이런 시각의 연장에서 안병직(安秉直)은 실학을 동아시아 자본주의 성립 전야의 유교 발전의 최종 귀결점으로 보며, 그것이 서구 자본주의를 수용하는 기반이 되었다고 의의를 부여하였다.[317] 그런 인식은 결국 실학을 자본주의 지향과 서세동점의 결과물로서의 성격만 강조하는 경향으로 귀착된다.

실학 연구의 대상 범주에 대해, 정인보가 남인학자 계열과 소론 양명학자 계열을 '의실구독지학'의 계보에 두었으나 최남선은 이익과 정약용 등의 남인학자 계열만을 '실학지풍'으로 지칭하였다는 사실과, 1970년대에 김정희가 '실사구시학파'로서 실학의 제3기에 포함되었음을 앞서 언급하였었다. 노론계열 학자들의 편입은 남인계열과 김정희의 사이에 있었다.[318] 그런데 여기서 상품화폐경제의 발달 및 자본주의적 요소의 발전만을 강조하여 소위 '북학론자'들만을 실학 연구의 대상으로 남겨두려는 것은 기존 논의와 기반을 달리하고 있는 것이다. 그렇게 서구로부터 발원하는 외래 문명의 수용만을 중심으로 실학을 본다면, 연구 이념의 중핵에서 '민족'은 사라지고 '근대'만 남게 된다. 이 '민족'은 정인보의 용어로는 바로 "독(獨, 주체적 독자성)"이니, 정인보의 입장을 빌려 거칠게 말하면 주체 없는 근대 추수로 치닫게 되는 것이다. 최초의 맥락으로서 정인보의 주체적 독자성에 대한 해석을 다시 볼 때가 된 것이다.

## 3. 실학 연구의 초기 맥락으로서의 "의실구독(依實求獨)"

근대적 실학 연구가 개시되는 1930년대의 조선학운동 당시에는, 사회주의 계열의 국학연구자들과 민족주의 계열의 국학연구자들이 실학에서 '민족–근대'의 가치를 중요하게 거론하였다. 물론 직접적 계승의 여부에는 이견이 있었다. 그런데, 정인보의 경우에는 '민족–근대'의 가치 중에 근대는 애매한 채로 놔두고 민족 주체성만을 강조하는 입장을 보였다. 민족 주체성은 정인보 자신의 용어로 '의실구독(依實求獨)'이라고 표현되었다.

> 무릇 학술에서 귀한 바는 작고 은미한 일을 선명히 밝힘으로써 본말과 시종을 드러내고 그것으로써 이 인민들을 보좌하는 것인데, 이 경지에 도달할 수 있는 것은 참으로 그 이치를 터득하는 것에 달렸다. 이치는 허구로 만들어질 수 없으므로 반드시 실질〔實〕에 의거해야 하고, 실질은 범범하게 뒤섞일 수 없으므로 반드시 독자성〔獨〕을 구해야 한다. 독자성을 갖추면 실질이 되고, 실질을 갖추면 이치를 터득하게 되어서, 선명히 밝힌 효과가 인민과 만물에게 드러나 감출 수 없다.[319]

1929년 서울 문광서림(文光書林)에서 『성호사설(星湖僿說)』이 간행되었는데, 간행 당시 정인보가 쓴 서문의 앞부분이다. 여기서 "실질에 의거함"과 "독자성을 구함"이 '의실구독'이다. 정인보는 『성호사설』의 서문을 통해 민족의 실체를 구상하고, 구상된 실체를 기반으로 민족의 독자성을 추구하자는 논리를 만들어내었다. 정인보에게 민족적 독자성은 민족의 '얼'이기도 하였다. 정인보는 1933년부터 『동아일보』에 「오천년간 조선의 얼」을 발표했는데, 해방 후 『조선사연구』로 묶어 간행하면서 "일본 학자의 조선사에 대한 고증이 저희 총독정책과 얼마나 긴밀한 관계가 있는가를 더욱 깊이 알아 '언제든지 깡그리 부셔버리리라' 하였다"고 부언(附言)한바,[320] 일제 총독부 지배정책의 일환으로 전개되던 식민주의 사학이 저들 중심의 왜곡임에 반발하여 조선 민족 중심의 주체적 사학을 건설하려는 의지로 조선사 연구를 시작했다는 말이다. 이러한 인식의 연장에서 남의 독자성에 동화되어간 중세 조선 지식인의 중국중심주의적 사고방식은 정인보로서는 여지없이 타파해야 할 대상이었던 것이다. 식민지 현실의 원인을 찾아간 정인보가 아픈 상처를 헤치고 어루만져서 치유하려 했던 고뇌를 읽을 수 있으며, 이러한 사유는 박은식·신채호 등의 근대계몽기 담론의 발전적 전개이다. 그리고, 여기서 부정해야 할 대상이 되는 존화(尊華)가, 1970년대 실학 연구에서 부정의 대상으로 삼은 '중세 세계주의로서의 성리학'이다. 정인보가 묘사한 성호 이익의 학문과 인상은 궁극적으로 민족을 바로잡고자 하는 의지로 귀결된다. 정인보에게 성호 이익의 학문은 민족의 현실을 떠나 해석될 수 없다. 근대 제국주의 침탈과정에서 닥쳐오는 혼란과 공황의 한복판에서 정인보는 민족을 주체로 설정하여 세계를 헤쳐나갈 중심을 잡았던 것인데, 존화가 횡행하며 주체적 각성을 저해하던 조선후기 성호 이익의 시대를 제국주의의 침탈이 전지구적으로 확산되며 주체적 각성을 저해하는 정인보 자신의 시대와 동등한 차원으로 보고 공동체적 주체성의 추구를 학술 본연의 임무로 삼고자 한 것이다.

> 선비가 그러한 시대에 태어나면 거짓 학설에 위축되기 때문에, 하늘로부터 받은 양심으로 스스로 떨쳐나와 의실구독지학(依實求獨之學)에 종사하며 백성들(민족)의 마음을 바로잡는 일에 싫증내지 않을 수 있는 자가 드물다.[321]

의실구독지학(依實求獨之學) 즉 실체 혹은 실질에 의거하여 독자성을 추구하는 학문, 바로 실학이다. 실용성 혹은 실증성이 그 자체로 의미가 없는 것은 아니지만, 정인보는 거기에서 한 단계 더 나아가 독자성을 추구해야 한다는 목표를 설정하였던 것이다. 정인보가 학술의 최종 목표로 설정한 독자성은, 근대 이후 소위 동원되는 민족에게 요청하던 민족적 독자성과는 지향을 달리한다. 민족을 단위로 한 공동체를 향해 요구하는 것이 아니라, 선비에게 하늘로부터 받은 양심을 발휘하라고 요구하는 것이다. 이것을 두고 귀족주의 혹은 지식인주의로 폄하할 일은 아니다. 지식인의 특권이 아니라 책무를 환기하고 있기 때문이다. 시대의 조류에 거슬러 홀로 서지 못하는 지식인의 투항주의를 힐난하고 있는 것이다. 그런 측면에서 모범적 지식인의 상으로 제시하는 성호 이익과 다산 정약용은 시대의 잘못된 조류를 돌파하여 지식인의 과제를 수행했던 것이며, 정인보는 자기 시대 역시 동일한 과제가 놓여 있다고 보았다. 정인보가 표현했던 의실구독(依實求獨)의 독(獨, 독자성)은, 동원되는 민족에게 요구되는 주체성이 아니라, 공동체로서의 민족을 근거로 학문을 추구하는 지식인에게 요청하는 주체성인 것이다. 여기에서부터 근대 실학 연구의 맥락이 출발한다.

## 4. 초기 맥락을 다시 보는 의의

정인보가 성호 이익의 학문을 정리하며 '의실구독(依實求獨)'이란 용어를 쓴 글은, 한문으로 되어 있다. 1929년 무렵 서울에서는 한문문명권에서 갓 벗어나, 교유의 필요에 의한 한시나 서간 등을 한문으로 작성하는 경우도 있었겠고, 관습적 문집의 서문을 한문으로 작성하는 경우도 아직 있었겠지만, 학술적 논술에 가까운 이런 서문을 한문으로 작성하는 경우는 거의 없었을 것이다. 정인보는 물론 이 무렵 국문으로 칼럼을 작성하여 발표하거나 국학고전의

해제를 작성하기도 한다. 정인보의 경우는 한문과 국문의 사이에서 선택적으로 글쓰기를 하고 있던 것이다. 신구 문명의 전환 과정은 문자생활에도 신문명의 국문과 구문명의 한문이 교체되며, 신문명의 입장에서 구문명의 한자 한문을 철저히 타자화하는 과정을 거쳤는데, 정인보의 경우에는 신문명과 구문명의 양쪽에 걸쳐 있던 셈이다. 정인보는 그런 점에서 근대한문학의 독특한 경지에 도달할 좌표를 갖고 있었다. 변영만(卞榮晩)과 더불어 정인보를 서울의 근대한문학 쌍벽으로 거론하기도 하듯이, 한문학의 수준이 대단히 높았던 것이다. 구문명의 중세적 세계주의인 성리학에 대해 일정한 거리감을 가지면서도 한문학 고전을 통해 자기 시대의 요구에 해답을 구하려는 자세를 가질 수 있었던 것은, 신문명과 구문명의 양쪽을 대등한 시선으로 볼 수 있는 위치에 있었기 때문이다. 물론, 성리학에 대한 객관적 거리에는 양명학의 계승자라는 입장도 관계하고 있었을 것이다.

한문학 고전 중에서 중세의 중심을 서서히 공략해 들어가면서 반중세-탈중세의 움직임을 만들어가던 다기한 계기들이, 중세의 시대에는 드러나지 않다가 20세기를 전후하여 일면 단절되기도 하고 일면 확장되기도 하여 정인보에게 발견되었다. 실학의 발견은 정인보를 중심으로 한 근대한문학의 성과로도 평가할 수 있을 것이다. 그 성과가 조선학운동을 추동했던 것이다. 또 한편으로 근대한문학에 서 있었기에 실학 정신의 계승 문제에 있어서 시대가 바뀐 만큼의 거리감을 부여하지 않을 수 있었다. 정인보는 정약용의 학문적 기치가 "실심실행(實心實行)"이었다고 규정하고, "시대는 바뀌고 변고도 일어났지만, 선생의 그침 없는 정성은 오히려 영원토록 살아있을 것이다. …… 나는 바란다, 이 저서를 읽는 분과 서로 힘써 선생을 저버리지 않고 선민의 아름다움을 길이 받들기를!"[322] 이라고 하였다. 정약용의 실심실행 정신을 시대의 변화에도 불구하고 변함없는 가치로 인정하며 계승할 것을 다짐하고 있는 것이다. 또 이런 입장 때문에 실학에서 민족주체성 외에 근대적 요소는 전혀 강조하지 않았던 것까지 생각해볼 수 있다. 물론 민족이라는 가치도 근대에 발견된 것이다. 그러나 근대의 강렬한 요청이었던 근대적 민족의 각성을 한문학을 통해 끌어안고 폭력적으로 압도해오는 신문명을 돌파하려던 자세에서 발견되는 민족주체성은, 공동체적 주체성에만 집중적으로 강조점이 놓이는 것으로 보아야 한다.

근대화—산업화가 남한의 시대 이념이다시피 했던 1970년대에 정리된 '근대—민족'이라는 실학 연구의 이념은 전지구적으로 단일한 근대를 상정하고 있다. 거기에 근대에만 방점을 두고 민족은 배제하려는 일련의 경향은 단일한 근대의 사유를 오히려 강화하는 것이다. 단일한 근대의 궤도에서 뒤쳐져 있다는 인식이 역으로 고전에서 근대 지향의 맹아들을 신기루처럼 좇게 만들었다. 근대 초입에 식민지를 겪고 곧이어 내전을 겪게 된 민족사의 나머지, 세계사적 조류에 밀리고 뒤쳐졌다는 불안감의 나머지, 우리 국학 고전의 중심 영역이던 실학 연구에는 '민족 주체적 근대'에 대한 깊은 상실감이 음양으로 각인되었던 것이다. 그러나 이제 단일한 근대의 신념은 흔들리고 있다.

'민족'의 측면은 지난 세기 제국주의 침탈의 피해자이면서도 다시 피해를 극복하며 전지구적 산업화를 수행하는 역군으로서의 의미가 부여되었다. 여기서 '민족'은 '근대화'와 분리할 수 없는 위상을 지니게 되며, 다분히 동원되는 대중으로서의 자세를 요청받았다. 20세기 초중반의 '민족'은 저항적 민족주의로서 서구의 침략적 민족주의와는 결을 달리하는 것이긴 하지만, 큰 틀에서는 사회진화론의 우승열패론에 입각한 것이며 결과적으로는 이후 민족의 경계 안팎에서 무한경쟁을 유발하는 방향으로 전개되었다.[323] '근대'의 측면은 자본주의적 근대라는 서구로부터 강요된 단일한 근대를 넘어서는 상상력이 부족하였다. 상품 중심의 사유 혹은 화폐 개혁 구상과 같은 유사 자본주의적 요소를 실학 연구에서 강조해온 점을 지적할 수 있겠다. 토지와 노동과 화폐를 시장에서 상품으로 다루는 자본주의적 근대는, 자연과 인간을 파괴하는 폭력성으로 인해 끊임없는 저항과 수정을 통해 큰 비용을 치르며 겨우 유지되고 있다.[324] 특히 화폐는 자연상태의 다양성을[325] 전지구적 단일가치로 억압하면서 더욱 큰 비용을 치르게 되는 것이다. 이것을 자본주의적 세계화라고 부를 수 있으며, 이에 대한 저항의 다중적 공동체도 근대화의 진전 속에서 성장해 왔다.[326] 이제 대안의 근대 혹은 근대 이후의 상상력이 필요한 시점이다. 20세기의 실학 연구가 국학 연구에서 핵심적 역할을 담당하며 '민족-근대'의 이념을 추구했다면, 이제 실학 연구가 새로운 단계로 도약하여 새로운 상상력과 접속하고 본원의 맥락을 재구성해야 할 단계에 이르렀다. 근대의 초입에서 고전을 통해 주체적 공동체를 추구하는 지식인의 상을 그려본 정인보의 입장을, 실학 연구의 맥락에서 다시 확인해볼 필요가 있는 것이다.

## 제3절 변영만의 문학적 주체

변영만은 현실을 장사치의 세상으로 규정하고 그 천박한 장사치의 세상을 벗어나는 새로운 세상을 꿈꾸었다.

> 비록 그렇지만 가만히 생각해보면 세계는 장사치의 세계입니다. …… 꿈속에서 한 나라를 보니 풀과 나무가 사람 같고 사람이 풀과 나무 같았는데 그때 진한 향기가 코를 쏘아 잠에서 깨어 이 땅으로 돌아왔소. 내 감히 옷깃을 여미고 땅에 꿇어앉아 내 벗들에게 고합니다. …… 진실로 여기에 이르고자 한다면 세 가지 문이 있는데 정법(政法)은 여기에 포함되지 않고, 노무(勞務)와 문예(文藝)와 악가(樂歌)가 그것이오. 노무문으로 들어가면 간사하고 망령됨이 없고, 문예문으로 들어가면 속되고 부족함이 멀어지고, 악가문으로 들어가면 집요함이 끊어질 것이오. 집요함이 끊어지면 황홀하게 되어 그런 연후에 성스럽고 엄하게 되며, 속되고 부족함이 멀어지면 깊고 이해심이 있게 되어 그런 연후에 밝고 움직이게 되며, 간사하고 망령됨이 없으면 감격하여 그런 연후에 사랑하고 측은하게 여기게 되오. 사랑하고 측은하게 여기며, 밝고 움직이게 되며, 성스럽고 엄한 세상에 죽이고 훔치고, 굶주려 고달프고, 병들어 근심하는 것을 어찌 걱정함이 있겠소?[327]

그 새로운 세상의 대안적 삶은 풀과 나무가 사람 같고 사람이 풀과 나무 같은 평화가 존재하는 것이었다. 노동·문예·음악 이 세 가지를 새로운 세상을 향해 나아가는 관문으로 지목하고, 이 세 가지를 통해  천박함과 간사함과 집착을 끊게 되면 이 세상의 죽이고 훔치고 굶주려 고달프고 병들어 근심하는 일 없이 사랑하고 밝고 성스럽게 된다고 하였다. 대안적 삶에 이르는 도구가 혁명적 폭동 같은 것이 아니라 정서순화의 기능을 하는 것들인 셈인데, 여기 독특한 문예주의자로서 변영만의 매력이 녹아있다고 여겨진다. 변영만은 문예가 계몽의 도구도 아니고, 문예 그 자체를 위해 존재하는 것도 아니며, 오직 감동을 통한 정서순화의 도구임을 강조하였다.[328] 그 감동을 통한 정서순화가 새로운 세상을 만들어갈 것임을 의심하지 않으면서, 감동이 어떻게 만들어지는가 하는 점에 관심을 쏟았다. 그가 문학적 전범(典範)과 창작론에 관해 언급한 대목은 대개 여기서 벗어나지 않을 것으로 보이는데, 전범과 창작론에 관한 변영만의 생각을 정리해보고자 한다.

## 1. 문학적 전범 설정에 대한 엇갈린 증거

이가원(李家源, 1917~2000)은 『산강재문초(山康齋文鈔)』의 「서후(書後)」에서 변영만이 "초나라의 굴원(屈原)과 한나라의 사마천(司馬遷)이나 우리나라의 박지원(朴趾源) 등 그 몇 분들 아래로는 모두 곁눈으로 보았을 뿐 잘 읽지도 않았다."[329]고 하여, 변영만의 독서경향이 몇몇 전범적 대가(大家)에만 국한되었음을 명시하였다. 『산강재문초』를 수습하여 간행한 김종하(金鍾河, 1909~1968)도 「서후」에서 "양한(兩漢)을 뛰어넘고 선진(先秦)의 제자(諸子)와 더불어 나란히 달리며 우열을 다투어 당송(唐宋)도 그대로 무시하였으니, 우리나라의 문장에 대해서야 어찌 논하겠는가."[330]라고 하여 문학적 전범을 상당히 높이 잡고 있었음을 지적하였다. 그러나 하성재(河性在, 1901~1970)는 「서후」를 통해 조금 다른 견해를 제출한다.

> 젊어서부터 선진양한의 전적에 깊이 빠져서 그 기상을 키웠고, 중년 이후에는 비록 명청 이후의 작품이라도 시대가 내려왔다 해서 경시하지 않고 그 영화(英華)를 저작(咀嚼)하고, 그 의리와 법칙을 정밀히 연구하여, 말미암는 바를 신중히 하고 표현하는 바를 조심스레 하였다. 그리하여 그 구절구절을 뛰놀게 하면서 그 글자는 평이하게 하였다. (하성재, 「산강재문초 서후」)[331]

변영만이 선진양한으로부터 근대에 이르기까지 광범위한 영역을 섭렵하고 그로부터 문장의 전범을 추구하여, 생동감 있되 쉽게 읽히는 문장을 창조해낸 것으로 설명하고 있는 것이다. 세 분의 결론이 결국 변영만의 문장 수준이 희대의 명문장으로서 전범적 대가의 반열에 오를 만하다는 것으로 귀결되는 것은 동일하지만, 그러한 수준에 도달하는 과정으로서의 문장 학습에 대한 증언은 차이가 있다. 그 차이는 선진양한의 문장만을 전범으로 삼았느냐, 당송 이후 명청에 이르는 시기의 문장까지도 전범으로 인정했느냐 하는 점인데, 하성재는 선진양한을 언급한 뒤에 명청 이후 근대의 작품도 경시하지 않았음을 지적하여 이에 대해 이가원·김종하와 다른 견해를 제시하고 있는 것이다. 이 점은 의고문파(擬古文派)적 경향을 보이느냐 순정고문파(醇正古文派)적 경향을 보이느냐의 문제이기도 하다. 변영만 스스로도 어떤 때는 진한고문(秦漢古文)의 전범성을 유독 강조하고, 또 어떤 때는 당송고문(唐宋古文)의 성과를 칭송하기도 하는 등, 일관된 입장을 보이지 않았다.

변영만이 선진양한의 전범을 추구하고 그 후대의 글들에 대해 무시하는 발언을 한 것은 사실이다. 「조심재에게 회답한 편지」에서 "비록 육경(六經)의 글을 받들어 본받아야 함을 알지만 감히 배우지 못하였고, 비록 부려(富麗)한 초사(楚辭)와 한문(漢文)을 사랑할 줄 알지만 감히 본받지 못하겠습니다. 한유·이고·구양수·증공 같은 이는 일찍이 생각의 언저리에도 두어본 적이 없었습니다."[332] 라고 하였다. 감히 배우거나 본받지 못하겠다는 말은 하였지만 그것은 문자 그대로 겸양에 불과한 것이고, 말하고자 하는 실질적 내용은 육경과 초사와 한대 문장을 추구할 뿐 한유 이하의 문장은 염두에도 두고 있지 않다는 것이다. 조긍섭(曺兢燮, 1873~1933)도 변영만의 그러한 자세를 간파하고 『산강재문초』의 서문에서 "문장을 통해 굴원과 사마천이 도달한 자리에 도달하기가 별로 어려움이 없을 것인데, 더 나아가 한유가 도달하지 못한 육경의 문장에까지 도달하길 바란다."[333]는 언급을 한 바 있다. 당송고문의 수준을 뛰어넘어 선진고문 수준의 문장을 창조해낼 능력을 갖추고 있다고 대단히 칭찬한 것이다. 변영만은 심지어 구양수·귀유광에 대해 '찍찍대는' 벌레소리에 비유하기까지 하였다.

> 영숙(永叔, 구양수)은 벗들의 제문을 잘 하였고
> 희보(熙甫, 귀유광)는 남의 행장 많이 지었지.
> 어찌 늙음을 즐기는 데 부족하겠는가만
> 하나같이 벌레가 찍찍대는 소리일 뿐. (「조여명에게 보임」)[334]

이러한 경향의 발언은 한두 번에 그친 것이 아니라서 변영만은 "거칠고 오만하게 반생을 보냄에, 너무 큰 데 이르려는 병통을 면하지 못하여, 남과 더불어 글을 논함에도 왕왕 당송의 글을 폄하하고 주한(周漢)의 글을 후평한 것은 진실로 그러한 점이 있었다." (「김수 사문에게 답함」)[335]라고 스스로 고백하기도 한다. 그러나 한편으로 아래 인용문을 보면 변영만이 한유 이하의 문장에 대해 사실상 한 번도 생각에 두어보지 않았던 것은 아닌 듯하다.

> 만주(晚周) 선한(先漢) 시대 사람의 문장은 순온(醇溫)과 괴월(魁越)이 일시에 두 가지가 다 극진하였는데, 그 뒤로는 한 쪽에 도달하게 되었을 뿐이다. 예컨대 창려(昌黎, 韓愈)는 훌륭하였으되 괴월의 뜻이 필경 승하였으며, 남풍(南豐, 曾鞏)은 훌륭하였으되 순온의 운치가 유독 많아서, 모두 옛적의 만주 선한 시대의 아름다움에는 들지 못한다. 하물며 그보다 못한 사람들에게 있어서랴? 비록 그렇지만 문장의 도가 웅대한 것보다는 차라리 심미(深微)해야 하는 것이니, 예컨대 희보(熙甫, 歸有光)와 희전(姬傳, 姚鼐) 같은 경우는 심미한 지취를 얻은 자일 것이다. 비록 아득히 채워지지는 않았지만 문장을 말하는 이가 그것을 폐할 수 할 수는 없으니, 이 또한 몰라서는 안된다. 공자는 심미하고 맹자는 웅대하다. (「우연히 적다」)[336]

여기서도 물론 한대 이전 문장에 대해 최고의 가치를 지닌 것으로 평가하고 있긴 하지만, 한유 이하 문장에 대해서도 일정한 가치를 부여하고 있다. 단서가 붙기는 하지만 한유와 증공에 대해 '훌륭하다〔善〕'고 한 것이다. 한유와 증공이 훌륭하긴 하되 다만 괴월과 순온을 두루 갖춘 한대 이전 문장에 비해 둘 중에 어느 한쪽으로만 실현되어 치우친 점이 있다는 것을 지적하였다. 괴월은 거룩하고 탁월한 것이고 순온은 순수하고 온화한 것이다. 한유와 증공까지는 괴월과 순온의 용어로 평가하다가, 귀유광과 요내에 이르러서는 용어를 웅대〔巨〕와 심미〔微〕로 바꾸어서 평가한다. 귀유광과 요내는 심미하다는 것이다. 두 평가가치 중 하나만 발현될 때에는 두 가치의 우열을 가려야 하는데, 변영만은 웅대한 것보다는 심미한 것이 낫다고 보았다. 여기서 귀유광과 요내는 심미한 지취를 얻었다고 하였으니 치우침에 있어서는 나은 쪽으로 쳐주었다. 당대(唐代)의 산문가이며 고문운동을 주창한 한유와 북송대(北宋代)의 산문가로서 당송팔대가 고문에 꼽히는 증공, 명대(明代)의 산문가로서 당송고문파에 속한 귀유광과 청대(淸代)의 산문가로서 당송고문의 전통을 강조하는 동성파의 요내 들에 대해 그 장점을 인정하면서, 괴월과 순온, 웅대와 심미의 견지에서 각기 위상을 설정한 것이다. 게다가 변영만은 하성재에게 편지를 보내 한유와 증공의 문장을 생을 마칠 때까지 음미하고 공부해야 할 대상 목록에 넣기까지 한 바 있다.

> 위로는 『시경』·『서경』과 『예기』·『논어』를, 중으로는 좌씨·맹자·장자·굴원과 태사공의 역사서를, 아래로 당나라의 한유·이고와 송나라의 사마광·증공·주자는 모두 나의 몸을 마치도록 싫증내어 버릴 수 없는 바이고, 그 나머지는 모두 우연히 한번 섭렵할 뿐입니다. (「하경초에게 다시 답함」)[337]

사마천 이상은 변영만이 늘 존중하고 전범으로 삼을 만한 것으로 인정하여 다른 의견이 없는 것이지만, 한유 이하는 염두에 둔

적이 없다고 한 앞의 발언과 모순되게도 죽을 때까지 싫증낼 수 없는 것이라고 하는 주장이 동시에 등장하는 이유는 무엇인가?

## 2. 전범적 기준으로서의 자득

### ● 마음으로 글을 지음〔**以心爲文**〕

우선 선한(先漢)의 문장을 추구해야 한다는 주장에서부터 논의를 풀어가 보자.

> 한나라 이상에서 법을 취하면 그 말폐는 당송으로 떨어짐을 면하기 어려운 것이니, 그렇다면 당송에서 법을 취하면 또한 어찌 꼭 당송을 이룰 수 있겠는가? 당송에서 법을 취하면 그 말폐는 미끄러져 동성파(桐城派)가 됨을 면하기 어려운 점이 있습니다. 그러니 동성파에서 법을 취하면 또한 어찌 꼭 동성파를 이룰 수 있겠는가? 그러므로 바로 동성파를 배우고자 한다면 또한 반드시 당송을 배워야 하고, 바로 당송을 배우고자 한다면 또한 반드시 한나라 이상을 배워야 합니다. (「성순영일여에게 보낸 편지 3」)[338]

전범을 어디에 두고 문장학습을 할 것인가의 문제에 대해 성순영(成純永, 1896~1970)에게 제시한 학습법이다. 진한의 문장을 배우면 당송고문이 되고, 당송고문을 배우면 동성파가 되고, 동성파를 본받게 되면 동성파보다 한급 아래의 문장을 이루게 되기에, 역으로 학습법에서는 이루고자 하는 수준보다 더 높은 수준을 기준으로 삼고 본받아야 한다는 주장이다. 이 뒤에 과녁보다 높게 겨냥해야 화살이 명중할 수 있는 활 쏘는 이치와 같은 것이라는 설명이 덧붙었다. 이러한 논리의 배경에는 후대로 내려올수록 문장의 수준이 떨어지고 있다는 인식이 깔려 있다.[339] 문장의 수준이 한대 이후에 차츰 쇠미해지는 근본 원인을 변영만은 한유(韓愈)에게서 찾고 있다.

> 주(周)·진(秦)·초한(初漢)의 글은 대개 능히 이에 가까웠습니다. 까닭에 숭배될 만합니다. 후대에 이르러 글을 지은 것은 대개 능히 마음으로써 글을 짓지 못하고, 이에 글로써 글을 지은 것인 까닭에 거짓을 지어냄이 날로 졸렬해져서 모두 폐풍에 들게 되었습니다. 한퇴지(韓退之, 韓愈)가 능히 그것을 떨쳤다고 말하지만, 때로는 스스로 떨치지도 못하는데, 하물며 다른 사람을 떨치게 했겠습니까? 이로 말미암아 문풍이 이에서 더욱 낮아져, 서(序)·기(記)·장(狀)·지(誌) 같은 것이 문체를 이루어 날로 번성하고, 기쁘지 않은데도 노래 부르고 슬프지 않은데도 탄식하는 것이 날로 더욱 문자 속으로 섞여들어, 글이 드디어 망하는 지경으로 빠져들었습니다. (「하성재 경초에게 답함」)[340]

한유는 마음으로 글을 짓는 그 전 시대의 자세와는 달리, 글로써 글을 짓는 자세를 보여주었고, 그런 풍습이 답습되면서 더욱 문장의 수준이 떨어졌다는 주장이다. 한유는 부화(浮華)한 문풍을 떨치고 고문을 창도했다는 평가를 받으며 당송고문운동의 태두로 인정받는 존재이다. 그러나 변영만은 그의 문장이 전범이 되었기에 오히려 글이 차츰 쇠미해지는 단초를 마련했다는 논리인데, 여기서의 핵심은 '마음으로 글을 짓는 것〔以心爲文〕'과 '글로써 글을 짓는 것

〔以文爲文〕'의 차이이다.

당송고문을 부정하고 진한고문으로 직접 접속해야 한다는 논리는 마치 이몽양(李夢陽)·왕세정(王世貞) 등 의고문파(擬古文派)로 지목되는 유파의 주장인 '문필진한(文必秦漢)'의 주장을 연상시킨다. 그러나 이어지는 부분에서 한유 등의 당송고문을 부정하면서 "이반룡(李攀龍)과 왕세정(王世貞)이 진한(秦漢)의 문장을 모방 답습한 것이 글에 재앙을 끼친 줄만 알 뿐, 당송(唐宋)의 몇 사람이 마음을 제치고 글을 펼쳐내어, 일찍이 재앙의 디딤돌을 만든 것을 능히 아는 이가 드물다."[341]는 표현을 하여 이반룡·왕세정 유파와도 취향을 달리하고 있음을 분명히 하였다. 이반룡과 왕세정을 비난하는 '모방 답습〔貌襲〕'이라는 말과 한유를 비난하는 '글로서 글을 짓는 것'이라는 말은 표현은 다르지만, 그 두 상태가 모두 결핍하고 있는 대상은 동일하다. 바로 '마음으로서 글을 짓는' 상태에 이르지 못한 것이다. 의고문파에 대한 변영만의 혐오는 다른 곳에서도 보인다. 그들은 내면을 배우지 않고 껍데기만 흉내내어 그 성과가 오히려 동성파(桐城派)보다도 못하다는 견해이다.

> 옛날의 문장을 배우는 것은 그 형태와 모양을 배우는 것을 말함이 아니요, 이취(理趣)·신기(神氣)·성광(聲光)을 배우는 것이라 하겠습니다. …… 이몽양(李夢陽)이나 왕세정(王世貞)의 무리들은 기세등등하고 뽐내어 스스로 위로 진한에 올라 거닐고 당송을 떨리고 복종케 한다고 자부하였으나, 그들이 수립한 바를 상고해보면 도리어 동성파의 여러 작가들이 따사롭고 부드러우면서 작은 성취가 있느니만 못합니다. (「성순영 일여에게 보낸 편지 3」)[342]

마음으로 글을 짓는다는 것이나, 옛 문장의 내면을 배운다는 것은 기본적으로 자득(自得)의 경지를 강조하기 위해 쓴 말들이다. 자득의 경지를 문장 학습법에 관련시킨 또 다른 발언이 있는데, 다음은 하겸진(河謙鎭)의 자제인 하영윤(河泳允)이 문장의 수준을 높이는 첩경을 물어온 것에 대한 답변이다.

> 그러므로 통달하게 글을 짓는 선비는 반드시 깊이 경전을 탐구하고, 널리 제자백가의 말에 나아가며, 인간 사태와 자연 풍물의 변화무쌍함 가운데 흠뻑 빠져들어 도취하다가 숨을 죽이고 돌아서서 스스로 그 우러나오는 바를 찬찬히 듣고 그 우러나오는 바를 경건히 받들기를 큰제사를 모시는 듯이 해야 합니다. 이 말은 혹시 장황한 듯하지만 실은 곧바르고 명백한 길이요, 별달리 또 이른바 '첩경'이라는 것은 그 사이에 존재하지 않습니다. (「하영윤 극중에게 답함」)[343]

선진고문을 많이 읽고, 세상을 많이 경험하고 나서 스스로의 내면으로부터 나오는 소리에 귀를 기울이면 된다는 것이다. 문장의 형식만을 전범으로 삼지 말고 문장이 산출된 그 맥락과 고민을 전범으로 삼아서 자신의 삶 속에 내면화된 언어로 승화하여 산출해야 한다는 주장인데, 이 방법 말고는 다른 첩경도 길도 없다고 하였다. 그리고 이어서 혹시 제자백가의 글 중에 한두 편을 골라서 집중적으로 그 글의 형식과 전개를 본받는다면 그것은 궁색하기도 할 뿐더러 표절이나 모방에 불과하다고 말하였다.[344] 그 형식과 전개만을 본받는다는 것은 문장에 있어서 자득의 경지를 전혀 도모하지 않는 것으로서, 그 공격의 대상에는 의고문파적인 방법도 포함될 것으로 보인다. 우리나라에서 진한고문의 문장미를 숭상하여 의고문파로 지목되는 최립(崔岦)의 문장에 대해 내용 없이 험벽하기만 하여 반면교사(反面教師)의 역할 이외에는 인정해줄 것이 없다는 혹독한 비판 역시 같은 맥락으로 이해된다(「간이집 뒤에 쓰다」).[345] 의고문파적 경향에 대해서는 자득의 경지가 배제되어 있다고 보았기에 표절과 모방, 험벽으로 지적하면서 여지없이 배척한 것이다.

이렇게 본다면 앞서 한유에 대한 비판으로 쓰였던 "글이 쇠미해지는 단초"라는 것은, 실상 한유의 문장 그 자체로서는 자득의 경지에 조금 부족함이 있다는 인식의 표현일 뿐이고, 다만 그의 문장을 본받는 후대의 경향이 자득과는 더욱 무관한 방향으로 흘러갔음을 혐오하며 그에 대한 원인제공자로서 한유를 지목하고 있는 것으로 여겨진다. 변영만에게 있어 한유는 "큰소리로 불꽃을 풍기면서 스스로 부끄러운 줄도 모르는"(「조심재에게 회답한 편지」)[346] 인물이기도 하다가, "고문에 대해 열고 넓힌 것이, 주자가 성인의 도에 대해 열고 개척한 것보다 못하지 않은"(「김수 사문에게 답함」)[347] 존재로 되기도 한다. 이와 같은 이중적 평가의 근저에 한유의 문장 자체는 그래도 일정한 수준에 이르렀다는 인정과, 후대인의 경향이 한유의 문장을 만인이 전범으로 삼아 따라야 한다는 방향으로 흘러간 것에 대한 혐오가 착종되어 있기 때문인 것으로 보인다. 만인의 전범으로 삼게 되는 경향은 여타의 문학 경향에 대한 포용성을 포기하는 것이다. 이러한 경향에 대해 포용성을 요구하면서 변영만은 "자기가 말미암는 길을 독실히 하면서 또 남이 말미암는 것을 수용하여 함께 중심으로 달려가야"(「김수 사문에게 답함」)[348] 하는 것이라고 주장하였다. "곡식만 먹는 것은 음식을 갖추었다고 하기에 부족하고, 곡식 이외의 것만 오로지 먹는 것 또한 음식을 갖추었다고 하기에 부족"(「하영윤 극중에게 답함」)[349] 하기에 음식과 요리를 두루 겪어보아야 하는 것처럼, 문장에서도 각자 말미암는 길이 나름의 가치가 있는 것이기에 서로 존중하고 수용하여 두루 접해보아야 한다는 주장과 일맥상통하는 것이다.

한유에게서와 마찬가지로 동성파 작가들에 대해서도 비난 일방으로 나아가기만 한 것은 아니다.

> 요내(姚鼐)의 문장은 증국번(曾國藩)이 향을 피워 신주를 대하듯 높이는 것들이다. 그런데 나의 관점에서 논해 본다면 또한 곱고 여유로운 문장이라 할 따름이요, 기백에 있어 말할 만한 것이 없으니, 방포(方苞)와 더불어 같은 날에 말할 수는 없다. 그러나 그가 지은 바 「원수원묘지명(袁隨園墓誌銘)」·「등태산기(登泰山記)」 등의 편은 가작이 아니라고 말할 수 없다.
>
> 매증량(梅曾亮)의 문장은 가파르고 곡절이 있는 채 외로이 나아갔고, 장유교(張裕釗)의 문장은 웅장하고 아름다워 고(古)에 들어갔고, 그 밖의 장혜언(張惠言)·증국번(曾國藩)·오민수(吳敏樹)·오여륜(吳汝綸) 같은 경우는 서로 득실이 있다.
>
> 요컨대 모두 문장을 잘 지은 무리들로서 청나라의 문운(文運)은 명대에 비하여 성함이 있다고 할 것이다. (「사사로운 기록」)[350]

여기 언급된 작가들은 동성파의 자장에 속한 인물들이다. 단점이 있는 대로 장점도 없지 않아 가치 있는 문장을 산출해내었음을 인정하고 있다. 요내의 경우만 살펴보면, 그는 문장의 근거가 "기식(氣息)을 죽이고 굽신굽신하며, 양쪽으로 구양수(歐陽修)·증공(曾鞏)과 정자(程子)·주자(朱子)의 사이에서 용납"되려 노력한 사람으로, "요내의 문장이 사람의 마음에 흡족하지 않은 것은 안목 있는 사람이 공히 보는 바이며, 요내의 문장을 통해 도에 들어갔다는 것도 들어보지 못했다."(「조심재에게 회답한 편지」)[351]는 발언도 있듯이 요내의 문장을 그리 높이 인정하지는 않으면서도, 그럼에도 불구하고 몇몇 작품은 가작이라고 평가해주었다. 또 한편 "은미한 지취를 얻었다."(「우연히 적다」)고도 하였다. 당송고문과 주자성리학 사이에서 벗어나지 않으려고 양쪽의 좁은 공통분모 안에서 숨소리를 죽여가며 조심조심 문장을 이루어간 한계가 있지만, 그 실과 더불어 득도 공히 존재한다는 말이다. 득과 실이 공히 존재하는 경우에는, 따라서 긍정적으로 묘사되기도 하고 부정적으로 묘사되기도 하였는데, 요내의 경우도 그렇다고 볼 수 있다.

## ● 도덕문장

주자(朱子)에 대한 견해에 있어서는, 학자로서의 주자로부터 문장가로서의 주자를 발견한 점이 있다. 「주문선략 서」는 주자의 문장 중에서 문장으로서 성취를 보이는 글들을 뽑아 성순영·하성재에게 주면서 쓴 서문인데, 송나라 문장은 증공과 주자 두 사람만 있을 뿐이라고 하면서, 그런데도 주자의 문장이 주자의 학문과는 달리 세상에 드러나 칭송을 얻지 못하는 점에 대해 말하고 있다.

> 대개 주자는 그 생을 마침에 이르기까지 성학(聖學)을 천명하였기에 학문은 크게 드러났지만 문장은 이에 비해 어느 정도 가리어졌는바, 이것이 첫째 이유이다. 그가 지은 글을 검토해보매 아(雅)

와 속(俗)을 함께 사용하고 일체 새기거나 꾸미는 것을 버려 한유와 유종원 같은 이들처럼 창공으로 날아오르거나 황천으로 들어가서 오직 웅괴(雄怪)함을 구하여 사람들을 뒤흔들어 떨게 하지 않으면 그만두지 않는 것과 같음이 없으니, 이것이 둘째 이유이다. 미욱하고 속된 유자들이 문장을 마치 한 음탕한 기예인 듯 여겨 스스로 학문을 사모한다고 하면서 간혹 그 문장을 은근히 받들어 지당한 것으로 여기면서도 애초에 이것으로 인해 선생께 누를 끼치지 않고자 한다. 비록 명백하게 이유의 세 번째가 되기에는 부족하지만 가리고 억제하여 애매한 가운데, 또한 약간의 관련된 것이 없지 않았던 것이다. (「주문선략 서」)[352]

간단히 요약하면, 학문이 너무 크게 평가되어 문장은 언급되지도 않는 점, 크고 괴이한 경향이 없어서 인상적이지 않다는 점, 문장을 평가하면 학문이 가려진다고 여기는 속된 유자들이 있다는 점, 이 세 가지이다. 첫 번째 문제에 있어서는 "빛나는 해처럼 밝고 바다처럼 넓으며, 산등성이처럼 웅대하고 장중하며, 쇠처럼 굳세고 단단하다. 온윤(溫潤)하기는 주옥에 견주고, 달리는 것은 장풍과도 같으며, 세밀함은 마치 누에에서 실이 뽑아져 나오듯 정연하고, 그 혼연함이란 곧 태화(太和)의 원기와 똑같다."[353]고 하여 화려한 수사를 동원하면서 문장의 수준을 높이 평가하는 것으로 해결하였다. 두 번째 문제에 있어서는 "의도적으로 이러한 글을 지어보겠다고 일삼는 바가 없으니, 이 같은 문장은 참으로 문장 중에 가장 성대한 것이라 하겠다. 문장으로 이러한 경지에 이르렀으니 또한 왕자(王者)의 문장이라 이를 만하다. 저 한유와 유종원과 같은 무리들은 제환공(齊桓公)이나 진문공(晋文公)의 패자의 열에 붙을 수 있다면 또한 다행일 따름이다."[354]고 하여 크고 괴이하여 사람들의 이목을 끄는 문장 경향을 패자로 지목하고, 주자의 문장은 이목을 끌지 않으면서도 잘 갖추어져 있으니 왕자의 문장이라고 평하는 것으로 정리하였다. 유가적 사유에서 왕자(王者) 패자(霸者)의 지목 대상이 결정되면 우열은 이미 판결된 것이다. 당연히 패자보다 왕자가 우월하다. 다만 세 번째 문제에 있어서는 명쾌한 답안을 내놓지 않는다. "애매한 가운데 약간 관련된 것이 없지 않다."라는 말이 변영만 스스로 이 문제의 급소가 선명치가 않아서 단순하게 돌파할 수 있는 성질이 아님을 드러내고 있는 것이다. 이 문제에는 문장과 학문 혹은 도덕의 관계에 대한 견고한 통념이 자리잡고 있기 때문이다. 여기서 학문 혹은 도덕이란 좁게는 주자성리학을 의미하고 넓게는 유학을 의미한다. 주자성리학 혹은 유학의 도덕률을 문장 창작의 기본적 원리로 삼아야 한다는 순정고문파(醇正古文派)적 견해가 뿌리 깊은 통념으로 견고하게 자리잡고 있었기 때문에, 간단한 몇 마디 말로 논박하거나 해결할 수 있는 문제가 아니라고 본 듯하다. 여기 주자의 문장을 칭송하는 대목에서는 문제가 애매한 대로 해결도 없이 애매하게 넘어갔는데, 변영만은 따로 도덕문장을 지척하여 문장과 도덕이 별개의 문제임을 다룬 적이 있었다.

조긍섭의 다음 발언이 변영만이 문제 삼고 싶은 바를 잘 드러내고 있다. 도(道)와 문(文)의 관계에 있어서 도의 우위를 주장하는 점에서 그러하다. 그러면서도 논의의 주제를 도가 아닌 문으로 삼고 있는 점은 도학을 추구하는 도학가가 아니라 도학문장을 하는 문장가로서의 자세이다. 조긍섭은 도학문장을 추구하는 문장가였던 것이다.

무릇 문은 도를 밝히는 것이다. 옛 성현들은 도가 가득하여 문이 지극하였으니, 문과 도는 하나였다. 그러나 사람들은 그 도만 보고 그 문은 보지 못하였고, 후세 선비들은 도를 구하는 데 익숙지 못하여 각각 한쪽으로 치우쳐 배웠다. 혹은 문이 뛰어나지만 그 도는 접어두었고, 혹은 도가 부족하여 문을 성취하지 못하였다. 심지어 얻은 것이 비슷하지만 참된 것엔 어둡고, 명분이 옳지만 실상은 잘못된 것도 있다. 백대 후에 그 문을 고찰하고 그 도를 등급지운다면 어길 수 없을 것이다. 그러므로 나는 일찍이 도를 이루기는 어렵고 문을 이루기는 쉽지 않다고 하였는데, 문이 쉽지 않은 것은 문이 어려워서가 아니라 도가 어렵기 때문이다. (조긍섭, 「요천선생문집 서」)[355]

여기서 조긍섭은 문장이 뛰어난 경우가 있더라도 도는 전혀 배제하고, 혹은 도를 추구하더라도 제대로 못 이루어 문도 성취하지 못하는 경우가 많다고 하였다. 도는 뛰어나지만 문장을 이루지 못한 경우는 배제되었다. 적어도 도가 뛰어나면 문장은 자연히 따라온다는 것을 기본적으로 인정한 채 논리를 구사한 것이다. 이것은 인용 문장 마지막에서 자연스레 해결되는데, 문장을 짓는 것이 어렵긴 한데 그것은 문장 자체가 어려워서가 아니라 문장의 근간이 되는 도가 어렵기 때문이라는 것이다. 그러므로 주자의 경우 이 논리에 의하면 문장의 훌륭함을 별도로 언급할 필요조차 없는 일이 된다. 도덕의 훌륭함을 언급하면 문장의 훌륭함은 자연스레 환기되는 것이다. 그러나 변영만은 「조심재에게 회답한 편지」를 통해 문장이 훌륭해도 도덕이 훌륭하지 않은 경우, 도덕이 훌륭해도 문장이 훌륭하지 않은 경우 등을 들어서 문장과 도덕은 별개임을 주장하고, 심지어 주자의 경우 문장의 훌륭함은 인정하지만 도덕적으로

는 하자가 있음까지 언급하여 논란을 만들기도 하였다.[356]

변영만이 도덕과 문장을 분리하여 문장만의 가치를 추구하긴 하였지만, 그렇다고 도덕이 위치하고 있던 내용적 측면을 전혀 배제한 채 문장만을 위한 문장을 추구한 것은 아니었다. 도덕의 위치에 인생을 대치하였다.

> 기괴한 일종의 아이러니는, 동양의 문학은 고대의 그것이 도리어 서양 근대의 그것과 서로 방불하고, 근대의 그것이 서양 고대의 그것과 매우 비슷함이니, 당과 송 이후의 동양문학은 '문장 까닭으로서의 문장*Style for style's sake*'의 색채가 너무도 농후하여, 고대 동양문학의 순진(醇眞)·공실(功實)·완곡(婉曲)·전면(纏綿)한 인류생활의 내재적 가치는 점차로 빈약하게 되었다 함이다. 이것 곧 동양인류를 추고(推考)할 만한 중대사실인바, 다시금 상론할 기회가 종종 있겠기로 여기에서는 이만한 정도에 그친다. (「문학오강」)[357]

동양문학과 서양문학을 다양하게 인용하면서 '문학'에 대해 설명하고 나서 이런 언급을 하였다. 동서양 문학을 비교해보면 서양의 근대문학이 갖고 있는 인류생활의 내재적 가치가 동양에서는 오히려 고대문학에서 발견되고, 서양 고대문학이 갖고 있는 문학을 위한 문학의 색채가 동양에서는 오히려 근대문학(당송 이후의 문학)에서 발견된다고 하였다. 서양의 근대문학이 문학 자체를 위해 존재하는 문학에서 인생의 내재적 가치를 발견하며 발전해온 것과는 반대로 동양의 문학은 인생의 내재적 가치를 알고 있던 단계에서 당송문학을 기점으로 인생과 별도로 존재하는 문학을 위한 문학의 단계로 퇴보해갔다는 견해를 피력하고 있다.

당송 이전의 문학이 더 수준이 높다는 관점으로만 본다면 이 주장은 진한고문파적 주장의 변주로 보일 수도 있다. 그런데 그 기준을 인생의 내재적 가치에 두고 있는 점은 차별적 주목을 요한다.

변영만은 문장의 내용성으로서 자득의 경지를 특별히 강조하였는데, 스스로 "진부한 말을 다 뒤집어버리고 홀연 한 남면(南面)의 경지를 열려고 했다."(「조심재에게 회답한 편지」)[358]거나, "능히 갑자기 사마천·양웅의 문장에 이르지 못하더라도, 반드시 그 불후의 한 경지를 이루려고 하였다."(「저영근 경집에게 답함」)[359]는 식의 발언이 누누이 등장한다. 문장에서 홀로 한 나라를 개창하듯 하여 후대에 길이 남길 문장을 지어보겠다는 말이다. 그리하여 그런 의식의 연장에서 훌륭한 문학작품은 모두 자득을 통한 내면의 표출에서 나온 것이지, 결코 문장의 훌륭함만을 추구해서 얻어지는 것은 아니라고 했다.[360]

그런 점에서 기존의 훌륭한 수사만을 베껴서 대상과 무관하게 화려한 방향으로 치닫는 문장은 당연히 변영만에게 비판의 대상이 된다. 송시열이 효종의 능에 지를 썼는데 역대 제왕의 덕을 열거하며 효종이 이를 다 갖고 있었다는 방식으로 서술하여, 효종이 어떤 왕인지 상상할 수조차 없게 만들었다고 평하였다. 세상에서는 칭송하고 있지만 그것은 글을 지을 줄 모르는 사람이 지은 글이라 하였다(「영릉지를 읽고」).[361] 작가와 대상이 직접 접해서 깊이 농익은 이후에 산출된 것이 아니라, 훌륭한 말은 다 갖다 붙이면서 피상적으로 작성된 글이기 때문이다.

앞장에서 제기한 문장 전범의 범위 문제에 대한 답을 요약한다면, 변영만은 한대 이전의 문장에서 이상적 문장을 발견하고 강조하는 한편으로, 이후의 문장에서도 이상적이지는 않더라도 일정한 수준에 이른 글들은 인정하는 나름대로 손쉬운 해결책을 갖고 있었다고 할 수 있겠다. 그러나 거기에 변영만이 내세운 별도의 기준은 있었으니, 바로 '자득'이다.

> 그런데 나로 하여금 마음에 자득함이 있어 문에 그것을 표현하게 한다면 설령 구절마다 거의 옛사람과 같더라도 사람들이 장차 표절이라고 여기진 않을 것입니다. 그러한 것이 아니라면 비록 글자마다 거의 자기 스스로의 표현인 것 같아도 눈 밝은 사람이 또한 능히 그 유래를 살펴 알아낼 것입니다. 요점은 그 마음에 자득함이 있어야 한다는 것입니다. (「김정기 정오에게 답함」)[362]

자득의 언어라면 당연히 과거에 존재하였던 표현이 아니겠지만 혹시 과거에 존재하였던 표현과 닮아 있더라도 표절이 아니라고 하고, 자득의 언어가 아니라면 당연히 과거에 존재하였던 표현에서 유래한 것이겠지만 혹시 전혀 닮아 있지 않더라도 표절이라고 하였다. 무엇을 전범으로 삼아 문장의 수법을 익히는가 하는 점은 전혀 중요치 않고, 자신의 마음 속에서의 자득으로부터 표출된 언어인가 아닌가만이 중요한 문제라고 강조하고 있는 것이다. 변영만에게 있어 '마음으로 글을 짓는 것'이나 '인생의 내재적 가치' 등의 표현이 궁극적으로 통합되는 단어가 바로 자득인 것이다.

## 3. 자득(自得)이라는 범주

자득의 경지는 세상에는 별도의 중심이 존재하는 것이 아니라 모든 각자가 각자의 중심이 된다는 발견과 관련된다. 자득이란 자신의 입장에 충실할 때 얻어지는 것이기 때문이다.

> 쇠퇴한 세상에, 강학하는 선비들은 정(正)을 높이고 기(奇)를 추하게 여겨, 스스로를 아무것도 지적할 수 없는 곳에 몸을 숨기고 조금도 가용할 수 없는 길로 사람들을 유인하지 않음이 없다. 그런데 진(眞)에 나아가 살피고 실(實)에 근거하여 논한다면, 무릇 우주를 떠받치고 만사를 두루 다스리는 것은 모두 기(奇)의 한 길에서 말미암는다. 애초에 이른바 정(正)이라는 것은 없다. (「용계아언 서」)[363]

여기에서 '정'과 '기'는 보편과 특수의 관계에 있다. 보편과 특수에 관한 전통적인 견해는 '이일기수(理一氣殊)'를 근간으로 삼아 기질지성(氣質之性)의 특수성을 억제하고 본연지성(本然之性)의 보편성을 추구하는 것이라고 할 수 있겠다. 그런데 변영만은 그 보편과 특수의 관계를 역전시켜 정이 그 자체로 존립하는 것이 아니라 수많은 기에 의지해 잠재하는 것임을 밝혀서, 보편은 특수에 의지해 두루 존재한다는 견해를 제출한 것이다. 논리가 아닌 진실의 차원에서 논한다면 기만 존재하는 것이지, 정은 존재하지 않는다고 하였다. 이목구비와 같은 경우에도 각 개인의 이목구비가 존재하는 것이지 추상적 이목구비의 이데아 따위는 존재하지 않는 것이다. 보편적 질서가 특수한 현상을 통해 실현되는 것이듯, 정은 별도로 추구되는 것이 아니라 기를 통해 추구되는 것이다. 그런 점에서 정을 높이고 기를 추하게 여기는 쇠퇴한 세상의 선비들은 잘못된 것이다. 반면에 자신의 처지인 기에서 터럭만한 작은 부분까지 분석하여 전전긍긍 반드시 신중을 기한다면, 그 기가 바로 순일하고 강대한 정기(正氣)로 근본을 삼게 되는 것이라고 하였다. 꼭 희귀한 것만이 기가 아니라는 설명이다(「용계아언 서」).[364]

"서양의 문예의 성대함은 동양에 뒤지지 않는다. 그런데 저들에게는 한 사람의 굴원이 없고, 한 사람의 사마천이 없을 따름이다. 그러나 영국의 셰익스피어, 독일의 괴테 같은 이는 또한 동방에 없는 바이다."(「사사로운 기록」)[365]라고 하는 변영만의 발언은, 동양과 서양이 어느 한쪽의 압도를 예견하지 않은 채 각기 상대적인 장점을 갖고 있다는 말이다. 정과 기의 관점에서 본다면, 동양과 서양이 각기 기이지만 그 처지에서 신중하게 창작된 문장들은 동서를 막론하고 또한 정이 됨을 염두에 둔 발언이라고도 할 수 있겠다.

변영만이 문학적 전범을 높이 고대로 잡아야 한다고 주장한 것은, 동서양을 아울러 인생과 깊이 있게 관련지어진 문학을 추구하다가 동양문학에서는 그 가치를 고대에서 발견했기 때문인 것으로 생각된다. 사마천이 고대인이지만 근대인보다도 더 근대인적이라는 주장[366]도 시기적으로는 고대에 속하는 사마천의 문장이 근대를 살아가는 인간에게 인생 현장의 정감을 진실성 있게 느끼게 해 준다는 의미로 받아들여야 할 것이다. 이것 역시 정과 기의 관점에서 본다면, 고대와 근대가 각각 기이지만 그 처지에서 신중하게 창작된 문장들은 고금을 막론하고 또한 정이 되어서 시대를 달리하더라도 감동을 준다는 것으로 해설될 수 있겠다.

변영만은 옹졸함〔隘〕과 관대함〔寬〕이라는 어휘를 사용하여 또다시 자득에 관한 독특한 견해를 제출했다.

> 또 은근히 옹졸한〔隘〕 사람이라고 자처한 것은 무슨 까닭입니까? 옹졸하면서도 능히 이와 같다면 비록 그 길을 따라서 성인호걸의 경지에까지 이르더라도 괴이하지 않을 것이니, 더 관대할〔寬〕 필요가 무어 있겠습니까? 관대하면 풀어지게〔縱〕 되고, 풀어지면 한계가 없어지는〔無畔〕 것이니, 한계가 없어진다면 응당 성현호걸이 밟는 길이 아닐 것입니다. …… 게다가 만물이 과연 옹졸함에서 벗어나 능히 스스로 존재하는 것을 보지 못하였습니다. 가령 바다가 바다 되기에 전일하지 못하여 간혹 높이 융기되거나, 산이 산 되기에 전일하지 못하여 간혹 흔들리고 허물어지거나, 해가 해 되는데 전일하지 못하여 간혹 뭇 별들과 어지러이 섞여 들어가 푸른 하늘을 귀신이 탄식하고 괴물이 웃어대는 고장으로 만든다면 이런 세계를 견디어 살 수 있겠습니까? 대저 전일함〔專〕이란 바로 옹졸함을 행하는 방법입니다. 옹졸함이라는 것은 바로 스스로를 보존하는 방법입니다. 각각 스스로를 보존하는 것이 바로 서로 힘입어 저 크게 온전한〔大全〕 것을 이룰 수 있는 방법입니다. (「성순영 일여에게 답한 편지 5」)[367]

변영만에게 옹졸함이란 각자의 위상을 굳건히 하는 것이고, 반면에 관대함이란 서로의 경계를 허물어 질서를 어지럽히는 일이다. 각자의 위상을 굳건히 하고 스스로를 보존한 바탕 위에서라야 서로의 온전한 어울림을 이룰 수 있다고 하였다. 옹졸함이란 어휘는 관대함이란 어휘에 대비되어 부정적 어감을 갖고 있는 것인데, 두 어휘의 상식적 위상을 전도시켜 일종의 충격을 주고 있다. 여기서 옹졸함과 관대함이란 어휘의 대비는 앞에서 사용한 기와 정이란 어휘의 대비와 유사한 성격을 갖는다. 옹졸함은 기라는 특수한 처지를 인정하고 그것으로부터 깊이 있는 내면을 탐구하는 일이다. 정이나 관대함을 추구하는 것은 상식적으로 긍정적인 일이지만 개인의 특별한 가치를 발견한 변영만에게는 부정적인 일이고, 기와 옹졸함을 추구하는 것이 오히려 개인의 특별한 가치를 옹호하는 데에 긍정적이라는 사실을 선언하기 위해 충격적 가치 전도를 사용한 것이다. 개인의 특수하고 특별한 가치를 긍정하고 그의 인생을 통한 내면의 발견, 이것이 변영만이 도달한 보편적 문학창작의 원리이다.

요컨대 문학적 성취는 자신의 처지에 깊이 있는 내면을 토로하는 자득의 경지를 얻는 것이라고 하겠다.

> 자고 이래로 처음부터 문에 전일하게 뜻을 두어 능히 문을 잘한 사람은 있지 않습니다. 예를 들면 『맹자』 일곱 편은 도리의 표현이며, 굴씨(屈氏, 屈原)의 「이소(離騷)」는 충애의 격동이며, 자장(子長, 司馬遷)의 『사기(史記)』는 생민의 참상과 기쁨을 근육과 피로 삼은 것이며, 한퇴지(韓退之, 韓愈)가 외치고 호소한 것은 의분이 그렇게 시킨 것이요, 주회암(朱晦菴, 朱子)이 거듭거듭 탄식하면서 부지런히 공부하여 마지않기를 마치 칠실(漆室)의 이부(嫠婦)와 같이 한 것은 성학이 밝지 못함을 우려한 때문입니다. 까닭에 문을 일삼지 않는 자도 때로 또한 문의 극치를 이룰 수 있으니, 역수가(易水歌)・해하가(垓下歌) 등의 노래와, 악의(樂毅)・제갈량(諸葛亮)의 한 편의 서(書)와 한 편의 표(表)는 모두 마음에 서리고 가득 찬 것이 있어서 좋은 문구를 빌려 쓰지 않아도 정이 저절로 지극하였습니다. 아아! 억지로 웃는 것은 기쁘지 않고, 억지

로 우는 것은 슬프지 않습니다. 문(文)이 억지로 쓰는 도구가 아님은 한 시대에만 그럴 뿐이 아닙니다. (「김정기 정오에게 답함」)[368]

문장만을 추구하여서는 훌륭한 문장을 이룰 수 없고, 인생을 걸고 깊이 있는 내면에 침잠하여 거기서 얻어지는 몇 마디 언어가 바로 최고의 문장이 된다는 점을 지적한 것으로, 맹자에서 주자까지는 물론, 형가(荊軻)나 항우(項羽) · 악의 · 제갈량 등도 모두 개인 자신의 극적인 처지를 기반으로 불후의 문장을 남긴 것을 예로 들었다. 이들은 모두 특수한 처지에서 보편적 감동을 이끌어낸 것이다. 변영만이 보기에 특수한 처지를 외면하고 별도로 추구되는 보편적 가치는 없는 것이고, 특수한 감동을 배제하고 별도로 추구되는 보편적 감동도 없는 것이다. 변영만은 문장이란 "일체를 바탕으로 하지 않으면 되지 않는 것이요, 또한 어려움에 도전하지 않으면 이룰 수 없는 것"(「하경초에게 다시 답함」)[369]이라고 하였다. 여기서 바탕으로 삼아야 하는 일체는 바로 특수한 처지에 있는 개인의 인생이며, 도전해야 할 어려움은 바로 자신의 특수한 처지를 깊이 있게 탐구하여 발견하는 내면이다.

변영만은 우리 한문학의 마지막 시대에 활동한 작가로, 전통적 양식인 한문학을 근대적 경험과 결합시켜 새로운 경지를 개척한 것으로 평가받는다. 또한 국문으로 상당한 양의 작품을 언론을 통해 발표한 국문문필가이기도 하였다. 그가 남긴 작품의 다양성만큼이나 그가 보여준 지향도 다채로워서, 한두 마디의 말로 포괄하기는 쉽지 않다. 변영만은 문학적 감동을 통해 정서순화를 이루고 새로운 세상을 만들어갈 수 있음을 역설한 바 있는데, 문학적 감동은 어떻게 창출되는 것인가 하는 점에 주목하였다.

변영만은 진한고문만이 전범적 가치가 있다고 하기도 하고 당송 이하 명청의 문장들도 가치가 있다고 하기도 하는 등, 문학적 전범의 설정에 있어서 착종된 발언을 하고 있다. 그러나 어느 유파의 견해를 따라 문학적 전범을 설정한 것이 아니고 변영만 나름의 논리를 추구하였기에 그런 결과를 초래한 것인데, 그 나름의 논리란 바로 '자득'이었다. 보편적이고 상식적인 질서를 따르는 것이 아니라, 각자가 처한 자신의 입장을 중심으로 깊이 있는 탐구를 통해 발견한 내면을 언어로 옮기는 것이 바로 '자득'의 지향이다. 그것은 전범적 문장의 수사적 성과를 배우는 형식적인 문제가 아니라, 그들의 인생을 통해 나의 인생을 추구한다는 내용의 문제이다. 자신의 특수한 처지에서 발견한 내면의 언어가 곧 시공을 초월하는 보편적인 감동을 담보한다는 주장인바, 이러한 창작방법론의 결론은 처음부터 끝까지 변영만은 다른 누구도 아닌 변영만 자신의 문장을 추구한다[370]는 것이다.

# 보론: 변영만의 「이씨집 며느리 안씨를 애도함〔傷李婦安氏〕」

그간 변영만에 관해 어느 정도 소개가 이루어졌으며 약간의 연구 성과도 있었지만 대개 변영만의 사상적 혹은 문학적 지향에 주목한 성과가 주를 이루고 있다. 변영만은 이전의 한문학이 보여주지 못했던 자유분방한 사유로 문학과 사상을 펼치고 있어서 주목을 받았는데, 이는 그가 근대와 전근대 그리고 동양과 서양 즉 동서고금을 회통시키겠다는 태도를 기본적으로 견지하고 있었기 때문일 것이다.[371] 변영만은 근대적 사유에 깊은 영향을 받았으면서도, 여전히 전근대적 한문학에 자신의 주력을 쏟아 부었다. 근대적 구도 하에 한문학의 좌표를 놓는다면 전근대-동양이 될 터인데, 변영만은 여기에 근대-서양의 가치를 결합시켜 한문학을 일신하였던 것이다. 변영만의 이러한 지향은 근대한문학의 하나의 정점을 이루는 기반으로 인정해서 손색이 없을 것이다. 그리하여 지금까지 관련 연구의 주된 경향은 변영만의 지향을 이해하는 데 놓였다.

그의 문학 작품 자체에 대한 분석적 평가는 아직 본격적으로 이루어지지 않은 듯하다. 식민지 초기 망명하여 중국과 필리핀 등지를 유력하고 식민지 조선에 돌아와 활발한 문필 활동을 개시했던 1920년대 초반의 저작 「상이부안씨(傷李婦安氏)」를 분석하여, 변영만이 근대 한문 산문에서 구축한 감수성에 대해 살펴보고자 한다. 1924년에 저작한 「상이부안씨」는 근대 노동 계급의 비극을 다루고 있다. 암울한 비극의 근대적 사태를 대하는 변영만의 감수성은 전근대 한문학에서 볼 수 없던 것이며 근대 국문 문학 작품에서도 유사한 경지가 발견되지 않는 것이다. 근대적 사태를 전근대적 문체에 담으면서, 문학적 감수성은 근대와 전근대를 넘나드는 진정성의 경지를 만들어낸 것으로 보인다.

## 1. 근대 노동 빈민의 비극

「상이부안씨」는 이씨 집안에 시집 온 안씨부인에 대한 이야기다. 전반부는 근대 도시를 어슬렁거리며 산책하는 변영만 자신에 대해 묘사하고 있으며, 후반부에서야 안씨부인에 대한 이야기를 펼쳐놓는다. 안씨부인의 이야기를 다루는 후반부는 이렇게 시작한다.

> 조선왕조 종친 덕천군(德泉君)의 후예인 이은복(李殷福)의 처 광주안씨(廣州安氏)는 갑자년(1924) 2월 모일에 오랜 병이 낫지 않아 서울 서대문 밖 아현동 굴레방다리 그의 남편 집에서 숨을 거두었다. 나이는 스물여섯으로 네 살 된 젖먹이 아이 하나를 남겼다. 효(孝)에 순사(殉死)한 것이다. 이미 병으로 죽었다고 하고서 어찌 또한 순사라고 말하는가?[372]

「상이부안씨」에는 갑자년(1924) 2월에 지은 것이라는 부기가 달려 있는데, 안씨부인이 죽었다는 소식을 들은 직후 충격적 슬픔이 채 사그라지기 전에 바로 지은 것인 듯하다. 변영만은 그녀의 죽음을 병사인 동시에 순사라고 하였다. 순사(殉死)는 다른 사람 혹은 어떤 가치를 위해 능동적으로 목숨을 버리는 것이고, 병사(病死)는 치유할 수 없는 병으로 인해 수동적으로 목숨이 끊어지는 것이다. 병사와 순사는 양립할 수 없는 개념인데 변영만은 그녀의 죽음에 대해 병사이면서 순사라고 하고 있다. 그것도 효를 위한 순사라고 하였다. 개념적으로 양립할 수 없는 두 단어를 안씨부인의 죽음에 적용하면서 위 인용문 마지막 문장에서 의문을 설정하는 것은, 이제부터 병사이면서 순사인 이유에 대해 설명하겠다는 의도를 보여주는 것이다. 안씨부인을 죽음으로 내몬 병은 이유 없이 닥친 것이 아니라 안씨부인이 효를 실천하는 과정에서 감수한 것임을 이 대목에서부터 짐작할 수 있다. 효를 실천하는 과정에서 죽음에 이르는 병을 감수해야 하는 사태가 안씨부인의 비극일 것이다.

이어서 우선 안씨부인의 시집 상황을 묘사한다. 안씨부인의 시어머니는 남편을 여의고 가세가 오랫동안 영락하여 의지할 곳도 없는 형편이었고, 이런 형편에서 자란 안씨부인의 남편 이은복은 배울 기회를 놓쳐 일자리 얻기도 어렵고 일자리를 얻더라도 자주 해직되었다고 한다.[373] 위 인용문에서 이은복은 덕천군의 후예라고 하였다. 왕족의 후예가 아니라고는 못하겠지만, 덕천군이 조선왕조 2대 임금 정종의 아들이니 까마득히 먼 조상이 왕족이었던 것이다. 가까운 조상의 형편이 어떤지는 서술되지 않아 모르겠지만 남편 이은복이 물려받은 형편은 아버지도 돌아가시고 완전히 몰락한 가문의 상황이었다. 그 상황에서 제대로 교육 받기는 어려웠을 터, 역시 이은복은 배울 기회를 놓쳤다〔失學〕. 근대 사회의 노동 시장에 스스로를 내놓아야 하는 노동자가 자신의 가치를 높이는 주요 수단인 교육이 결핍된 것이다. 교육의 결핍은 고용 안정의 가능성을 축소시킨다.

게다가 이은복이 사는 곳은 당시 경성의 외곽 아현동이었다. 식민지 근대화는 소농들을 파산시켰고, 파산된 소농들은 소작농의 상태로 전락하거나 궁핍을 견디지 못하고 도시 변두리로 유입되어 도시 빈민을 형성하는데, 이은복은 바로 그곳 도시 변두리에 살고 있었다. 가령 이은복이 농촌에 거주했다면 궁핍한 소작농의 지위라도 얻을 기회가 있었을 터였겠지만, 식민지시기 서울이라는 도시 변두리 지역에서 기초 교육도 받지 못한 도시 빈민이 득시글거리는 속에서 바로 한 사람의 도시 빈민으로서 구할 수 있는 생업은 별로 없었을 것이다. 그리하여 이은복에게는 일자리를 얻기도 어렵고 일자리를 얻더라도 자주 쫓겨나는 일이 반복되었다. 도시 빈민에게 일자리가 없다면 별다른 생계 수단을 확보할 수 없는 것이다.

> 안씨가 이것을 보고, 드디어 분연히 고무공장이라는 곳에서 스스로 품팔이를 하였다. 고무는 서양말로 나무 진액을 달여 만든 물건이다. 공장의 일꾼은 대부분 부녀자를 채용하였는데, 그 일로 말하자면 너무도 힘들어 견딜 수 없다고들 한다.[374]

안씨부인은 남편의 수입을 기대할 수 없어 하는 수 없이 고무공장 노동자가 된다. 위 인용문에서 변영만도 언급하고 있듯이 식민지시기 고무공장에서는 주로 여성 노동력을 활용하고 있었다.[375] 조선의 고무공장이란 곳이 고무를 생산하는 곳이기보다는 주로 고무를 가공하여 신발 등의 생필품을 만드는 곳이라서 단순 노동집약형 노동이 많은 곳이기 때문이었다. 고무 원료를 섞는 배합과 형태를 만드는 성형 등 기계 숙련 노동이 필요한 부문은 주로 소수의 남성이 맡고, 도구를 사용하여 붙이거나 손으로 깎는 수작업 부문을 다수의 여성이 맡았다. 임금도 처우도 남성보다 더욱 열악하였다.[376] 또 한편으로는 여성이 남성에 비해 통제와 강압이 쉽게 작용할 수 있는 대상인 때문이기도 했다. 식민지시기 조선인 노동자의 상태도 열악하다고 말하지 않을 수 없는 상황이었을 것임을 충분히 짐작할 만한데, 여성 노동자의 경우는 그 정도가 더욱 심했던 것이다.[377]

> 공장이라고는 하나 두세 군데 대공장을 제외하면 거의가 이름 그대로 오두막집이었다. 변소가 설치되어 있는 곳은 아무 데도 없다. 직공의 대다수는 교육의 혜택을 전혀 받지 못하였다. 한두 개의 공장을 제외하면 아무런 교육시설도 없었다. …… 이들 여공의 가정 대부분은 문자 그대로 극빈하여 일급 30전으로 7~8명을 부양하는 경우가 대부분을 차지하고 있다.[378]

1920년대 공장 여성 노동자의 증언을 일본인이 기록한 것인데, 마침 서부 경성의 어느 공장 노동자의 구술이다. 아현동도 서부 경성의 외곽인데 꼭 지역이 같아서는 아니더라도, 안씨부인의 공장 노동도 대략 비슷한 분위기의 공간에서 이루어졌을 것이다. 여성 노동자들이 20~30전의 저임금과 장시간 노동에 시달리는데, 공장주와 관리자들은 그마저 한 달이 넘도록 품삯을 연체하며 구타를 예사로 자행하였다.[379] 안씨부인의 남편이 남성 노동자로서 공장에 취업하여 생계를 꾸려갔다 하더라도 그 처지는 가난을 벗어나기 어려웠을 터인데, 남편이 자주 해고당하는 상황에서 안씨부인이 여성 노동자로서 생계를 꾸리고 있었으니 당시 여성 노동자의 상태를 본다면 극빈의 정도를 벗어나지 못했을 것을 충분히 짐작해볼 수 있다. 식민지시기 일반적인 여성 노동자로서의 열악한 조건을 넘어, 고무공장 노동자로서의 고충은 한층 더했던 듯하다. "고무공장 노동자들은 음침하고 냄새나는 공장 속에서 하루 16시간의 노동을 하면서 고무 냄새, 기름 냄새, 가스 냄새, 코 입김이 한데 뒤범벅된 채 공장 감독의 눈총을 받아야 했고, …… 기본적 인권 보장은커녕 공장주나 감독의 위협적 기만과 물리적 성적 폭력에 끊임없이 시달려야 했다. 여성 노동자들은 남성 감독관에 의해 폭언, 폭행, 벌금, 해고의 위협 등을 받았다."[380] 1923년 고무 여직공 파업 과정에서 고무 여직공들은 "남편 없이 시부모와 아이들을 데리고 종일 화덕 같은 공장에서 피가 나도록 일을 해봐야 생활에 부족한" 참상을 폭로하고 "횡포한 공장 주인에 의한 희생과 기만"을 고발하기도 했다.[381] 안씨부인의 현실은 바로 이러한 상황 속에 놓여 있었던 것이다. 변영만이 앞의 인용문에서 "그 일로 말하자면 너무도 힘들어 견딜 수 없다고들 한다."라고 간략히 적은 상황은 실상 이처럼 너무나 열악한 식민지시기 고무공장 여성 노동자 안씨부인의 현실을 지시하고 있었던 것이다.

> 안씨는 이미 분연히 이곳에 몸을 맡겨 얼마 되지 않는 소득으로 홀로 되신 시어머니를 봉양하여 얼고 주리지 않게 한 것이 이미 여러 달이었다. 그러나 몸이 본래 유약하여 그 일을 감당하지 못하는데도 도리어 그만두지 않고 더욱 심장을 토하고 창자를 쥐어짜며 일하여 마침내 병들게 되었다. 또한 좋은 약을 얻어 치료하지도 못하니, 점점 병이 깊어져서 마침내 죽음을 면치 못하고 말았던 것이다. 그러니 순절이라 말해도 마땅할 것이다.[382]

안씨부인은 그 얼마 되지 않은 소득으로 홀로 되신 시어머니를 봉양하여 얼고 주리지 않게 할 수 있다고 하였는데, 뒤집어보면 얼어 죽고 굶어 죽지 않을 수준만 겨우 유지했던 것이다. 그리고 그 기간이 여러 달이 되었다고 했는데 뒤집어보면 겨우 몇 달 만에 병이 발생한 것이다. 병약하여 본디 공장 노동을 감당할 수 없을 지경이었는데도 시어머니를 굶어 죽이지 않기 위해 어쩔 수 없이 심장을 토해내고 창자를 쥐어짜며 일을 할 수밖에 없던 그녀는 결국 병이 들게 되었다. 극단적인 강도의 노동과 더불어 산업재해의 성격도 없지 않았을 것이다. 병이 들었어도 치료는 엄두도 내지 못했을 것이다. 그나마 노동 수입이 있던 때도 시어머니를 봉양하기에 여력이 부족했는데, 병으로 수입이 없게 된 때에 무슨 여력으로 진료비를 감당할 수 있었겠는가. 근대 의료기관은 고액의 진료비를 요구하는 곳이라서 특권 계층이나 무료 실험 환자나 이용하던 곳이었다.[383] 이런 상황에서 제대로 된 치료를 받지 못하는 안씨부인의 죽음은 발병 단계에서 예견된 것이라 할 수 있겠는데, 발병 또한 유독한 환경에서 극단적인 강도의 감당 못할 노동을 감당해야 하는 단계에서부터 예견된 것이기도 하다. 이런 예견의 두 단계를 이어붙인다면 잔약한 여성이 근대 사회의 노동자로 나섰던 것에서부터 죽음은 예견된 것인데, 그 길을 차마 돌아 나오지 못하고 죽게 된 것은 끼니를 잇지 못하는 형편의 가정 때문이다. 가족의 생계를 몇 달 이어보려고 죽음까지 감내한 것으로 생각할 수 있겠다.

그런데 변영만은 그것을 "시어머니 봉양"으로 제유(提喩)하고 있다. 시어머니 봉양을 가족 생계에 대한 제유법으로 사용한 것인데, 단지 제유법이기만 한 것이 아니라 실질적으로 노동 시장에 뛰어든 행위의 의미를 전적으로 시어머니 봉양 때문인 것으로 귀착시켰다. 시어머니 봉양이라는 가치 즉 효의 가치를 내세워 안씨부인의 죽음을 "효에 대한 순사"로 승화시키기 위함일 것이다. 변영만으로서는 안씨부인의 죽음을 가장 고귀하게 해석할 수 있는 가치가 "효"라고 여겼을 것을 짐작해볼 수 있다. 이것은 변영만이 갖고 있던 전근대적 윤리관의 영향이라고 할 수 있겠다. 남편을 여의고 홀로 아들을 키워낸 시어머니는 자식에게 근대 사회에 적응할 수 있는 교육을 시켜낼 여력이 없었고, 배울 기회를 놓친 그 아들은 근대 사회에서 마땅한 일자리를 얻을 수 없었다. 그 아들에게 시집온 여성은 얼어 죽고 굶어 죽지 않기 위해 임금 노동 시장에 품삯을 받으러 나설 수밖에 없었는데, 식민지하에서 조선인 여성 노동자에게 주어진 환경은 열악하기만 하였다. 더욱 유독한 환경에서의 노동까지 감수할 수밖에 없었는데, 결국 이 안씨부인은 죽음을 맞이하게 되었다. 그 과정에서 병을 얻어 죽게 되었으니 병사요, 병사에 이르는 가혹한 노동을 회피하지 않고 감당하였으니 순사라고 하였던 것이다.

그런데 마지막에 덧붙인 에피소드가 심상치 않다.

> 막 그녀가 눈을 감으려고 할 때 그의 젖먹이 아이가 딴 방에서 자고 있다가 갑자기 놀라 일어나 허공을 바라보며 마치 나지막이 한숨 쉬듯 "울 엄마 좋은 옷을 입고 어디가세요?"라 말했다. 아이는 또한 오래도록 말을 잘하지 못하였고, 또한 그 어머니를 의지하고 그리워하지도 않았는데, 그렇게 말하게 된 것이 이상하다고 하겠다.[384]

안씨부인이 남기고 간 네 살 된 젖먹이 아이는, 오래도록 말을 잘하지 못하고 어머니를 의지하거나 그리워하지 않았다고 하였다. 안씨부인이 하루 16시간의 노동을 하는 동안 집에 남겨져 있었을 것이므로 오랫동안 어머니를 보지 못하였을 것이다. 의지하거나 그리워하는 감정을 표현할 기회도 없었을 것이다. 오래도록 말을 잘하지 못하게 된 것도 다정한 대화를 나누며 모국어를 습득할 환경에 노출되지 못하였기 때문일 것이다. 상습적인 어머니의 부재로 인해 이 아이는 이미 충분히 불행했다고 할 것인데, 이제 추위와 굶주림을 면하게 해줄 극소의 임금을 벌어오던 어머니가 영원히 부재하게 되는 순간이 되었다. 이 아이의 미래는 더욱 불행할 것임을 예감할 수 있다. 그런 어머니의 죽음의 순간에 이 아이는 허공에 대고 "울 엄마 좋은 옷 입고 어디 가세요?"라는 말을 한다. 충분히 불행하던 시간과 더욱 불행할 시간이 교차하는 바로 그 순간을 독자의 뇌리에 강력하게 각인시키는 문장이 된 것이다. 짐작건대 죽음의 순간까지 안씨부인은 좋은 옷을 입었을 리가 없다. 그녀의 처참한 삶처럼 그녀의 옷도 남루했을 것이다. 그녀의 죽음은 차라리 처참한 삶과 고통스런 병에서의 해방을 의미하며, 아이의 이 발언으로 좋은 옷 입고 좋은 곳으로 가는 모습으로 표현되었다. 도시 변두리 노동 빈민의 삶에서 병사 혹은 순사의 순간은, 그 삶을 이어받을 아이의 눈에 오히려 차려입고 잔치에 가는 인상으로 느껴졌을 수도 있을 것이다. 이제 남은 아이의 삶이 어떠한 방식으로 참담해질 것인지는 알 수 없다. 변영만은 이 비극적 상황을 담담한 백묘(白描)로 묘사한 것이다.

## 2. 근대 도시의 산책과 문학적 진정성

시어머니의 불행이 안씨부인의 비극을 만들고 그 아이의 참담을 예견하는 서사를 후반부에 배치한 이 작품의 전반부는 도시를 어슬렁거리는 변영만 자신을 묘사하는 것으로 채워져 있다. 그 어슬렁거림은 산책(散策)이라고 할 수도 있겠고 만보(漫步)라고 할 수도 있겠다.

> 나는 평소 부질없는 한가로운 걸음을 좋아하여, 얽매이는 일이 없다면 왕왕 홀로 스스로 문을 나서 거리를 뚫고 마을을 헤치며 아득히 목적지도 없이 오직 발길에 내맡겼다. 그런데 최종적으로 이르는 곳은 번번이 기쁘고 즐거우며 환하고 떠들썩한 지역에 있지 않았다. 대개 성문 밖 교외 자락의 황폐한 무덤이 옹기종기 있고 오래된 백양나무가 쓸쓸한 사이와 같은 곳에 반드시 매양 이른 것은 아니었으나, 또한 도시 끝 산모롱이의 곤궁한 집 거지의 소굴, 그 모습이 지극히 처참하여 차마 눈 뜨고 바라볼 수 없는 지경에서 벗어나지 못하였다. 내가 비록 일찍이 반드시 이런 곳에 가야겠다고 결심한 것은 아니었으나, 길이 이런 곳으로 가기를 은근히 바랐던 것을 보면, 이미 벌써 어쩔 수 없는 일인가 보다. 이 마음은 나 또한 그 어찌된 마음인지 알 수가 없었다.[385]

구체적으로 무엇을 보고 구체적으로 무엇을 느끼는지 하나하나 묘사하는 방식은 아니다. 백묘의 수법으로 굵직한 인상만을 전해주고 있다. 그 굵직한 인상이 참상의 현장을 향하고 있다. 식민지 근대의 도시 거리를 정처 없이 지나 교외의 처참하여 차마 눈길을 줄 수 없는 지경에 이르러서 변영만이 느끼고 싶었던 것은 무엇일까.

근대적 도시가 형성된 이후 도시의 문필가들은 즐겨 산책을 하였다. 그런데 도심을 가로지르지만 도시의 경계까지 나서지는 않았던 이들 시인 소설가들의 일반적인 경향과 달리 변영만의 발걸음은 성 밖, 교외자락의 무덤가나 극빈의 한계에 있는 거지소굴을 향하고 있다. 말하자면 이 시기 문필가들의 일반적인 산책이 도시의 경계 안 거리의 광경 속에서 마주치는 근대성의 상징물들을 통해 사유를 전개해 나갔다면[386] 변영만의 산책은 도시의 경계를 넘어서서 이미 죽은 자들과 거의 죽음과 다름없는 피폐한 삶을 사는 자들의 영역을 배회하는 것이었다. 아마도 변영만은 이 시기 근대 국문 문학 작품에서 도시를 산책하는 룸펜에 가까운 문필가들의 양상을 익히 보았을 것이다. 그들의 산책과 다른 의미의 산책을 보여주고 싶었을 수도 있다. 그가 "기쁘고 즐거우며 환하고 떠들썩한" 도시는 스쳐 지나고 결국 최종적으로 도달하여 눈길을 주는 곳은 교외의 황폐한 무덤가가 아니면 "비참하여 눈뜨고 바라볼 수 없는 지경"에 처한 삶의 모습들이다. 죽음 혹은 죽음에 인접한 삶이 늘상 변영만의 산책이 도달하는 귀착점인 것이다.

비슷한 시기 산책을 다룬 「핍박」(현상윤, 1917), 「슬픈 모순」(양건식, 1918) 등의 소설들은 주인공들의 "우울한 배회"에 초점을 맞추고, "고뇌와 번민으로 방황하지만 주체의 의식이 각성과 초극으로 나아가지 못하고 자아와 세계의 간극의 둘레를 되풀이 맴도는" 주인공들의 "고민뿐"인 산책을 다루고 있었다.[387] 물리적으로도 정신적으로도 산책이 도시의 경계를 벗어나지 못했다는 말이다. 그러하기에 이 소설들은 산책을 통해 도시에 대한 혐오와 매혹이 착종하면서 조숙한 모더니티의 양상을 보이고 있기도 하지만 결국 신파조로 결말 맺고 만다.[388] 이들의 산책은 도시의 경계 안에서 도시와 자신의 존재를 대조시켜 그 간극을 확인하고 대안 없이 고민만 하는 것으로 귀결되고 있었던 것이다. 산책하고 있는 도시에 혐오와 매혹이 착종하면서 이들의 고민이 궁극적으로 도달한 지점은 스스로의 벽에 스스로를 가두는 일로 귀결된다. 그것은 식민지 근대의 현실을 똑바로 쳐다볼 능력이 없던 초기 단편작가들의 한계라고 할 수 있겠다. 이와는 달리 변영만의 산책은 도시를 벗어나 도시의 경계 밖으로 나가 죽음 혹은 죽음에 인접한 삶의 모습을 화두로 던지고 나서 다시 시선을 도시의 가로등 밝은 거리로 옮겨오며, 산책의 경로가 다르듯, 차원이 다른 사유를 전개하고 있다. 식민지 근대의 현실을 똑바로 쳐다볼 수 있는 위험한 경계까지 유유히 걸어갔던 것이다.

> 그렁저렁 저물어서 돌아와 지나는 등불 사이에 높은 누각과 넓은 집이 웅장하고 휘황찬란한 광경과 아름다운 여자와 잘 꾸민 젊은이가 웃고 장난치며 옮겨 기대며 바라보는 모습이 많다. 그러나 나는 눈이 마치 먼 곳을 바라보듯 누각과 집이 어찌해서 무덤과 백양나무와 다르며 아름다운 여자와 잘 꾸민 젊은이가 어찌해서 곤궁한 이나 거지와 다른지 조금도 구별할 수 없었다. 이는 귀신과 사람을 능히 동등시하고 근심과 기쁨을 한가지로 여길 수 있어서가 아니라, 내가 느낀 것이 이와 같다고 할 따름이다.[389]

대낮에 산책을 나서면서 스쳐 지났던 "기쁘고 즐거우며 환하고 떠들썩한 지역"의 풍경들이, 저녁 무렵 산책에서 돌아오는 길에 다시 눈길에 들어온다. 그것은 "높은 누각과 넓은 집이 웅장하며 휘황찬란한" 근대 도시의 상징물들이며, "아름다운 여자와 잘 꾸민 사내"가 그 근대 도시 안에서 연애하며 기쁨을 나누는 광경들이다. 그런데 변영만은 황량한 무덤과 도시 경계 밖에 놓인 빈민의 생활을 목격한 잔상을 남겨서 이 근대적 상징물들과 그 안에서 벌어지는 연애의 풍경에 오버랩 시키고 있다. 그렇다고 빈민의 생활상에 대한 연대와 동정의 의식을 서툴게 노출하며 도시 청춘들의 연애 장면을 부정과 분노의 시선으로 바라보는 것도 아니고, 식민지 체제라는 근대질서에 편입되어 재편되는 과정에서 근대 도시의 상징물들이 화려해질수록 그 그늘에 가려진 소외된 삶은 더 어둡고 비참해지는 법이라고 비판적 지성의 목소리를 토해내는 것도 아니다. 오버랩 된 화면에서 죽음과 죽음에 인접한 비참한 삶이나, 이것과 외면상 전혀 무관할 듯한 화려한 도시의 쾌락적 삶이 동일해서 구별할 수 없다는 느낌을 토로하고 있다. 삶과 죽음이 동일하다거나 기쁨과 슬픔이 다를 바 없다는 불가적 깨달음이 있어서가 아니라 느낌이 그럴 뿐이라고 했다. 그럴 뿐인 느낌이란 무엇인가. 근대 도시의 화려함은 도시 외곽의 처참함과 더불어 모두 근대의 산물이다. 과잉된 풍요와 과잉된 결핍이 모두 근대 시스템의 산물인 것이다. 변영만은 근대 시스템이 낳은 화려함과 빈곤이 모두 불행한 일이라고 한 바 있다.[390] 불행감의 원인은 처참한 빈곤이겠는데, 결과는 화려한 풍요에도 이질감을 가질 수밖에 없는 태도가 된다. 근대가 빚어내는 양상 전체가 성찰의 대상이 되는 것이다. 바로 그 느낌이 눈물을 자아내게 한다.

돌아와서 방 한 곳에 누웠는데, 눈물 기운을 눈에서 그치게 할

> 수 없었으나 또한 위로되고 만족한 느낌을 이길 수 없었으니, 대개 이번 걸음이 헛된 것이 아니었다는 것을 깊이 자신할 수 있었기 때문이다. 이씨 집의 안씨부인의 죽음과 같은 경우 나의 슬픔을 감발시켜 무엇과도 견줄 수 없다. 대개 또한 이런 종류가 아니겠는가?[391]

근대적 도시를 낯설어하면서도 그 도시의 경계는 벗어나지 않고 근대적 문인의 감수성을 구축하던 초기 소설 주인공들의 산책길과는 달리, 변영만의 산책길은 근대적 도시의 경계선을 넘어 실존적 죽음과 식민지 근대 변두리 빈민촌으로 이어지며 또 다른 깨달음과 감동의 경로를 만들어내고 있었던 것이다. 변영만의 산책은 도심의 화려함과 변두리 빈민촌의 암울함이 하나의 길로 지나고 있다. 그리고 그 도시의 근대성을 향해 눈물을 흘리는 것이다. 그것이 변영만의 근대 도시 산책 방법이었다. 이 대목에 이어서 실상 이 글의 본론이라고 할 안씨부인의 고단한 삶과 처참한 죽음에 대해 앞서 본 것처럼 짤막하게 그리고 있다. 안씨부인의 고단한 삶은 근대 도시 빈민 여성노동자로 구성된 순간 처참한 죽음이 예견되는 것이었다. 밝은 등불과 높은 건물 사이의 휘황찬란한 풍경도 근대 도시의 산물이며, 아름다운 여성과 잘 꾸민 남성이 서로 몸을 부딪으며 농담하는 광경도 근대 도시에 속하는 것이며, 변두리의 공동묘지와 거지 소굴과 같은 빈민촌도 근대 도시에 속하는 것이다. 변영만에게는 이것이 모두 어우러져 하나의 슬픈 근대 도시의 상을 빚어내는 것이다. 그런데 슬픔을 확인하는데, 왜 위안과 만족을 느끼게 되는가. 슬픔의 감정이 헛되지 않기 때문이라고 하였다. 헛되지 않은 슬픔은 깊은 공감과 연대의 정서로 이어지리라.

앞서 살펴본 바 「상이부안씨」는 두 단락으로 나누어볼 수 있다. 첫 단락은 근대 도시의 안팎을 산책하는 것이며, 두 번째 단락은 안씨부인의 비극을 서술하는 것이다. 첫 단락에서 변영만은 근대도시의 화려함과 도시 변두리의 참상 사이를 어슬렁거리며 다니면서 근대적 사태에 대한 이질감을 드러내고 있었다. 두 번째 단락에서 변영만은 안씨부인의 비극을 통해 근대 노동 빈민의 고통에 깊은 공감을 전하고 있다. 이 두 개의 단락은 변영만의 문학적 지향과 상통하는 바가 있다. 그는 근대의 시대에 전근대적 문체로 전개되는 근대한문학의 중심인물이기도 한데, 그의 문학적 지향은 근대적 가치만을 추수하지도 전근대적 가치에 매몰되지도 않는 길을 향하고 있었다.

한문은 중세적 생활양식과 중세적 이념을 담아 그것을 중세적 미학으로 관철시키는 도구였다. 근대의 시대에 활동한 변영만은 한문을 근대적 감각으로 재평가하는 한편 실제 그의 창작에서도 근대적 이념과 정서를 담아, 당대의 한문문장가로부터 "기인(奇人) 기문(奇文)"이라는 평가를 얻었다.[392] 중세보편주의의 핵심 중의 하나인 도학문장 도덕관념을 해체하고 나서 수립한 문예적 인식 위에서 변영만이 실제로 건설하려 한 문예는 실상 다양한 방향을 보이고 있었다. 그 중 두드러진 점은 문학적 진정성을 추구하는 것이었다. 이념의 기준을 제거하고 나면 이념의 프리즘을 통하지 않은 인간의 참된 진정성을 추구하게 될 터인데, 그것은 곳곳에 편만해 있는 외면하고 싶은 참상에 대한 공감일 수도 있고 드러나지 않은 곳에 가려져 섬세한 관찰을 기다리고 있는 소중한 가치일 수도 있다. 결국 타인이 포착하지 못했고 그리하여 관심으로부터 소외된 가치의 발견이 변영만의 문학적 진정성의 성과라고 할 수 있겠는데, 그가 문학적 진정성을 포착한 것은 그 스스로 중세와 근대의 접점에서 자신만의 산책길을 걸어가며 근대를 관찰했기에 가능한 것이었다.

# 맺음말—근대한문학과 문학적 진정성

근대한문학은 근대계몽기 이래 문명의 중심권에서 벗어나 소외된 자리에서 전개되었다. 1장에서 근대한문학의 위상을 설명했고, 2장에서 근대한문학의 특징적 국면 몇 가지를 다뤄보았고, 3장을 통해 근대한문학의 정점에 이른 작가로서의 정인보와 변영만을 살펴보았다. 이제 이 책의 마무리를 겸하여, 문명의 중심에서 소외되었고 끝내 소멸된 근대한문학을 지금 돌아보는 의미를 정리해보고자 한다.

정인보와 변영만은 근대한문학의 가치를 발견하고 거기에 머물러 근대한문학의 정점을 이루었다. 한편으로 그들은 근대한문학의 앞에 놓인 소멸의 길을 거스르려고 노력하기도 하였다. 하지만 결국 소멸의 길을 되돌리지는 못하였으니, 노력이 의도한 결실을 거둔 것은 아니었다. 결국 소멸된 근대한문학을 이제 돌아보는 감정은 착잡한 것도 통쾌한 것도 아닐 것이다. 우리에겐 그저 한 세기 전에 벌어진 하나의 역사적 사건일 뿐이니, 차분한 감정으로 살펴

볼 수 있을 것이다. 전근대 문명 일체를 증오의 심리로 바라볼 수 밖에 없었던 근대 계몽활동가들의 심리도 이해할 수 있고, 한문학 유산을 연구의 대상으로 포섭하기를 망설이던 식민지시기 국문학 연구자들의 애증도 납득할 수 있다. 계몽활동가도 아니고 식민지식기의 국문학 연구자도 아니며, 근대한문학 작가도 아닌 우리에게는 근대한문학을 놓고 벌어진 일련의 과정을 차분하게 돌아볼 만한 거리가 있다. 한 세기 조금 못 되는 정도의 거리에서는 교훈을 얻기에 합당할 만큼의 객관성을 확보할 수 있을 것이다.

## 진정성

소외된 한문학을 추구하는 지식인으로서 한문지식인들은 일정한 범주 안에서 서로 골육과 같은 표현을 쓰며 강력한 연대 의식을 갖게 되었다는 사실을, 근대한문학의 위상을 설명하는 1장의 마지막 부분에서 정리했었다. 그런데 소외되어 가는 한문학과 한문지식인들의 연대의 정서 속이라고 하더라도, 그런 연대의 정서 속에서 더욱 한문학을 절실하게 추구하는 입장에서, 서로의 견해 차이를 간과할 수는 없다. 절실한 자기 입장에서 간절한 충고가 오갔다. 골육간이라 더욱 에 더욱 과감한 충고가 가능한 것이리라. 정인보가 변영만에게 보낸 편지에서도 문장을 대하는 태도의 문제 때문에 발생한 거리가 엿보인다.

형은 지어낸 말이 너무 호탕하여 진정성에 늘 근거하지는 않는 것을 저윽이 보았기에, 형의 큰 재주와 뛰어난 식견에 병통이 되는 것은 오직 이것이라 여겼습니다. 언젠가 형을 마주하고, "문장은 오직 한결같이 진정〔眞〕되고 꾸밈이 없어야 하는데, 형이 지은 것은 진정이 없거나 혹 좀 어긋난 것이 아닌가요."라고 말한 적도 있었습니다. 형은 그때 웃으며 답을 안했는데, 저는 또 형이 비록 속으로는 내 말을 옳다 여기고 있지만, 겉으로는 웃으며 갑자기 수긍하지 않는 것이라 여겼습니다.

그러나 제가 형에게 진정성이 적다고 한 것은, 훌륭한 사람에게 더 나은 것을 요구한 것이라 하겠습니다. 가령 요즘 보통 사람들 같으면 형의 전날의 반만 되어도 오히려 순박하다 하겠습니다. 형은 진정성이 남들보다 많기에 더욱 그 진정성을 키우기를 바라서, 조금이라도 진정성이 없는 것을 보면 어쩔 수 없이 병통으로 여기게 되며 그냥 방치할 수 없었던 것입니다.[393]

정인보는 변영만의 진정성에 의심을 품고 있었다. 변영만이 재주도 뛰어나고 식견도 커서 기대하는 바가 많은데, 다만 문장이 너무 호탕하여 진정성이 부족한 것을 병통으로 여겼다고 한 것이다. 정인보는 여기서 문장이 지켜야 할 유일한 가치를 진정성에 두었다. 그 유일한 가치에 대한 차이는 간과할 수 없는 것이다. 그러나 진정성이 전혀 없다면 개선의 여지도 별로 없는 것이니, 진정성이 일정하게 있어야 그것을 배양하여 확장할 수 있는 것이다. 변영만이 진정성이 남보다 더욱 뛰어나니 더욱 배양하여 최선의 경지로 완성시킬 수 있는 가능성이 가장 풍부하기에, 정인보는 그 가능성을 걸고 선배인 변영만에게 감히 충고했던 것이라고 해명하고 있다. 해명의 논리는 쉽게 이해된다. 하지만 기대치가 높아서 아쉬움이 더 크다는 논리를 펴더라도, 종국에는 실망이라는 감정이 전달될 것이다. 이 편지를 받는 변영만도, 해명의 칭찬 논리에 춤추기보다는 진정성이 부족하다는 지적에 상처받지 않았을까. 그런데 여기서 더욱 주목할 지점은 정인보가 변영만의 진정성을 의심하는 단초는 지어낸 말이 너무 호탕하다는 것이다. 변영만 문장의 호탕함에 대해서는 조긍섭도 우려를 표명한 바 있다.

> 대개 엄숙하게 말할 수 있는 것을 꼭 꾸며 말하고, 간략하게 말할 수 있는 것을 꼭 구구절절 말하고, 평담하게 말할 수 있는 것을 꼭 신들린 듯 맛나게 말하고 있습니다. 족하께서 서양 문학에 오랫동안 마음을 두신 까닭에 자신도 모르게 그것에 동화된 것이 아니겠습니까? 그 논의하신 뜻도 더욱 상정구설(常情舊說)과 다름이 있습니다.[394]

정인보가 호탕함이라고 한번 언급하고 만 것에 대해 조긍섭이 주석을 다는 것처럼 자세히 설명하고 있다. 조긍섭이 보기에 엄숙하고 간략하고 평담하게 표현할 수 있는 대목을 변영만은 이것저것 꾸미고, 구구절절 말하고, 신나고 맛깔나게 표현하고 있는 것으로 보았다. 문장의 표현 수법에 지나치게 치중하고 있다는 것이다. 조긍섭이 표현한 이런 문체적 특징을 정인보는 호탕함이라 표현하였다. 조긍섭은 변영만의 낯선 표현 수법을 서양 문학의 영향으로 보았는데, 변영만 자신이 서양 문학과 동양 문학을 아우르는 회통의 지점을 자신의 입지점으로 세웠기에,[395] 크게 어긋난 지적은 아닌 것으로 보인다. 동양과 서양을 대비하여 서양을 무시하는 입장에 서 있던 조긍섭에게는 그 회통의 지점이 서양에 투항한 것으로 보였던 것이다.

서양의 대비로 등장하는 것이 상정구설(常情舊說)이라 하겠는데 엄숙·간략·평담의 가치가 있는 것이며, 변영만의 호탕함에 결여되어 있는 가치이다. 일상의 정서와 오래된 담론이라고 번역할 수 있는 상정구설은, 사실 번역보다 더 심장한 가치를 지니는 말이다. 일상상(常)자에는 떳떳하다는 의미가 있다. 일상은 구차하여 감추고 싶고 특별한 순간만을 드러내어 자랑하고 싶은 우리들에게, 쉽게 이해되지 않는 의미망이기도 하다. 하지만 일상과 떳떳함을 동시에 내포하는 상(常)의 의미망에는, 행운조차 요행으로 여기고, 장악할 수 있는 생활 속에서 올바른 가치가 항상 내재되도록 추구하는 도학적 이상이 담겨 있는 것이다. 옛구(舊)자는 오래되었다는 의미뿐이지만, 유학의 세계관 속에서 오래되었다는 것은 올바르다는 말이기도 하다. 옛것을 숭상하는 체질의 유학적 세계관 속에서는 오랠수록 더 높은 가치를 담고 있는 것이니, 옛사람〔古人〕, 옛문장〔古文〕은 언제나 올바른 것이다. 상정구설은 떳떳한 정서와 올바른 담론을 가리킨다. 변영만 문장의 호탕함에 대해 조긍섭은 전통적 문장관을 근거로 비판하고 있는 것이다. 이에 반해 정인보는 변영만의 호탕함이 놓치고 있는 지점을 진정성〔眞〕이라 하였다.

그런데, 변영만이 진정성을 진정으로 놓치고 있었던 것은 아니다.

> 진실로 그것이 진정〔眞〕이라면 비록 여항의 정이 얽힌 쇄쇄한 것이라도 좋은 것이요, 진실로 그것이 허위라면 비록 덕과 교화의 장중함이라도 나쁜 것입니다. …… 만약 구차하게 사건을 서술하

고서 반드시 맺음말에서 "노력하지 않을 수 있겠는가!"라 하고, 상황을 서술하고서 반드시 맺음말에서 "아아, 괴롭도다!"라고 한다면 비루한 것입니다.[396]

권장할 만한 사건을 기록하거나 부정적인 상황을 서술하거나 글의 끝에 가서는 꼭 평가의 사족을 달아놓아야 문장이 금이나 옥처럼 귀해진다는 주장을 김수(金銖, 1890~1944)가 편지에 담아 보내왔던 듯하다. 김수는 면우 곽종석의 문인으로 동성파적 문학 이론을 갖고 있었던 듯하다. 상정구설을 지향하던 조긍섭도 동성파의 문학이론을 상당히 중시하였다. 동성파(桐城派)는 주돈이(周敦頤)의 문이재도론(文以載道論, 문장은 도를 실어야 한다는 논리)이라는 도덕주의 문학론을 옹호하는 중국의 문학 유파이다. 위 인용문은 김수의 의견에 대한 변영만의 답장이다.

답장에서 변영만은 문장이 꼭 도덕적 이념의 그릇이 될 필요가 없다는 주장을 하고 있다. 도덕과 독립하여 존재하는 예술의 척도로 문장을 보려 한 것이다. 그것을 '진정성〔眞〕'이라고 표현하고 있다. 인생의 참된 감정이기에 여항의 쇄쇄한 정도 진이 될 수 있는 반면, 도덕교화라도 인생현장과 괴리된 것이라면 '허위〔僞〕'가 되는 것이다. 문장으로 모든 참된 것을 표현할 수 있고 그것이 문장으로 완성의 가치를 지니는 것인데, 도덕적 이념이 앞서서 도덕적 표현으로 평가를 덧붙여야 문장이 완성된다고 여기는 태도에 대해 '비루하다〔陋〕'고 힐난하고 있다.

앞서 인용했던 정인보의 편지 부분에서 변영만에게 힐난과 존경이 착종된 이유는 여기에 있는 듯하다. 내용상의 진정성과 표현상의 호탕함을 드러내는 변영만의 글에 대해 정인보는 표현상의 호탕함을 주로 문제 삼으며 내용상의 진정성이 표현으로도 관철되기를 기대했던 것이 아닌가 한다. 정인보는 후배들에게 문장의 수련에 관해 정자(程子)와 주자(朱子)의 글을 더 읽어 간결하고 심원한 경지를 배워보라거나,[397] 고문을 배운답시고 장구만 천착하는 수준을 넘어서라거나[398] 하는 등 상대의 수준과 상태에 따라서 이런저런 조언을 하고 있다. 문장 형식상의 문제에 대해서는 앞서 본 조긍섭이나 김수와 비슷한 노선을 취하고 있다. 이에 비해 변영만은 당송고문을 넘어서는 문장을 추구하려는 노선을 취하였기[399]에 형식상의 문제에서는 이견이 커지는 것이다.

내용상의 진정성에 대해서 정인보와 변영만은 크게 다른 가치를 추구했던 것 같지는 않다. 정인보는 황현(黃玹)의 동생 황원(黃瑗)에게 보낸 편지에서 "문장의 일이란 오직 진정성을 기약할 뿐"[400]이라 하기도 하고, 문장 수련을 묻는 후배에게 답변으로 "의(意)를 위주로 해야 한다"고 하기도 하였다.

> 때로 저잣거리에고 다녀보고, 간혹 학교에도 가보고, 협객소년과도 사귀고, 외국에 나가 물정의 변화도 보아, 그대의 몸이 한세상 사람이 되어 내달리는 것과 슬픈 노래와 통곡과 뛰고 구르며 장단에 맞춰 춤추는 것과 감개와 억울함을 더불어 함께 한다면, 기가 치솟고 의가 장대해질 것입니다. 의가 장대해진다면 드러내지 않을 수 없습니다.[401]

정인보가 박승도(朴勝燾)에게 보낸는 편지인데, 문장을 잘 하기 위해서 우선 의(意)를 위주로 하라는 지침에 대해 설명하고 있는 부분이다. 요컨대 집안에만 있지 말고 세상 물정을 겪어보라는 말이다. 세상을 관찰자로서 경험하기보다는 한세상 함께 사는 사람으로서 함께 내달리고 함께 곡하고 함께 춤추고 함께 세상과 같은 감정을 체험해보라는 것이다. 세상과 함께 한 뒤에 장대해지는 의, 그것을 위주로 문장을 해 나가야 한다고 지침을 내리고 있다.

변영만도 세상과 함께하는 가치의 진정성에 대해 언급한 바 있다. 당시 아시아인으로 노벨상을 수상하였다고 하여 성인처럼 떠받들고 있던 타고르에 대해, 변영만은 아무리 읽어도 유익함을 얻지 못했다고 하였다. 동족을 외면했기 때문이다.

> 타고르옹은 참으로 시원하게 바람을 타고 다니며 발에 먼지를 묻히지 않는 자라 할 것이다. 눈으로는 점령자 영국의 채찍질 아래 신음하는 동포들을 보면서도 좋은 벼슬자리에 얽매여서 읊조림을 그만두지 않고 있다. 혼탁한 시대에 이름을 날리며 사방의 나라를 관광하면서 유유히 하늘을 날아다니며 명예가 온 세상에 미치면서도 편안한 마음으로 부끄러워할 줄을 모르고 있다. 이 어떤 사람인가? 진정성〔誠〕이 없는 사람일지니 무엇을 더 논하겠는가![402]

노벨문학상을 수상한 이래 세계적인 명성을 얻어가고 있던 타고르에 대해 변영만은 진정성이 없다고 말하고 있다. 만해 한용운(萬海韓龍雲)도 「타골의 시를 읽고」라는 시를 통하여 타고르의 밝고 아름다운 정서에 대해 식민지민으로서의 음울한 정서를 바탕으로 비판한 바 있다.[403] 한용운이 타고르에게 식민지 인도의 고통을 외면하지 말라는 충고의 시를 지었다면, 변영만은 동포의 고통을 외면하는 타고르와 의절하는 수준의 산문을 쓴 것이다. 타고르가 변영만에게 감동을 주지 못하는 이유는 그가 핍박받는 동족을 제쳐두고 압제자인 영국의 벼슬을 받고 세계를 돌아다니며 명예나 구하는, 진정성이 부족한 인간인 때문으로 보고 있다. 진정성이란 바로 자신의 삶을 포함하여 동족의 삶까지도 깊이 있게 느낀 대목에서 획득되는 것이다. 땅에 발을 딛고 서서 한 세상을 함께 하는 사람들의 괴로움을 외면하지 않는 진정성은, 세상 사람들의 감개와 억울함을 더불어 함께 하여 얻어지는 정인보의 의(意)의 진정성과 다르지 않은 것이다. 귀족 출신의 타고르가 동족의 고통을 모르고 아름다운 시만 지어내는 것과, 부유층의 자제로 세상 물정에 어두운 박승도가 옛 글을 모방하는 것만으로 문장 수련을 하는 것에 대한 변영만과 정인보의 대안은 세상과 함께 하며 세상 사람들의 감정을 더불어 느끼는 것이었다.

소외되어 가는 한문학과 한문지식인들의 연대의 정서 속이라고 하더라도, 한문학을 진지하게 추구하는 입장에서 서로의 견해 차이를 간과할 수는 없다. 정인보는 변영만의 진정성을 문제삼으며 공략한 것이었는데, 진정성에 대한 견해 차이는 내용이 아니라 형식적 측면이었던 것으로 보인다. 오히려 진(眞) 혹은 성(誠)으로 표현된 진정성의 내용적 가치에 대해서는 두 사람이 공히 세상을 외면하지 않는 방향으로 견해의 일치된 태도를 갖고 있었다.

## 진정성의 실현 구도

한 가지 의문이 떠오른다. 정인보와 변영만이 자신들의 진정성에 대한 입장대로 세상과 함께 한다면 세상의 변화에 민감하게 될 터인데, 이미 근대계몽기 이래 소외되어가는 한문학을 통해 자신들의 사상과 감성을 집중적으로 표현하고 있던 것이다. 진정성을 확보하는 과정에서는 세상과 함께 하던 태도가 진정성을 표현하는 과정에서는 세상과 달리 한다고도 볼 수 있을 것이다. 그런데도 진정성의 최종 목표는 결국 다시 세상을 향하고 있다.

> 방 하나 사람 한 몸이 비록 작고 미약하지만, 한뼘에서 시작하여 천하를 기름지게 하는 것이 진정성〔誠〕입니다.[404]

정인보가 변영만에게 보낸 편지의 핵심 문장이다. 방 한칸, 내 한몸, 살 한뼘에서 출발한 진정성이 천하를 기름지게 할 수 있다는 표현은 지도계급을 자처하는 중세적 지식인의 전통을 잇는 양심적 고뇌의 흔적이라 할 수 있는 것이다. 이 중세적 지식인의 전통을 잇는 일에 함께 노력하자고 하는 것이며, 앞서의 진정성에 대한 의심 대목도 결국 이 부분에서 진정성을 공유하기 위한 사전 포석이었던 것으로 보인다.[405]

> 이에 진실한 정성〔誠忱〕이 칠실(漆室)에 쌓이며 저작이 해와 별처럼 빛나게 되었다.[406]

3장에서 살펴본 『성호사설』의 변영만 서문의 일부인데 마치 정인보 편지에 언급한 진정성으로 천하를 윤택하게 하자는 말에 대한 응답처럼 유사한 문맥이 담겨 있다. 지도계급을 자처하는 중세적 지식인의 전통을 잇는 태도를 변영만에게서도 확인할 수 있다. 변영만은 고유명사 '칠실'을 마치 문자 그대로 컴컴한 골방인 것처럼 사용하여 태양과 별들의 광채와 대조하였고, 그의 학문의 범위를 우주로부터 곤충 식물에 이르기까지 망라한 것으로 표현하여, 깊은 침잠을 통해 터득한 보편적 원리가 모든 학문 대상을 관통하고 있음을 극적으로 제시하였다. 동포들의 처지에 대한 깊은 공감의 진정성이 기반이 되어 컴컴한 골방에서의 도저한 탐구를 거쳐 보편적 원리를 획득하는 것이, 가장 모범적인 중세적 지식인의 양심적 고뇌의 전개 과정인 것으로 제시된 것이다.

진정성의 내용과 형식과 목표를 나누어, 이 대목을 다시 살펴보자. 한 세상 함께 하는 사람들과 공감을 통해 얻는다는 진정성의 내용과, 다시 그것을 기반으로 천하를 바로잡고 이롭게 한다는 진정성의 목표에 대해서는 변영만과 정인보가 같은 노선을 취하고 있다. 진정성의 표현 형식에 대해서는 문이재도론 수준의 정제미를 추구하느냐, 그것을 뛰어넘어 독창미를 추구하느냐의 노선 차이가 있었다. 그런데 이들이 견해 차이를 보이는 표현 형식은 한문학의 범주에 있는 것이다. 근대계몽기 이래 한문학을 타자화하는 흐름이 지속되어 왔고, 이들이 논의를 주고받는 식민지시기에는 근대적 국문체가 거의 완성되어가는 시점이었다. 근대 문명의 중심은 국문이 장악하고 있고, 한문학은 문명의 중심에서 소외되어 가고 있었다. 세상으로부터 얻어서 세상에 되돌려주는 진정성을 세상에서 소외되어가는 한문학을 통해 표현한다는 것은, 내용과 목표가 형식을 잘못 선택한 것으로 보이기도 한다. 잘못 선택한 것으로 보이는 형식에 집착하여 변영만과 정인보, 조긍섭, 김수 등이 논쟁을 주고받는 과정은 더욱 시대착오로 보일 수도 있다. 시대착오가 개입되어 있다면 그 가치는 이미 상당히 제한적일 수밖에 없을 것이다. 실제로 이 시기의 한문학의 이런 논의는 문학사에서 거의 사각에 놓여 있었다. 이 대목은 별도의 설명이 필요할 듯하다.

정인보와 변영만이 공히 제기하고 있는, 성(誠)을 쌓아 천하에 윤택을 입히자는 주장은 중세 이래의 양심적 지식인의 계보를 잇겠다는 의도이다. 백성들을 근대적 국민으로 재조직하여 제국주의와 대항하자는 계몽담론과는 결을 달리한다. 계몽담론은 계몽지식인이 포함되는 근대적 국민을 형성하자는 것이고, 형성하고픈 근대적 국민을 미리 소환하여 동원하려는 기본 구도를 갖추고 있다. 그러나 정인보에게는 동원되는 국민으로서의 단계가 설정되어 있지 않다.

> 내가 서자는 것이 아니라 대중(大衆)으로 서자는 것입니다. 고행(孤行)이라 화응(和應)하는 이가 없으리라 낙심하실 일이 아닙니다. 내게 있는 불안이 남에게 없을 리 없습니다. 본심은 본심이라야 일으킵니다.[407]

앞에서도 예시하였던 정인보의 문장이다. 여기서 고행(孤行) 즉 홀로 가는 대중이란 것은, 자신의 입장으로 대중을 향해 다가가는 지식인을 의미하는 것이다. 지식인은 대중과 한 덩어리가 되는 것이 아니라, 홀로 선 대중으로 존재한다는 말이다. 대중의 본심을 지식인의 본심으로 격발시켜서 현실을 바꿀 수 있다는 신념이기도 하다. 근대 민족주의가 표방하는 국민으로 재조직하여 동원하자는 구도는 아니다.

> 내가 들으니, "변설을 명쾌히 함에 함께하는 사람이 모이고, 말을 잘 함에 같은 부류가 호응한다."라고 하였으니, 변설과 말을 명쾌히 하고 잘하는 것은 '문사를 닦아 성(誠)을 세우는 것'을 말함이요, 함께하는 사람과 비슷한 부류가 모이고 호응하는 것은 '군중이 깨우쳐짐'을 말하는 것이다. …… 가까이 베풀기로는 친척이나 붕우로부터 시작하여 모두 이에 해당하는 것이요, 반드시 넓은 도성이나 큰 읍의 사이에서 길 가는 사람을 붙잡고 말로써 깨우쳐주는 것만을 가리키는 것이 아니다. 그리고 자취를 멀리 남기기로는 후대의 자손에 이르는 것 또한 이에 해당하는 것이다.[408]

변설과 말을 명쾌히 잘 하는 것이 바로 '문사를 닦아 진실성을 확보하는' 것이 된다고 하였다. 이쪽에서 문사를 닦아 진실성을 확보하면 저쪽은 자연스레 깨우쳐지게 되어 있다는 것이다. 여기서 변영만이 들었다는 말은 『순자(荀子)』, 「불구(不苟)」편에 나오는 말이다. 이 말의 뒷 부분에 "그러므로 말이 울면 말이 대답하고, 소가 울면 소가 대답하는 것은 지식이 있어서가 아니고, 그 형세가 그런 것이다〔故馬鳴而馬應之, 牛鳴而牛應之, 非知也, 其勢然也〕."라고 이어진다. 잘 울면 동류(同類)가 호응한다는 것이다. 이 동류가 호응하는 것을 '군중이 깨우쳐지는 것'이라고 했다. 꼭 큰 거리의 많은 사람을 붙들어 두고 깨우쳐야 하는 것은 아니고 친척이나 친구들로부터 시작하는 것도 군중을 깨우치는 것에 해당한다는 것이다. 여기서 변영만은 자신의 문장에 주의를 기울여 읽어주는 한문

지식인들을 동류로 생각한 것이다. 변영만은 사람이 세상을 살아가면서 동류를 버리고는 즐거움이 없다고 한 바 있다.[409] 동류와 함께 어울리며 글을 지으면 읽어주고, 부르면 화답하는 것을 바랐던 것이다. 그렇게 진실성이 담긴 문장을 지으면 우선 동류들이 깨우쳐지고 차츰 나아가 길가는 사람들에게 퍼지고 더 나아가 후대의 자손에게까지 남는 과정을 생각하고 있는 것이다. 우선은 동류들이 읽어주고 감동하여 변화되기를 일차적 목적으로 삼은 것인데, 그 글은 골육과 같고 지기가 되는 사람들이 우선 함께 참여하는 한문 문장인 것이다.

진정성의 표현 형식에 있어서 변영만과 정인보는 지향을 달리하였지만, 진정성의 내용과 목표에 있어서 변영만과 정인보는 공히 세상과 공감하여 얻은 진정성으로 다시 세상을 변화시킨다는 노선을 취하고 있었다. 그런데, 세상과 함께 하는 진정성의 내용으로 진정성의 목표를 이루기 위한 표현 형식은 세상과 함께 할 수 없는 한문학이었다. 근대한문학의 난점이 여기에 있다고 할 수 있겠다. 세상 모두와 함께 하는 것이 아니라 우선 양심적 중세 지식인의 전범에 따라 동류 지식인들이 교화되고 차차 나아가 세상이 교화되는 구도이다. 그러나 이 대목에서 근대 계몽담론이 설정한 동원되는 국민의 단계가 본질적으로 차단된다. 이것은 식민지 현실을 근원적으로 부정하며 근대의 전개 과정을 전혀 다른 방식으로 수용하고 비판하여 새로운 상상력과 학문의 기반이 되는 데까지 나아갈 수 있는 기반이 된다.

## 진정성의 현재적 의미

근대한문학은 근대계몽기 이래 근대 문명의 중심권에서 소외된 자리에서 전개되었다. 중세적 문자 행위의 관성이 적지 않게 남아서 이 시기 한문지식인의 수가 갑자기 줄어들거나 하지는 않았고, 한시의 경우 오히려 창작 향유층이 증가하기도 하고 문집이 대량으로 간행되기도 하였다. 그런데, 아무리 현상적으로 숫자가 많더라도 소외되고 소멸되어가는 문자 형식을 추구하는 것은 제한적 가치를 이미 내포하고 있다. 그리하여 근대한문학은 국문학 연구의 범위에서도 상당히 오랜동안 사각에 방치되어 있었다. 근대한문학의 쌍벽을 이루는 변영만과 정인보는 소외 과정을 분명히 체감하고 있었으며, 거기에 따른 한문지식인으로서의 강렬한 연대의식을 갖고 있었다. 소멸을 예감하면서도 소멸을 되돌릴 만한 가치를 추구했는데, 그것은 진(眞) 혹은 성(誠)으로 표현되는 진정성이었다. 그 진정성은 공동체의 삶에 대한 진지한 접근을 통해 확보하는 것이며, 다시 공동체의 삶에 기여하는 방향으로 전개되는 것으로 보았다. 이 공동체의 주된 단위는 민족이라고 하겠는데, 공동체로부터 얻어진 진정성을 다시 공동체에게 돌려주는 과정에서 한문을 표현 수단으로 선택한 것은, 직접적 계몽 대상을 공동체 전체로 놓고 있지 않았다는 의미가 된다. 그것은 성호 이익과 같은 중세 양심적 지식인의 전통처럼 자기 주변 사람들을 계몽하고 그것을 통한 혜택이 천하만민과 대대후손에게 펼쳐지는 구도를 상정하였기 때문이다. 직접적 계몽 대상을 공동체 전체로 상정하면서 약육강식의 급박한 시대적 상황을 국민 동원의 과제로 대응한 근대 계몽담론과는 결을 달리하는 것이다. 지식인 개인의 진정성을 먼저 확보하고 지식인 사회에 파급하여 변화를 추동하여, 궁극적으로 공동체의 변화를 목표로 하는 것이다. 계몽담론이 국민이라는 층위에 지식인과 백성을 모두 투영하였다면, 정인보와 변영만은 지식인과 공동체를 각기 다른 층위로 인식했던 것이다. 지식인의 별도 설정은 중세적 귀족주의의 잔영이기도 하지만, 이 시기의 의미는 따로 있는데 동원되는 국민의 단계가 본질적으로 차단된다는 점이다.

동원되는 국민으로서 국민적 교양을 추구한다면, 전통 한문 지식은 오히려 난삽함과 난해함으로 폐기해야 할 대상이 된다. 문집을 모두 모아 불살라야 한다는 신채호의 과격한 주장이나, 이광수의 전통에 대한 철저한 부정까지 국민 동원의 목적 하에 전개된 극단적 주장이라 할 수 있겠다. 그런데 정인보와 변영만 등은 공동체의 고통스러운 삶을 외면하지 않으면서도 다른 노선을 선택한 것이다. 골육 혹은 지기로 표현되는 한문지식인 내부의 변화를 추구했던 것이다. 그러므로 전통 지식에 대해 다른 관점을 갖게 되었고, 이 과정에서 성호 이익, 다산 정약용, 연암 박지원 등 대한 각별한 관심을 도출해낼 수 있었다. 저 1930년대의 실학 혹은 조선학의 융성은, 한편으로 국학 고전에 대한 근대한문학계의 에너지가 일정한 기반이 되었다고 할 수도 있겠다. 한동안 근대한문학의 시대착오적 속성으로 인식되었던 것은, 식민지시대 새로운 학문을 개척했던 에너지로 재해석될 수 있으며, 지금 여기의 상상력을 보완하는 자료로 재해석될 필요가 있다.

변영만과 정인보가 제시하는 진정성의 가치가 근대한문학 전체를 대표한다고 주장하는 것은 억지일 것이다. 근대한문학의 자장 안에서는 근대를 철저히 외면하려는 경향도 있었고, 식민지 근대를 인정하고 취미 생활처럼 한문학을 영위하는 흐름도 있었으며, 소위 황도 유학을 받아들인 친일 한문학도 있었다. 오히려 변영만과 정인보의 입장은 근대한문학 내부에서도 소수파라고 해야 실상에 가까울 것이다. 그러나 나로서는 이것이 근대한문학의 진면목이라고 여기고, 근대한문학의 정점이라고 표현하였다. 진면목이란 그것의 보편치 혹은 평균치가 아니라, 항상 그것의 정점이고 극단일 것이기 때문이다. 변영만과 정인보의 진정성에 대한 추구는, 한문학을 끝내 포기하지 않으면서도 근대적 현실을 아주 외면할 수도 없었던 자신들의 입장을 극단까지 밀어붙여서 도달한 자세다.

서세동점의 충격 속에 민족공동체의 생존이 위협받는다는 위기의식에서 형성된 민족주의는 세계를 나와 나 아닌 것 사이의 투쟁으로 바라보게 되었으며, 과거에도 그 상을 투영한다. 중국 문화(한문학)의 압도에 대해 민족 고유 문학이 투쟁해 왔다는 조윤제의 인식이나 한문학을 민족 고유의 영역에서 타자화하기 위해 한문학사를 저술한 김태준의 인식은 그 결과물일 것이다. 한문학이 갖고 있던 보편적 속성, 즉 천하에서 생성된 지식 일체를 자기 것으로 삼아 천하를 근심하며 천하에 바로 접속하였던 사(士)의 자세들을 민족주의는 일거에 타자화하여 지나(중국)의 것으로 귀속시켰던 것이다. 이 의식의 급박함을 무시할 수는 없지만, 전근대의 천하가 근대의 세계질서로 전환되는 과정에서 천하의 식자인들이 한반도의 지식인들로 위축되어 보편성의 계기들을 상상하는 힘이 약화되었다고 볼 수 있다. 변영만과 정인보는 한문학의 중세 보편적 언어로 사(士)로서의 자각을 표현하고, 지식인으로서 천하 만민에 대한 책임을 자임하였다. 공동체의 절망적 현실에 대해 외면하지 않는 태도는, 사대부의 우환(憂患) 의식의 연장이라고 보아야 할 것이다. 그 태도에서 여타의 식민지 제3세계도 타자로 보지 않을 수 있는 인식을 얻은 것이다.

근대계몽기 이래 한반도에서는 근대화의 압박이 대단히 강력하였던 나머지 근대주의의 압도적 위세 속에 전통의 계승 가능성들이 대부분 사라지고 말았다. 문학이 문(文)에 대한 학(學)이기보다 리터러처의 번역어로 기능하면서, 자연의 무늬인 천문(天文)과 마주하는 사람 무늬로서의 인문(人文)이라는 추상 개념은 단절되고 말았다. 임화의 이식문학론은 근대와 전근대 사이에 놓이 이런 격절의 단층을 강조한 것이리라. 여기에 근대적 문학 개념을 전근대로 끌고 들어가 노블과 리얼리즘의 실마리를 발견하려는 경향, 즉 문학 연구에서 내재적 발전론의 편향들도 근대주의에 귀속될 것이다. 실현된 근대에 압도된 나머지 그것이 단 하나의 길이었다고 믿는 강박은 문(文)에서 리터러처의 우연적 상사(相似)기관을 찾으려고만 할 뿐, 인문의 다기한 가능성들에 관심을 둘 수 없었다. 여기서 변영만과 정인보는 사람 무늬로서의 인문의 학을 계승하고, 사람을 억압하는 불인(不仁)의 조건에 대해 고함(高喊)을 내었던 것이다. 여기서 다시 지식 전문가와는 다른 지식인의 자세를 생각게 한다.

변영만과 정인보의 진면목이 아직까지 주목받지 못한 것은 차라리 다행일 수도 있다. 근대전환기 이후 전개된 한국학의 성취를 무시할 수는 없겠지만, 적어도 지금의 한국학을 반성하기 위해서는 그것이 놓친 계기들을 다시 꼼꼼히 들여다볼 필요가 있는 것이다.

그들의 계기가 손을 많이 타지 않고 남아 있는 것이 다행이다. 여기서 다시 청출어람을 요청한다.

## 주석

1 「談叢－韓國의 書籍」, 『大韓每日申報』, 1909.4.7, "本朝以來로 儒者로 稱ᄒᆞᄂᆞᆫ 者ㅣ 山 ᄀᆞᆺ치 積ᄒᆞ야 '家家程朱'란 俗語가 有홈에 至하엿스되 能히 卓然ᄒᆞ게 一家를 成立ᄒᆞᆫ 者를 求ᄒᆞ면 幾乎 鳳毛麟角 ᄀᆞᆺ치 稀ᄒᆞᆫ지라. 其 所謂 某先生集이니 某公集이니 ᄒᆞᄂᆞᆫ 것을 見ᄒᆞ건ᄃᆡ 往往 卷帙이 數十數百에 過ᄒᆞ나 此를 一披ᄒᆞ야 其中의 所有를 窺ᄒᆞ면 山高水麗 風淸月白 等 語로 詠出ᄒᆞᆫ 詩 幾首가 有ᄒᆞᆯ ᄲᅮᆫ이며, 正心 誠意 修身 齊家 等 意로 演出ᄒᆞᆫ 文 幾篇이 有ᄒᆞᆯ ᄲᅮᆫ이라. 十先生의 文集을 閱ᄒᆞ야도 如是ᄒᆞ며 百先生의 文集을 閱ᄒᆞ야도 如是ᄒᆞ니 此等 文集은 秦始皇의 出을 不待ᄒᆞ고 自然 灰燼에 歸ᄒᆞᆯ 者니 噫라!."
대한매일신보의 「담총」은 무기명 논설이다. 이 글의 필자가 신채호임에 대한 논증은 임형택, 『한국문학사의 논리와 체계』, 창작과비평사, 2002, 362면 참조.

2 『독립신문』, 1897.11.31. 「잡보」; 이광린, 「구한말 신학과 구학과의 논쟁」, 『동방학지』, 23・24합집(1980), 1~16면 참조.

3 呂炳鉉, 「新學問의 不可不修」, 『大韓協會會報』, 8호(1908.11), 11~12면; 崔炳憲, 「學有新舊 辨其虛實」, 『畿湖興學會月報』, 4호(1908.11), 12~14면; 李鍾麟, 「我國學界의 誤解」, 『畿湖興學會月報』, 8호(1909.3), 3~5면; 李沂, 「一斧劈破」, 『湖南學報』, 1호(1908.6), 12~18면.

4 金甲淳, 「腐儒」, 『大韓協會會報』, 4호(1908.7), 10~11면, "第一 偏僻派니 …… 家族과 他人을 不問ᄒᆞ고 靑年子弟가 學校에 赴ᄒᆞᄂᆞᆫ 者ㅣ 有ᄒᆞ면 斯門亂賊이라 目之ᄒᆞ며 …… 國漢文混用을 厭忌ᄒᆞ야 新書籍 購覽이 絶無ᄒᆞ고 …… 其頑僻한 腦髓ᄂᆞᆫ 비록 大禹의 神斧라도 劈破키 難ᄒᆞᆫ 者요."

5 金甲淳, 위의 글, 13면, "本題를 張皇히 論述ᄒᆞ난 愚意는 다만 腐儒 其者를 攻擊홈에 止홈이 안이라 一者난 不學同胞에게 其弊害가 染及홀가 念慮防閑코자홈이요 二者는 山林同胞의 頑蒙을 警醒ᄒᆞ야 覺悟를 催促코자 홈이니 試思ᄒᆞ라 山林同胞여 腐儒의 呼稱은 君輩도 平素 厭忌ᄒᆞ는 바이 아닌가 惡을 惡ᄒᆞ고 善을 好홈이 人의 常情이니 腐儒의 呼稱을 厭忌ᄒᆞ거든 腐儒의 性質을 棄却ᄒᆞ고 速히 文明의 新空氣를 吸收ᄒᆞ야 刮目相對로 吳下의 阿蒙을 脫免ᄒᆞ고 忍耐勇進으로 伊國의 佳富爾를 模範홀지어다. 嗟乎라 我山林學者同胞여."

6 李鍾一, 「論國文」, 『大韓協會會報』, 2호(1908.5), 13면. "使我韓二千萬衆으로 除其通曉漢文者外에 勿論男女老幼ᄒᆞ고 一切教育이되 洞各設校ᄒᆞ야."

7 黃玹 저 · 임형택 외 옮김, 『譯註 梅泉野錄』 상, 문학과지성사, 2005, 424면. 원문은 "是時, 京中官報及外道文移, 皆眞諺相錯, 以綴字句, 蓋效日本文法也. 我國方言, 古稱華文曰眞書, 稱訓民正音曰諺文, 故統稱眞諺, 及甲午後, 趨時務者, 盛推諺文曰國文, 別眞書以外之曰漢文. 於是, 國漢文三字, 遂成方言, 而眞諺之稱泯焉. 其狂佻者, 倡漢文當廢之論, 然勢格而止."

8 미야지마 히로시, 「일본의 국학과 한국의 조선학」, 『동방학지』 143, 연세대학교 국학연구원, 2008, 91~95면.

9 천성림, 『근대 중국 사상세계의 한 흐름』, 신서원, 2002, 143~172면.

10 이만열, 「국학의 성립 발전과 그 과제」, 『동방학지』 100, 1998, 1~3면.

11 黃羲性, 「與呂荷亭先生足下書」, 『大韓每日申報』, 1908.3.25, "惜哉 韓國 幾百年來 漢文學者는 朝鮮 二字는 背後에 全付하고 惟漢을 是慕ᄒᆞ며 惟漢을 是仰ᄒᆞ며 是師是尊ᄒᆞ며 是依是賴ᄒᆞ야 彼를 敬ᄒᆞ야 曰大國이라 ᄒᆞ며 己를 卑ᄒᆞ야 曰小國이라 ᄒᆞ고 …… 大呼曰 漢國文이라 ᄒᆞ야 國文의 逆臣이 되며 漢文의 忠奴가 되랴ᄒᆞ니." 황희성과 여규형의 논쟁에 대해서는, 강명관, 「한문폐지론과 애국계몽기 국한문 논쟁」, 『한국한문학연구』 8, 1985에 상세히 정리되어 있다.

12 呂圭亨, 「論漢文國文」, 『大東學會月報』 1호(1908.2), 52~53면.

13 黃羲性, 같은 글, "靑年時代에 彫虫長技를 抱ᄒᆞ야 才士의 名譽가 南村에 喧藉케 ᄒᆞᆫ 者도 漢文이오 一朝天地에 風雲을 吹噓ᄒᆞ야 呂氏家中에 一科慶을 又出

케 ᄒᆞᆫ 者도 漢文이오 …… 先生은 可謂 生於漢文 長於漢文 知我者 其惟漢文 罪我者 其惟漢文이라 할 만ᄒᆞ니."

14 金澤榮, 「送洪林堂承學歸堤川序 甲辰」, 『김택영전집』①, 아세아문화사, 2000영인, 477면, "自世道之漓, 而文字先壞, 前輩風流, 日以邈然. …… 諺字蟹文盛行於世, 游談之士, 嘖嘖以國勢之綿弱, 歸咎文字. 嗚呼, 國勢之弱, 用文之不善耳, 非文之罪也."

15 일본의 사정에 관해서는 류준필, 「19세기말 일본 대학의 학과 편제와 국학 한학 동양학의 위상」, 『코기토』 65, 2009에 상세히 정리되어 있다.

16 金台俊, 「조선학의 국학적 연구와 사회학적 연구(1회)」, 〈조선일보〉 1933.5.1(인용은 김태준, 『김태준문학사론선집』, 현대실학사, 1997, 350면에서).

17 金台俊, 「조선학의 국학적 연구와 사회학적 연구(2회)」, 〈조선일보〉 1933.5.2(인용은 김태준, 『김태준문학사론선집』, 현대실학사, 1997, 352면에서).

18 金台俊, 『朝鮮漢文學史』, 朝鮮語文學會, 1931, 3~4면.

19 백승철, 「조선학운동 계열의 자기정체성 모색과 근대관」, 김도형 외, 『일제하 한국사회의 전통과 근대 인식』, 혜안, 2009, 122~124면.

20 趙潤濟, 『한국문학사』, 탐구당, 1987, 17면. (본디 1948년에 나온 『국문학사』를 1963에 『한국문학사』로 개수 간행하고 다시 横組한 것임)

21 趙潤濟, 앞의 책, 544면.

22 정병욱의 규정은 「국문학의 개념규정을 위한 제언」(『자유세계』, 1952)에 나오는 것이고 이에 대한 문학연구사적 이해는 임형택, 「한국문학의 인식체계」, 『한국문학사의 논리와 체계』, 459~480면을 참조.

23 安廓, 『朝鮮文學史』, 韓一書店, 1922, "제37절, 신구 대립의 문예"(최원식 역, 『조선문학사』, 을유문화사, 1984, 202면에서 인용).

24 『동아일보』, 1922.9.7, 사설 「田艮齋翁의 長逝, 漢學界의 損失」.

25 『동아일보』, 1933.9.1, 단신 「曺兢燮(深齋)先生 長逝, 漢學界泰斗」; 『동아

일보』, 1934.2.27, 단신 「李垕先生逝去, 漢學의 大家」; 『매일신보』, 1936.1.21, 칼럼 「一日一文, 漢學界의 凶歲」(정만조의 죽음을 다룸).

**26** 金台俊, 앞의 책, 6면.

**27** 金台俊, 앞의 책, 190면.

**28** 辛亥吟社의 융성했던 활동 양상에 대해서는, 신상필, 「근대한문학의 성격과 신해음사」, 우리한문학회, 『한문학보』 22집, 월인, 2010, 108~129면 참조.

**29** 趙潤濟, 앞의 책, 417면.

**30** 조동일, 『(제4판)한국문학통사5』, 지식산업사, 2005, 528~541면.

**31** 이희목, 「근대계몽기 한시 소고」, 『인문과학』 45, 성균관대 인문과학연구소, 2010. 이 논문에서 제시한근대매체에 게재된 한시의 총량은 19,000여 수로 그 방대함을 짐작할 수 있다. 이 논문에서는 또한 근대계몽기를 전후하여 서당 교육이 평민층에게까지 확산되고 이러한 경향이 식민지시기에도 지속되어 한문 해독층이 대량 증가하였음을 추정하였다.

**32** 경인문화사의 〈韓國歷代文集叢書〉에 수록된 전체 3000여 종의 문집 중에 1910년 이후 서거한 인물의 문집이 1800여 종이 되는 것으로 파악된다. 이 총서는 web으로도 제공되고 있다(http://www.mkstudy.com).

**33** 이우성, 「발간사」, 변영만 저 · 실시학사고전문학연구회 역주, 『변영만전집』 상, 성균관대 대동문화연구원, 2006, 5면.

**34** 鄭寅普, 「與卞薊篁榮晩書」, 이가원 편, 『한문신강』, 292면, "獨念, 文字, 與形軀相依, 此生長不可捨棄, 而言而無應, 唱而無和, 意鬱鬱不自得, 而幸有兄與之同好, 此如骨肉無異." 이 편지는 정인보의 문집인 『薝園文錄』에 수록되어 있지 않아 그간 거론되지 않던 것이다.

**35** 卞榮晩, 「遊崧陽記」, 『변영만전집』 상, 202면. 원문은 "未與此行者, 洪君碧初 · 李君一星 · 鄭君爲堂, 尤恨爲堂之不得助余爲文也."

**36** 鄭寅普, 「次韻李玄山玄圭寄示七古」, 『담원 정인보 전집』 5, 311면.

**37** 玄山 李玄圭의 생애 및 그가 고문 문장에 대한 견해를 당대 인사들과 주고

받은 정황에 대해서는 박우훈, 「현산 이현규의 생애와 교유」, 『인문학연구』 30권2호, 충남대 인문과학연구소, 2003에 정리되어 있다.

**38** 李玄圭, 「答金瞭然」, 『玄山集』, 78면, "鄭景施每日就我, 相與如骨肉."(경인문화사 〈역대문집총간〉, http://www.mkstudy.com)

**39** 鄭寅普, 「答金文鈺書」, 『담원정인보전집』 6, 443면, "偲道衰, 流俗喜相繩美, 久矣. 普亦不敢自遠於俗, 徒以古文一事不絶, 僅如線環, 覗域中同好亦寥寥. 若座下才高出人百十倍, 眞吾道所賴以光輝, 望之深矣."

**40** 曉堂 金文鈺에 관해서는 박금규, 「효당 김문옥의 생애와 시」, 『한문교육연구』 11, 한국한문교육학회, 1997; 정길수, 「일제강점기 전통 지식인의 고뇌」, 『인문학연구』 40, 조선대 인문학연구원, 2010 참조.

**41** 金文鈺이 정인보의 글을 대거 교열하여 정인보가 불쾌해 하였으며, 이로 인해 한동안 사이가 그리 좋지 않았다는 증언이 있다고 한다(박금규, 앞의 글, 257면). 이러한 감정이 서로에게 남아 있어, 정인보가 김문옥의 글에 대해 굳이 단점을 지적하며 좀더 분발하라는 말을 덧붙인 것으로 짐작된다.

**42** 金文鈺, 「答鄭景施」, 『曉堂文集』, 309면, "以爲當此人文晦塞之日, 幸而有執事作焉, 天意固欲使成就其學以倡絶響, 非偶然而已."(경인문화사 〈역대문집총간〉, http://www.mkstudy.com)

**43** 卞榮晩, 「遊嵩陽記」, 『변영만전집』 상, 280면. 원문은 "樂事之去榮晩也, 已非一日. 今賴先生, 而復攬其大端焉. 借循是也無衰, 得究心明博之域, 措意久壽之業, 雖玆無狀, 亦豈無萬一得於其道哉? 其竟無也, 則亦可以寡過矣. 是以, 雖不敢知先生之察不察, 而榮晩, 則固竊自以先生爲有生初遇之知己."

**44** 曺兢燮, 「序」, 卞榮晩, 『산강재문초』 상, 33면, "韓氏者, 其有志於明道而未至者乎! 君之才, 於屈馬之所至, 至之已若無難者, 使有志而加勉矣, 或可進於韓氏之所未至焉者, 則前所稱六經之文, 是已. 余尙安得以豪傑域君, 而不望之以聖賢之事也哉!"

**45** 해학 이기의 삶에 대해 최종고가 소개하며 구문명 지식인으로서의 인상을 부각하였고(「한국의 법률가상 10－해학 이기」, 『사법행정』 24권1호, 한국사법행정학회, 1983), 정치사상에 대해 김도형이 정리하며 혁신유림으로서

의 인상을 부각하였다(「해학 이기의 정치사상 연구」, 『동방학지』 31집, 연세대 국학연구원, 1982). 노평규(「이기의 유학사상과 근대적 인식」, 『유교사상연구』 7집, 한국유교학회, 1994)와 정승교(「이기의 사상에서 공(公)의 의미」, 『역사와 현실』 29호, 한국역사연구회, 1998)는 근대 문명을 의미 있게 수용하였지만 기본적으로 유교 담론에 중심을 두고 있었다고 평가하였다. 문학에 대해서는 박종혁이 일련의 연구(「해학 이기의 현실인식에 대한 문학적 대응」, 『한문교육연구』 4집, 한국한문교육연구회, 1989; 「해학 이기의 사상적 전이의 과정」, 『한국한문학연구』 12집, 한국한문학연구회, 1989; 『해학 이기의 사상과 문학』, 아세아문화사, 1995)를 통해 정리하였는데, 신구 절충의 입장으로 평가하였다. 이밖의 선행 연구에 대해서는 필요한 대목에서 주석을 통해 밝히기로 한다.

**46** 鄭寅普, 「李海鶴遺書序」, 李沂, 『李海鶴遺書』(『한국문집총간』 347, 한국고전번역원, 2005), 3면, "故綜公一生, 始則爲文人, 中爲經綸之士, 又爲哀時救傾之材, 而終乃自致其存亡之義. 見於著述者, 略可按而知."

**47** 李沂, 「一斧劈破 續」, 『湖南學報』 3호, 1908.8, 7면, "七歲에 從鄕先生ᄒᆞ야 受千字文ᄒᆞ고 旣而오 受童蒙先習ᄒᆞ야 其 父子有親 君臣有義 等句를 日雖能讀이나 實不解親義之意ㅣ 果安在也라. 數月後에 又 受通鑑節要ᄒᆞ야 九歲而畢ᄒᆞ니 只知有中國이오 而不知有我韓ᄒᆞ야 其 治亂興亡이 皆與吾無涉ᄒᆞ고 而十二三에 略通七書ᄒᆞ고 十五에 入場屋ᄒᆞ야 以詩有才名ᄒᆞ고 自是以來로 泛及於天文 地理 陰陽 卜筮 兵曆之術ᄒᆞ야 頗以博學自居로ᄃᆡ 而但於國朝典故에 非獨志力이 有所不暇라."

**48** 李沂, 「家藏古器論 丁卯」, 『李海鶴遺書』, 45면, "余家有古鐵器, 想必是數百年前所鑄者. 其體極厚而且重, 擧之必兩手, 而背猶有泚. 其聲淸越而遠聞, 扣之若鍾磬然. 其用愈久而愈堅, 無缺折之患, 硜然若新發於範也, 余又嘗觀近世所鑄者, 其體極薄而且輕, 擧之不專一指之力, 其聲汚濁, 而半折而止, 扣之若瓦缶然. 其用不久而缺折之患生, 前倒後跋, 左偏右側, 罅漏百出, 遂至於廢棄, 而古器尙自若也."

**49** 같은 곳, "今余於邑工之言, 得古人之學矣. 夫古人之學, 必服於禮樂, 治於詩書, 不以駁雜之道進於前, 使其心志氣體, 安於重厚之域. …… 噫, 余亦從事於

學, 已有年矣, 雖拘於流俗, 不能自復於古, 然古人之尙質也, 則未嘗不有美焉. 遂歸而藏諸家, 以自勵云爾."

50 같은 곳, "豈若今人之摩觚硏墨, 掇章補句, 棼逐於諸家之說, 韶武之與濮桑, 繪帛之與毳旃, 隋珠之與魚目, 雜然倂進, 以炫人耳目, 至於老死, 矻矻不知止."

51 李沂, 「習慣生愛戀 愛戀生頑固」, 『大韓自强會月報』 8호, 1907.2, 10면, " 自二十二以後로 稍覺其非나 然方是時也에 通國에 無理學 化學 政治學 經濟學 諸家文字 故로 只得求柳磻溪隨錄과 及丁茶山邦禮草本等書讀之ᄒᆞ고 至二十八歲ᄒᆞ야 遂棄擧業不復作이나"

52 박종혁, 『해학 이기의 사상과 문학』, 아세아문화사, 1995, 28면.

53 鄭寅普, 「李海鶴遺書 序」, "公祖述柳丁久, 及閱歷四方, 徵驗益密, 且其意非用爲名高, 亶期及時立事, 則務明今, 不專敦古."

54 李沂, 「歸讀吾書集自敍」, 『李海鶴遺書』, 82면, "况我國朝禮樂之治, 蓋五百年於斯, 而賢士大夫項背相望, 家班馬而戶蘇黃, 其詩若文之富, 殆以萬數. 而如吾者卽湖南一布衣耳, 公卿惡其簡傲而棄之, 鄕里恥其貧賤而輕之. 苟名吾書, 則宜其不肯讀之, 吾亦不敢望其讀之也. …… 每雪朝月夕, 隨量飮三四盃, 乃出吾書而讀之, 與古之所謂著書而有功名事業者, 甚不相侔, 然其自視而甚不自輕者, 若將無多讓於人. 當是時, 人之不肯讀吾書, 不足以損吾興, 吾之書固自如也."

55 李沂, 「天主六辨」, 『質齋稿』(본 자료는 필사본인데, 박종혁의 『해학 이기의 사상과 문학』에 부록으로 영인되어 있다.)

56 鄭寅普, 「海鶴李公 墓誌銘」, 李沂, 『李海鶴遺書』, 8면, "甲午東匪起, 公時家求禮, 謂此可驅之入京, 覆政府誅姦惡, 奉上一新國憲, 在運用及早耳. 走往說全琫準, 琫準匪首, 頗豪善公言, 因曰吾則請從. 南原有金介南, 公往合之, 公卽馳至南原, 而介南拒不見, 意欲害之. 公易衣跳以免, 自是知不可與有爲. 而匪放掠, 且入求禮, 公糾郡人數百, 剿截之."

57 李沂, 「杞憂錄引」, 『李海鶴遺書』, 86면, "自泰西人通于亞洲也, 頑固與開化之說盛行, 二者互相持難不決, 且數十年矣. 然以余觀之, 皆非至論也. 夫天下事,

可以理處, 不可以氣爭. 古者聖人, 必於彼我一視. 故黃帝堯舜以來, 禮樂刑政之有沿有革者固多矣, 而孔子曰, 殷因於夏禮, 所損益可知也, 周因於殷禮, 所損益可知也. 苟使宰時者, 因其義而損益其制. 則吾恐頑固者未必非開化, 開化者未必非頑固, 又何紛然計較爲哉."

**58** 李沂, 「好古病」, 『大韓自强會月報』 9호, 1907.3, 3면, "世之學者ㅣ類多好古之病ᄒᆞ야 每論政治道德의 必稱唐虞나 然愚未知其將擧古道而能行於今世耶아. 抑或借古道而自誇於今世耶아 以爲能行於今世則此ᄂᆞᆫ 至愚之人也오 以爲自誇於今世則此ᄂᆞᆫ 大詐之人也라. …… 夫吾儒之所宗而師之者ㅣ 莫如孔子나 然其言에 曰 殷因於夏禮ᄒᆞ니 所損益을 可知也오 周因於殷禮ᄒᆞ니 所損益을 可知也라 ᄒᆞ시니 則其禮之隨時不同을 足可驗也오 …… 今西人國家學物理學氣化學之書와 社會法教育法 殖産法之規ㅣ 皆可取則也어ᄂᆞᆯ 公輩却因斷髮易服ᄒᆞ야 而幷此厭惡ᄒᆞ야 輒謂之無倫無理라 ᄒᆞ니 不亦過乎아."

**59** 李沂, 「一斧劈破」, 『湖南學報』 1호, 1908.6, 14면, "今以我人情形으로 論之컨ᄃᆡ 其 謀國이 不如謀身家者ㅣ 豈有他哉리오. 蓋自檀箕已來로 易姓이 亦屢矣나 其 人民은 共服新政ᄒᆞ야 猶可以享妻子之樂ᄒᆞ고 其士君子ᄂᆞᆫ 遯跡不仕ᄒᆞ야 猶可以取後世之名ᄒᆞ니 吾亦復何憂乎리오마ᄂᆞᆫ 奈近日滅國新法則不然ᄒᆞ야 不易君位ᄒᆞ며 不改宗社ᄒᆞ고 而但進用奸小不逞之徒ᄒᆞ야 假其王命ᄒᆞ야 而行虐政ᄒᆞ고 移其人族ᄒᆞ야 而絶種類然後에 徐徐收以爲殖民之地ᄒᆞᄂᆞ니 伏乞諸公은 試取波蘭 埃及 印度 安南史而讀之어다. 其悲怛之情과 慘酷之狀이 果何如耶아. 是謂滅國新法也니 滅國者ㅣ 旣用新法이면 則復國者도 亦當用新法者ㅣ 其理甚明矣어ᄂᆞᆯ 而猶將自居守舊ᄒᆞ고 不念圖新ᄒᆞ니 則其於商書所稱舊染汚俗咸與惟新과 毛詩所稱周雖舊邦斯命維新과 論語所稱溫故而知新과 大學所稱日新又日新之義에 不相繆戾耶아."

**60** 같은 곳, "我韓이 不幸與支那接近ᄒᆞ야 禮樂制度ㅣ 皆其所輸到故로 稱爲小華나 然今六洲列邦에 其人之不識字者ㅣ 惟我韓이 最多ᄒᆞ고 而支那爲次焉ᄒᆞ니 何也오. 天下之至難學者ㅣ 漢文이 是已라. 人自童幼至白紛ᄒᆞ야 盡其死力이라도 而得以成名者ㅣ 其亦尠矣라. 雖支那之漢語漢文이 合爲一途라도 猶此苦難이어든 況我韓之國語漢文이 判爲兩物ᄒᆞ야 纔能譯通(漢人呼天曰 텬 我韓呼天 하ᄂᆞᆯ텬 則 하ᄂᆞᆯ二字 是譯語也)者耶아"

61 같은 글, 2면, "一曰 以國文으로 破漢文習慣之弊니 於戲我 世宗大王은 固箕子後首出之聖也라. 已知其弊之必至於斯故로 遂製國文 (卽 訓民正音) ᄒᆞ야 將欲一變民俗이러니 而當時士大夫ㅣ 不能承奉ᄒᆞ야 因循苟且ᄒᆞ야 于今四百年에 惟閭巷婦女ㅣ 讀小說外에 鮮有用者ᄒᆞ니 可勝惜哉아. 自甲午更張之後로 國漢文雜作이 旣已行於官府ᄒᆞ고 又將施於學界어늘 而不知者ㅣ 猶且呰毁不已ᄒᆞ니 其亦甚哉ㄴ뎌."

62 李沂, 「習慣生愛戀愛戀生頑固」, 『大韓自强會月報』 제8호, 1907.2, 10면, "頑固之爲害於今日國家者ㅣ果大矣라. 然不究其情原ᄒᆞ고 徒責其改善인ᄃᆡ 恐亦不可得也로다. 若問頑固ㅣ生於何處오 ᄒᆞ면 則曰愛戀也오 愛戀이 生於何處오 ᄒᆞ면 則曰習慣也라 請以吾嘗經歷者로 言之호리라. 吾ㅣ少時에 學爲擧業ᄒᆞ야 對題搆思ᄒᆞ야 得一佳句ᄒᆞ면 輒自喜悅ᄒᆞ고 人亦傳誦ᄒᆞ야 號稱才子라. 每日夕酒酣에 把扇打牀ᄒᆞ고 朗咏一聲ᄒᆞ면 亦足快人이라. 自以爲天下樂事ㅣ莫過於此也러니."

63 같은 글, 10~11면, "至二十八歲ᄒᆞ야 遂棄擧業不復作이나 然時或過村塾이라가 見做擧業者ᄒᆞ면 則愛好之情이 還復發動ᄒᆞ니 夫以吾之早知其非者로도 猶尙如此온 況不知其非者乎아."

64 같은 글, 11면, "盖數十年積費工夫가 一朝而無所用處나 然愛戀이 尙存ᄒᆞ야 不忍決捨ᄒᆞ니."

65 李沂, 「學非學文」, 『湖南學報』 7호, 1908.12, 4면, "此皆不知學非學文之義故爾로다. 於是而國漢兩文이 互相爭辨ᄒᆞ야 斷斷不已ᄒᆞ니 甚可歎也라. …… 今有釋孝義者면 漢文則曰 善事父母를 曰 孝라 ᄒᆞ고 國文則曰 부모 잘 셤김을 왈 효라 ᄒᆞ야 國漢兩文이 雖有不同이나 其釋孝義ᄂᆞᆫ 一也니 則 人當學爲孝而已不當爭孝효二字也라."

66 같은 곳, "亦嘗言小學에 用國文ᄒᆞ고 中學에 用漢文者ㅣ 未必無參酌之意어늘 而諸公이 自不加察ᄒᆞ고 或相謗毁ᄒᆞ야 甚至有子十三歲에 不入學校ᄒᆞ고 而曰在家習漢文이라 ᄒᆞ니 吾恐此子ㅣ 已失小學足跟이라."

67 李沂, 「一斧劈破」, "吾觀諸公學問이 擧皆蘆沙 奇先生 勉菴 崔先生 淵齋 宋先生之所傳授者라. 則固善且美焉이나 然此可行於高等(大學已上)이오 不可行

於普通(中學以下)矣라. 其如時之不合用에 何哉오."

68 李沂, 「答李康濟書」, 『湖南學報』 제5호, 1908.10, 37면, "夫新學者ㄴ 非別事也오 乃時務也니 雖以支那歷史로 言之라도 唐虞에 有唐虞之書ᄒᆞ고 三代에 有三代之書ᄒᆞ고 秦 漢 唐 宋에 有秦漢唐宋之書ᄒᆞ야 固未嘗無變이로ᄃᆡ 但 變不得其善ᄒᆞ야 唐虞之共和ㅣ 變而爲三代之立憲ᄒᆞ고 三代之立憲이 變而爲秦漢唐宋之專制ᄒᆞ야 至於今日而極矣라. 其勢ㅣ 不得不復歸於古니 是以로 英德立憲은 卽 支那之三代也오 法 美共和ㄴ 卽支那之唐虞也라. 其義其理ㅣ 亦與足下所謂四書五經으로 未嘗不同이로ᄃᆡ …… 足下ㅣ 試自思其所學이면 亦不免楊氏之一流裔어ᄂᆞᆯ 而乃以責人ᄒᆞ니 則 不幾於同浴譏裸者乎아. 今欲治此病弊ᄋᆡ 旣不得聖人ᄒᆞ야 而權其中인ᄃᆞᆫ 則 必用墨氏兼愛之道ᄒᆞ야 一切矯過然後에 公心이 生而團體ㅣ 成ᄒᆞ리니 此ㄴ 新學之所以爲今日急務也라."

69 李沂, 「答黃雲卿玹書 壬寅(1902)」, 『李海鶴遺書』 72면, "其自謂經濟者, 皆墨翟之徒也, 自謂高蹈者, 皆楊朱之徒也. 兄於楊墨, 將何舍何取耶."

70 李沂, 「楊墨辨」, 『李海鶴遺書』, 47면. 양계초의 묵자에 대한 글을 읽은 감상문이다. 조선의 山林은 유교의 말을 하며 양주의 행동을 하는 자들이고, 너죽고 나살자 하면서 홀로 이익을 누리는 자들은 양주의 말을 하며 양주의 행동을 하는 자들이고, 公을 빙자해 私를 추구하는 자들은 묵자의 말을 하며 양주의 행동을 하는 자들이며, 나머지 십중팔구는 유교와 묵자와 양주도 모른 채 양주의 행동을 하는 자들이라고 하였다.

71 이명수, 『담사동』, 성균관대학교 출판부, 2010, 21면.

72 김진균, 「1910년을 전후한 시기 변영만의 근대적 사유와 그 맥락」, 『영남학』 14호, 경북대 영남문화연구원, 2008, 445~446면.

73 『동아일보』, 1928.5.4, 「民衆의 先覺이든 柳寅植 先生 長逝」. 『조선일보』(1928.5.4, 「大韓協會 發起튼 柳寅植氏 長逝」)와 『중외일보』(1928.5.4, 「柳寅植氏 長逝」)에도 같은 날짜에 부고 기사가 실렸는데 약력과 저술을 요약한 내용은 유사하다.

74 정순목, 「영남유림에 있어서 교육개화운동」, 『교육철학』 3, 1981, 5~20면.; 안병렬, 「류인식의 문학사상」, 『일정송민호박사 고희기념논총』, 고려

대학교, 1991, 741~749면.; 현계순, 「동산 류인식의 사회사상 소고」, 『한국학연구』 4, 1992, 135~152면.; 김정미, 「동산 류인식의 국권회복론과 민족교육운동」, 『대구사학』 50, 1995, 29~60면.; 김시업, 「한문학에 있어서의 민족적 자아—동산 류인식의 此夜寒十絶에 대하여」, 『한국한문학연구』 19, 1996, 113~122면.; 김희곤, 「동산 류인식의 생애와 독립운동」, 『한국근현대사연구』 7, 1997, 45~65면.; 박걸순, 「동산 류인식의 역사인식」, 『한국사학사학보』 2, 2000, 63~94면.; 박원재, 「동산 류인식의 계몽운동과 유교개혁론」, 『동양철학』 26, 2006, 29~54면; 박걸순, 『시대의 선각자 혁신유림 류인식』, 지식산업사, 2010. 참조.

**75** 柳寅植, 「上金拓菴先生(1908)」, 『東山文藁』 권1, 23면. 신채호로부터 건네받았다는 책은 내용으로 보아 梁啓超의 『飮氷室集』이었던 듯하다.

**76** 柳寅植, 「上金拓菴先生(1908)」, 『東山文稿』 권1, 5면. "言之村學究所教詔於里塾者, 不過表策詩賦併儷之文, 詞章家所聘藝於儒林者, 只是風化雪月綺麗之句, 至若山林宿儒之主教於皐比, 則雖非淺見謏識之所敢妄論, 然粉擘箋註之文穿鑿理氣之說 其果切近身心家國而有需用之實者乎?"

**77** 柳寅植, 앞의 글, 6면. "雖無敵國外患, 固不可一日維持, 況今 西潮一迫 風氣忽辨, …… 卽弱肉强食優勝劣敗之大變局也."

**78** 같은 곳, "乃作長書於平日依仰之師友, 披肝瀝血, 痛切譏刺, 備陳時措之宜, 凡累萬言, 不一回音."

**79** 附錄 「略歷」, 『東山文稿』 권2, 40면. "甚至於不得於家庭 見絶於師門."

**80** 「先府君遺事」, 李相龍, 『石洲遺稿(後集)』, 386면. "先時, 京城大韓協會, 有傳函勸起, 至是, 裁答以示同情, 與鄕間人士, 倡起支會. 時士友多膠守舊, 見閉戶誹笑, 府君少不顧忌, 毅然自任有登車攬轡之槪."

**81** 정순목, 「영남유림에 있어서 교육개화운동」, 『교육철학』 3, 1981, 18면.

**82** 김희곤, 「동산 류인식의 생애와 독립운동」, 『한국근현대사연구』 7, 1997, 51면.

**83** 김시업, 「한문학에 있어서의 민족적 자아—동산 류인식의 此夜寒十絶에 대하여」, 『한국한문학연구』 19, 1996, 113~122면.

84 박걸순, 『시대의 선각자 혁신유림 류인식』, 지식산업사, 2010, 213면.

85 柳寅植, 「太息錄」, 『東山文稿』 권2, 1면, "東山子, 奔走澒汨, 于玆十許年."

86 柳寅植, 「太息錄」, 『東山文稿』 권2, 2면, "忽此二十世紀, 競爭風潮, 衝突東西 …… 頑固之是守, 飲啄之是營, 其將自立於物競天擇之時乎?"

87 柳寅植, 「太息錄」, 『東山文稿』 권2, 1~2면, "然至於儒學則燦然具備. 士大夫皆篤守古禮, 雍容雅飭, 文章慕漢唐, 經術推宋元, 家絃戶誦, 父教子守, 禮義仁賢之風, 聞於天下而遂爲冠帶之國. 及夫滿洲入帝中國, 有明之聲名文物, 無復存者, 而一隅東方, 獨保華制, 猶有閩洛之遺風, 嗚呼休矣."

88 『독립신문』, 1897.11.31, 「잡보」에는 독립협회 토론회에서 '대한이 세계 각국과 비견하여 제일 상등국이 되랴면 근일 새 법과 새 학문을 배우지 말고 한당 풍속과 예절을 본받는 것이 마땅하다'는 주제로 토론을 하고 이 주제가 그르다는 결론을 도출해내었다는 기사가 있다. 구체적인 토론 전개는 기록하지 않았으나 쉽게 짐작해볼 수 있는 과정이었을 것이다(이광린, 「구한말 신학과 구학과의 논쟁」, 『동방학지』, 23·24합집1980, 1~16면 참조). 이에 대한 해석적 견해는 이 책의 제1장 참조.

89 柳寅植, 「與族姪德允鳳熙 丁巳(1917)」, 『東山文藁』 권1, 14면, "我國民當分三等, 其一上等社會, 政黨當之, 其一中等社會儒林當之, 其一下等社會小民是也. 所謂政黨, 則累百年腐敗惡習, 固足以病國殃民, 而卒至敗亡, 幷與其虛名而無之, 則上無所賴矣. 所謂小民, 摧壓專制之下, 愚蠢無知, 則下無所依矣. 其所謂中等社會, 則是鄕士大夫讀書談義之人也. 其勢力範圍, 足以連絡物情, 團結人心, 上之可以反抗政府, 下之可以導率愚民. 倡自治自由之精神, 以圖後日之基礎者, 不亦易易乎."

90 『개벽』 15호, 1921.9, 「구문화의 중심지인 경북 安·禮지방을 보고, 新舊文化의 消長상태를 술함」, 92~102면. 이 기사에서는 이러한 안동에서 류인식 씨가 중심이 되어 교육운동을 벌이고 있는 것을 '一人이 可以興鄕'이라고 상찬하고 있다.

91 柳寅植, 「太息錄」, 『東山文稿』 권2, 11~12면, "夫士者, 國之元氣, 而責任甚重. 立朝廷則佐理治道, 處鄕黨則敦厚風俗, 士趨正然後 國論正 民心正也.

…… 奈之何百年以降 上失勸奬之方 下蔑承接之道 矯激之風 變而偏邪 偏邪之習 變而虛僞 鄕無善俗 家無良規 人材日牿 生民漸困 國家元氣 遂而椓喪 以至敗亡 嗚呼唏矣 論者謂亡國之原專由政府 然愚則謂儒林亦不得謝其責矣."

92 柳寅植,「太息錄」,『東山文稿』권2, 18~19면, "子之所言 今日以前之時義, 吾之所言 二十世紀以後之時義也. 子旣不知進化之公例 民權之主義 則其說烏得相孚乎. 竊觀歐美各國之勃然而興, 以富强名於世界者, 其初則或受政府之專制摧壓, 或罹他族之呑噬陵侮. 其辛楚苦惱, 無異我國之今日. 而皆從社會先覺之仁, 組織結黨, 積幾十年之苦痛, 經百千刦之危險, 卒摧陷政府, 凌駕異族, 而雄飛一世. 日本明治之維新, 由於吉田坂垣, 中國之撲滅滿政府, 由於梁康孫黃, 而儼然成一大民國."

93 柳寅植,「與族孫圭元」,『東山文稿』권1, 42면, "新舊學, 非判然異物. 使舊學家產出新學, 使新學派接續舊學, 然後可以養成民氣. 而今之舊派, 全不曉此, 視若氷炭, 此未可以口舌曉也. 今日之發展舊學, 又豈非吾黨少輩之責乎."

94 『동아일보』, 1933.9.1, 석간2면,「漢學界 泰斗 深齋先生 長逝」. "조선이 낳은 석학, 한학계의 권위 심재 조긍섭 선생은 지난 칠월 이십일 경북 달성군 유가면 쌍계동에서 돌연히 중풍에 걸리어 신음하던 중 지난 이십육일 불귀의 객이 되고 말았다. 선생은 경남 창녕군 고암면 원촌리에서 출생하여 칠세부터 글을 배워 그의 천재는 마침내 대학자를 이루었으며, 그의 문도는 이백 여명에 달하고 오십 여권의 저서가 있다 한다. 장례는 오는 구월 십사일에 창녕군 대합면 황사산에서 유림장으로 거행하리라 한다."

95 卞榮晩,「나의 회상되는 선배 몇 분」,『신동아』57, 1936.7, "曺深齋(名 兢燮)는 필자와 하도 契分이 좋게 지낸 까닭으로 나는 避嫌上 津津 칭술하지 아니하고 다만 영남이 산출한 최대 문장가란 一句와 그의 수다한 저작 중「困言」一卷이 더욱 걸작이란 일 판정을 내려둘 뿐이다. 아마 이 말에 대하여는 지하의 혼백도 불평이 없을 듯하다."

96 「(曺兢燮)答卞穀明榮晩書」,『東明』40, 1923.5.27.

97 이주연,『심재 조긍섭의 고문론 연구』, 이화여대 석사학위논문 1998; 강동욱,『심재 조긍섭의 학문성향과 문론』, 경상대 박사학위논문 2000; 송혁기,

「조긍섭의 김택영 제가문평 비판과 그 비평사적 의의」, 『동양한문학연구』 22집 2006.

98 「答或人 丁未(1907)」, 『巖棲集』: 『한국문집총간』 350, 민족문화추진회 2005 영인, 225면, "而躬値宇宙之大變." 여기에서는 『암서집』을 주로 인용하고, 『암서집』에 없는 내용은 『深齋集』(경문사, 1980 영인)에서 인용하였다. 조긍섭의 사후에 편차를 조금 달리하는 문집 『심재집』과 『암서집』 두 종이 간행된 것이다.

99 같은 곳, "兢燮, 南州之鄙士也. 自幼醼儒, 事事不及人. 顧獨以父兄敎委身於章句訓詁間, 旣又屢躓頻復. 年洽三紀, 而枵然如空匏去, 無聞方朝夕耳, 而躬値宇宙之大變, 茫然如涉大津而亡枻楫然. 私心所念, 自以平生爲學, 粗閱天下之義理. 竊有感於吾夫子歲寒後凋之指, 冀得一方, 便以爲安身立命之所. 至於君國民生之危亡, 雖中宵仰屋之懷, 不能自禁, 而默思經濟如盪陸舟, 尋尺推不去, 每因自歎其所學之虛. 眞不能逃腐儒之標目也."

100 「與金滄江 癸丑(1913)」, 『深齋集』, 86면, "兢今四十一矣. 少也不自量度, 妄有志於古作者, 旣已知力之不足成而事之有急於此者. 於是, 捨而從境內師友, 求古聖賢之旨, 而口耳之相循, 目足之不相値, 其學之不成, 乃反有甚於彼者. 欲改而他謀, 又有畏於邯鄲之失步, 倀倀然中道而無所嚮矣."

101 「堯泉先生文集序」, 『巖棲集』, 291면, "自道與文之名之竝立, 而天下之學術, 歧而爲二."

102 「堯泉先生文集序」, 『巖棲集』, 291면, "主爲道者曰 辭命, 聖人之所不急也. 道之不力而文是事, 虛也. 然而曾子語 道之所貴, 曰出辭氣, 斯遠鄙倍. 文者, 辭氣之精者也. 鄙倍之不能遠, 而曰吾惟爲道, 是可以爲道乎. 主爲文者, 曰六經, 天下之至文也, 文之不知, 而道之謀, 僞也. 然而孔子嘗欲從先進, 曰先進於禮樂, 野人也. 文者, 禮樂之華者也, 野人之以爲陋, 而至於文滅其質, 是可以爲文乎."

103 「堯泉先生文集序」, 『巖棲集』, 291면, "夫文所以明道也. 古之聖賢, 道充而文至, 文與道爲一, 然人見其道而不見其文. 後世之士, 不善於求道, 而各以一偏爲學, 或文勝而揜其道, 或道不足以濟其文, 甚者, 得似而昧眞, 名是而實否.

由百世之下，考其文而等其道，莫之能違．故余嘗以爲爲道難，爲文不易，文之不易者，非文之難而道之難也."

104 「梅泉集重刊序」，『深齋集』，286면，"士之所以自立而爲名者，有三．理學也，文章也，名節也．之三者 雖有本末輕重之分 而亦未嘗無虛實眞假之辨焉．……余常怪近世理學之派綦衆而文章名節之選殊少．其故何哉？文章名節不可以售僞，而理學之門，最可以虛冒."

105 같은 곳，"是以一名爲理學，則生前必有門徒數百人，身後必有遺書累十卷，儼然自以爲羽翼經傳沈淫閩洛矣．而至究求其實，則類皆虛浮勦襲狂率繆戾，不足供有識之一哂."

106 「答金滄江 丁巳(1917)」，『巖棲集』113면，"所敎燕集之刊事已之此，不得不了之．當初鄙意，但謂此老之文，平正少而譎詭多，終屬文家之異端，故不欲廣取多傳，以誤學者門逕．承示以蘇氏爲喩固然，然蘇之禪悟諧謔，十不過二三，而燕則爲十之六七．且爲禪院文字而作禪語，方望溪猶病其不雅，而燕則於尋常題目，輒用此爲家計．雖其懷抱鬱屈，思欲以奇自見，而其玩世不恭亦甚矣."

107 「答卞穀明 甲子(1924)」，『巖棲集』，191면，"僕又思之，文之好奇而尙譎，無如朴燕巖者." 이 편지에서는 변영만의 지나친 好奇 취향을 바로잡으려는 의도로，박지원이 기를 좋아하고 휼을 숭상하긴 하였지만 변영만처럼 雅道를 전적으로 무시하지는 않았다고 하였다.

108 「雜識」，『巖棲集』，547면，"文愈近道，則愈平淡．其愈奇巧者，愈與道遠．曾與李省軒論此，省軒云，'此說誠然，觀莊列之文可見'."

109 「困言」，『深齋集』，221면，"奇之不可以好也．好奇者悅新，悅新者輕舍舊，輕舍舊者至喪其本心而不自知矣."

110 「困言」에서 조긍섭이 비판하는 대상으로 언급한 것들이다.

111 「答卞穀明 癸亥(1923)」，『巖棲集』，189면，"然竊以爲，爲文如用兵．兵固不厭其奇也，而必以正爲主，主乎正而間出以奇，乃爲用兵之善者．若專以奇爲主，而欲赫赫然驚動人耳目，斯固戰國功名之士爲之，而非王者之師．王者之師，無赫赫之名，取其所當取者而已．文之爲道，何以異此．足下之文，固不專以奇爲主，然以才氣之絶人，欲驚動一世之耳目．則不能不多主於奇．古今文之傳者，

爲體不一，而其至者，要必歸於簡淡．夫文如足下，誠不必以簡淡爲尙，然必欲追古之所謂立言者，則僕竊願以是，爲足下萬一之助，足下以爲何如?"

**112** 「與金滄江 癸丑(1913)」，『深齋集』，86면，"執事年益高，筆益奇，爲中州人之所畏服．曷若及此桑楡，收華反實．求洛閩之全書，而味其無味之味，當有見於乾坤易簡之大道，聖賢眞正之心法，然後以其華發之，則其於日星而不朽乎，何有．而儼然爲中州西來之達摩．執事其無意否乎."

**113** 「雜識」，『巖棲集』 543면，"纔辭勝，則是文人之文，須使理勝，方是儒者之文."

**114** 「與李蘭谷 庚申(1920)」，『巖棲集』，126면，"且夫古之聖賢，未嘗有意於文，故其文與道德俱至."

**115** 「與李蘭谷 庚申(1920)」，『巖棲集』，125면，"夫道德文章之難竝久矣．爲道德者，以文章爲不足爲．而爲文章者，亦自以不屑於道德之假者．於是二者愈裂而不可一．然此自不識其眞者爾．於道德文章何病焉．夫有眞道德者，必有眞文章．有眞文章者，必識眞道德."

**116** 「與李蘭谷 庚申(1920)」，『巖棲集』，126면，"且夫古之聖賢，未嘗有意於文，故其文與道德俱至．而人不見其爲文也．自二者歧，而雖有大才，未嘗不偏至而偏勝．至紫陽夫子，則蓋斑斑乎均至矣．而世之主乎文者，猶疑其未至也．明淸以來，有自蘄以二者之至，如唐王方姚之倫，窮一生之力以爲之，而其歸則終不免於偏勝．而人見其爲文也．夫人見其爲文，則是於道德必有所未至焉．蓋其才不及古聖賢，而有意於二者之並至，則其勢不得不至此也."

**117** 「與李蘭谷 庚申(1920)」，『巖棲集』，126면，"故區區妄以爲今之學者，求如古聖賢無意之至，不可望已．求如紫陽氏之至，而使人猶疑其未至者，於道或庶幾焉．不然而必有意於二者之俱至，則其究也爲明淸數子已矣．然此數子又安得以遽及，則文章一事雖捲而置之，惟汲汲於道德，而聽其自至焉可也."

**118** 이희목 · 김유경 · 한영규 · 김진균, 『식민지시기 한시자료집』, 성균관대 대동문화연구원, 2009.

**119** 崔益翰, 「漢詩漫話」 12회, 『조선일보』 1937.12.23.

**120** 홍명희에 관해서는 강영주의 헌신적인 연구 덕분으로 상당히 깊이 있게 이해할 수 있다. 강영주의 『벽초 홍명희 연구』(창작과비평사, 1999)는 그

중요한 결실들을 자세하게 펼쳐놓은 연구서이다. 한편, 자료로는 임형택·강영주 편, 『벽초 홍명희와 임꺽정의 연구자료』(사계절, 1996)에 중요한 알곡들이 집대성되어 있다. 여기에서 홍명희를 이해하는 데에 큰 도움을 얻었다. 홍명희의 한시에 대한 자료들은 이 두 권의 저서를 기초적으로 활용하였지만, 추가로 발굴된 자료들도 있다.

**121** 「洪碧初·玄幾堂 대담」, 『조광』 70호, 1941.8; 임형택·강영주 편, 『벽초 홍명희와 임꺽정의 연구자료』, 187면.

**122** 李光洙는 홍명희가 남양에서 보낸 편지에 『무정』을 읽은 감상을 적은 漢詩가 있었음을 증언하였고(이광수, 「인상 깊던 편지」; 강영주, 『벽초 홍명희 연구』, 115면), 金昌淑은 1940년 옥중에서 홍명희에게 편지를 쓰면서 보내온 한시에 대한 화답시를 붙이고 있다.(金昌淑, 『國譯 心山遺稿』, 국역심산유고간행위원회, 1979, 276~277면; 강영주, 『벽초 홍명희 연구』, 370~372면).

**123** 홍명희의 생애는 강영주(『벽초 홍명희 연구』, 창작과비평사, 1999; 『벽초 홍명희 평전』, 사계절, 2004; 『그들의 문학과 생애, 홍명희』, 한길사, 2008)에 의해 정리되어 있는바, 이 연구성과에 힘입어 한시 창작과 관련된 부분을 적출하였다.

**124** 洪命憙, 「自敍傳」, 『삼천리』 제1호, 1929.6; 제2호, 1929.9; 임형택·강영주 편, 『벽초 홍명희와 임꺽정의 연구자료』, 21 ~22면.

**125** 같은 글, 24면.

**126** 欲愚生 洪命憙, 「吊裴公文」, 『大韓興學報』 4호, 1909.6, 47면, "余於疇昔, 呼公以愚. 人畏公直, 我愛公愚. 愚哉愚哉, 匪公誰愚."

**127** 洪命憙, 「偶題」, 『大韓興學報』 2호, 1909.4, 51면; 강영주, 『벽초 홍명희 연구』, 63면에서 번역과 함께 재인용.

**128** 후에 홍명희와 사돈을 맺게되는 鄭寅普(1893~1950)가 홍명희의 부친에 대한 사장인 「錦山郡守洪公事狀」을 지었는데, 이에 대해서는 김영, 『한국 한문학의 현재적 의미』, 한울아카데미, 2008, 213~228면에서 상세히 검토하였다.

129 강영주, 『벽초 홍명희 연구』, 125~136면.

130 洪命憙, 「육당께」, 『동명』 5호, 1922.10; 임형택·강영주 편, 『벽초 홍명희와 임꺽정의 연구자료』, 41~44면.

131 이 자료는 『식민지시기 한시자료집』에서 발굴한 성과이다(이희목 외, 『식민지시기 한시자료집』, 223·226면). 동아일보에서 고선자로 활약한 정인보의 역할과 '今古詩叢'의 성격에 관해서는 한영규, 「위당 정인보의 선시의식」, 『한문학보』 22집, 우리한문학회, 2010, 69~105면 참조.

132 「在獄巨頭의 最近 書翰集」, 『삼천리』 9호, 1930.10.01, 14~17면.

133 『三千里』 6권5호, 1934.05.01, 70면; 6권7호, 1934.06.01, 122면.

134 『朝鮮日報』, 1936.5.2.; 이희목 외, 『식민지시기 한시자료집』, 126면.

135 『朝光』 3권3호, 1937.3, 131면.

136 『朝光』, 4권11호, 1938.11.

137 이동욱, 『계초 방응모』, 방일영문화재단, 1996, 266~267면.

138 임형택·강영주 편, 『벽초 홍명희와 임꺽정의 연구자료』, 62면.

139 강영주, 『벽초 홍명희 연구』, 363~365면.

140 『서울신문』, 1947.8.5; 임형택·강영주 편, 『벽초 홍명희와 임꺽정의 연구자료』, 62면, "戕賊斯人竟何事, 可哀蠻觸兩難全."

141 강영주, 『벽초 홍명희 연구』, 556~591면.

142 현재까지 밝혀진 한시를 매체 게재 시간순으로 다시 정리해보면 아래와 같다.

△ 「偶題」, 『大韓興學報』 2호, 1909.4.
△ 「弔裵公文」, 『大韓興學報』 4호, 1909.6.
△ '無題', 「육당께」, 『동명』 5호, 1922.10.
▲ 「憶謙谷老人」, 『東亞日報』, 1924.9.3.
▲ 「內藏山碧蓮菴」, 『東亞日報』, 1924.9.4.
▲ 「淸明」, 『東亞日報』, 1924.9.12.

△「思母」·「贈內」·「寄文」·「憶殷」·「憶女」,「在獄巨頭의 最近 書翰集」,『삼천리』 9호, 1930.10.

△「述懷」,『삼천리』 6권5호, 1934.5;『삼천리』 6권7호, 1934.7.

▲「寄弟」,『朝鮮日報』, 1936.5.2.

▼「讀鷺山之無常」,『조광』 3권3호, 1937.3.

△「慰呈啓礎先生」,『조광』 4권11호, 1938.11.

△「祝萬海兄六十一壽」, 임형택 · 강영주 편(1996)에 수록.

△「哭夢陽」,『서울신문』, 1947.8.5.

이 17편 중, △표시를 한 12편은 강영주(『벽초 홍명희 연구』)와 임형택 · 강영주 편(『벽초 홍명희와 임꺽정 연구 자료』)에 소개된 것들이다. ▲표시를 한 네 편은 이희목 외(『식민지시기 한시자료집』)에서 발굴하여 소개한 것이고, ▼표시를 한 한편은 본인이 발굴하여 소개하는 것이다.

**143** 「碧初 洪命憙를 둘러싼 文學談議」,『大潮』 창간호, 1946.1; 임형택 · 강영주 편,『벽초 홍명희와 임꺽정 연구 자료』, 202면.

**144** 洪命憙,「六堂 百八煩惱 跋文」, 최남선,『百八煩惱』, 東光社, 1926; 임형택 · 강영주 편,『벽초 홍명희와 임꺽정 연구 자료』), 50면.

**145** 洪命憙,「담원시조를 읽고」, 정인보,『蒼園時調』, 을유문화사, 1948, 7면; 강영주,『벽초 홍명희 연구』, 534면.

**146** 한영규,「위당 정인보의 선시 의식」, 71면.

**147** 이희목,「일제강점기 한시 소고」,『인문과학연구』 45집, 성균관대 인문과학연구소., 11면.

**148** 洪命憙,「內藏山碧蓮菴」,『동아일보』, 1924.09.04; 이희목 외,『식민지시기 한시자료집』, 223면.

**149** "登登還復下, 高處送香風. 古寺新羅世, 名山一國中. 雨晴交几案, 日月出房櫳. 更待淸秋節, 來觀萬壑楓."

**150** "層崖餘宿雪, 谷樹帶長風. 寰宇嘯歌外, 星河指顧中. 詩聲和鍾磬, 墨氣上窓櫳. 莫負淸秋約, 共看萬壑楓."

151 "羨汝玆遊樂, 泠然欲御風. 詩傳千里外, 人在萬山中. 湧月懸金塔, 飛雲護石櫳. 飽聞錦步障, 應是杖生楓."

152 "見說向禽子, 僊僊腋產風. 雙瞳溢寰表, 三昧悟詩中. 隨水雲生屨, 逢僧月在櫳. 費春吾已輸, 擬共記霜楓."

153 이희목, 「일제강점기 한시 소고」, 12~14면.

154 卞榮晚, 「숭양을 노닐고 와서(遊崧陽記)」, 『변영만전집』 상, 성균관대학교 대동문화연구원, 2006, 198~202면.

155 金台俊, 『朝鮮漢文學史』, 朝鮮語文學會, 1931, 190면.

156 洪命憙, 「亦一詩話」, 『朝光』, 2권10호, 1936.10, 81~93면. 이 글의 마지막에 未完이라고 해 두어서 마치 후속 원고가 있을 듯했지만, 이후 후속으로 연재된 글은 없다. 이 글은 고려 忠宣王의 萬卷堂 일화에서부터 시작하여 임진왜란 때 李好閔의 시로 마무리 된 것을 보면, 임란 이후의 한시를 살펴보는 후속 연재를 계획했다가 실현하지 못한 것으로 보인다. 이에 대해서는 한영규, 「벽초 홍명희의 한시 비평」, 『반교어문연구』 36집, 2014 참조.

157 洪命憙, 「蘭雪軒의 詩人價値」, 『自力』 권호 미상(국립중앙도서관 소장본), 1928.7, 67~70면.

158 洪命憙, 「秋窓漫感: 가을」, 『開闢』 52호, 1924.10, 131~133면.

159 「在獄巨頭의 最近 書翰集」, 『三千里』 9호, 1930.10.01, 14~17면.

160 임형택・강영주 편, 『벽초 홍명희와 임꺽정 연구자료』, 95~97면.

161 鄭芝溶, 「조선시의 반성」, 『산문』, 동지사, 1949; 강영주, 『벽초 홍명희 연구』, 381면.

162 崔益翰, 「傳統探求의 現代的 意義 (5회)」, 『동아일보』, 1939.1.7.

163 洪命憙, 「清明」, 『東亞日報』, 1924.09.12; 이희목 외, 『식민지시기 한시자료집』, 226면.

164 "陽春何與我, 藹藹自傷心. 令節尋常至, 重泉日夜深. 莎根能不損, 雨水恐難禁. 經歲違瞻掃, 誰憐和淚吟."

165 洪命憙, 「憶謙谷老人」, 『동아일보』, 1924.9.3; 이희목 외, 『식민지시기 한시자료집』, 223면. (□은 식자가 뭉개져 해독 불가).

166 "謙谷老□旅, 不爲一身惻. 疲曳從所志, 期與死俱息. 苦節今誰似, 文章重勞憶. 淵源由至性, 渾涵自不測. 去古無咫尺, 殊衆如白黑. 史才恥前卑, 獨屬雲霄翼. 一枝禿無毫, 青聚三韓索. 傷心十載顔, 空使夢魂得."

167 상해를 중심으로한 동제사의 해외독립기지 역할에 대해서는 김희곤, 「동제사의 결성과 활동」, 『한국사연구』 48집, 한국사연구회, 1985, 167~189면 참조.

168 鄭寅普, 「介潔無垢의 朴殷植 先生」, 『開闢』 62호, 1925.8, 38면.

169 이 시는 이희목, 「일제강점기 한시 소고」에서 집중적으로 검토하였으므로 여기서는 생략한다.

170 『三千里』(9호, 1930.10)에서 홍명희의 옥중 편지를 게재할 때 내세운 제목이 「在獄巨頭의 最近 書翰集」이었다.

171 『조선일보』, 1936.05.02.; 이희목 외, 『식민지시기 한시자료집』, 126면.

172 강영주, 『벽초홍명희 연구』, 294면.

173 『朝光』 3권3호, 1937.3, 131면. 이 시도 새로 발굴한 것인데, 『식민지시기 한시자료집』에서는 미처 수습하지 못한 자료이다.

174 李殷相, 『無常』, 培材高普 正相獎學會, 1935, 1면. 이은상은 『무상』의 판매 수익으로 장학사업을 추진하기로 하고, 죽은 아우의 이름을 딴 正相獎學會를 설립하여 책을 출간하였다.

175 安廓, 『朝鮮文學史』, 韓一書店, 1922, "제37절, 신구 대립의 문예"(최원식 역, 『조선문학사』, 을유문화사, 1984, 202면에서 인용).

176 權德周, 「한국의 문자학: 六書尋源에 대하여」, 『상은 조용욱박사 송수기념 논총』, 기념사업회, 1971 ; 李家源, 「六書尋源 연구」, 『아세아문화사 창립 10주년 기념논문집』, 아세아문화사, 1982 ; 李佑成, 「六書尋源復刊序」, 『六書尋源』, 경인문화사, 1983 ; 李忠九, 「六書尋源攷」, 『성대문학』 23집, 성균관대학교 국어국문학과, 1984의 논문 이후 최근에 하수용·나현미를 중

심으로 아래와 같은 성과들이 산출되었다.

金泰洙, 「六書尋源攷」, 『한문학논집』 4, 근역한문학회, 1996 ; 河水用, 「육서심원의 저자 惺臺의 육서관」, 『한자한문교육』 10, 한자한문교육학회, 2003; 하수용, 「六書尋源의 部首 配列法과 屬部字 探析」, 『한자한문교육』 11, 한자한문교육학회, 2003; 하수용, 「성대 권병훈의 半切隱義法 연구」, 『동양한문학연구』 21, 동양한문학회, 2005; 羅賢美, 「육서심원 부수 귀속 특징」, 『중국학』 25, 대한중국학회, 2005; 나현미, 「육서심원의 聲系 배열 체계에 대한 고찰」, 『중국언어연구』 22, 한국중국언어학회, 2006; 권덕주 편, 『육서심원 연구자료』, 해돋이, 2005; 하수용, 『성대 권병훈의 육서심원 연구』, 부산대 박사학위논문, 2005; 나현미, 『육서심원 연구』, 부산대 박사학위논문, 2005.

**177** 『동아일보』, 1939.7.25, 「漢文字學의 初有雄篇 六書尋源 全秩完成」; 『조선일보』, 1939.7.25, 「支那文字學의 大著述, 六書尋源 完成」; 『매일신보』, 1939.7.25, 「六書尋源 卄九卷 脫稿」.

**178** 『동아일보』, 1939.7.26, 「文化貢獻의 模範, 六書尋源의 完成을 보고」; 『매일신보』, 1939.7.26, 「煙幕」; 『매일신보』, 1939년8월6일, 權相老, 「一日一人, 六書尋源의 完成」; 『매일신보』, 1940.2.20・21・22, 李相玉, 「六書尋源 讀後感」; 『正音』 31호, 朝鮮語學研究會, 1939.9, 13~17면, 高在烋, 「歷史的 大著 『六書尋源』, 權丙勳氏의 三十年間 刻苦의 結晶! 崔奎東氏의 犧牲的 協力!」

**179** 권덕주, 「惺臺선생과 나」, 앞의 책, 266면.

**180** 이충구, 앞의 글, 82~83면.

**181** 권덕주, 「한국의 문자학－육서심원과 그 저자에 대하여」, 앞의 책, 110면.

**182** 최종고, 「韓國의 法律家像 42－惺臺 權丙勳」, 『사법행정』 298호, 한국사법행정학회, 1985, 85면.

**183** 「勅令第四十九號 法官養成所 規程」(김효전, 「근대한국의 법제와 법학 12－법관양성소의 실제 운용」, 『인권과 정의』 311호, 대한변호사협회, 2002, 부록에서 재인용).

184 그의 초명은 權必壽였는데 1904년 권병훈으로 개명하였다. 이 두 이름으로 대한제국의 「官報」와 『황성신문』의 각 학교 졸업생 명부를 검토하였지만 아직까지는 그의 수업기록을 확인하지 못하였다.

185 『동아일보』, 1939.7.25, 「漢文字學의 初有雄篇 六書尋源 全秩完成」 (인용문의 현대 맞춤법－필자, 이하 同).

186 『대한매일신보』 1909년 12월 22일 기사에 "辯士開業, 務安郡 木浦港區裁判所 判事 卞榮晩氏난 司法權 委任時에 判事의 任을 辭免ᄒᆞ고 中部 笠洞 등지에 변護士 營業을 開ᄒᆞᄂᆞᆫ듸 今明間開業式을 行ᄒᆞᆫ다더라" 했다는 기록으로 보아 변영만은 사법권 위임과 판사직 사임이 직접 관련이 있음을 공표했던 듯하다.

187 『조선일보』, 1939.7.25, 「支那文字學의 大著述, 六書尋源 完成」 기사 중 "權丙勳氏 談"

188 『동아일보』, 1939.7.26, 「文化貢獻의 模範, 六書尋源의 完成을 보고」

189 李丙疇, 「육서심원과 나」, 『동대시보』, 동국대학교신문사, 1956.2.3. 이병주는 중동학교 재학생으로서 숙직실 뒷켠에서 작업하던 권병훈의 꾀죄죄한 몰골을 보고 키 큰 책장수 정도로 여겼다는 증언을 하고 있다.

190 민태식, 「硏究自傳, 외길 한 평생」, 『주간조선』, 조선일보사, 1980.11.16, 28～29면. 민태식은 중국철학 전공으로 1980년 당시 전 충남대 총장의 자격으로 이 글을 기고했다. 이 글은 李忠九의 앞의 글에서도 인용해 소개한 바 있다.

191 권병훈이 月자의 冂 안에 二 대신 三을 잘못 적어 보낸 적이 있었는데, 정인보는 그것이 근거가 별도로 있었을 것이라 여겼다고 한다. 李家源, 「六書尋源 연구」, 『아세아문화사 창립10주년 기념논문집』, 아세아문화사, 1980.11.16(권덕주 편, 앞의 책, pp.75～92에서 재인용).

192 崔南善, 「一日一件」, 『최남선전집』 14, 도서출판 역락, 2003, 128면, "字字히 六書의 別을 究明하야 學者로 하야금 字原을 直解케 한 것이라 說文翼徵 이후 자학상의 要著로 허하겠더라."

193 卞榮晩 저, 실시학사고전문학연구회 역주, 「朿權惺臺」, 『변영만전집』 중,

성균관대학교 대동문화연구원, 2006, 345~347면.

194 文一平 지음·이한수 옮김, 『문일평 1934년』, 살림, 2008, 89면, 6월4일의 일기. 문일평이 權丙勳을 權丙憲이라고 오기한 것을 보면, 적어도 문일평은 권병훈을 잘 모르는 상태였던 듯하다.

195 『동아일보』, 1939.7.25, 「漢文字學의 初有雄篇 六書尋源 全秩完成」 기사 중 "崔奎東氏 談"

196 權丙勳, 『六書尋源』, 1939 판권 참조.

197 鄭寅普(1939), 「序」, 權丙勳, 『六書尋源』 首編 上, 9면, "年今七十六, 此書畢, 又將嗣事於正音之學云."

198 『조선일보』, 1949.1.8, 「學究熱意 본받자(權氏 二代 피로 이룬 說文學界의 金字塔, 六書尋源의 編輯 드디어 完成)」; 『독립신문』, 1949.1.8, 「六書尋源 三十冊 出刊」; 『새한민보』, 3권2호, 1949.1, 28면, 「世界的 文獻, 『六書尋源』 完成, 權氏 兩代 謹篤三十年의 成果」.

199 董作賓, 「鄭重介紹六書尋源」, 『大陸雜誌』 11卷11期, 大陸雜誌社, 1955(권덕주 편, 앞의 책에서 재인용).

200 李家源, 앞의 글; 李佑成, 앞의 글.

201 鄭寅普, 앞의 글, 3면, "一曰 悟字有贅劃. 謂古人製字, 有取義之劃, 有取足之劃. 取足字無義, 是之謂贅. 夫贅以足之, 不惟以締字之體, 凡有無彼此相待而形, 故往往藉其有贅, 以彌顯其要義. …… 二曰 辨字有隱義, 謂文字之義於顯之中, 而又時有所謂隱者焉. 治小學者不達其隱, 則孳乳之密衍於是者, 卒無由闡明."

202 나현미, 앞의 글, 1~20면.

203 하수용, 앞의 글, 313~348면.

204 鄭寅普, 앞의 글, 1면, "先生之學, 專由精思力索而得. 其始蓋茫乎若無從, 久之, 浸有會於形孳聲衍之所以然."

205 『六書尋源』 首編 上, 29~37면.

206 鄭寅普, 앞의 글, 2면, "其粗通雅故者, 則見先生之爲是學, 不求博涉, 單取頡籒古文, 用思索以條理之, 乃謂其疎闊, 多肊造. 不知古今務博之士, 多恃剽取, 故蔽所習而遠神恉, 齊汨回皇. 終古受斡於人, 則其善者, 不過依傍前修, 以助證其義."

207 같은 곳, "若先生, 其始, 固僻處, 少考資也. 且其意不欲多見往說, 以爲徒使人迷."

208 같은 곳, "得乎外者, 如潢潦然, 其汪洋, 可立竭. 而得乎已者, 如恃源之水, 泫灛汸沛, 愈取而愈不可窮."

209 같은 곳, "夫條理者, 無時而或變也. 使頡籒古文而出於條理之外則已, 不然, 㝳若吾心, 以對乎彼, 苟條理著."

210 卞榮晩, 앞의 책, 346면, 「柬權惺臺」, "顧玆事役鉅, 苟欲大集厥功, 不可無物力之相資助也, 而執事於是焉爲弱矣, 奈何奈何? 不任浩嘆."

211 같은 곳, "亦不過祖陳訓而葆俗說, 昏已而欲昭人, 蔑有足可觀者."

212 같은 곳, "而執事乃作於泯泯棼棼群愚持世之斯日, 慨然懷澄淸之志, 屛萬冗而專治是道, 並乃凌許跨段而得獨闢新境, 俾欝數千載蓄而未洩之潛旨秘義, 一朝昭宣而無甚餘蘊, 此誠古今之所未有. 嗚乎, 偉矣! 豈非天哉! 豈非天哉!"

213 卞榮晩, 「觀生錄」, 『변영만전집』 중, 70면, "先上達而後下學, 先出世而後入世, 此爲學不易之次序也. 若先下入, 軀命不待, 若先上出, 後不費力."

214 卞榮晩, 「柬權惺臺」, 70면, "伏念斯文將斬則已, 苟不然, 天之生執事, 其意可知."

215 이우성, 「간행사」, 변영만 저 · 실시학사고전문학연구회 역주 『변영만전집』 상, 성균관대 대동문화연구원, 2006, 5면.

216 임종국 · 박노준, 『흘러간 성좌－오늘을 살고 간 한국의 기인들』 2, 국제문화사, 1966, 297～298면. 최남선이 변영만의 죽음을 애도하며 지은 시조의 한 대목인데, 정인보가 납북된 이후 한문 문장을 지을 일이 있을 때 가장 먼저 찾아가 부탁해보는 대상이 변영만으로 집중되었다는 뜻이다.

217 김영, 「위당 정인보론」, 민족문학사학회, 『민족문학사연구』 38, 2008, 427면.

218 임형택, 「변영만의 글쓰기 형식과 문학 사상」, 성균관대 대동문화연구원, 『대동문화연구』 55, 2006, 177면.

219 이 1929년 문광서림판 『성호사설』에 쓴 변영만의 서문은 변영만의 문집 『山康齋文鈔』(창원 용계서당, 1957)에 재수록되어 있으며 실시학사 고전문학연구회에서 역주한 『변영만전집』(성균관대 대동문화연구원, 2006)에도 번역 수록되어 있다. 정인보의 서문은 『담원정인보전집』(연세대학교 출판부, 1983)과 정양완이 번역한 『薝園文錄』(태학사, 2006)에 누락되어 있다. 이하 1929년 문광서림판 『성호사설』을 본문에서 인용할 때에는 서지를 생략하고 필자만 표시한다.

220 劍心, 「談叢-韓國의 書籍」, 『大韓每日申報』, 1910.4.7, "或이 星湖李익氏에게 問ᄒᆞ야 曰 本朝鮮數百年來 著出된 書籍에 可히 世에 傳ᄒᆞᆯ 者ㅣ 幾種이뇨 星湖曰 東醫寶鑑이 一이오 聖學輯要가 二오 磻溪隨錄이 三이오 余의 著ᄒᆞᆫ 식說이 四라 하엿스니(sic)." 임형택은 이 검심이란 필명이 신채호의 것임을 추정한 바 있다(임형택, 「담총의 계몽사상과 그 작자」, 『한국문학사의 논리와 체계』, 창작과비평사, 2002, 351~368면).

221 '箚記'라는 표현은 筆記類의 지식정보와 관련된 양식적 측면으로 주목받은 바 있는데(진재교, 「19세기 箚記體 筆記의 글쓰기 양상-『智水拈筆』를 통해 본 지식의 생성과 유통」, 한문학회, 2005), 정인보는 『성호사설』의 특성으로 이 표현을 사용하였다(정인보, 「성호사설을 교간하면서」, 『정인보전집』 2, 연세대 출판부, 1983, 104~109면. 이 글은 원래 『성호사설』이 출간된 직후인 1929년 12월 24~26일에 『동아일보』에 연재된 것이었다).

222 黃玹, 『梅泉野錄』, 卷一上, "在東方, 殆可謂曠前絶後, 而比諸柳磻溪・李星湖之學, 抑亦益大以肆者也."

223 임형택, 「국학의 성립과정과 실학에 대한 인식」, 『실사구시의 한국학』, 창작과비평사, 2000, 40~41면. 임형택은 장지연의 『조선유교연원』이 1922년 회동서간에서 발간된 것이지만, 저술연대는 1910년대일 것으로 추정하고 있다.

224 장지연의 "경제고거학" 개념에 대해서 임형택이 "내용상의 특징으로 경제

학, 방법론상의 특징으로 고거학"이라고 풀이한 것을 참조하였다(임형택, 앞의 글, 41면).

**225** 유탁일, 「성호 이익의 문집 간행고」, 문창어문학회, 『국어국문학』 7·8합집, 1968, 141~166면.

**226** 이우성, 『한국 고전의 발견』, 한길사, 2000(증보판), 325면.

**227** 鄭寅普, 앞의 글, 104~109면.

**228** 정해렴, 「책머리에」, 이익 저·정해렴 편역, 『성호사설 정선』 상, 1998, 3면.

**229** 한우근, 「해제」, 『국역 성호사설』, 민족문화추진회, 1977, 37~40면.

**230** 국사편찬위원회 한국사데이터베이스 '한국사연표' http://db.history.go.kr/ 1909년 8월 13일.

**231** 『순종실록』, 순종9년(1916) 5월 29일; 순종10년(1917) 7월 17일.

**232** 漆菱浩歎, 「質問隨意」, 『西北學會月報』 17호, 1909.11, 43면.

**233** 조선고서간행회의 성격에 대해서는 최혜주, 「한말 일제하 재조일본인의 조선고서 간행사업」, 『대동문화연구』 66, 성균관대 대동문화연구원, 2009에 정리되어 있는데, 이 단체가 일제 식민통치와 긴밀한 관계에 있었음은 분명해졌다. 다만, 조선인과 통감부 혹은 총독부 일본인 관리들의 역할이 어떠했는지는 좀더 탐구해볼 여지가 있는 듯하다.

**234** 이만열, 「위당 정인보의 한국고대사 인식」, 연세대학교 국학연구원, 『동방학지』 141, 2008, 6면.

**235** 정출헌, 「국학파의 조선학 논리구성과 그 변모양상」, 열상고전연구회, 『열상고전연구』 27, 2008, 26~31면.

**236** 崔南善, 「조선역사강화」, 『최남선전집』 6, 169면. 이 「조선역사강화」는 원래 『동아일보』 1930년 1월 14일부터 3월 15일까지 52회에 걸쳐 연재된 것이었고, 이중 25회 연재분에서 "實學"이란 단어를 사용하였다. 천관우가 「한국실학사상사」에서 처음 실학이라는 용어를 쓴 것으로 밝힌 최남선의 『조선역사』는 이 「조선역사강화」를 같은 해 출간한 것이고, 최남선은 해방

직후 그 紙型을 그대로 이용하여 『신판 조선역사』를 출간하기도 하였다.

**237** 玄相允, 『기당현상윤전집2－조선유학사』, 나남, 2008, 543~562면.

**238** 강만길, 「실학론의 현재와 전망」, 『창작과비평』 통권34호, 1974.12, 1133면. 이 글에서 천관우의 「반계 유형원 연구」는 1952년 발표되었지만 원래 1949년에 탈고된 것이라고 밝히고 있다.

**239** 천관우, 「반계 유형원 연구(하)－실학발생에서 본 이조사회의 일단면」, 역사학회, 『역사학보』 3, 1952, 133면, "다시 말하건대 磻溪 이전의 實學의 준비기는 소개 메모 또는 斷片的 姑息的인 方便에 그치더니 磻溪 한번 나와 實事求是의 原則에서 그 學을 체계화함에 이르러 實學은 비로서 學으로서의 존재를 확인하였다 할 것이다. 그 후 약간의 間隙을 두고 磻溪에 私淑한 星湖가 그 考證에 있어 더욱 정밀을 더하고 西學을 섭취하매 그 一門 弟子를 더불어 한 學問의 集團으로써 學派로서의 존재를 확인하게 된 것이었다."

**240** 이우성, 「실학파의 문학－박연암의 경우」, 국어국문학회, 『국어국문학』 16, 1957, 88면; 「18세기 서울의 도시적 양상」, 『이우성저작집1－한국의 역사상』, 창비, 2010, 36~37면(원 논문은 1963년 『향토서울』 17호에 게재된 것이었다). 이후 이우성은 1970년 『문화비평』에 게재한 「실학연구서설」을 통해 경세치용 · 이용후생 · 실사구시의 세 유파를 본격적으로 검토하며 유형원을 실학 이전 시대의 대가로는 언급하지만 성호 이익을 통해 비로소 실학의 시대가 열리는 것을 체계적으로 설정하였다.

**241** 卞榮晩, "上以接磻磎氏之緖, 而所裁弘亡等; 下以啓順菴・茶山・燕巖輩之風尙, 而德性獨巍, 後來者, 莫以踰之. 嗚乎! 盛矣."

**242** 鄭寅普, "先是言經濟祖柳磻溪, 原其樸厚敦慤近周漢矣. 獨以風尙所掩, 尊周之意勝, 往往本於彼不依於此. 先生揭櫫宗國, 徵百姓耳目之實, 故惻怛之哀, 曲通民依. 不蘄合乎古聖之制度. 正純以後, 樸學之彦相繼, 甘寂寞安困約, 勉勉焉蘄求其是, 其淵源, 未必皆出於先生, 然先生不作於前, 則吾知其不能以躋玆. 一士之關係世道, 其何如哉. 抑先生之賢 又有進於是者. …… 不以生平遭遇一家之仇恨, 而形彼此之見. 蓋其自事其心, 克治功密, 本一體之仁, 以發其惻怛之公. 此非樸學之士, 可到也."

**243** 鄭寅普, "至李星湖先生, 根柢歷史之學. …… 先生旣沒, 而俊乂承其軌. 安順菴著東史綱目通紀列朝事, 最嚴義法. 而尹邵南四水辨徵實求是, 皆原於先生之敎. 而先生政治經濟之學 又閎恢周洽 治禮辨樂 明曆象地水 以及四國之聞 篤念國故 言謠服飾屋廬無不究 黜怪刊異 發言有徵."

**244** 鄭寅普, "先生之後, 算學, 有黃得甫愼耳老, 經學, 有先生兄子秉休, 暨先生子孟休, 孫九煥, 而地理, 傳族孫重煥, 四國之聞, 從孫家煥益精之. 而政治經濟之緖, 丁茶山最發舒, 縝栗密察爲言是學者宗. 其他氣類相感, 跡疏而心鄕者甚衆. 而正純以後, 樸學之彦相繼."

**245** 梁啓超, 『淸代學術槪論』, 上海古籍出版社, 1998, 49~50면. 원래 이 책은 1920년에 발표한 것이다.

**246** 卞榮晩, "宗漢儒氏之所以爲學, 有以實事求是爲幟者, 其所懋, 槪莫越於器象名數之列, 號曰'樸學', 而其獘或失則瑣; 宗宋儒氏之所以爲學, 婷以闡發微言從事者, 其所攻不能出於理氣辨論之外, 號曰'理學', 而其獘或失則迂. 斯兩者, 君子等譏焉. …… 兼漢宋人之長, 而汰其獘, 言有宗, 事有君, 渙然周通, 無復隔閡."

**247** 鄭寅普, "夫所貴乎學術者, 以疏明微密, 縣本末終始, 以左右斯民. 而其能以致此, 則亶在於得其理. 理不可以虛造, 故必依於實, 實不可以凡類, 故必求其獨, 獨則實, 實則理得, 而疏明之效, 著於民物, 而不可掩已."

**248** 鄭寅普, "獨之爲言, 不定, 隨處而有者也. 小之虫豸塵芥, 大之邦國, 近之心性之驗, 遠之星曆之推, 皆各有其實, 而獨以之生."

**249** 鄭寅普, "乙支文德, 敗隋廣, 功至鉅, 孺子猶歎羨焉. 近古儒者, 或著記詆其抗中國之師, 背仲尼尊華之義爲可誅. …… 蔑其祖域, 鄙夷族類, 襲謬承戾久矣, 故知仲尼之當慕, 而不知仲尼之尊華, 實仲尼之獨. 而吾之獨雖陋, 而去是則吾無所與存也."

**250** 鄭寅普, "世之論先生, 多推其博學. 識古者 又歸其精核閎通. 而先生生平苦心顓在邦族 則又惟深究先生書者知之. 至其本原獨造, 率以天衷, 知先生者蓋鮮. …… 俾承學之士, 知先生之學, 其在朝鮮撥亂反正, 雖百世祀可也."

**251** 卞榮晩, "儒有通者, 有曲者, 囿於方隅不覩全體, 之謂曲; 執厥環中應夫無窮,之謂通. 夫惟若是, 故假使事事而知之, 物物而辨之, 苟其識昧一理, 道窮周變焉, 無救於爲曲. 況其素所樹立, 故不離於一知半解之屬者耶? 藉曰: "所究隻言耳, 所明一學耳" 果能心契乎原本, 觸類而論釋焉, 不害於爲通. 況其宿昔造就, 蚤已旁魄四布, 博涉於三才萬變之際者耶? …… 故人必先有正大之氣, 然後有正大之學, 正大之學, 所謂通儒之學是已."

**252** 卞榮晩, 「觀生錄」, 실시학사 고전문학연구회 역주, 『변영만전집』 중, 70면, "先上達而後下學, 先出世而後入世, 此爲學不易之次序也. 若先下入, 軀命不待, 若先上出, 後不費力."

**253** 卞榮晩, "星湖李先生, 以剛明俊偉之資, 値世道崎嶇之日, 絶意營仕, 佳遯邱林. 甘貧如飴, 嗜道若貨, 篤倫常而親經籍, 眷宗邦而心儔人. 於是, 誠忱鬱於漆室, 而著作光于日星, 其爲學, 上稽天紀, 下暨蟲卉, 中究人事, 括而有之, 罄無不收."

**254** 卞榮晩, "余自童年, 早知慕服先生, 私心常以爲如先生, 不第吾邦卽中州, 蓋難其儔. 就以顧氏寧人, 近世最號通者, 而今跡其所居, 其有所偏受於漢學之累者, 宜若不可得以諱然矣, 其不足與先生相次比定矣."

**255** 이희목 외, 『식민지시기 한시자료집』, 성균관대학교 대동문화연구원, 2009에서 식민지시기 간행 잡지 중 유교를 표방하는 매체를 추출한 목록이다.

**256** 金台俊, 『조선한문학사』, 조선어문학회, 1931, 190면.

**257** 정인보가 漢學을 기본으로 성장하여 그 자신 조선후기 문화사 속에 참여하는 입장이기에, 그의 가학이라고 할 소론-강화학파의 조선학 연구가 계승됨을 밝힌 조성산의 연구는 많은 시사점을 주었다. 여타의 한학자들과는 달리 전통에서 벗어나 근대를 사유할 수 있었기에 근대의 한학자로서 나름의 성공적인 역할을 할 수 있었다고 보았다(조성산, 「정인보가 구성한 조선후기 문화사」, 『역사와 담론』 56, 호서사학회, 2010). 또한 정인보가 양명학 전통의 實心論을 확장하여 공동체의 과제를 해결하려 하였다고 평가한 이황직의 연구 역시 주목할 만하다. 학문적 주체성을 통해 근대로 진입하려는 의지가 보인다고 하였다. 이때의 근대는 주어진 근대가 아닌 대안적 근대의 의미가 강하다(이황직, 「위당 조선학의 개념과 의미에 관한 연구」,

『현상과 인식』 34권4호, 한국인문사회과학회, 2010).

**258** 이상호, 「일제강점기 정인보 실심론의 주체성과 창조적 정신」, 『철학연구』 100, 대한철학회, 2006; 한정길, 「정인보의 양명학관에 대한 연구」, 『동방학지』 141, 연세대학교 국학연구원, 2008); 권상우, 「일제강점기 민족성과 유학의 관계성 담론을 통한 한국적 유학(얼사상) 시론」, 『퇴계학과 유교문화』 48, 경북대학교 퇴계연구소, 2011.

**259** 최재목은 정인보의 양명학과 동아시아 특히 일본 근세의 양명학이 맺는 관계에 대해 정리하였다. 양명학이라는 용어 자체가 일본에서 형성된 것이며, 선배 박은식 등을 통해 일본과 연결되고 『明儒學案』을 통해 중국과 연결된 점을 통해, 정인보의 양명학을 일국주의를 넘어 해석해야 함을 주장하였다. 동아시아 근대의 상황을 통해 정인보 학문의 知形圖를 보는 시각은 시사하는 바가 적지 않다(최재목, 「정인보 '양명학' 형성의 지형도」, 『동방학지』 143, 연세대학교 국학연구원, 2008). 그런데, 정인보가 세계와 소통하는 결정적 단위를 민족 공동체에 두고 있었으며 일본의 성과를 의도적으로 배제한 바 있었다는 점(바로 앞에 배치한 「성호 이익을 해석하는 근대한문학의 두 시선」 참조.) 등을 염두에 둔다면, 정인보는 일국주의의 틀을 넘나드는 사유의 자유를 자신에게 부여하지는 않은 것으로 해석해볼 수 있겠다. 동아시아 근대의 상황이 정인보의 학문에 미친 영향은 중층적으로 접근해보아야 하겠지만, 본고에서는 일단 정인보의 내적 논리가 일본의 성과를 일부러 무시하고 있다는 점만 주목해보았다.

**260** 바로 뒤에 첨부한 이 장의 보론, 「실학 연구의 맥락」 참조.

**261** 최재목, 「김태준의 '정인보론'을 통해 본 해방 전 위당 정인보에 대한 평가」, 『양명학』 20, 한국양명학회, 2008의 결론에서 "좌익민족주의" 계열의 정인보 평가를 통해 "우익민족주의" 입장에서 "민족적 위인"으로 과대포장된 상황을 다시 물을 수 있을 것이라 했다. 김태준의 평가에서 증오의 언설 속에서 실상 정인보를 이해하는 데 있어 중요한 시사점을 얻을 수 있겠다는 생각에서 다시 인용하였다. 『조선중앙일보』의 보존상태가 좋지 않아 난독자가 많은데, 최재목이 논문 부록에서 해독한 것에 힘입어 몇 자 더 해독하였다.

262 김용직, 『김태준 평전』, 일지사, 2007, 231면.

263 鄭寅普, 「與卞蓟篁榮晩書」, 293면, "釋氏門, 龍象輩出, 不比孔家落寞, 嘗竊思其故, 禮儀三百威儀三千, 所以飾於外者, 備矣, 飾外, 雖所以養其中, 而中或失養, 徒外猶足以儼然, 積弊至於今日. 而彼內心無飾, 而了了常知者, 專靠此獨照處, 一切皆無足存, 故能不容於假, 而從以不絶也. 吾輩爲學, 可以知所處矣. 今日之意, 莫急於灑濯人心, 苟非然者, 馨香不聞, 上帝終不福汝. 一室之中, 一人之身, 雖小且微哉, 起自膚寸, 膏澤天下者, 誠也, 吾輩可不勉乎."

264 鄭寅普, 「陽明學演論」, 『담원정인보전집』2, 121~122면.

265 한정길, 「정인보의 양명학관에 대한 연구」, 『동방학지』 141, 연세대학교 국학연구원, 2008, 91면.

266 鄭寅普, 「答尹士建錫五」, 『담원 정인보전집』 6, 451면; 「윤사건석오에게 답하다(2)」, 『담원문록』 하, 396면, "吾故謂, 文章後出者當轉勝. 如章太炎, 其閎雅, 豈方姚所能及哉. 此非他, 淸朝樸學融液, 十三經二十子, 無毫髮黖過處, 而章氏適生其末, 左右恣討, 獨總其成故也. 何必章氏爲然, 賢與吾, 獨不可自勉乎."

267 鄭寅普, 「答尹士建錫五(1)」, 『담원문록』 하, 394면.

268 이때의 革命은 이념적 전환을 추구한다기보다는 전통적인 의미에서의 왕조 교체를 의미하는 것이다. 만주족의 통치를 벗어나자는 주장을 혁명이라고 표현한 것이다. 그렇긴 해도 강유위·양계초의 타협주의에 비한면 급진적 성격을 띠고 있는 것이라 할 수 있다.

269 임형택, 「20세기 동아시아의 국학」, 『창작과비평』2004년 여름호, 창비, 2004, 366면.

270 김진균, 「1910년을 전후한 시기 변영만의 근대적 사유와 그 맥락」, 『영남학』 14, 경북대 영남문화연구원, 2008, 456~457면.

271 鄭寅普, 「與文湖巖一平書」, 『담원정인보전집』 5, 332면; 「호암문일평에게 보내는 편지」, 『담원문록』 중, 137면, "有眞焉, 有僞焉, 且使其眞也, 張歙之殊, 而華枯變矣, 予奪之分, 而得失幻矣. 烏可以一於依哉."

272 직접적으로 정인보가 장태염의 '의자불의타'를 언급한 대목은, 「朝鮮文學源流草本」(『담원정인보전집』1)에 있다.

273 章太炎, 「答鐵錚」, "蓋以支那德教, 雖各殊途, 而根原所在, 悉歸於一曰 依自不依佗耳. …… 孔氏而後, 儒道名法, 變易萬端, 原其根極, 惟依自不依佗一語."

274 鄭寅普, 「星湖僿說序」(1929), "而吾之獨雖陋, 而去是則吾無所與存也."

275 鄭寅普, 「오천년간 조선의 얼」, 『담원정인보전집』 3, 12면.

276 鄭寅普, 「歷史的 膏肓과 吾人의 一大事」, 『담원정인보전집』 2, 278면.

277 鄭寅普, 「양명학연론」, 『담원정인보전집』 2, 211면.

278 鄭寅普, 「조선고서간행의 의의」, 『담원정인보전집』 2, 312면.

279 김태준이 당시의 조선학 연구에 대해 어용적 국학적 방법에 빠지지 말고 과학적 사화학적 연구태도를 갖춰야 한다고 주장한 것(김태준, 「조선학의 국학적 연구와 사회학적 연구(2회)」, 『조선일보』 1933.5.2.)에서도 짐작해 볼 수 있다.

280 미야지마 히로시, 「일본의 국학과 한국의 조선학」, 『동방학지』 143, 연세대학교 국학연구원, 2008, 92면.

281 鄭寅普, 「역사적 고황과 오인의 일대사」, 284면.

282 鄭寅普, 「역사적 고황과 오인의 일대사」, 283면.

283 김용옥, 『독기학설』, 통나무, 1990, 18~19면.

284 임형택, 「실학은 없다 주장 아무런 근거 없어」, 『중앙일보』(2004.3.26). 여기서 보여준 논리는 임형택, 「국학의 성립 과정과 실학에 대한 인식」, 『실사구시의 한국학』, 창작과비평사, 2000, 41~43면에서 제시되었던 바 있다.

285 이봉규, 「21세기 실학 연구의 문법」, 연세대학교 국학연구원 편, 『한국실학사상연구』 1, 혜안, 2006, 30~31면.

286 강명관, 『국문학과 민족 그리고 근대』, 소명출판, 2008, 108~122면. 이

책에서 강명관은 근대와 민족에 대한 근본적 성찰을 요구하는 입장에서, 근대주의와 민족주의에 기반한 국문학의 연구 이념을 비판하고 있다. 이와 관련하여 국문학 연구의 주요 분야인 실학 연구의 모순점들을 같은 차원에서 적시한 것이다. 20세기 후반 국학 연구 이념에 대한 강명관의 문제제기에는 일정하게 동의한다. 그러나 필자는 20세기 후반 근대－민족 담론의 완성 단계 이후의 입장과 20세기 초반 근대－민족 담론 형성 초기의 다기한 입장들－특히 이 글에서 다루는 정인보와 같은 경우－은 그 결을 달리하므로, 둘을 같은 잣대로 평가해서는 안 된다고 생각한다.

**287** 이우성, 「창간사」, 『한국실학연구』 창간호, 1999. 실학 연구의 흐름을 "돌이켜보면 1930년대에 안재홍 · 최익한 · 백남운 등 선학들의 개척적인 실학 연구가 시작된 이래 1950년대에 홍이섭 · 천관우 등 제씨의 연구 업적을 거쳐 1970년대에는 식민사관의 극복과 자본주의 맹아론에 연계되어 바야흐로 실학 연구의 황금기를 누렸다."고 한 바 있다. 그리고 다시 실학을 "형이상학적 사변적 학풍의 비생산적 논쟁이 만성화되어 있거나 어떤 이념과 체제에 묶이어 시대 현실에서 멀어져가고 있을 때에 그것을 극복하기 위하여 현식에 즉한, 실제 사정에 즉한 과학적 파악으로 문제해결을 추구하려는 학문 방향"이라고 규정하였다. 여기서 "사변적 학풍"이란 것은 1970년대에 "동양 중세적 세계주의"라고 규정한 주자학을 지칭한 것으로 보인다.

**288** 이우성, 「실학연구 서설」, 『실학연구입문』, 일조각, 1973, 3~4면.

**289** 천관우, 「한국실학사상사」, 『한국문화사대계』 VI, 고려대학교 민족문화연구소, 1970, 1044면.

**290** 정출헌, 「국학파의 조선학 논리구성과 그 변모양상」, 『열상고전연구』 27, 2008, 29면.

**291** 鄭寅普, 「다산선생의 생애와 업적」, 『담원정인보전집』2, 1983, 91면.

**292** 李淸源, 「'조선얼'의 현대적 고찰」, 『비판』(1937.5).

**293** 崔益翰, 「여유당전서를 독함: 62회 茶山思想에 대한 槪評」, 『동아일보』(1939.5.25).

**294** 崔益翰, 「여유당전서를 독함: 63회 茶山思想애 대한 槪評」, 『동아일보』

(1939.5.31).

295 玄相允, 「이조 유학사상의 정다산과 그 위치」, 『동아일보』(1935.7.16).

296 임형택, 「국학의 성립과정과 실학에 대한 인식」, 『실사구시의 한국학』, 창비, 2000, 31면.

297 한우근, 「이조실학의 개념에 대하여」, 『진단학보』 19, 1958.

298 전해종, 「釋實學」, 『진단학보』 20, 1959.

299 이상은, 「실학사상의 형성과 전개－체계적 철학화를 위하여」, 『창조』, 1972.

300 유인희, 「성호사설의 철학사상－정주성리학과의 비교 연구」, 『진단학보』 59, 1985.

301 이동환, 「실학의 철학적 기반」, 『한국실학연구』 8, 2004.

302 崔南善, 「조선역사강화」, 『최남선전집』 6, 2003, 169면. 이 「조선역사강화」는 원래 『동아일보』 1930년 1월 14일부터 3월 15일까지 52회에 걸쳐 연재된 것이었고, 이중 25회 연재분에서 "實學"이란 단어를 사용하였다.

303 권순철, 「실학을 다시 생각한다－그 근대적 성격과 관련하여」, 『전통과 현대』 2000년 봄호, 2000, 216～218면. 이나바 이와키치는 『朝鮮』 166호(1929.3.)에 「圭齋遺稿를 입수하고서－실학파의 表彰 여하」라는 글을 발표하였다고 한다.

304 임형택, 「국학의 성립과정과 실학에 대한 인식」, 『실사구시의 한국학』, 창작과비평사, 2000.

305 최남선이 실학의 계보에서 소론학파를 제외한 것은, 소론학파에 대해 정인보와 다른 견해가 있었기 때문일 듯하다. 짐작건대, 정인보는 자신의 가계와 학통에 의해 소론학파를 중시하게 되었겠지만 최남선이 보기엔 남인계열의 학자들보다 설득력이 약했던 것이 아닐까 한다. 그리고 최남선이 "북학론자"들을 "실학의 풍"과 별개로 인식하고 있었던 것도 생각해볼 문제이다. 최남선이 실학의 명칭을 부여하던 당시, 그 전반적 윤곽은 정인보가 남인계 실학자들을 계보화한 것에 영향을 받은 것이 분명해 보인다.

306 文一平, 「이조문화사의 別頁」, 『조선일보』(1938.1.3).

307 鄭寅普, 「성호사설 서」, 李瀷, 『星湖僿說』, 문광서림, 1929.

308 천관우, 앞의 글, 988면.

309 이우성, 「실학연구 서설」, 14~16면.

310 이우성, 「실학파의 문학－박연암의 경우」, 국어국문학회, 『국어국문학』 16, 1957, 88면.

311 임형택, 「실사구시의 학적 전통과 개화사상」, 『실사구시의 한국학』, 창비, 2000.

312 이우성, 「실학연구 서설」, 17면.

313 지두환, 「조선후기 실학연구의 문제점과 방향」, 『태동고전연구』 3, 1987.

314 최완수 외 엮음, 『진경시대』 1・2, 돌베개, 1998.

315 유봉학, 『조선후기 학계와 지식인』, 신구문화사, 1998.

316 이영훈, 「다산의 인간관계 범주구분과 사회 인식」, 『다산학』 4, 2003.

317 안병직, 「동아시아 자본주의와 실학」, 『한국실학연구』 5, 2003.

318 특히 연암 박지원의 발견은 '조선적이며 세계적인 민족적 주체의 형성' 요청에 대한 답이었으며(송혁기, 「연암문학의 발견과 실학의 지적 상상력」, 『한국실학연구』 18, 2009), 식민지시기 지식인들의 당면 현실을 투영한 것이었다(김남이, 「20세기 초－중반 연암에 대한 탐구와 조선학의 지평」, 『한국실학연구』 21, 2011).

319 鄭寅普, 「성호사설 서」, "夫所貴乎學術者, 以疏明微密, 縣本末終始, 以左右斯民. 而其能以致此, 則亶在於得其理. 理不可以虛造, 故必依於實, 實不可以凡類, 故必求其獨, 獨則實, 實則理得, 而疏明之效, 著於民物, 而不可掩已."

320 鄭寅普, 『조선사연구(下)』, 서울신문사, 1947, 361면.

321 鄭寅普, 앞의 글, "士之生於其時者, 震於喬宇之說, 鮮克以天良自奮迅, 從事於依實求獨之學, 而齊民之情不饜."

322 鄭寅普, 저, 정양완 역, 「與猶堂全書 總序」, 『薝園文錄』 중, 태학사, 2006,

216면.

**323** 박노자, 『우승열패의 신화』, 한겨레신문사, 2005, 59~69면.

**324** 칼 폴라니 지음, 홍기빈 역, 『거대한 전환』, 도서출판 길, 2009, 586~604면.

**325** 구로다 아키노부 지음, 정혜중 번역, 『화폐시스템의 세계사』, 논형, 2005, 237~238면.

**326** 피터 라인보우·마커스 레디커 지음, 정남영·손지태 역. 『히드라: 제국과 다중의 역사적 기원』, 갈무리, 2008, 507~512면.

**327** 卞榮晩, 「寄同志諸人述懷書」, 『山康齋文鈔』, "竊嘗以爲世界者, 商賈之世界也. …… 夢見一國 草樹如人, 人如草樹, 時有嚴香春鼻 而醒返此土也. 吾敢斂袵跪地, 以正告于我友生者. …… 苟欲致此也, 其門有三而政法不與焉. 曰勞務曰文藝曰樂歌是也. 由勞務門入, 斯無邪妄矣, 由文藝門入, 斯遠俗短矣, 由樂歌門入, 斯絶執拗矣 絶執拗 爲悅悅 然後則聖嚴矣, 遠俗短 爲淵絜 然後則明動矣, 無邪妄 爲感激 然後則慈惻矣. 夫豈有慈惻明動聖嚴之世, 而復以殺伐攘竊飢困疾愁爲患者哉!" (앞으로 본고에서 인용하는 문장 중에 『산강재문초』에서 원용된 변영만의 글은 篇名만을 제시한다. 번역문은 대개 실시학사 고전문학연구회 역주, 『변영만전집』, 성균관대학교 대동문화연구원 2006에 따랐는데, 인용의 편의를 위해 약간 수정하기도 하였다.)

**328** 문예가 도덕이나 계몽과는 무관하고, 오직 감동의 도구가 된다는 변영만의 발언은 여러 곳에서 보인다. 「午睡隙筆」(『文藝月刊』 2, 1931.12)이란 국문 수필에서는 계몽주의 문학가들을 숭배하는 세태를 비판하며 문학의 본질과는 거리가 멀다고 지적하고 있고, 「學窓餘屑」(『青年』 107, 1931.4)이란 글에서는 문예가 오직 감격(즉 감동)의 도구임을 아포리즘적으로 선언하고 있다.

**329** 李家源, 「書後」, "而楚之屈原, 漢之馬遷, 吾邦之仲美, 玆數子者以降, 皆其睨而不之視焉."

**330** 金鍾河, 「書後」, "駕越兩漢, 而與先秦諸子, 幷驅爭馳, 直無唐宋, 奚論吾邦也."

**331** 河性在, 「書後」, "自少浸淫於先秦兩漢之典籍, 以龐鴻其氣, 而中年以後, 則雖於明淸以後之作者，不以世降而藐之，咀嚼其英華，硏精其義法，愼所由而謹所發．故騰躍句句．而夷易其字．"

332 「覆深齋書」，"雖六經之文，知慕之而不敢學也，雖楚辭漢文之富麗，知愛之而不敢效也．如韓・李・歐・曾，未嘗置意緖間．"

333 曺兢燮，「序」，"君之才，於屈馬之所至，至之已若無難者，使有志而加勉矣，或可進於韓氏之所未至焉者，則前所稱六經之文，是已．"

334 「示曺汝明」，"永叔善祭友，熙甫多狀逑．寧不足娛老，一槪蟲唧唧．"

335 「答金銖士文書」，"僕荒傲半生，居然不免於造大之疾，與人論文，往往薄唐宋而厚周漢則誠有之矣．"

336 「偶筆二 贈淵生」，"晩周先漢人之爲文，醇溫魁越，一時兩至，後此則偏到而已．如昌黎善矣，而魁越之意，終勝，如南豐善矣，而醇溫之致，獨多，皆未與於昔懿也．況其下乎．雖然文之爲道，與巨寧微，如熙甫・姬傳，其有得於微之旨者歟．雖眇乎不盈哉，言文者，無得以廢之，此又不可不知者也．孔微而孟巨．"

337 「再答河敬初書」，"則上而詩書與禮論，中而左孟莊屈與太史之史，下焉而唐之韓李與宋之司馬曾朱，皆若可終吾身而無所厭棄，其餘，擧偶一涉焉．"

338 「答成純永一汝書 其三」，"且夫取法於漢以上，其弊自有難免於墜爲唐宋矣，則取法於唐宋，亦安能以適成唐宋乎哉．取法於唐宋，其弊自有難免於趺爲桐城矣，則取法於桐城，亦安能以適成桐城乎哉．故卽欲學桐城，亦必學唐宋，卽欲學唐宋，亦必學漢以上．比如射的然，固未有矢與的平而能中的者．矢之向的也，必稍擧揚焉，然後殺而乃始有中者也．"

339 후대로 내려올수록 문장의 수준이 쇠미해진다는 견해는 전후칠자의 자장권에서 문장의 논리를 전개하던 柳夢寅도 보인바 있다. 柳夢寅, 「與尹進士彬書」, 『於于集』: 『韓國文集總刊』 63, 413면, "余觀漢人學三代者，不能三代，而漢人耳．宋人學退之者，不能退之，而宋人耳，余則以爲欲學古人，先學古人所學者．欲爲西京，先學西京所學六經及左國諸子焉，欲學退之，先學退之所學三代兩漢諸書焉." 유몽인의 이러한 발언은 문장가의 입장에서 당송고문파의 성리학적 문풍에 대한 반발의 성격을 갖는다(신익철, 『柳夢寅 文學 硏究』, 보고사 1998, 39면).

340 「答河性在敬初書」, "周秦初漢之文, 概能爲近於是. 故爲可宗. 及後葉之爲之也, 多不能以心爲文, 乃以文爲文. 故作僞日拙, 胥入於敝. 韓氏謂能振之矣, 而時亦蔑以自振焉, 況振人乎. 而蘇軾輕淺, 竟許爲起八代之衰, 僕不欲遽信其爲說也. 由此而風斯益下, 序記狀誌之屬爲體日繁, 而無喜之唱·不悲之嘆, 日益雜厠於文字之中, 而文遂浸以淪喪焉."

341 같은 글, "世賢徒知明李王之貌襲秦漢爲禍文, 而鮮能知唐宋數子之紲心信文, 蚤爲之階禍, 豈篤見也哉."

342 「答成純永一汝書 其三」, "然而學古之文, 非謂學其形貌也, 學其理趣·神氣·聲光云爾. 故熟於其道, 則雖自我作古而亦古耳矣. 不熟於其道, 雖依古作古而亦不古耳矣. 李夢陽·王世貞之輩, 凌厲亢張, 自以爲上躡秦漢, 震讋唐宋, 而考其所樹立, 反不逮桐城諸人之溫溫而有小成, 則此道之不講耳."

343 「答河泳允克中書」, "故通達爲文之士, 必深探於經傳, 博趣乎諸子百家之言, 淫佚猖狂于事態物景萬變之間, 屛息却立, 以自徐聽其所出而虔承其所出, 如承大祭. 斯說也, 或似張而實端的之塗, 殊更無所謂捷徑者, 存焉於其間也."

344 같은 글, "使就百家之書, 揀取其一二之性所相近者, 因以加篤焉, 且於以取術焉, 容亦可以爲文, 則玆若足爲捷徑者, 而窘步是中, 非窃則擬."

345 「題崔簡易集後」, "簡易之爲之, 以險僻之詞, 載庸淺之旨, 幾於倒用其術矣. …… 有欲操筆學文者, 當以不蹈簡易之轍爲戒. 而於是乎, 簡易則亦有功矣." 최립의 문장에 대해서는 당송고문의 산문수법을 내면화하여 낡은 언어를 벗으려고 노력한 나머지 평범한 독해를 방해하는 정도의 수준에 이른 것이라는 해석도 있는데(김우정, 「최립고문사의 성격」, 『한국한문학연구』 32, 2003), 독해를 방해할 만큼 형식에 치우친 그러한 형식주의가 바로 변영만이 指斥하였던 지점이다.

346 「覆曹深齋書」, "韓愈之大言炎炎, 恬不自羞."

347 「答金銖士文書」, "昌黎之所啓拓於文章者, 爲必劣於考亭之所啓拓於聖道者哉?"

348 같은 글, "篤己之所由, 而亦容人所由, 載謳載吟, 以共趨中央, 斯爲遠耳."

349 「答河泳允克中書」, "故專穀, 不足以備飲食, 專於穀之外, 亦不足以備飲食. 故可知專經不足以備文章，專於經之外，亦不足以備文章."

350「私記」，"姚鼐之文，曾國藩之所馨香尸祝之者，而自我論之，亦曰便綽之文云爾，無氣魄之可言，則與方苞不同日而語矣．然其所爲如「袁隨園墓誌銘」·「登泰山記」等篇，不可謂非佳作已．梅曾亮之文，峭折孤詣，張裕釗之文，雄麗入古，其餘如張惠言·曾國藩·吳敏樹·吳汝綸，互有得失，要皆善文之徒．淸之文運，視明代有盛云."

351「覆曹深齋書」，"是必如淸人姚鼐之泯絶氣息，洞洞屬屬，兩取容于歐·曾·程·朱之間然後，而始可者也．雖然，鼐文之未厭人心，有眼所共見，由鼐文而入於道，亦未聞其有也."

352「朱文選略序」，"蓋朱子抵其終生，以闡明聖學，而學大顯矣，則文稍隱焉，此其一也．檢其爲文，雅俗幷用，而絶去斧藻，不似韓柳輩，出蒼穹而入黃泉，獨搜雄怪，有不震礱人不止，則此其二也．貿儒俗士，諱文如一淫技，而自托慕學，即或暗奉其文，以爲至當，而初不欲以此而加累於夫子者，雖未足的爲其所以之三者則掩抑曖昧之間，亦不無其若干之牽連者也."

353 같은 글，"蓋其爲文，杲如赫日，灝如大浸，崇重如山陵，勁剛如金鐵，溫侔珠玉，駛同長風，細或蠶絲之秩秩，其渾然乎者，則一如太和之元氣焉."

354 같은 글，"然而又皆能自然而然，無所事於有意爲如此之文，此眞文之最盛者也．文而至斯，其亦可謂王者之文矣．而彼如韓柳輩，其得附於桓文之列，則亦幸而已."

355 曺兢燮，「堯泉先生文集序」，『深齋先生文集』(경문사 1980영인，264면)，"夫文，所以明道也．古之聖賢，道充而文至，文與道爲一．然人見其道，而不見其文，後世之士，不善於求道，而各以一便爲學，或文勝而掩其道，或道不足以濟其文，甚者，得似而昧眞，名是而實否．由百世之下，考其文而等其道，莫之能違，故余嘗以爲，爲道難，爲文不易，文之不易者，非文之難，而道之難也."

356 이 문제에 관해서는 졸고，「변영만의 문예의식—조긍섭과의 왕복서한을 중심으로」，『민족문학사연구』 23，2003에서 엉성하게나마 정리해보았다.

357「文學五講」，『黎明文藝選集』，여명사 1928.

358「覆曹深齋書」，"以盡翻陳言，而獨闢一南面之境."

359 「答諸瑛根敬執書」, "雖未能遽至于馬揚之文, 必致其難朽之一境焉."

360 柳夢寅은 이 '自得'이라는 개념에 있어서도 변영만과 비슷한 발언을 한 바 있다. "凡文章貴不沿襲前作, 吾胸中所儲, 自得於道原, 則區區沿襲, 不足多也."(「報滄洲道士車萬里雲輅書」, 『於于集』: 『한국문집총간』 63, 418면). 유몽인은 先秦古文의 전범성과 自得의 논리를 괴리되지 않게 사유하고 있었지만, 자득의 구체적 과정은 사상한 채 개인적 깨달음으로서 제시된 듯하다는 견해가 있었다(강명관, 「16세기 17세기초 진한고문파의 산문비평론」, 『대동문화연구』 41, 성균관대 대동문화연구원 2002, 195~197면).

361 「讀寧陵誌」, "尤菴乃列擧歷代聖帝哲王之德, 而謂孝宗爲悉有焉, 而孝宗則於是乎反黯然不可想其爲何如王矣." 송시열의 비지문이 고문으로서 손색이 없다는 견해(정경훈, 「우암 비지문에 나타난 한유 문 수용 양상」, 『한문학보』 6, 2002)도 있긴 하지만, 그 논문에서 밝히고 있듯이 대부분의 언어를 한유 등으로부터 수용(인용)하였다. 바로 그러한 점이 변영만으로 하여금 훌륭한 수사는 다 동원하였지만 글을 지을 줄 모르는 사람의 글이라는 평가를 하도록 하였던 것이다.

362 「答金定基靜吾書」, "然而使吾有自得於中而發之於文焉, 設句句幾同古人, 而人將不以爲剽竊. 非然者, 則雖字字幾若己出, 而明眼者, 亦能察知其所來. 要在愼其中而已."

363 「龍溪雅言序」, "衰晩講學之士, 莫不崇正而醜奇, 以自遁於無可指摘之地, 誘人於蔑有可用之塗. 而卽眞而察, 旣實而論, 凡所以撑持宇宙彌綸萬事者, 擧由奇之一途也, 初無所謂正者也."

364 같은 글, "雖然, 千萬之奇, 何嘗不以純一剛大之正氣, 作其本根? 故如尾生之信・鄧攸之義・揚子『法言』・玉溪生詩律・宋徽宗書畵・金人瑞・龔定盦輩之評論, 皆陷於紫鼃之科. 比諸蟲卉, 枝首夏枯, 方以食品, 江瑤淡荣, 視之怛懷, 奇非其類也. 君子於此, 剖析毫芒, 兢兢然必致愼焉."

365 「私記」, "西方之文藝之盛, 不下中東. 顧彼中, 無一屈子, 無一史遷耳. 然如英之釗益是披亞, 德之瑰攄, 亦東方之所無也."

366 「午睡隙筆」, 『문예월간』 2, 1931. 12, "司馬遷, 꾀테, 쐴레익 等은 今 所謂

古代人이나 近代人 以上의 近代人이오. 쇼–, 웰스, 로–ㄹ낭 等은 自稱 近代人이나 古代人 以上의 古代人이다. 此理玄玄, 無人知之."

**367** 「答成純永一汝書 其五」, "仍又隱約自居以隘人何哉. 隘焉而能如是, 則雖由之而至于聖豪不異矣, 何須更寬乎. 寬則縱, 縱斯無畔, 無畔也, 宜若非聖豪之所塗者然也. …… 且未見萬彙之果外隘而能自存者, 假使海而不專於爲海, 或崋起焉, 山而不專於爲山, 或波靡焉, 日而不專於爲日, 或與群星亂相加入, 以蒼穹作鬼嘯怪咥之鄕焉, 此世其堪居哉. 夫專也, 卽所以爲隘也, 隘也, 卽所以爲自存也. 其各自以爲存也, 則乃所以相資以成夫大全者云爾."

**368** 「答金定基靜吾書」, "自古以來, 初未有專志於文而能善其文者. 卽如孟子七篇, 道理之發也. 屈氏離騷, 忠哀之激也. 子長之史, 生民之慘欣, 爲之筋血也. 韓退之之所呼號, 義憤驅之也. 朱晦菴之所重嘆複嗟, 辛勤而不置, 如漆室嫠婦之爲者, 則憂聖學之不明也. 故不事於文者, 時亦可以致文之極, 如易水垓下等歌, 如樂葛之一書一表, 皆心有所盤鬱, 詞無假借而情自至焉. 嗟乎, 强笑不懽, 强哭不悲. 文非用强之具. 非一世矣."

**369** 「再答河敬初書」, "夫文, 非資一切以爲之, 不可, 且不犯難, 不成."

**370** 「覆深齋書」, "榮晩, 第欲作榮晩之文耳. 此乃所欲爲文之本末."

**371** 임형택, 「변영만의 글쓰기 형식과 문학 사상」, 『대동문화연구』 55, 성균관대 대동문화연구원, 2006.

**372** 卞榮晩 저, 실시학사 고전문학연구회 역주, 「傷李婦安氏」, 『변영만전집』 중, 성균관대학교 대동문화연구원, 2006, 236면, "有韓宗親德泉君後人李殷福之妻廣州安氏, 以甲子二月某日, 坐久病不治, 死于京西門外阿峴里勒放橋之其夫家. 年止二十六, 遺一四歲乳子, 殉於孝也. 旣云病死, 曷又曰殉也."(번역은 『변영만전집』 상, 435–438면.에 수록된 것을 활용하였다. 앞으로 해당 작품은 출처 표기를 생략한다.)

**373** "夫人旣喪所天, 家勢亦久中落, 洸然無所於資活, 而殷福又失學, 艱於居業, 居亦累黜焉."

**374** "安氏見此, 遂奮然傭其身於膏膴工廠者, 膏膴西語, 樹脂所煎成之物也. 廠傭多取婦女, 言其事則至苦不堪爲云."

375 이송희, 「일제하 부산지역 방직공장·고무공장 여성노동자들의 쟁의」, 『이화사학연구』 30, 이화사학연구소, 2003, 365면.

376 이송희, 위의 논문, 369면.

377 김경일, 『일제하 노동운동사』, 창작과비평사, 1992, 58~59면.

378 大山超洋, 「西部京城に於ける工場勞動者の調査－痛しき女工の哀話」, 『朝鮮時論』 1927년 4월호, 20면.(김경일, 위의 책, 59면.에서 재인용).

379 『동아일보』 1924년 4월 22일자; 12월 12일자(김경일, 앞의 책, 60면. 재참조).

380 이송희, 앞의 논문, 373면.

381 『조선일보』 1923년 1월 4일자(김경일, 위의 책, 72면. 재참조).

382 "安氏既奮然投身於此, 用其所獲之無厚, 以養其寡姑, 得無至於凍餓, 亦既累月矣. 而體本緩弱, 不任其役, 顧不止, 益嘔心摧腸而爲之, 竟致瘵瘵, 而又莫得善藥以間之, 則浸以綿歷, 而遂終不免於折矣. 謂之殉, 宜也."

383 황상익, 『근대 의료의 풍경』, 푸른역사. 2013, 201면; 740면.

384 "方其瞑時, 其乳兒別室而寢, 忽驚起望空, 而若微喟者曰: "吾母衣善衣, 何適矣." 兒則又久而不善言語, 且不依戀其母, 見謂者, 亦可異矣."

385 "余雅喜漉漫之步, 苟無事絆, 往往獨自出門, 穿巷披閭, 茫無方向, 惟足是聽, 而及其所終, 輒不在懽愉烜熱之區. 蓋如城表郊裔荒塚纍纍古楊蕭蕭之間, 卽未必每至, 而亦不外乎市末山隅窮屋丐窟, 爲狀至慘沮, 不堪寓目之境, 而見吾雖未嘗決意必臨若地, 而其隱望途之出此也, 則似已無可如何矣. 是心也, 吾亦不自知其何心焉."

386 손광식, 「박태원 소설 연구」, 성균관대대학원 박사학위논문, 1999, 19~24면.

387 유문선, 「3·1운동을 전후한 문학적 대응」, 민족문학사연구소 편, 『민족문학사강좌』 하, 창작과비평사, 1995, 63면.

388 최원식, 『한국 계몽주의 문학사론』, 소명출판, 2002, 276면.

389 "旣暮而返, 所過燈光之中, 多層樓廣院雄嚴輝赫之觀, 明女姣童笑罵徙倚之狀, 而余則目若望羊, 一不辨樓院之何以異於塚楊, 而明姣者之何以不同於窮丐也. 非有能齊鬼人而一愁懽也, 感之有如此云爾."

390 「京城의 今昔; 獨甲伊打令」, 『동광』 37호, 1932. 9.

391 "歸臥一室之中, 淚氣不能去眼, 而亦不勝慰滿之意焉. 盖深自信此行爲若不虛然也. 如李婦安氏之死, 有以發余之哀, 無可與比, 豈亦此之類也耶."

392 曺兢燮, 『巖棲集』, 「答卞榮晩書」.

393 鄭寅普, 「與卞薊篁榮晩書」, 이가원 편, 『漢文新講』, 신구문화사, 1972, 292면, "竊覵兄發辭多宕, 不恒依眞, 謂兄長才偉識, 所病者獨此耳. 嘗對兄言, '文章, 惟一眞而無假, 子所爲, 無乃或少違歟.' 兄時笑而不應, 弟又謂, 兄雖心然吾言, 當外示哂笑, 不遽頷也. 然弟以兄爲少眞, 亦責賢者備之義. 假如時俗人, 則得兄向日之半, 猶爲淳之, 在兄, 則惟其眞之過於人也, 故又欲其加眞, 而少見不眞, 乃竊竊然病之而不置也."

394 曺兢燮, 「答卞轂明」, 『巖棲集』(〈한국문집총간〉 350), 189면, "盖可以莊言者, 而必詭言之; 可以約言者, 而必叨叨言之; 可以平淡言者, 而必神乎味乎以言之. 意者, 足下留心西文之久, 不覺其與之化乎? 至其所論之指, 尤有與常情舊說異者."

395 임형택, 「변영만의 글쓰기 형식과 문학 사상」, 『대동문화연구』 55, 2006, 180면.

396 卞榮晩, 「再答金士文書」, 『변영만전집』 상, 32면, 원문은 "苟其眞也, 雖巷情之纇瑣, 良也. 苟其僞也, 雖德敎之莊重, 惡也...... 若屑屑然記一事而必終之曰: '可不勉哉'; 敍一物而必結之曰: '嗚呼痛矣', 則陋矣."

397 鄭寅普, 「윤여련 기중에게 보내는 편지」, 『담원문록』 하, 400~401면.

398 鄭寅普, 「윤사건 석오에게 답하다(3)」, 『담원문록』 하, 398면.

399 卞榮晩, 「答成純永一汝書 其三」 "且夫取法於漢以上, 其弊自有難免於墜爲唐宋矣, 則取法於唐宋, 亦安能以適成唐宋乎哉. 取法於唐宋, 其弊自有難免於趺爲桐城矣, 則取法於桐城, 亦安能以適成桐城乎哉. 故卽欲學桐城, 亦必學唐

宋，卽欲學唐宋，亦必學漢以上．比如射的然，固未有矢與的平而能中的者．矢之向的也，必稍擧揚焉，然後殺而乃始有中者也．"；「答河性在敬初書」，"周秦初漢之文，槪能爲近於是．故爲可宗．及後葉之爲之也，多不能以心爲文，乃以文爲文．故作僞日拙，胥入於敝．韓氏謂能振之矣，而時亦蔑以自振焉，況振人乎．而蘇軾輕淺，竟許爲起八代之衰，僕不欲遽信其爲說也．由此而風斯益下，序記狀誌之屬爲體日繁，而無喜之唱・不悲之嘆，日益雜厠於文字之中，而文遂浸以淪喪焉．" 등．

**400** 鄭寅普，「復黃石田文書」，『담원정인보전집』 5，79면，"文章之事，惟期於眞"

**401** 鄭寅普，「與朴勝齋書」，『담원정인보전집』 5，42면，"莫若蕩滌華辭之好，刮絶繩槼，一以意爲主．…… 時往來闤闠，間游庠塾，交狹小，出域外觀勢物之變，以身爲一世之人，而與俱馳驟，哀歌痛哭，距躍曲踊，感慨愊憶，則氣激盪而意爲之壯意，意壯則無不發也．"

**402** 卞榮晩，「「題陁古婁集後」，『변영만전집』 상，152면．원문은 "而冷然御風而行，不塵其足者矣，信僊僊然者矣．而眼視同胞之呻呼於英寇榧楚之下，而好爵自縻，不廢吟咏，策名濁季，覽光四國，騰擧翶翔，延譽八裔，而恬無所用耻焉．彼何人哉？其無誠也．"

**403** 이에 대해서는 김윤식，「한국신문학에 있어서 타골의 영향에 대하여」，『진단학보』 32，1969 참조．

**404** 鄭寅普，「與卞薊篁榮晩書」，293면，" 一室之中，一人之身，雖小且微哉，起自膚寸，膏澤天下者，誠也，吾輩可不勉乎．"

**405** 이 편지에 대한 변영만의 답장으로 추정되는 편지가 『산강재문초』에 실려 있다. 정인보가 편지 내용에서 그동안 격조한 심정을 토로했는데, 변영만의 답장 추정 편지는 그동안의 격조가 위로된다는 표현으로 시작한다. 또 "중간 한 단락의 논의에 이르러서는 깊고도 먼 것이니 이것을 가지고 보잘것없는 나에게 요청하는 것은 나를 잘못 아신 것입니다. 그러나 스스로 하나의 高見을 이루는 데에는 진실로 무어 해롭겠습니까? 그러므로 더욱 감탄하며 그만두지 못하는 것은 이 때문입니다.(至中間一段論議，敻乎遠矣．持是也，以責之於此區區者，盖失其擬，而其於自成一高見，固何妨？故尤所欽嘆而無

措者, 此也. (『변영만전집』 상, 366면))"라는 구절은 본고에서 인용하고 있는 이 대목에 대한 답변으로 여겨진다. 변영만이 誠을 추구하지 않은 것이 아니며 문집 곳곳에서 誠을 추구하여 族類(민족)를 살리겠다는 의지가 발견되지만, 정인보의 표현이 자기를 추켜세우자 나는 그런 그릇이 못된다고 사양하는 정도인 듯하다.

**406** 卞榮晩, 「星湖僿說序」, 『변영만전집』 상, 164면. 원문은 "誠忱鬱於漆室, 而著作光于日星."

**407** 鄭寅普, 「歷史的 膏肓과 吾人의 一大事」, 『담원정인보전집』 2, 284면.

**408** 卞榮晩, 「答成純永一汝書 其三」, 『변영만전집』 상, 294면. 원문은 "僕聞之曰: "絜其辯, 而同焉者合矣, 善其言, 而類焉者應矣." 絜善其辯言, '修辭立誠'之謂也. 同類者之合應, '群之見牖'之謂也. 絜與善, 尸諸躬, 合與應, 來自群, 苟能誠於此, 何彼之不牖矣. 且夫所謂'牖群', 近施自親戚朋儔, 皆是已, 非必指廣都大邑之間, 執塗人而告之話言也. 遠跡至後代子孫, 亦是已"

**409** 卞榮晩, 「原死」, 『변영만전집』 상, 90면, "捨類無樂."

✎이 책은 필자가 이미 발표한 아래의 논문들을 활용하여 저술되었다.

『변영만의 비판적 근대 정신과 문예 추구』, 성균관대학교 박사학위 청구논문, 2004

「변영만의 문장관과 자득의 논리」, 『대동문화연구』 55집, 2006.9.

「심재 조긍섭의 도덕문장 추구 논리」, 『영남학』 11집, 2007.6.

「20세기 초반의 계몽담론과 한문」, 『정신문화연구』, 31집4호, 2008.12.

「성호 이익을 바라보는 한문학 근대의 두 시선」, 『반교어문연구』28집, 2010.2.

「"육서심원"에 대한 근대한문학계의 평가와 그 의미」, 『민족문화논총』 47집, 2011.4.

「한학과 한국한문학의 사이, 근대한문학」, 『국제어문』 51집, 2011.4.

「벽초 홍명희의 한시에 대하여」, 『한문학보』 24집, 2011.6.

「"태식록"을 통해 본 동산 유인식의 계몽의식」, 『한문학논집』 33집, 2011.8.

「근대계몽기 해학 이기의 계몽의식」, 『반교어문연구』 32집, 2012.2.

「실학연구의 맥락과 정인보의 의독구실」, 『민족문화논총』 50집, 2012.4.

「정인보 조선학의 한학적 기반」, 『한국실학연구』 25집, 2013.6.

「근대한문학의 진정성 시론」, 『한문고전연구』 26집, 2013.6.

「변영만의 "상이부안씨"에 나타난 근대적 비극과 문학적 진정성」, 『한문고전연구』 28집, 2014.6.

■ 김진균金鎭均

1969년생.
「변영만의 비판적 근대 정신과 문예 추구」를
박사학위 논문으로 제출한 이후,
대략 국학, 근대, 문학 언저리를 공부하며
정곡은 파고들지 못하는 비정규직 인문학자.
현 성균관대학교 인문학연구원 학술연구교수.

# 모던한문학

2015년 6월 5일 초판 1쇄 인쇄
2015년 6월 10일 초판 1쇄 발행

저 자 : 김진균
펴낸이 : 김병환
펴낸곳 : 학자원
주 소 : 134-814 서울시 강동구 천호대로 1121
전 화 : 02) 6403-1000
팩 스 : 02) 6338-1001
E-mail : hakjaone@daum.net
등 록 : 2011년 3월 24일 제2011-14호

HAKJAONE Publishing Co.
1121 Cheonho-Daero Kangdong-Gu Seoul

ISBN : 979-11-85395-92-0 (93810)

값 20,000 원